発達障害支援
必携ガイドブック

問題の柔軟な理解と的確な支援のために

編
下山晴彦・
村瀬嘉代子

Ψ 金剛出版

発達障害支援必携ガイドブック
問題の柔軟な理解と的確な支援のために

目次

第Ⅰ部　序論

第1章－問題の解決支援に向けて

第1節　問題の柔軟な理解と的確な支援に向けて .... 下山晴彦　15

第2節　発達障害を理解し支援する視点
　　　　――三人称から一人称の世界へ .... 村瀬嘉代子　24

第Ⅱ部　問題の理解から支援へ

第2章－問題の理解から支援へ

第1節　発達障害理解の原点
　　　　――端緒としての「アヴェロンの野生児」 .... 滝川一廣　39

第2節　発達精神病理学から見た発達障害 .... 杉山登志郎　54

第3節　成人期における診断と就労支援の課題 .... 山崎晃資　72

第3章－診断を正しく理解する

第1節　アスペルガー症候群の理解と対応 .... 木村宜子　81

第2節　ADHDとLDの理解と対応 .... 田中康雄　119

第4章－アセスメントを支援につなげるために

第1節　発達障害という事実を受け止めるために
　　　　――インフォームド・コンセントをめぐって .... 村田豊久　135

第2節	関係をみること・関係を支援すること	小林隆児	146
第3節	生きたアセスメントを進めるために	門 眞一郎	163
第4節	アセスメントから援助へ	村瀬嘉代子・楢原真也	173

第III部　学校生活を支援する

第5章－特別支援教育の発展に向けて

第1節	特別支援教育の現在と課題	柘植雅義	189
第2節	学校生活支援のためのコラボレーション	遠矢浩一	208
第3節	学校における高機能自閉症児への対応 ――当事者からのお願い	落合みどり	218

第6章－的確な支援のために応用行動分析を活用する

第1節	応用行動分析の考え方と方法	加藤哲文	237
第2節	学校支援における機能分析の役割	松見淳子	253
第3節	学校支援の応用行動分析モデル	道城裕貴・松見淳子	264

第7章－応用行動分析を活用した学校支援の実際

第1節	仲間との適切なかかわりを育む支援	佐藤和子	279
第2節	通常学級での授業参加率を高める支援	古田島恵津子	295
第3節	通級指導教室と通常学級の連携	長谷川和彦	312

第Ⅳ部　社会生活を支援する

第8章－社会との接点における問題に対処する

第1節　発達障害を抱える非行少年の理解と支援
　　　──「反省なき更生」を考える......................................藤川洋子　331
第2節　発達障害を抱える非行少年の教育と予防................小栗正幸　346
第3節　発達障がいを抱える大学生の理解と支援................坂井 聡　356
第4節　発達障害を抱える人々の就労支援............................米田衆介　370

第9章－家族・集団を媒介として支援する

第1節　発達障害の親訓練..大隈紘子・中山政弘　387
第2節　ADHD児をもつ家族への援助
　　　──家族教育プログラム..飯田順三　403
第3節　LD児とADHD児へのグループ・アプローチ
　　　..納富恵子・河村 暁・吉田敬子　414

第10章－発達障害をうけとめる

第1節　子どもが障害を受け止めるとき・子どもと障害を分かちあうとき
　　　..田中康雄　431
第2節　子どもと共に障害を受け止める................................山岡 修　444
第3節　教師として保護者として発達障害の理解を深める............村田昌俊　453

第11章－発達障害と共に生きる

第1節	発達障害のある子どもたちと生きる親	田中康雄	467
第2節	発達障害を抱えて成人期を生きる	進藤義夫	483
第3節	発達障害と意見表明権	浜田寿美男	496

索引／503
初出一覧／508
著者一覧／510
編者略歴／511

発達障害支援必携ガイドブック
問題の柔軟な理解と的確な支援のために

第Ⅰ部

序論

第 1 章

問題の解決支援に向けて

(第1節)

問題の柔軟な理解と的確な支援に向けて

下山晴彦
SHIMOYAMA Haruhiko

はじめに

　以前，心理教育プログラムを実施するため，地方の公立小学校や中学校を何回か訪問したことがあった。そこでクラスの全員を対象とした授業形式のプログラムを実施したのであるが，それは，私にとってたいへん印象深い体験であった。実に多様な子どもたちがいたのである。当たり前といえば当たり前であるが，私にとって，それはある種の驚きであった。

　私は，相談機関や精神科のクリニックで，障害をもった子ども，不登校の子どもや若者，不安や抑うつを抱えた子どもや若者にはたくさん会っているので，それ自体は驚くことではなかった。私が驚いたのは，そのような障害や混乱を抱えた子どもが，健康で元気な子どもたちと一緒にクラスにいたことである。もちろん，ある子どもは，クラス内に居続けられなくて，クラス内を動き回り，外に出てしまったりした。しかし，基本的には，そこに居ることが前提となっていた。地方の学校であり，東京のように私立学校がほとんどない地域であるので，そのような

混合状態が特に強かったという面もあったと思う。元気で知的に高い子も，知的には高いが元気のない子も，知的には高くないが元気な子も，友達が多い子も，友達が作れない子も，皆一緒にそこにいた。その混沌のパワーが凄かったのである。

このような経験は，私にとっては，ある種の驚きでもあったが，同時に懐かしい経験でもあった。私自身は，小学校から高校まで公立学校に通っていた。特に小学校と中学校は，山間部にある小さな学校（中学校は，私の卒業時に廃校になった）であったので，その地域の子どもたちは，全員その学校に通っていた。（私自身を含めて）いろいろな種類の子どもがいた。知的な程度は，バラバラであった。人付き合いがとても苦手な子もいた。しかし，遊ぶのは一緒であり，バス通学も一緒だった。田舎の学校であったので，田植えと稲刈りの季節は，家の農作業を手伝うために学校を休むことが認められていた。

そのような環境だったから，少し変わった子どもがいても，それほど目立たなかった。そういう子どもは，働き口があった。特に山仕事などは，単純な仕事が多いので，重宝がられていた。実際，私が生まれ育った地域における働き者は，学校の成績はあまり良くなく，行動もあまり柔軟性のない人たちだったように思う。

私は，今は都会の大学で仕事をしている。大学は，入学試験があるので，学生の知的程度は，おおよそ一様である。性格もある程度類型化できる。そのような環境にいると，ついつい子どもの多様性を忘れてしまう。小学校や中学校の授業で心理教育プログラムを実施した体験は，そのようなことに改めて気づかせてくれた出来事であった。

I　画一化が進む社会の中での異質性

ところで，このような子どもの多様性を見失っているのは，果たして

第1節　問題の柔軟な理解と的確な支援に向けて　　17

　私だけだろうか。私が訪問し，心理教育を実践した小学校や中学校の先生方は，異口同音に，昔に比べてクラス運営が難しくなったという。「特に父兄が子どもの成績を上げること，そしてそのために機能的にクラスを運営することを求めてきている。その結果，異質な子がクラスにいることを，親も子どもたちも，そして教師も認めない傾向が強くなっている」という。そのような状況の中で最も問題になるのが，発達障害を抱える子どもたちの存在である。
　あるクラス担任の教師は，私に「特別支援教育の政策の中でアスペルガーや多動の子どもの診断をしてもらったことは，問題が明らかになったという意味では助かった。ある意味で，私たちのたいへんさを理解してもらえたという気はする。しかし，問題は，その後どうするかなのです」と語りかけてきた。「診断された事実を受け容れられずに混乱してしまう親も多い。逆に診断されたことで，特別な対応を求めてくる親もいる。ところが，教師は，専門家ではないので，そのような子どもの治療も親の援助もできないでいる。でも，何もしないと，教師が責められる。その結果，教師が，発達障害と診断された子どもの受け持ちをしたがらないという傾向も出てきている」と，専門家への批判を込めて率直な意見を私に伝えてくれた。
　現在では，「成績を上げる」「協調性を養う」「社会性を高める」といったことを目標として，その目標達成に向けて機能的にクラス運営をすることが求められるようになっている。以前は，多様な子どもたちが混じり合い，のんびりとした時間が流れていた地方の学校でさえ，クラス運営には機能性と画一性が求められるようになっている。生徒も先生も，そして保護者も，そのような機能的に運営されることが求められる学校の秩序に適応しなければならなくなっている。
　ところが，発達障害を抱える子どもたちは，画一的な秩序に適合できない。画一的な秩序とは異質なものとして存在することが発達障害の特

徴でもあるからである。そこでは、画一性の中の異質性という、水と油のような混沌状態が生じることになる。したがって、機能的な学校運営を追求する場合には、発達障害はその妨げとなり、異質なものとして区別されることが求められるようになる。発達障害という診断は、このような区別を確定する役割も担っている。

　ここで考えなければならないのは、「異質である」として区別する診断そのものの問題である。そもそも発達障害という概念自体、どのような意味があるのかを改めて考える必要があるだろう。発達障害は、疾病なのであろうか。異常と正常は、明確に区分できるのだろうか。この区別が単純ではないという問題があるにしろ、区別して対応しないと授業が成り立たないのも事実である。親も、そして子どもも、目標に基づく秩序が保たれていないと安心できない社会となっている。したがって、発達障害を区別する必要が出てきたのは、精神医学の要請というよりも、社会の要請によるものであろう。

　次に問題となるのが、区別した後に、どのようにすればよいのかということである。問題は、診断そのものは、区別をした後にどのようにすればよいのかを提示するものではないということである。発達障害は、診断はできても、治療する対象にはなりにくいものなのである。そこで、学校運営の機能性を維持するために、発達障害を区別し、特別に支援するための教育、つまり特別支援教育が実施されることになった。

　しかし、それは、現在のところ適切に機能しているとはいえないであろう。その結果、発達障害の子どもを含むクラスを担当することになった教師がクラス運営で苦労することになっている。

II　問題点の整理

　発達障害への対応の問題点を整理すると、次の3つのテーマにまとめ

ることができる。

1　分類する基準の問題

　発達障害の分類は，何を基準とするのか。ここでは，質的差異が明確に示される区分的（categorical）分類か，あるいは量的な程度の多少による次元的（dimensional）分類なのかという問題につながるテーマである。現在では，後者と関連して自閉症スペクトラムの考え方が広く導入されるようになっている。このような点を考慮するならば，発達障害の診断については画一的に判断するのではなく，柔軟に理解していくことが望ましいといえるであろう。

2　分類して区別することの問題

　DSM に記載されたことからもわかるように，障害として分類し，区別する作業はすでに進んでいる。その場合，誰にとってその分類作業が必要なのかということがテーマとなる。区別することは，どのような機能を果たすのだろうか。画一化を求める社会においては，異質性を示す発達障害の子どもたちは，虐待を受ける危険性が高い。そのような二次的被害から，彼らを守るために分類し，区別することが必要となるとも考えられる。では，区別することによって，本人たちが受ける恩恵には何があるだろうか。区別して，切り離すとして，何から切り離すのであろうか。学校の教育機能から切り離すのだろうか。これと関連して，子どもの生活そのものから切り離してしまう危険はないであろうか。この点を考慮するならば，発達障害の問題については，その子どもが生きている生活環境との関係において理解していく柔軟性が必要となるのである。発達障害を関係性のコンテクストで理解していくことの重要性を指

摘したい。

3 分類してどのように対応するのかの問題

　発達障害については分類するための診断基準が先行し，区別した後にどのような支援をしていくのかは，十分な対応がなされていなかった。しかし，平成16（2004）年に発達障害者支援法が制定され，平成19（2007）年には特別支援教育が完全実施となり，支援のシステム作りが緊急の課題となっている。どのような支援システムを作っていくのかについては，現在試行錯誤の段階といってもよいであろう。発達障害の問題は，二次的障害を含めて考えるならば，生物的側面，心理的側面，社会的側面が複雑に重なり合って問題が形成されているとみることができる。つまり，発達障害には生物（＝医学）的問題だけでなく，心理的問題や社会的問題としての側面が含まれているのである。したがって，問題が形成され，維持されているコンテクストを多面的に把握した上で，問題解決に向けての的確な支援をしていかなければならない。発達障害の問題が生じているコンテクストを正確に把握するために必要となるのが機能的アセスメントであり，問題の解決に向けて的確な支援をするために活用されるのが応用行動分析である。また，問題が生じているコンテクストが複雑なだけに，さまざまな社会的資源が連携して問題解決に向けての支援環境を構築していくことも必要となる。そこでは，メンタルヘルスの専門職に加えて，家族，教員，そして当事者の連携が重要になるのである。

IV　支援のための社会的資源の連携の重要性

　現在，諸外国における発達障害の治療援助には，応用行動分析をはじ

めとする行動療法が有効であるとされている。しかし，単純な行動療法では，有効な介入が難しい（Davison et al., 2004）。例えば，広汎性発達障害の子どもを例に取るならば，彼らは，介入を困難にする本質的な問題を持っている。

まず，変化を引き起こし，問題を改善していくことこそが，介入の本質であり目的でもある。ところが，彼らは，特別な出来事や日課の変化に順応しにくい。これが，介入を難しくする第1の要因となる。また，変化しない安定を好むことから，彼らはしばしば孤立し，自己刺激運動をする。これが，効果的介入を妨げることもある。第2の要因は，広汎性発達障害の子どもは，関心の幅が非常に狭く，しかも快感情が明確でないので，変化に向けて動機付ける強化子が非常に見つけにくいことである。第3の要因は，彼らの注意が選択過剰な点である。選択的注意は，複数の入力刺激の中から重要な刺激に注意を向ける機能である。広汎性発達障害の場合，これが選択過剰なのである。つまり，課題や状況のある側面に子どもの注意が向けられた場合，その他の部分はたとえ重要なものであっても，気にも留められなくなってしまう。また，一部分への過剰な注意集中は，学んだことを般化し，他の領域に適用することを難しくする。したがって，広汎性発達障害については，さまざまな資源を活用し，それぞれの子どもの発達課題に適した療育プログラムが最も有効な介入法とされている。

ここでは，広汎性発達障害を取り上げたが，他の発達援助についても，同様な難しさがあるといえよう。その点で発達障害全般の支援についていえることは，さまざまな社会的資源が連携して，それぞれの問題に適した支援システムを構成していくことの重要性である。そして，最終的には社会全体が発達障害を受容し，障害を抱えながらも生活がしやすい社会環境をどのように構築していくのかがテーマとなっているのである。

V 本書の構成

　本書は，以上の観点に基づき，発達障害の問題を柔軟に理解し，的確な支援を行うために必要な情報をまとめたハンドブックとして編まれたものである。まず第Ⅰ部序論の第1章では，編者が本書の基本的な枠組みを示す。次に第Ⅱ部から第Ⅳ部に順を追って発達障害に関連する問題を柔軟に理解し，問題を的確に解決していくための具体的な考え方と方法を解説していく構成となっている。

　第Ⅱ部では「問題の理解から支援へ」と題し，診断を含めて発達障害に関連する問題をどのように理解し，それをどのようにして的確な支援に結びつけるのかを解説する。第2章では，基準の相対性を含めて発達障害の診断分類の論点をまとめ，第3章では現行の診断基準による発達障害の正しい理解と対応の要点を解説する。第4章では，発達障害の問題理解を支援につなげるポイントを示す。

　第Ⅲ部では「学校生活を支援する」と題し，学校における問題解決支援の具体的方法を解説する。第5章では特別支援教育を取り上げ，より有効な支援体制を構成してくためのポイントを論じる。第6章では，学校における支援の方法として応用行動分析を取り上げ，その理論と技法を解説する。第7章では，応用行動分析を活用した実践を示し，具体的な支援の在り方を解説する。

　第Ⅳ部では「社会生活を支援する」と題し，さまざまな社会的場面において発達障害を抱えた人々が問題を解決し，少しでも生活がしやすくできるように支援する方法を，多様な観点からい提示する。第8章では，社会との接点で起きている問題として非行，大学生活や就労の困難を取り上げ，問題対処の方法を説明する。第9章では，専門職以外の社会的資源である家族や集団を媒介とした支援の方法を紹介する。第10章で

は障害の受容の問題をテーマとし，専門職や家族といった関係者が障害をどのように受け止め，当事者と障害をどのように共有していくのかについて体験的な論考が示される。最後の第11章では，社会全体が障害を受容し，障害を抱えた者が生活しやすい環境をどのように作っていくかについての現状と課題が論じられる。

文献

Davison CG, Neale JM & Kring AM（2004）Abnormal Psychology. 9th Edition.（下山晴彦編訳（2007）テキスト臨床心理学5　ライフサイクルの心理障害．誠信書房．）

第2節

発達障害を理解し支援する視点
三人称から一人称の世界へ

村瀬嘉代子
MURASE Kayoko

はじめに

　自明のこととされてはいるが，臨床においては，まずそこに生じている問題とされる現象が生起した原因を明らかにし，生じている問題の態様と原因にふさわしい理論や技法を適用して問題の解決ないしは軽減が図られる。そして，このプロセスはエビデンスをもって説明に耐えるものであることが望ましいとされる。

　したがって，必然的に問題をもつ人は対象化されて，三人称の次元で論じられ，対応がなされる。

　たしかにもっともな手続きである。

　ことに自分から意思や感情のもろもろを適切に表現する術に長けていない発達障害児は，対象化されて捉えられ，ケアされることがごく自然とされてきたように思われる。もちろんそこには子どもの幸せを願う思いが基底にあることを疑うものではないが……。

だが，心理的援助，人の生きづらさを和らげる援助をするには，対象化して理解する視点だけではなく，援助を受ける発達障害児自身が自分や世界をどう受けとめ，与えられる援助をどう感じているかについて，なるべく当事者に身を添わせるこころもちで，一人称のレベルでのかかわりをも，あわせてもつことが必要であろう。

I 問題意識の発端

 それは，ある一群の子どもたちを MBD という概念で捉えることから，ADHD, LD という概念でさらに現象の実態を分化して理解しようとされはじめた 1970 年代半ばの頃であった。
 一人の身障学級 1 年生の A 君が，不登校という主訴で祖母と母親に伴われてきた。6 歳にしては身体はまだ幼児のそれで，ぽちゃっとしてあどけなく，発語はない。非常に多動で，ひょいと壊れ物などにも手を出して危なく，医療機関では ADHD，重篤な知的障害等々といわれ，身障学級に措置されたのだという。ただ，拡大家族の家庭では，そうした障害があっても初孫として皆が可愛がり，A 君には終日，誰かがつきっきりで，要求を叶えようとしてきた，これ以上はない，というくらいよしよしでやってきたのだという。
 小学校の登下校も家族に付き添われ，上機嫌であったのが，初秋の頃から，朝，大泣きして柱にしがみつき，家を出ようとしない。力ずくで車に乗せて登校しても，床にへばりついて泣いている。柱から引きはがすのも，この子にこんな力が……と思うくらい抵抗する。「早くも登校拒否！ 先が思いやられる」といかにも生真面目そうな母親と祖母は嘆かれた。
 多動で元気という目の前の A 君は目を泣きはらし，縮こまっていて，多動で活力いっぱいという申込時の学校と家庭の説明とは別人のようで

ある。

　その身障学級は1年生から6年生まで10名の生徒が複数の先生によって、いわば複式学級のように運営されていた。なかにはかなり知的にもその他の面でも力のある生徒がいて、こういう学級としては活動内容も高水準で、かつ個性的な生徒の集まりであることを、たまたま学級訪問した経験から、私は知っていた。

　そのクラスの身障学級担当の教員は揃って力量があり、教材研究など積極的に展開されている方々であった。身障学級のなかでも、活動内容はクリエイティブで活発なクラスであった。優れた学級で刺激は豊かにある。他方、愛情いっぱいの家庭で、A君に障害があるからといって家族が責めあうというような眼差しなどない、たっぷり保護的な家庭であるともいえた。

　だが、これは三人称的というか、対象化して学級や家庭を考えた眼差しである。「A君には学校生活はどう受けとめられているのでしょう」という私の言葉に、付き添ってきた家族は怪訝な顔をされた。

　学級のなかでは、他の生徒がA君はいろいろな面で能力が下だからといって保護的に接するということは期待できないであろう。なかには屈折した子もいて、見えないところでA君が被害を受けている可能性も否定できない。ハンディがあってもこういうレベルまで表現し、取り組むのかと感嘆するその学級のもろもろの達成内容は、A君にとって、目標とするには気が遠くなるような難しいことではなかったのか。

　また、内言語はかなりあり、他者の言葉は相当わかっても、自分で話せないA君にとり、自分以外の皆が話してコミュニケートしている世界は、黙っていても察してくれてなんとか用が足りる家庭という世界とは異質に感じられたのではなかろうか。善意の込もった愛情があり、専門的配慮が込められた活動内容であっても、それはA君の現実とはマッチしておらず、A君なりに教室にいるということは負担でなじめなかっ

た，居場所感覚がもてなかったのではないか。

　そういう場で，4月からなんとか居続けてきて，疲労感と「ボクはみんなとほんとに一緒にやっていけるようになるの？　ここはボクの場所？」という自問にさいなまれはじめ（こういう確たる文章表現に到らなくても，漠然とした存在の不安はもつであろう……），学校へ出かけるのが恐くなったのではなかろうか，そして疲労が蓄積したのではないか，と思われた。

　私はA君をプレイルームに招じいれ，横に並んで腰掛けてふわふわボールの手渡しごっこをしながら，A君がよく観ていたのだという幼児番組の歌を小声で歌った。A君の脅えたような表情が緩んだように見えた。「A君，学校でよく頑張ったのね，疲れたのね，のんびりしたいのね」と柔らかく繰り返し囁きかけると，彼の表情はこころなしかほっとしたように見え，私に身をもたせかけるようにした。

　母親と祖母には「疲れが溜まったのと，学校の課題がA君にちょっと段差があって大変なのかもしれません。学校を少し休んで，まず，家で楽しいことをたっぷりして遊んだら……表情が明るく見えるようになってきたら，短い時間から登校を再開したらどうでしょう。そして学校の滞在時間を少しずつのばしていく方向で……学校へは私からお話ししましょうか」と尋ねた。「え！　休むのですか（当時はまだ，文部科学省の「不登校は誰にでも生じうること」というようなステートメントはなく，登校せねばという画一的空気は世上強かった）」と少々怪訝な面持ちだったが，しかし提案を実行された。

　学校の先生とお話しあって，三人のクラス担任のローテーションを少し融通して，A君へ彼の興味をより多く盛り込んだ個別対応時間を設けていただき，状態の変化に応じて，変容させていっていただくことになった。

　ほぼもくろみどおり，A君は2カ月ほど休んで，学級に復帰した。多

動ではあるものの、場になじみ、少しずつ言語表現が出てきて、それがまた、彼の感情爆発的というか衝動的行為を減らしているようだ、と学校から報告をいただいた。

その後来談された母親は「発達障害のある子どもでも、こころがあるのですね、自分というものがあるのですね……あの子も意思表示をしていたのですね」と感慨深げに呟かれた。「それはもちろん……そのとおりです」と私の声は思わず大きくなっていた。

自分をこよなく慈しんでくれる人からすら、こころがない、と考えられるとは！　A君にとっては、暖かく優しく包まれていても大切なものが欠落していて寂しくもどかしい思いがしたのではなかろうか。

善意であっても、表現力や総体としての機能する力が弱い人に対してこういう誤解はある。それ以前から、表現しない、あるいは皆との共通感覚が乏しいような人が今、自分自身や世の中をどう体験しているのであろうか、と想像を巡らすようにしてきたが、その後、三人称の視点と併せて、その子の体験世界を想い描き考えることに努め、そこからおのずと浮かび上がってくる感情や考えを援助のはじめの時期に語りかけ、伝えるようにしてきた。これは至極平凡で普通のことである。ただ、相手がどのような状態の人であっても、人として遇する、という姿勢が根づいていることは必須である。

II　発達障害をもつ子どもに出会うとき

この世を生きていくという視点で考えれば、発達の定義は狭く個体能力に基準をおくよりも、「関係」を視野に入れる必要があろう。そこでここでは、発達障害とは「人間の一生涯にわたって身・知・心の面に現れてくる成長・変容」過程において、「何らかの負の様相」が人生の早期に現れ、「それが一過性に消退せずに、その後の成長・変容に何らか

の影響を持続的に」与えている状態（鯨岡，2005）と捉える。さらに障害と呼ばれる様相は，生物学的脆弱性と心理・社会・文化価値観が宿模して関与して現れると考えるのが現実的で妥当である。一口に障害と言っても，これらの要因がどういう比率で関与しているかは個々の場合によって異なっている。また，それぞれの障害は境界が一線を画して識別されるというよりも，重複したり，連続性があったりする。

時として見られる「ADHD」のKちゃんとか「LD」のJ君といった呼称，捉え方は，その個人を他ならない存在として捉える視点が乏しいことと，発達障害児と一言で括るには彼らはすぐれて個性的であることからも適切ではない。問題の性質を知ることは大切ではあるが，類型化した理解に偏っては，現実生活で少しでも生きやすくなるかという方策は見いだしにくい。

障害が重篤で，機能的不全が大きい子どもでも人として遇するという姿勢は，援助に際して，はじめの一歩である。これまで，自分で表現する手段を会得していなくても，いや会得していないからこそいっそうと言っても過言ではないくらい，発達障害児は自分のうちに湧き起こる感覚，情動，言語化しえない思いをたくさん抱えていることを，臨床経験を通して，私は看取してきた。

内的に生じるものをうまく伝えられない，周りの人々はたとえ善意であっても，それを汲み取ってくれない，周囲とうまく繋がりあえない——これは日々を生きていくうえで，どれほど不具合でつらく，そして孤独であろうか。パニックと一言で表される行動のなかには，このうまく他者に繋がれない，伝えられないもどかしさが高じて爆発している場合が多く含まれよう。多くの場合，やるかたない追い詰められた反応なのではあるまいか。

構造や機能のあり方を捉えることと同時に，発達障害児自身の体験世界に身を添わせて，想像し理解する，理解しようとする人の存在が，発

達障害のある子どもたちの生きづらさを和らげるための必須要因であると考えられる。

III　繋がりの契機，居場所感覚を贈る

　来談した 2 歳半の B 君は終日泣きどおしで，鉄板の上で炙り立てられて何かに追われるかのように動き回っていた。言葉も出ず，不器用で玩具で遊ぶこともない。難産で未熟児だったという。親は疲弊しきっていた。両親は揃って，天は二物を与えず，という言説のまさしく例外の，選ばれた容姿，才能に恵まれた人たちである。それだけに自分たちとはあまりにも異質と思われるわが子に，気持ちは一所懸命かかわろうとしつつも，結果がいっこうに見えないことに戸惑っておられた。B 君は呼びかけても変わらず走り回って泣いている。

　母親によれば，自宅にいてもほとんどの時間ぐずり続け，初孫に期待していた双方の祖父母たちもただ困惑しているという。そう，注がれる眼差しは期待でいっぱいなのに，今の自分に B 君自身も戸惑っているのではないか。B 君は理屈抜きに受けとめられたという感覚が乏しいのかもしれなかった……。

　B 君は父親とお揃いの，渋いが垢抜けしたセンスある，ちょっと子ども用には珍しいセーターを着ていた。「B 君のセーター，ダンディでシック，B 君によく似合う，B 君ステキ！」。素っ頓狂だが思ったままを言葉にした。一瞬，B 君は怪訝そうに私を見つめてから，にっこり笑った。母親は「簡単な単語しかわからないのに，不思議です」，やおら父親が「単語の意味じゃない，雰囲気，全体の空気を感じたのだよ，先生はこの子の遅れ以外の特徴をふわりと素直に口にされたからだ！」と。「理屈抜きにこの子のことを褒めた人は先生が初めて……」。両親の緊張は少し緩んだかのようであった。

母親は焦らずB君をよく観て，呼吸を合わせながら接するように努めはじめた。B君も多動ではあるが，生活気分は明るくなった。その後，情障学級でもお茶目で元気だと便りがあった。
　ADHDと診断されていたC君は，幼稚園では個性だからと許容されてなんとか在園できていた。何事にも秩序を重視し規制の多い校風の小学校に入ると，とたんに個性が反抗的行為，攻撃性，さらには周囲をも巻き込む多動というかたちをとりはじめた。
　3年生時，学校の紹介で来談した。天文や気象の知識，かなり高度な数学的センスを要する輸入されたゲーム（難しすぎて，商品としては流行らなかったようである）などに破格の才能を示し，部分的に突出した知識を披露して学校の教師に競うことを求め，それがまた事態を悪くしていた。学校と家庭で連日叱責され，ピリピリささくれ立っている彼の気分は，こちらにも伝染してくるようであった。
　C君はたしかにADHDではあろうが，語られないが父母間の亀裂は深そうで，父親の能力は高いがまとまりの欠けた感じから，C君は居場所感覚，安心感がなく，しかもプライドを護るために特異な知的センスを楯に身を護っているのであろうと考えられた。ひどく寂しく焦慮でいっぱいなのだろうと思われた。
　非を糺す前に彼の土俵にのって，彼の流儀に馴染んでみよう，と少し気張って天文を復習し，世界の気象についても仕込みをした。ゲームは難しかった。だが，難しさと闘っていると雑事がその間念頭から消えて，心身ともに透明になっているように思われた。なるほど，C君にはこれは擬似的安心感にもなるのか，でもこれに中毒して動けなくならないように，ほどほどの遊びにとどめて……と考えた。そんなことを頭の片隅で考えていると，ゲームではへまをし，C君の「集中してません！」という甲高い声が飛んできた。この不思議な透明感の世界，それはかりそめの静けさで，何かしら無機物的だった。C君の孤独が痛いように伝

わってきた。

　やがて眉間に皺を寄せていたC君の表情が和らいで，「ボクは嫌われてます。ゴミ箱におしっこしたり，友だちの工作を壊したり，隣の教室に座ったり，先生が答えられない質問をするので……」と多くの平素やっている逸脱行動を数えあげた。友だちとやっていけるようになりたい，と恥ずかしそうに言う。「C君の内から湧きあがる自分の力でやっていこうね」という私の言葉に嬉しそうに頷く。

　2人で相談し，1日を就寝前に振り返り，採点表に記入してみることにした。星の絵をほどよく散らした手作りの表である。文言は彼のお気に入りの言葉を入れるようにした。他者からの注意でなく自分で，というのを彼はことのほか喜んだ。少しずつ破壊的衝動性は収まりはじめた。

　ある日，記入した表を一緒に点検した後で，上目遣いで見上げながらC君が言った。

　「巧いこと考えるねえ，他の子にもこうやって同じ表使うの？」「いいえ，一人ひとりその人に合わせて考えるのよ」「そうか，これボクだけの表なんだね，そうか，うわーい！」

　素直な笑顔であった。その後曲折はあったが，登校停止や施設入所の提案は中止され，20歳を過ぎる頃には将来の方針も決まって落ち着いていると便りがあった。

IV　子どもの見る世界に近づく

　発達障害をもつ人は世の中の多数，もしくは標準に近づくことが求められ，そのための療育や援助を受ける。健常者が教育を受けるときはある目標に対して，どれくらいの努力と期間が必要であるかがおおよそわかり，ゴールというものは一応見えている。だが，発達障害は一過性でなく，持続的に影響して存在するものであるから，発達障害児が求めら

れる努力はある種エンドレスとも考えられる。これは大変なことである。
　そして健常者が会得していく行動基準は世の中の標準におのずと多くの場合則っているのに比較して、発達障害のある子どもは自分自身の必然性から身につけた行動基準を、世の中の標準に則って変容せねばならない。こう考えると、本当に多くの努力を生きるためにしているのが発達障害をもつ人々である。尊敬のこころもちが湧いてくる。
　すると、衝動的だったり、注意散漫、多動、その他コミュニケーションのとれにくさなどに対しても、援助者は一緒に追い詰められた気持ちになることなく、どういう状況を整えればよりコントロールが利くであろうとか、どこからどのように着手すればよいか、ということを考えるゆとりが生まれてくるように思われる。
　ADHDやLDの子どもと分かちあい、繋がりをもつには、ゆとりをもって、パラドックスを生き抜くことを楽しむことが役立つように考えられるが、具体的に要因を挙げてみよう。

①言語表現はわかりやすく、あっさり、はっきり、時にユーモアのある比喩を使う。
②原理原則を知悉しながらも、責任を自覚しつつ自由に応用、創意を働かせる。
③常識はあるが、時に常識から自由になれる。
④標準が何かを知りながら、多義、多様を楽しんで受けとめる。
⑤真面目ではあるが、楽しむこともする。
⑥クライエントにほどよい力を求める。ゆとりのない状態を作らない。
⑦不確定な状況に耐える。
⑧多焦点で観察し、考える軸は多軸で。
⑨子どもと一緒に自分も成長への課題を秘かにいつももっている。
⑩技法を適用する際に基盤となるこの子どもと「繋がったか」「こち

らを受け入れてくれそうか」「この子に見えている世界をどれくらい自分はともに分かちあって見えているのであろうか」などと自問する。

文献
鯨岡峻（2005）発達障碍の概念とその支援のあり方を考える．教育と医学 630-4；12.

第Ⅱ部

問題の理解から支援へ

第 2 章

問題の理解から支援へ

第 1 節

発達障害理解の原点
端緒としての「アヴェロンの野生児」

滝川一廣
TAKIKAWA Kazuhiro

はじめに

「発達障害（developmental disorder）」という概念はまだ真新しく，これをどう理解するか，研究者や臨床家の間でも十分に共有された理解ができるところには至っていない。この概念への理解は研究者・臨床家によりまちまちだけれども，大づかみにいえば，①精神遅滞（知的障害），②広汎性発達障害（自閉症スペクトラム），③特異的発達障害（学習障害）の3つに，④ADHDを加えて，これらを総称する概念として用いられている。

歴史的にいえば，先に「発達障害」の概念が生まれ，研究が進むにつれて，それが上のような下位概念に分けられてきたわけではなく，順序は逆だった。別々のものとして，長い間，各種の領域でそれぞれいわば蛸壺的に研究されてきた①②③④が，近年，「発達障害」という上位概念のもとに括られてきたのである。

別々に扱われていたものが同じ概念のもとに一括できるとしたら、それらの間になんらかの本質的な共通性がなければならない。しかし、なにが①②③④を貫く本質であるかについて、これも研究者・臨床家の間でしっかり合意された認識がもたれているわけではない。診断分類のスタンダードとして扱われているアメリカ精神医学会の診断マニュアル（DSM-III-R）がそのような分類ヒエラルキーを採用したため、皆がそれに倣うようになったという事情のほうが大きいかもしれない。その後、改訂された DSM-IV では「発達障害」というカテゴリーは消えているのだが。DSM 自体は、対象の本質を捉えてそれによって定義や分類をする方法を捨てた操作的な診断分類システムなので、なにが本質的な共通性かといったことは問わないというか、問えない性格をもっている。

　私見では、「発達障害」とは、精神発達の歩みの「遅れ」を本質的な共通性としていると捉えることができる。知的（認識的）な発達全般の遅れが前景にでれば「精神遅滞」、社会的（関係的）な発達全般の遅れが前景にでれば「広汎性発達障害」、ある特定の精神機能の発達だけがピンポイントで遅れれば「特異的発達障害」、注意集中困難・多動・衝動性という乳幼児期的な行動様式をその発達段階を過ぎても脱しないという意味で発達の遅れと考えれば「ADHD」というように。このように捉えれば発達障害を、定型発達をも同一視野におさめた精神発達一般のなかにそのひとつのあり方として統合的に理解することが可能となる（滝川、2010）。本稿の記述は、このような発達障害の理解のもとに進めたい。

　さて、発達障害の研究的／臨床的／社会的な理解が時代とともにどう変遷してきたかをたどるのが、私に与えられたテーマである。しかし、上のようなわけで、①②③④について精神医学にとどまらないさまざまな領域で展開されたそれぞれの歴史をたどりつつ、その相互関係や絡みを捉えてゆかねばならぬ一筋縄でゆかない仕事になる。とりあえず本稿では

そのほんの端緒だけに触れるに留めることをお許しいただけたらと思う。

発達障害の研究的・臨床的な歴史は，まず①の精神遅滞（知的障害）から始まり，1943 年，レオ・カナー（Kanner L〔1894-1981〕）が自閉症という概念を生み出すまで，ほぼ精神遅滞をめぐる歴史として歩んできた。

一般にその研究分野の嚆矢となる先駆的な仕事を顧みると，基本的な問題のポイントや，その後の展開や変遷の方向がすでに示されていたことに気づかされる。ことの本質が捉えられているためであろう（捉えていなければ，そもそも先駆的業績たりえない）。また，最初の素朴な直感や素直なアイデアのほうが急所を掴んでいることも少なくない。「発達障害」について言えば，ジャン・イタール（Itard JMG〔1774-1838〕）による「アヴェロンの野生児」の臨床がまさにそれだったと思う。本稿ではこれをふりかえってみたい。

I アヴェロンの野生児と時代・社会背景

1798 年春，フランス中央南山地のアヴェロンの森で全裸の少年が発見された。1799 年 7 月に捕らえられたとき，推定年齢 12 歳くらいで，ウサギの素早さで走りリスの身軽さで木に登ってドングリや栗を食べ，肉類や火を通したものは食べようとせず，服を着せても脱ぎ捨てた。社会的・文化的な感覚や感情や認識はなにひとつ備わっておらず，人語も解さなかった。少年は 1 週間で森に逃げ，1800 年 1 月，再び保護された。この発見は大きな社会的関心を集め，少年がパリに連れてこられた日，一目見ようとする人々で大騒ぎになった。フランス革命から 10 年，ブリュメールのクーデターでナポレオンが権力を握ってまもない頃であった。浮浪児も珍しくなかった時代，森で見つかったひとりの裸の少年がなぜ多大な関心の的となったのだろうか。

フランス革命をもってその幕開けとされる近代市民社会は，自分たち

人間を超越的な存在（神とか王）に従属したものではなく，それぞれ自由・平等で自立的な主体（個人）と捉える人間理解を土台とした社会である。私たちの社会はこの人間観をひろく浸透させて現在に至っている。この人間観は同時に，人間とは合理的（理性的）に感じ・考え・行動する（しうる）存在だとする信念に立っている。自分たちが非合理（非理性的）な存在なら，自由も主体性も担保されないからである。人間には動物にはない理性があり，そこに人間の本質があると考えれば「人権宣言」も空文になってしまう。

では，その理性とはなにか。人間にあらかじめ備わったものなのか，なんらかの条件によって培われるものなのか。換言すれば，理性そのものはなにか超越的な存在から賦与されたものなのか，それ自体，主体的に人間みずからが培ったものなのか，という問いである。もし培われるものとしたらどのようにして？

アヴェロンの森で発見された時点で「純粋に動物的な機能」しか認められず，理性のはたらきの見られなかった「野生児」は，まさにこの問いへの答えを用意するものではなかろうか。その関心が，大衆的な好奇心をこえて，知識人たちを強く刺戟したのである。もしこの少年がこれから理性を育むことができたなら，理性そのものへの人間の主体性が証され，また育むプロセスのなかに理性獲得の条件を見いだせるにちがいなかろう，と。すぐさま，この野生児を調べる調査委員会が組織された。

この時期，フランス精神医学は，やはり近代市民社会の理念に基づいたフィリップ・ピネル（Pinel P〔1745-1826〕）の伝説的な「精神障害者の鎖からの解放」を象徴的な出発点として近代医学の道を歩み始めたところだった。ピネルは 1773 年，この年から精神障害者の入院施設となったビセートル施療院に赴任し，1775 年にはサルペトリエール病院に移って病院の制度改革と診療とに精力を傾けながら，精神障害の診断分類に取り組んでいた。学術は対象の区分け（分節化）から始まる。黎

明期の精神医学はまず精神障害の分類整理から手をつけねばならなかった。ピネルは多忙な診療と研究のかたわら医学生の教育にも力を注いでいた。イタールはそのピネルの熱心な弟子のひとりだった。

　このころは医学教育が今日ほど一元化されておらず，その結果，さまざまな才能や経歴や教養をもつ者たちが医師になる多士済々の時代だった。診療科目も今のように専門化（細分化）されておらず，1800年の末，イタールはパリの国立聾学校に学校医として招かれ，やがて耳鼻科学と聾教育の先駆者とされるまでになっている。そして，彼が聾学校の住み込み医師となったほんの数カ月前からアヴェロンの少年がそこに保護されていたのである。イタール，25歳のときだった。

　イタールはフランス啓蒙思想家の一人，エチエンヌ・コンディヤック（Condillac E〔1715-1780〕）の説から深く影響を受けていた。私たちがしかるべく感じたり考えたり行動するために必要な認識機能は生得的に備えつけられた能力ではなく，感覚の発達とともに感覚を通して獲得されてくる能力だとする説である。石の彫像に五感がひとつずつ賦与されていくどうなるかという思考実験を通して，感覚から認識が形成されてゆくプロセスをコンディヤックは描いている。近代的な人間観の確立に大きな役割を果たしたフランス啓蒙思想は，人間の理性（認識能力）自体も超越的に与えられたものではなく，主体的にみずからが獲得するものだという考えを採る。コンディヤックの説もそうであった。

　イタールが聾学校医となったのはまったく偶然のいきさつからだったけれども，そのまま感覚障害者である聾者の理解と教育に生涯を捧げたのはコンディヤックの思想あってではなかったろうか。現在，コンディヤックを直接引き合いにだす臨床家や研究者はいない。けれども，感覚統合訓練の推奨者から広汎性発達障害のもつ感覚特性を強調する研究者まで，期せずしてその発想の系譜にあるといえるかもしれない。

II 「野生児」はどう理解されたか

　この少年は幼児期から森の中で孤立して育ち，感覚を通して社会的・文化的な認識を獲得する環境と機会をもてなかったため，野生状態となったのではあるまいか。そうならば，なんらかの教育的方法によってしかるべき認識をあらためて獲得させて野生状態から抜け出させることができまいか。これがこの少年のケアをゆだねられたイタールの考えだった。

　一方，師のピネルも，精神医学の第一人者としてこの野生児の調査委員会の代表に選ばれ，聾学校に保護されてしばらくした少年を診察している。ピネルはイタールと考えを異にした。少年は「聾学校に数カ月いたのに，なんらの進歩も，なんらの発達可能性の徴候も認められなかった」とピネルは述べる。環境ゆえのものであれば環境が変われば改善しているはずと言いたかったのであろう。少年は生まれつきの精神遅滞（当時の用語で「白痴」）だったがゆえに森に棄てられた子どもに過ぎず，かれは「白痴」や「痴呆」と完全に同列で「方法的（体系的）な，より長く持続する指導によっても成功を得る希望は少しもない」というのがピネルの見解だった（イタール［中野ほか訳］1978）。しかるべき認識を獲得する機会がもてなかったためではなく，獲得する能力に最初から欠けていたためだと考えたのである。ピネルは「白痴」（精神遅滞）を思考能力や情動能力の重篤な欠損と理解していた。

　精神障害者を鎖から解いた先進的・開明的な医師ピネルのイメージからは，厳しく冷やかにすぎる見解にも見える。当時の精神病院には重い「白痴」の患者も多かった。もともとのビセートルやサルペトリエールは，社会秩序からはみだした種々雑多な人々の収容施設として運営されていた。子どもの入所者が驚くほど多く，「1750年の調査では，肉体的

障害であれ精神的障害であれ 383 名の児童が収容されており，そのうち 178 名は 15 歳未満であり，205 名は 15 ～ 18 歳であった」という状況だった（Duche, 1990）。肢体不自由も含め，今なら「発達障害」にカテゴライズされよう子どもたちが多くを占めていたと想像できる。この時代，発達障害をもつ子どもたちが社会からどう遇されていたかを窺わせる数字だろう。

　ピネルの取り組んだ「鎖からの解放」も病院の制度改革の努力も，こうした「収容施設」から近代医学的な「病院」への脱皮という要請を大きく担ったものだったのであろう。当然ピネルはビセートルやサルペトリエールで多くの「白痴」の子どもたちやその成人した者たちを診ている。ピネルは毎日のように問診をし，注意深く継続的にていねいに患者たちを診る医師で，すぐれた観察力をもっていた（森山，2003；八木・田辺，2010）。しかし，その臨床観察を通して，ピネルはこの人たちに対してきわめてペシミスティックになっていたのであろう。少年への自説を裏づけるため，自分の診てきた「白痴」の患者たちを引き合いに出しているが，その患者たちを描写する筆致はきつい。ピネルが診たのは施設に隔離収容されたまま長期間放置に近い状態だった人々の姿だったことを頭に置くべきだろう。ピネルの目からは，若き弟子イタールの考えは，情熱と哲学理念が先行した，「白痴」への臨床知識や経験に乏しいがゆえの危なっかしい思いこみと映ったにちがいない。また「野生児」をめぐる巷間のセンセーショナルな騒ぎが苦々しく，水を掛けようとした気配も感じられる。

　もし，イタールが師の見解に従って，少年のケアを放棄していたなら，また別の歴史となったであろう。サルペトリエールに「白痴」と診断された入院患者が 1 名増え，その後の患者の経過はまさにピネルの予言どおりとなったというように……。近代精神医学が「白痴」（精神遅滞）を医学的な対象と捉えはじめたとき，それは改善の見込みのない能力欠

損という理解においてだった。思想家のミシェル・フーコー（Foucault M〔1926-1984〕）が，別の鎖に繋ぎかえたのだとピネルを批判したのは有名で，その批判が全面的に妥当かはともあれ，まったく的はずれとは言えないのはこうしたところだろう。

けれども，イタールは師の見解を肯わず，ゲラン夫人という優れた女性の力を借りて教育的なかかわりに熱心に取り組みはじめる。イタールの第一報告書（1802）のエピグラフには「人間がもつ諸観念の最大の基盤は，人間相互の交わりにあるのだ」というコンディヤックの一節が掲げられている（イタール［中野ほか訳］1978）。

ものごとの名称や概念にはじまって規範や思想に至る人間のもつさまざまな観念的なものは社会的・文化的に生み出されたもので，それが世代から世代へと継承され，人と人との間で社会的に共有されるには「人間相互の交わり」が不可欠である。それなくしては人間は観念の世界をもつことはできない。この少年は幼児期から長く「人間相互の交わり」をもたず，それが観念の世界をもつことなく純粋に「野生」の世界を生きるあり方をもたらしたというのがイタールの基本的な発想だった。この発想は精神発達のひとつの重要な側面を捉えあてたものだったと言える。

III　イタールの取り組み

アヴェロンの野生児が，イタールが考えた意味での「野生児」だったのか，ピネルが言うように精神遅滞だったのか，後の研究者がしばしば推定するように自閉症だったのか，診断が議論の的になってきた（Shattuck, 1980）。この少年の状態に対する原因論議と言ってもよい。

だが，その原因的背景がなんであれ，保護された頃の少年は，ピネルの詳細な記述のごとく知的にも社会的にも著しく遅れた状態にあった事実はまちがいない。その遅れをどう解釈するかで診断（原因論）は割れ

るだろう。しかし，今読んで大切なのは，所詮憶測をでない診断論議（原因論議）よりも，この少年の発達をいかにして促して遅れを取り戻させようとしたか，イタールの実践した工夫と努力の具体的内容の吟味である。

　まずイタールが取り組んだのは，日々，ゲラン夫人とともに少年と「人間相互の交わり」をもつことだった。精神発達には，すでに精神発達を遂げているおとなとの相互交流が絶対の必要条件である。住み込み医師イタールとやはり住み込みで派遣されたゲラン夫人には，少年と生活を共にし，日常的に日々かかわりを重ねることができた。このような密接なケアができる条件に恵まれたことに加え，コンディヤックから学んだ人間観が粘り強いかかわりを支えたのであろう。

　広汎性発達障害はもちろん精神遅滞もふくめ，精神発達の遅れは「人間相互の交わり」の能力そのものの遅れを必ずともなう。そのため，これら子どもたちはまわりからの積極的なかかわりが乏しければ，相互交流が一般に較べてずっと薄くなり，それがさらに精神発達の歩みを遅らせるという悪循環が生じる。ましてや，この少年は発達期を少なくとも2年間以上，イタールが挙げる目撃情報が正しければ7年間以上，まったく相互交流に欠けた状況におかれていたのである。少年はもともとなんらかの発達の遅れをもっていたという大方の憶測はおそらく妥当だろうが，ピネルが改善不能の「白痴」と断じたほどの重い遅れはそのようにして形成されてきたものと考えられる。

IV　言葉の習得

　イタールの第二報告書（1806）には，5年近いかかわりによって，なしえたこともなしえなかったことも率直にまとめられている。現在のかれの能力を同年齢のほかの人たちを基準に比較するかぎりは「不具者」

（障害者）というしかない。しかし，改善の余地なしと断じられた当初と今を比較すれば大きな変化があり，その現在のかれと過去のかれとの差異は，現在のかれと同年齢のほかの人たちとの差異以上に大きいのではないか，とイタールは報告している。発達障害への発達支援を考える重要な視点が，ここにすでに示されている。

　具体的な教育としてイタールが努力を傾けたのは，まったく言葉をもたなかったこの少年に言葉を獲得させる試みだった。発達障害は，多かれ少なかれ，なんらかのかたちでの言語発達の遅れを示すものが大きな割合を占める。言語と精神機能とには密接な関係があるためである。少年には言語的な発声が困難なことを見て取って，イタールは文字の学習から手をつけた。工夫に富んだアイデアと根気よいかかわりによって，少年はアルファベットの綴りがわかるようになる。そして「本」とか「ブラシ」とかいろいろ品名を綴った紙を見せれば，それを読み覚えてそれらの品々を自室からイタールの書斎に届けられるようになった。イタールはこの成果に満足せず，少年の部屋に鍵をかけて入れぬようにしてから，少年に品名のリストを見せた。リストの品々はどれも書斎を見渡せばそこにもあるものばかりだった。ところが自室に入れないと少年はなすすべを失い，イタールが書斎にある同じ名前の品々を示しても困惑するだけだった。少年にとって「本」「ブラシ」などのコトバは，それぞれ自室の特定の本やブラシとしか結びついていなかったのである。

　これはずっと後，自閉症への言語療法がぶつかったのと同じ問題だった。絵カードのリンゴを見れば「りんご」と言えるようになった子どもが，しかし実際の林檎など絵カード以外のリンゴを「りんご」と呼ぶようにならなかったという問題である。自閉症には「汎化の障害」があるからだと研究者はそれを障害特性のせいにしたけれども，1世紀半以上も前にイタールは正しい答を見いだしていた。事物の名前とは，事物そのものを表すのではなく，その事物がどんな種属に属しているかを表

すもので,「外見上違っている物がどういう共通の性質で同じ名前に値するのかを理解させる」ことが言葉というものを獲得させる課題なのだと,この経験からイタールは発見したのである（イタール［中野ほか訳］1978）。

イタールは新たな工夫をしてこの課題に取り組む。すると今度は「本という名で，紙一帖，ノート，日誌，帳簿，小冊子を無差別に指し示し，細くて長い木片をどれも棒と呼び，箒をブラシと呼び，ブラシを箒と名づけ……」ということが始まった（イタール［中野ほか訳］1978）。これは通常の子どもの言語発達過程でも必ず生じる「共通の性質」を探るための試行錯誤で，この少年が言語獲得の軌道を歩み始めたことを示している。さらにイタールはものごとの性質や状態や動きにも名前があること，すなわち形容詞や動詞の理解に取り組み，少年は簡単なものならそれが理解できるようになっていった。

教育にあたって問題にぶつかるたびに，その意味となにが必要かを考え直し，工夫を重ねてゆくイタールも大したものだけれども，少年自身がそれによく応えようと努めていることに注目されるべきだろう。その努力を支えていたのは両者の間に形成されてきた「人間相互の交わり」，親和的なつながりの意識だったと考えることができる。

V　イタールの挫折とその後

イタールの目標は，少年が言葉を話せるようにすることだった。少年は聾学校の生徒たちとは違って聴覚障害はもたない。聴覚という感覚は備えながらも森の中で孤立して育ったため，それを音声言語へと発展させる機会がなかったのだとイタールは考えていた。もしそうなら，教育と訓練次第であらためて音声言語を獲得させるのも不可能でないはずだろう。また，それができれば自説の証明となるはずだった。

最初，イタールは音声をサインとしたコミュニケーションを教えようとして，うまくいかなかった。そこでいったん話し言葉は棚上げにして，文字サインに切り替え，上述のように「一語文」から初歩の「二語文」のレベルの言語理解にまで導いたのである。この成功に，いよいよ，音声言語の段階だとイタールは考えたにちがいない。ちなみに聾教育においてもイタールは口話の獲得を重視していた。イタールは少年とにらめっこのように顔を向き合わせて，自分の口や舌の動きを模倣させる方法を考え出した。耳で感覚した音声をそのとおりに発声器官の運動で再現するのが難しいのなら，代わりに発声器官の運動を視覚的に覚えさせることによって，しかるべき発音を可能にしようと考えたのである。発達障害をもつ子どもに対して，聴覚よりも視覚が優位だから，視えるものを手がかりにという発想は現在よく採られるもので，その先鞭と言える。

　しかし，この苦心の方法は，これまでにない完全な失敗に終わる。「1年以上もの間，私の仕事，われわれの訓練は，すべてこの目的に向けられました」「それでもめげずに辛抱し，もっと長期にわたってこの器官〔口や舌のこと〕の頑固さと闘いましたが，治療を継続し時が流れても何の変化もおきないのを知り，とうとう話しことばを与える最後の試みに終止符を打ち」とイタールは報告している（イタール［中野ほか訳］1978）。イタールの挫折感はきわめて大きく，ここで事実上，少年への教育的なかかわりを断念したのである。文字を媒体とする言語能力がせっかくここまで伸びてきたのだから，そちらのほうをじっくり進めていたらと惜しまれる。けれども，イタールはひたすら「話しことば」に賭けていた。

　少年は思春期の情緒的混乱を迎え，それが5年間にわたる教育に終了をもたらしたとイタールは述べている。しかし，この混乱は，思春期のためばかりでなく，この発音訓練が関連しているにちがいない。綴りを読んで品物を取ってくるという練習には少年が生き生きと取り組んでい

た様子が報告書に窺える。課題を果たせたときの喜びや誇りや満足。そこにはイタールとの間での体験の共有感があった。はじめは精一杯だったのが，やがて余裕の様子さえ見せるようにもなっていた。

　ところが口の動きの練習にはそれがまったくなかった。日常の生活とのつながりも見えず，少年にとってわけのわからない，歓びに欠けた訓練の単調な反復だったに相違ない。しかもイタールにとって（ということは少年にとっても）成功感や達成感がまったく抱けないまま，延々と1年以上も続けられたのである。ストレスとフラストレーションは多大なものになっていたと想像できる。

　第二報告書が書かれた1806年，イタールは少年の教育を打ち切り，1811年には少年はゲラン夫人とともに聾学校を去る。そのまま夫人に引き取られてパリの片隅で目立たない生涯を送り1828年に没した。「野生児」は社会からはとうに忘れられていたのだろう，死因もどこに埋葬されたかも，なにひとつ記録が残っていない（Shattuck, 1980）。ちなみに30年近くずっとその世話をしていたゲラン夫人は記録や報告のたぐいをなにも遺さなかった。研究者や臨床家としてでなく，ふつうの生活人としてともに暮らし，最後まで世話をし，かれを見送ったのであろう。

おわりに

　イタールの取り組みは発達障害の研究と臨床の原点となった。
　この少年にイタールやゲラン夫人が行ったかかわりのうちに，すでに狭義の「医学」「医療」の内側におさまることなく，教育や養育，つまり子どもを育まんとする生活的なはたらきかけと深く重なり合った障害児の臨床の本質がみてとれるだろう。
　また，ピネルとイタールとの対立のうちに早くも，その後，さまざまな局面でくりかえされ続けるテーマがあらわれている。すなわち発達障

害に対して，それ自体は改善不能な能力欠損と捉えるのか，改善の可能性をはらむものと捉えるのか。先天的な障害と考えるか，後天的な障害と考えるか。生物学的なハンディとみなすか，心理・社会的なハンディとみなすか。いずれのハンディにせよ，環境のあり方やまわりからのかかわりはそれを改善しうるものなのか，成功を得る希望は少しもないものなのか。精神発達に重要なのは，機会なのか能力なのか。こうした対立項の間を揺れ動きながら変遷してきたのが，発達障害理解の歴史と言えよう。

　まったく言葉をもたなかった少年に言語を獲得をさせようとしたイタールの創意に満ちた実践的試みの内容およびその成功と失敗は，言語とはなにか，言葉を理解したり表現できるとはどういうことかについての急所を指し示していた。その後の研究は内実的にはむしろイタールよりも後退したところに長くとどまり，まわり道をしてきたとすら言えるかもしれない。研究とは必ずしも後のものが前のものより前進しているとはかぎらず，発達障害の研究や理解は，行きつ戻りつや右往左往を繰り返した曲折の多い変遷をたどりつつ現在に至った。おそらく，これからもそうではなかろうか。

　研究史・臨床史は，おのずと研究者・臨床家とその業績や実践にスポットをあて，それをたどることになる。しかし，ほんとうはそこではない。イタールは少年にヴィクトールの名を与えた。彼がいてこそだった。研究や臨床の歴史の背後には無数のヴィクトールとその人生が隠れているはずである。これは匿名性保護のもとにおもてには出てこない（ゲラン夫人もヴィクトールを引き取ってケアを続けるにあたって管理委員会から「この若者を公衆の好奇心の対象としてはならない」と念を押された（川口，2010））。しかし，そうした人々のひそやかな暮らしとその変遷にこそ，目が向けられるべきかもしれない。アヴェロンの少年に稿を費やしたのは，その考えもあってのことだった。

文献

Duche D-J (1990) Histoire de la Psychiatrie de l'Enfant. PUF.（藤本登四郎訳（2005）小児精神医学の歴史．そうろん社．）
川口幸宏（2009）いわゆる「アヴェロンの野生児」の〈その後〉について．セガン研究パンフレット．
川口幸宏（2010）知的障害教育の開拓者セガン．新日本出版社．
森山成栞（2003）ビネル．In：酒井明夫編：こころの科学の誕生．日本評論社．
J・M・G・イタール［中野善達ほか訳］（1978）新訳 アヴェロンの野生児．福村出版．
Shattuck R (1980) The Forbidden Experiment.（生月雅子訳（1982）アヴェロンの野生児―禁じられた実験．家政教育社．）
滝川一廣（2010）発達障害における感覚・知覚世界．飢餓陣営 35 号．
八木剛平・田辺英（1999）精神病治療の開発思想史．星和書店．

第 2 節

発達精神病理学から見た発達障害

杉山登志郎
SUGIYAMA Toshiro

I　発達障害の新しいパラダイム

　最近の知見の中で最も重要と考えられる所見は，多くの発達障害が多因子モデル（polygenetic）であることが明らかになったことである（Sumi et al., 2006 ; Virkud et al., 2008）。多因子モデルとは，疾病が素因と環境因で生じるというモデルである。ここでいう環境因とは，epigenetic と呼ばれる，遺伝情報がメッセンジャー RNA に転写され酵素などのタンパク質の合成が行われる際に，環境からの干渉を受けるという現象である（Marcs, 2004 ; 佐々木，2005）。例えば喫煙によるニコチンの暴露で初めてスイッチがオンになる遺伝子など，この過程で多くの状況依存的なスイッチが存在するのである。つまり遺伝子とは青写真ではなく，料理のレシピのようなものであることが明らかになった。したがって環境因といっても生物学的な干渉によるものである。例えばアルコール依存症の父親による母親への DV が常在化した環境にあるとき，ここでは母親のホルモン動態のアンバランスによって遺伝子に epigenetic な干渉が引き起こされる。この環境因による遺伝情報の変化は非常に広範であり，ま

た乳幼児期のみではないことにも注意する必要がある。例えば覚醒剤の暴露によって遺伝情報の発現に変化が生じ，その結果，薬物に対する脳の反応系全体に永続的な変化が生じるのである。さらに多因子モデルにおける素因は，日常的に常に生じている遺伝子の変異を含み，それらは原因−結果という直線的な関係ではなく，リスク因子の積算という形を取る。その個々の変異が原因−結果として働くわけではないが，それらの因子の集積によって発症のリスクが高まるのである。このようなモデルが多因子的な要因を持つ精神医学的障害において適合することは以前から知られていた。例えば知的障害は，5つの独立した素因を想定し，個々の素因が±15のIQの変動を担うと仮定して予測を立てると，家系における実測値に最も良く当てはまるのだという（Tanguay & Russell, 1991）。

　このモデルは多くの慢性疾患と同一である。例えば糖尿病の素因を持つものは単一ではなく，また非常に多い。だがその全てが発症するわけではない。また多くの素因を持っていても，生活の工夫によって発症を抑えることは可能であるし，素因がわずかであっても暴飲暴食を繰り返せば発症に至ることは十分にありうる。

　このことを考慮してみると，近年発達障害が増えていることに対する謎が解ける。原因−結果という直線的なモデルではないことにあらためて注意が必要であるが，結婚年齢が後退すれば当然出産年齢が上がる。するとそれによってリスクが1つ加わる。同様に環境ホルモンの影響によってリスクが加わる。さらに，新生児の神経系のバランスに影響を与えうる環境的な要因，例えば刺激の絶対量の過多，逆に過少の存在があれば，それによってリスクが1つ加わる。このような病理を考えれば，広汎性発達障害や注意欠陥多動性障害のように，最大の要因は遺伝的素因であることが明らかになっている障害においても，増加あるいは減少が生じることに何ら不思議はない。

さてこのモデルで考えた時に，幾つかの考慮すべき問題が浮かび上がる。多因子モデルにおいて，素因を有するものは，発症するものの少なくとも5倍以上存在することが定説となっている。素因を持つものは，発達障害の基盤を形成する認知特性によく似た認知の特徴を有しているが，その大半は，国際的診断基準における診断に際しての条件である適応障害に関しては認められない。しかしこの両者の間には連続性があり，状況如何によっては，適応障害が生じる可能性が存在する。つまり臨床的な観点からは，現在において適応障害を有しないグループにおいても，予防的な関与は必要であることが明らかである。しかし，それらの素因レベルのグループを障害として呼ぶことはできない。つまり，この素因レベルの人々を別称する必要が生じる。

　筆者は素因レベルを表す言葉を模索する中で，単直に発達凸凹と呼べばよいのではないかと結論した（杉山ほか，2009）。凹凸ではなく凸凹であるのは，このような認知特性は，特に広汎性発達凸凹において決してマイナスとは限らないからである。狭義の発達障害とは，発達凸凹に適応障害が加算されたグループである。最近になって，疫学研究者から広汎性発達障害の親族に似た認知特性のものが多いという事実を踏まえ「広範な自閉症形質（Broad autism phenotype：BAP）」という概念が提唱された（Losh & Piven, 2007）。広汎性発達凸凹とはまさにこのBAPと同じものを指している。

　さらにこの凸凹が「マイナスとは限らない」という問題である。最近になって，偉人や天才として顕彰されてきた人の中に特にアスペルガー障害と考えられる人が数多く存在するという指摘がなされるようになった（Fitzgerald, 2005；James, 2006）。この視点から捉え直してみれば，むしろ多くの優秀な人々が凸凹を有していることも明らかである。われわれは最近，特に発達の峰と谷の両者を持つ児童，青年への教育的対応について報告と提言を行った（杉山ほか，2009）。わが国のシステムは，

認知の谷間に関する教育のみが実践され，他の先進国において実施されている天才児のための特別支援教育が手付かずのままである。

未診断の発達障害という問題は，非常に広範な論議の口火となりうる。

従来の精神医学や臨床心理学には発達障害という概念がほとんど存在しなかった。その結果，未診断の特に高機能広汎性発達障害（凸凹）が，発達障害の既往に気付かれないままに，精神医学的な診断を附され，誤った治療を受け続けるということがしばしば生じていた。筆者は広汎性発達障害の併存症は多く，多岐にわたり，その内容を検討してみると，従来の分裂気質（schizoid）は実は広汎性発達障害（凸凹）と呼び変えて良いのではないかと思われることを指摘した（杉山，2008）。

この視点によって，これまで難治性と考えられていた幾つかの精神科的障害への突破口が開けるのである。シゾイドタイプの拒食症，巻き込み型強迫性障害，重症の選択性緘黙，重症のひきこもりに至る不登校などなど。筆者はこれらの症例において非常に高率に，広汎性発達障害の基盤の上に併存障害として生じたと考えられる青年や成人を数多く経験してきており，逆に発達障害において生じた問題として捉えることで，重症と言われてきたこれらの病態へ治療を行う上で，以前より苦労することが著しく軽減した。この論議は，統合失調症とは何かという精神医学の基盤を揺るがす問題にすでに展開している（杉山，2009）。

もう一つの新たな視点はトラウマの衝撃である。子ども虐待をはじめとする慢性のトラウマが脳に器質的な変化を引き起こすことは，21世紀になってさまざまな脳画像研究のデータが報告されほぼ確実になった。トラウマによって脳自体の器質的，機能的変化が引き起こされるという事実を見る限り，少なくともその一部は，先に述べた epigenetic な干渉なのであろう。筆者は子ども虐待の専門外来を開き，子ども虐待臨床に従事する中で，発達障害とトラウマとの複雑な絡み合いを知った。発達障害の存在は虐待やいじめといった迫害体験の高リスク因になる。そ

の一方で，子ども虐待などの慢性のトラウマの存在は，その後遺症として，発達障害に非常に類似した一連の病理症状を引き起こす（杉山，2007a）。ここで取り上げたいのはその鑑別ではない。発達障害とトラウマが掛け算になった時，それによって何が起きるのだろうか。筆者は子ども虐待の臨床経験から発達障害臨床を見直したとき，このトラウマの問題こそが，発達障害の長期転帰を不良にする最大の要因であることに気付いた。

筆者はこうして発達精神病理学の重要性に気付かざるをえなかった。従来の精神病理学は症状学であり，同時に精神疾患の体験世界を知るための医学的心理学として作られた。ところが従来の精神病理学には発達の視点が欠落していた。今最も必要とされている知識は，素因を有する個体に，どのような環境的な干渉が生じたときに，どのような臨床的装飾あるいは新たな臨床症状が現れるのか，臨床経過にどのような変化が生じるのかという知識である。正にこの点を検証する科学が発達精神病理学（developmental psychopathology）に他ならない。

精神医学においては，数百例を経験して初めて理解できることは少なくない。この小論では各々の発達障害に関し詳述することはやめ，発達精神病理学の立場からライフサイクルを巡る論議の鳥瞰を試みたい。

II　発達精神病理学から見た発達障害

1　愛着を巡る問題

愛着の形成は，言うまでもなくその後の社会性の基盤となるものである。愛着の形成が対人関係の基盤のみならず，情動コントロールの基盤，さらには社会的な行動の中核であることに注目する必要がある。愛着行動はそもそも幼児が不安に駆られたときに愛着者の存在によってその不

安をなだめる行動である。やがて愛着者は内在化され，そのイメージのみにて子どもは不安を来たさなくなる。さらに内在化された愛着者のまなざしこそ，発達障害の有無を問わず，社会的な行動を子どもにうながす動因である。このことは，子ども虐待臨床において愛着障害の児童の臨床に携わると非常に良く見える。彼らは頭で悪いと分かっていても例えば盗みなどを容易に反復させてしまう。非社会的な行動を取るその瞬間に歯止めとなる，愛着者のまなざしを内に持たないからである。さらに愛着それ自体がトラウマの防御壁になることにも注意する必要がある。われわれが辛い体験のさなかに，重要な愛着者の存在によって自ら慰めあるいは奮い立たせることを思い出してみるとよい。愛着未形成の子どもの場合，内側から不安をなだめる内在化された他者の存在を欠くため，不安をコントロールするすべを知らない。その結果，トラウマが自己の中核に直接突入する構造が作られてしまう。それを守る手段は解離以外にない。彼らはトラウマ記憶を切り離すことで防衛を図るのであるが，今度は切り離された部分が中核になって，新たな人格が成長を始めるという病理が展開していく。

　発達障害症臨床において愛着の形成は重要な課題になる。この愛着形成を困難にする要因には3つある。第1に子どもの広汎性発達障害，第2に子どもの多動性行動障害，第3に母親の広汎性発達障害（凸凹）の存在である。

　広汎性発達障害においては，知覚過敏性などの問題に妨げられて，知的な障害がなくとも愛着の形成は遅れるのが普通であり，高機能児であっても，本格的な愛着の形成が小学校年代に入ってからという児童が多い。したがって，小学校年代においてはきちんと子どもの甘えを両親に受け入れてもらうことがとても大事な課題となる。さらに多動性行動障害の存在は，これもまた愛着の形成に著しい悪影響を与える。Wingの自閉症の臨床分類における孤立型とは知覚過敏性の高い群，積極奇異

型とは多動を伴った群のことである。注意欠陥多動性障害においても愛着の形成の遅れが認められる。この修復は広汎性発達障害と同様小学校年代においてである。

　ここで問題になるのは，子ども虐待である。特に高機能広汎性発達障害は子ども虐待の高リスク因である。その理由は，診断が遅れやすいこと，そして未診断の状況での愛着形成の遅れは，養育者側に非常に強い欲求不満を作るからである。したがって，養育者には今後の見通しを伝えること，具体的には小学校年代になると非常に接するのが楽になること，さらに小学校中学年になるとすごく親に甘えるようになることなどを，すでに幼児期においてきちんと伝えておくことが必要である。

　われわれがはじめに「母子アスペ」という問題に気付いたのは，入院治療を必要とするこじれた症例において，これまでよく知られていた，子どもの父親も広汎性発達障害の特性を持つ人というパターンではなく，母親の方に広汎性発達障害のパターンを持つ人が少なからず認められたことからであった（浅井ほか，2005；杉山，2007b）。ちなみにこの母子例の母親において，精神科未受診者はほとんど存在せず，実にさまざまな診断を受けていたが，発達障害診断をすでに受けていた者は皆無であった。

　ひとたびこの視点が与えられると，そのような症例が非常に多いことに気付かざるを得なくなった。どうやら高機能広汎性発達障害（凸凹）の成人が惹かれ結婚をする可能性が高いペアは二つある。一つは高機能広汎性発達障害同士，もう一つは高機能広汎性発達障害と元被虐待児という組み合わせである。前者は認知特性の類似から，後者はおそらく人との距離に苦しむ元被虐待児である成人において，対人距離が遠い高機能広汎性発達障害（凸凹）者のパートナーを選ばせるのであろう。したがって両親共にという場合も決して少なくない。

　さて，われわれの臨床経験では母子アスペ群において実に8割までに

子ども虐待が認められた。さらに虐待まで行かなくとも学校と対立してしまうなど子どものために環境を整えるといった配慮ができないために起きるトラブルを抱えている場合が少なくなかった。

　この母子アスペ問題への対応は症例によっては容易ではない。しかし母子共にカルテを作り，並行治療を行うことが最も有効な方法であるようだ。

2　トラウマの衝撃

　発達障害の一般的な経過は，発達や社会性が徐々に向上をしていく過程である。ところがここに子育て不全や集団教育におけるいじめといった迫害体験が加わると，俄に不良な経過を辿るようになる。齊藤（2000）による有名な注意欠陥多動性障害における DBD マーチにおいて，注意欠陥多動性障害から反抗挑戦性障害の併存は非常に多い。しかしさらに行為障害までジャンプするものはごく希である。ところがここに子ども虐待など子育て不全が加わると，その過半数が行為障害へ発展し，さらにその一部は成人の反社会性人格障害に至るのである。つまり子育て不全の介在こそ，DBD マーチを推進させる動因である。いじめの影響も軽いものではない。われわれは，入院治療を要する不適応を繰り返していた高機能広汎性発達障害の症例において，過去の迫害体験のトラウマに焦点を当てた治療を行った後に，はじめて治療的な進展が得られたという経験を何度もした。

　翻って特に広汎性発達障害をトラウマという視点から見ると，広汎性発達障害は，そもそもトラウマを引き起こしやすいさまざまな要因を抱えることに気付く。高機能自閉症者の回想や自伝では，しばしば幼児期の脅威的世界が語られる。とくに高い知覚過敏性を抱える場合には，まさにトラウマの塊りのような状況になってしまう。本質の解明がいまだ

に不十分である知覚過敏性は，その基盤として扁桃体など情動に関する情報の調律器官の機能不全が背後にある。ところが自閉症独自の記憶の障害であるタイムスリップ現象がここに介在する。つまり過敏性に絡む怖い体験に関連した記憶事象によって，過去の不快体験の記憶の鍵が開き，フラッシュバックが生じてしまう。つまり知覚過敏性は，徐々に生理的な問題から，状況を引き金とした心理的な問題へ展開するのである。この知覚過敏という生理学的な不安定性によって，一般の健常者ではそれほど脅威的でない事象においても，しばしばトラウマと同等の脅威性が生じやすい。さらに彼らの独自の認知構造は，全体の把握が困難で，部分にとらわれやすい特徴をもつ。その結果，見通しの障害が生じ，不意打ち体験や秩序の混乱が容易に引き起こされる。また，広汎性発達障害の認知対象に吸い寄せられるかたちの自我機能のあり方は，容易に解離反応を引き起こし，体験の連続性を困難にする。また先に述べた愛着形成の遅れは，それ自体がトラウマからの防御壁の欠如をもたらすのである。

　こうして，広汎性発達障害の体験世界をトラウマという視点から振り返ってみると，逆に彼らの示す行動の特徴と，被虐待児に認められる臨床的な特徴とが重なり合うことにも気づかざるをえなかった。自閉症児の示す防衛としての常同行為，防衛としての解離反応，さらに過覚醒とそれにともなう気分の変動などなど，幼児期であればあるほど，トラウマへの脆弱性が著しく，それによって適応状況が大きく変化する。迫害体験から極力保護をすることが可能であった場合には，学童期後半になって愛着獲得がなされ，その後は彼らなりの方法ではあるが，トラウマに対する脆弱性は軽減するようにみえる。しかし，強烈なトラウマに晒されつづけた場合には，他者の存在そのものがパニックの引き金となるという，きわめて対応のむずかしい状況に至ることがある。これが強度行動障害にほかならない。

さらに元被虐待児であり現在は加虐側になっている高機能広汎性発達障害（凸凹）の親への親子並行治療を経験している中で，彼らに非定型的な双極性障害が多いことに気付いたが，これについては次の項で取り上げる。

トラウマに対してはトラウマ処理と呼ばれる特殊な技法が必要である。われわれは，広汎性発達障害の事例においても，積極的にトラウマへの治療を行うようになり，さらにその派生で，チャンスEMDRという方法をあみ出した。具体的な症例を記す。

症例1　高機能自閉症　6歳　男児

兄もまた高機能広汎性発達障害の児童で，母親はPDDNOSとうつ病があり，並行治療を行っている家族である。患児は多動もあり，学校ではしばしば他の児童とトラブルを繰り返していた。ある日に外来で，ある児童から言われたこと，その児童が患児に手を出したことに著しくこだわるようになって，何日たっても「○○が死ねと言った」「○○が僕を叩いた」と言って泣いたり，怒ったり，眠れないし，この1週間は学校に行くのを嫌がる，と訴えがあった。ちなみに，この児童とのトラブルがあったのは，少なくとも学校が始まったばかりの数カ月前で，なぜ今になってこのことを持ち出すようになったのかよく分からないという。

その場面を思い出すように指示をして，左右交互の振動を作り出すパルサーと呼ばれる機材を両手で握ってもらい，パルサーによる交互振動刺激を3セット行った。患児は笑顔になったので，「スッキリした？」と尋ねると，にこにこして「うん」と答えた。さらに患児にはピモジド0.2mgの処方を行った。母親は半信半疑であったが，その後，「○○が」という訴えは著しく軽減し，2週間後にはすっかり元に戻った。

これがチャンスEMDRと呼んでいる手法である。タイムスリップ現

象というほどまでにまだ記憶に根を張っていない不快記憶の場合には，この例のようにほんの数分で，処理が可能なこともある。

3 不登校とひきこもり

　発達障害において，学校に行くという課題は極めて重要である。なかでも広汎性発達障害は，その障害の中核である社会性のハンディキャップを改善するとなると，社会的な経験を積む以外に方法はない。学校以外のどの場所で社会的規範を遵守する経験を積むことができるだろうか。もちろん学校という環境は，発達障害児の存在を念頭に置いて作られていないため，さまざまな配慮を加えることが必要不可欠なのであるが。

　われわれの検討では，高機能広汎性発達障害550名中不登校は68名（12%）であった。しかし問題は未診断の発達障害による不登校の存在である。不登校を主訴としてあいち小児センターを受診した児童青年の実に7割までが高機能広汎性発達障害であり，その大半は発達障害診断を受けていなかった。この問題が深刻になる1つの要因は，従来の不登校対応において発達障害の基盤という視点が欠けていたことである。広汎性発達障害を基盤に持つ不登校児に他の不登校症例と一列に力動的な対応をされてしまうと，蟄居のまま重要な学校教育の年限を超えてしまうことが実にしばしば生じる。実際，われわれがフォローアップしている101名の成人症例のうち17名のひきこもりが存在するが，その9割までが不登校既往者である。

　不登校の理由としては大きく分けると多い順に，1，カリキュラムが患児の学力に合わなくなって学校生活の忌避につながったもの，2，いじめをはじめとする迫害体験が絡んだもの，3，嫌なことはやらないというパターンで学校への参加を拒否するものの三者がある。この三者はいずれも重なり合い，特に1と3，2と3はしばしば同時に見られる。1

と3が絡んだ症例の場合，高機能広汎性発達障害以外には決して起きえないであろうという独特の不登校の形を取ることがある。例えば筆者は，ある年齢から「自分はこれから年齢をさかのぼる」と宣言して，学校に行くことを拒否した症例を経験している。来年は1つ若くなり再来年はさらに1歳年が減り，数年したら子どもになって，お父さんお母さんに養ってもらうというのである。

いじめなどのトラウマが絡む場合には，先に述べたトラウマ処理を行うことが必須である。また後述する気分障害の併存も時に認められる。高機能広汎性発達障害の青年で，いわゆるひきこもりにすでに至ってしまった症例の中で，デイケアなどに参加することができるようになった例は少なくないが，就労するまでに改善した例を，残念ながら筆者はほとんど経験したことがない。不登校状態での積極的な介入が必要な所以である。

4　精神医学と発達障害

これまで臨床心理学も精神医学も，患者の発達歴を丹念に辿るという習慣を持たなかった。その以前にそもそも発達障害の臨床経験とその観点が欠落していた。ところが，ごく最近になって，さまざまな成人精神科臨床から，発達障害を基盤とした診断および治療の見直しの提言が相次ぐようになった。その1つが衣笠による重ね着症候群である（衣笠ほか，2007）。衣笠がここでいう広汎性発達障害の中には，重ね着症候群の定義における未診断ということからも，明らかにBAPレベルのものが含まれている。

未診断の発達障害に対する誤診あるいは見落としの問題は，非常に広範な論議になるので，この小論においては幾つかのトピックスに絞って，論点の整理を試みる。

まず統合失調症である。1990年代になって，アスペルガー障害が広汎性発達障害の一群として認められるにしたがい，高機能広汎性発達障害と統合失調症との関連が議論されるようになった。アスペルガー障害のみならず高機能広汎性発達障害において，統合失調症もしくは統合失調症類似の病態がときとして見られることは，しばしば指摘されてきた。そもそもWingの最初の論文において，18人のうち統合失調症様の症状を呈した1名が存在した。われわれの検討では，550名の高機能広汎性発達障害の中でわずかに15名（2.7％）が統合失調症の症状を示したが，経過を見る限り明らかに統合失調症とは異なる症例が全てであった。
　表に統合失調症の症状とアスペルガー症候群の示す症状と対比させ，鑑別点をまとめた。こうして比較をしてみると，機械的に診断基準を用いた場合，発達障害の可能性を念頭に置いていなければ，安易に統合失調症型人格障害あるいは統合失調症と診断を受けることは十分にあり得ることにむしろ気付く。つまり，これまで統合失調症を発達障害の視点で検討してこなかったことこそが大きな問題である。さらに統合失調症に関する精神病理学的な検討の中には，統合失調症よりも広汎性発達障害の方が余程適合するものが少なくない。筆者は内省型寡症状統合失調症の代表として知られる名著「自明性の喪失」に登場するアンネ・ラウの詳細な検討を行い，彼女が高機能広汎性発達障害である可能性があることを指摘した。成人の精神科医もこのことに気付き始めている。統合失調症と診断をされてきた青年の中にBAPレベルまで含めた広汎性発達障害が少なからず混入していることは疑いない。誤診に加え抗精神病薬の大量投与という問題が絡み，今日大きな論議になっている。
　次に気分障害である。550名のうち94名（17％）が気分障害であり，最も多い併存障害であることは疑いがない。さらに成人年齢の101名中53名（52％）に気分障害の併存が見られた。このように年齢が上がるにつれて気分障害は高くなることが示されている。高機能広汎性発達

表　統合失調症と広汎性発達障害の症状の鑑別点

	統合失調症	高機能広汎性発達障害
幻覚	大多数は幻聴，周囲の変容感を伴う	大多数はフラッシュバック，幻視様訴えを伴う
幻覚の時間的経過	長時間継続する	一瞬であることが多い
幻覚の内容	内言語の外在化	実際に過去にあったことのフラッシュバック
抗精神病薬への反応	早期であれば良好	抗精神病薬に対して難治性，(SSRIが有効だが，下記の気分変動併存の場合は禁忌)
双極性障害の併存	一般的には希	よく見ると気分の上下をしばしば併存する
解離の併存	一般的には希	よく見るとしばしばスイッチングが認められる
子ども虐待の既往	一般的には希	しばしば認められる
幼児期から学童期の対人関係	大人しい目立たない子であったものが多い	しばしば集団困難，興味の限局，孤立，迫害体験などが認められる
コミュニケーションのあり方	会話が筆記よりも困難が少ない	しばしば筆記の方が会話よりもスムーズ
こだわり・強迫	初期には一般的には希	生涯を通じて様々なこだわりや思い込みを抱える
発達障害診断の親族の存在	希	非常に多い

障害の近親者には非広汎性発達障害である成人でも非常にうつ病が多い (Ghaziuddin et al., 2002)。これは気分障害と広汎性発達障害に内的な関連があることを示すものであり，その内的関連とは，セロトニン系の脆弱性である。

　さて問題は双極性障害の割合である。広汎性発達障害に見られる気分障害において，双極性障害が少なからず認められることは，Munesue ほか (2008) によって指摘された。筆者の経験でも，双極性障害は少なか

らず認められる。しかしその大多数が、双極II型であった。具体的な数字を示す。101名中、気分変調性障害のレベルの者が14名、23名が大うつ病、16名が双極性障害で、うち双極I型と診断される者は3名のみである。ただし平均年齢を見ると、抑うつ無し20±1.8歳、気分変調性障害25.5±3.5歳、大うつ病37.0±10.5歳、双極性障害33.8±6.9歳と有意に（f(3)=45.5, p<.01）年齢があがるにつれ気分変調性障害から大うつ病もしくは双極性障害に発展する傾向が認められる。また大うつ病と双極性障害とは、どうやら年齢的な要因以外の問題が絡んでいると推察される。臨床的には、児童期から双極I型を示す広汎性発達障害は、重度の知的障害を伴う自閉症に比較的多く認められ、児童から双極性障害を示す高機能広汎性発達障害は散見されるが、その大多数が双極II型あるいはその他の双極性障害に属する。明らかな双極性障害を呈した成人の高機能広汎性発達障害症例において、注目すべきは子ども虐待の既往が存在することである。幼児期や学童期の状況が分からないものが少なからず含まれているが、双極性障害を示した16名について見ると、少なくとも9名において子ども虐待の既往があった。

　つまり元々の発達障害に虐待が加わった時に、双極性障害が生じやすいのではないかと考えられる。ただし保留が必要である。性的虐待など重症の被虐待体験を有する成人において、しばしば重度の解離性障害を併存する者が少なからず存在する。この重症の解離を主症状とする複雑性トラウマ（Herman, 1992）あるいはDESNOS（Zucker et al., 2006）においてしばしば見られる感情の抑圧と噴出は、臨床的には極端な気分変動と同一に見え、非定型的な双極性障害類似の状態として誤診されることが少なくない。この原型となる症状を見ると、特に学童期の子ども虐待の子ども達に普遍的に認められる、多動および気分の高揚ではないかと考えられ、解離を背後に持つ気分の上下であると考えられる。最近注目をされているグループがsever mood dysregulation (SMD)（Brotman et al.,

2006）である。これは病態としては双極性障害類似の mood swing があるが，双極性障害よりもむしろ DESNOS に近縁がある可能性が高いグループである。成人の高機能広汎性発達障害（凸凹）に認められる双極性障害は，一般的な双極性障害に比べ，感情調整剤の服用だけで容易に気分の上下がコントロールできないことが多く，厳密には双極性障害と別の病因を持つグループかもしれない。

この問題は，このように非常に複雑な論議にならざるを得ないが，臨床的には逆に，従来，双極性障害と診断をされた中に，一つには凸凹レベルの者を含む広汎性発達障害の既往を持つ者と，複雑性トラウマのレベルの者が共に含まれているということを示唆する。未だに決着が付いていない問題であるが，おそらく重度の虐待体験という強烈な脳への慢性的刺激に晒された個体において，海馬，扁桃体，帯状回などの記憶や感情の中枢に異常が生じ，その一部は気分変動の形を取ると考えれば，広汎性発達障害に加えて被虐待の既往がある者に，双極性障害類似の病態が生じ易いことは頷けることである。また若年から双極性障害の臨床像を呈する広汎性発達障害が，知的障害を伴った自閉症において比較的多く認められる理由も，彼らが生物学的な感情調整の不調だけでなく，知覚過敏や愛着の障害といった，強烈なトラウマに晒され続けるのと同じ構造と考えられる世界に生きていることを考えれば了解できることである。

III　発達障害をライフサイクルの中で捉えること

診断を下す目的は治療を汲み上げるためである。上記の論議の中で明らかなことは，従来のカテゴリー診断学がいかに粗雑なものかということである。われわれは新しい脳科学の時代に差し掛かりつつある。これまでの精神医学そして臨床心理学は，あたかも18世紀の内科学であっ

た。中で何が生じているのか，分からないまま疾病分類が行われ，治療の試行がなされてきたのである。今ようやく，脳の中で何が起きているのか窺うことが可能になってきた。

　ライフサイクルの中で発達障害を捉えることとは，精神医学および臨床心理学全体を発達精神病理学の視点から構築し直すことに他ならない。この科学が，発達障害の長期的な転帰を改善させる鍵を提供するだけでなく，全ての精神科疾患の予防の道を開くことに注目して欲しい。そのために理念や理論の空中楼閣を構築するのではなく，地道なエビデンスの集積が必要とされている。

文献

浅井朋子・杉山登志郎・小石誠二・東　誠・遠藤太郎・大河内修・海野千畝子・並木典子・河邊真千子・服部麻子（2005）高機能広汎性発達障害の母子例への対応．小児の精神と神経 45 ; 353-362.

Brotman MA, Schmajuk M, Rich BA, Dickstein DP, Guyer AE, Costello EJ, Egger HL, Angold A, Pine DS & Leibenluft E (2006) Prevalence, clinical correlates, and longitudinal course of severe mood dysregulation in children. Biolar Psychiatry 60-9 ; 991-997. In : Fitzgerald M (2005) The Genesis Of Artistic Creativity : Asperger's Syndrome and The Arts. Jessica Kingsley Pub, London.（石坂好樹訳（2008）アスペルガー症候群の天才たち――自閉症と創造性．星和書店．）

Ghaziuddin M, Ghaziuddin N & Greden J. (2002) Depression in persons with autism : Implications for research and clinical care. J Autism Dev Disord. 32-4 ; 299-306.

Herman JL (1992) Trauma and Recovery. Basic Books, Harper Collins Publishers Inc., New York.（中井久夫訳（1998）心的外傷と回復．みすず書房．）

James I (2006) Asperger's Syndrome and High Achievement : Some Very Remarkable People. Jessica Kingsley Pub, London.（草薙ゆり訳（2007）アスペルガーの偉人たち．スペクトラム出版．）

衣笠隆幸・池田正国・世木田組・谷山純子・菅川明子（2007）重ね着症候群とスキゾイドパーソナリティ症候群．精神神経学雑誌 109-1 ; 36-44.

Marcus G (2004) The Birth of the Mind. Basic Books, Cambridge.（大隈典子訳（2005）心を生みだす遺伝子．岩波書店．）

Munesue T, Ono Y, Mutoh K, Shimoda K, Nakatani H & Kikuchi M (2008) High prevalence of bipolar disorder comorbidity in adolescents and young adults with high-functioning autism spectrum disorder : A preliminary study of 44 outpatients. Journal of Affective Disorder 111-2 and 3 ; 170-175.

Losh M & Piven J (2007) Social-cognition and the broad autism phenotype : Identifying genetically meaningful phenotypes. Journal of Child Psychology and Psychiatry 48-1 ; 105-112.

齊藤万比古（2000）注意欠陥多動性障害とその併存症．小児の精神と神経 40-4 ; 243-254.

佐々木裕之（2005）エピジェネティックス入門．岩波書店．

杉山登志郎（2007a）子ども虐待という第四の発達書害．学研．

杉山登志郎（2007b）高機能広汎性発達障害と子ども虐待．日本小児科学会雑誌 111 ; 839-846.

杉山登志郎（2008）Asperger 症候群の周辺．児童青年精神医学とその近接領域 49-3 ; 243-258.

杉山登志郎（2009）成人の発達障害．そだちの科学 13 ; 2-13.

杉山登志郎・小倉正義・岡 南（2009）ギフテッド．学研．

Sumi S, Taniai H, Miyachi T & Tanemura M (2006) Sibling risk of pervasive developmental disorder estimated by means of an epidemiologic survey in Nagoya, Japan. Journal of Human Genetics 52-6 ; 518-522.

Tanguay PE & Russell AT (1991) Mental rtardation. In : Lewis M (Ed.) Child and adolescent pyshiatry : A comprehensive textbook. Williams & Wilkins, Baltimore, pp.508-516.

Virkud Y, Todd RD, Abbacchi AM et al. (2008) Familial aggregation of quantitative autistic traits in multiplex versus simplex autism. Am J Med Gent part B 150 B ; 328-334.

Zucker M, Spinazzola J, Blaustein M & van der Kolk BA (2006) Dissociative symptomatology in posttraumatic stress disorder and disorders of extreme stress. Journal of Trauma and dissociation 7-1 ; 19-31.

第3節

成人期における診断と就労支援の課題

山崎晃資
YAMAZAKI Kohsuke

I 安易になされている「発達障害」診断

　最近，おとなの発達障害が過度に注目され，安易な診断がなされる傾向があり，学術的用語と行政施策的用語が混乱して用いられている。
　発達障害の診断においては，乳幼児期の発達歴（とくに愛着行動を軸とする母子間の相互作用過程の検討と母子手帳との照合など），家庭・幼稚園・保育園・学校（連絡ノートや通信簿など）などにおける情報，生活歴などを可能な限り収集し，行動観察を繰り返し行いながら慎重に検討することが必要である。発達歴を十分に検討せずに診断したり，乳幼児期から成人期・老年期までの継時的な臨床的かかわりを経験していない一般精神科医や小児科医が，短時間の面接で，安易に発達障害診断をしたりすることには疑問がある。当然，なんらかの理由によって乳幼児期の発達歴に関する情報がまったく得られないことがあるが，その時にこそ先に述べた臨床経験が問われることになる（山崎，2008）。
　もともとICD-10やDSM-IV-TRなどの操作的診断基準は暫定的なものであり，とくにアスペルガー症候群のように，疾病分類学上の妥当性

がいまだ不明な障害であると明記されているものもある。臨床診断においては、発達障害の諸概念の歴史的変遷と研究史を念頭におき、対象児・者の診断フォーミュレーションを十分に検討したうえで伝統的な診断分類を行い、それを操作的診断基準に照合するという手順で進めるべきものである。操作的診断基準を最優先させる最近の傾向は、再検討されるべきである。

II 「発達障害」概念の問題

最近、「発達障害」概念についてさまざまな議論がなされている。注目すべきことは、日本語の「発達障害」には、社会福祉的な包括的概念である Developmental Disabilities と、機能障害（impairment）を中心とする医学的診断分類概念である Developmental Disorders の二通りの考え方があることである。

Developmental Disabilities は、1963年の米国公法にはじめて登場し、1970年に米国で成立した「発達障害サービス及び施設整備法（Developmental Disabilities and Services and Facilities Act of 1970）」には、「精神遅滞、脳性まひ、てんかんほか、精神遅滞に密接にかかわり、同様の処遇を必要とする神経学的状態」とされている（宮崎, 2008）。1992年には日本精神薄弱研究協会が日本発達障害学会に名称を変更し、2007年には米国精神遅滞学会が米国知的障害・発達障害学会（American Association on Intellectual and Developmental Disabilities）に変更された。

一方、Developmental Disorders は、主として精神医学の領域で用いられている。周知のように、DSM-III（1980）では、知的障害として精神遅滞を、発達的障害として広汎性発達障害（PDD）（第I軸）と特異的発達障害（SDD）（第II軸）をまとめた。

さらに、DSM-III-R（1987）では、第II軸に発達障害という新しい項

目が設けられ，その中に精神遅滞，PDD，SDD が包括された。ところが DSM-IV（1994）では，発達障害という項目がなくなり，学習障害，運動能力障害，コミュニケーション障害，PDD が第 I 軸（臨床疾患）にまとめられ，精神遅滞は人格障害とともに第 II 軸にコードされた。

一方，ICD-10（1992）は，精神遅滞を独立して扱い，「心理的発達の障害」と並列して位置づけた。自閉症は発達の遅れよりも「偏り」が特徴であるが，さまざまなレベルの精神発達の遅滞がみられるために発達障害としてまとめられた。ここで注目しておくべき問題は，ICD-10 では，多動性障害を「心理的発達の障害」に含めておらず，「小児期および青年期に通常発症する行動および情緒の障害」に含めていることである。

また，WHO は「国際障害分類」（ICIDH）の改訂に続いて，2001 年に「国際生活機能分類」（ICF）を出版し，最近，さらにその改訂が行われた。ICF は，人間の生活機能と障害をいくつかの構成要素間の相互作用として整理しようとするもので，発達障害のとらえ方と密接に関連している。

わが国では 2005（平成 17）年 4 月，「発達障害者支援法」が施行され，「この法律において『発達障害』とは，自閉症，アスペルガー症候群その他の広汎性発達障害，学習障害，注意欠陥多動性障害その他これに類する脳機能の障害であってその症状が通常低年齢において発現するもの」（第 2 条第 1 項）と定義されたが，この定義は，前述した諸問題と関連してさまざまな議論を呼び起こすことになった。

この点について，2007（平成 19）年 3 月，文部科学省初等中等教育局特別支援教育課は，学術的な発達障害と行政政策上の発達障害とは一致しないと明記した。

2005 年 4 月に施行された「発達障害者支援法」に基づいて設立された東京都発達障害者支援センター（TOSCA）における相談受理数は年々増加し，2008（平成 20）年度は 1,478 件（前年比 77% 増）となっ

た。年齢区分別にみると，6歳未満が103人（7%），小学・中学・高校生が412人（28%），18〜20歳未満が84人（6%），20歳以上が840人（57%）であった。診断分須別にみると，「広汎性発達障害」（診断書および紹介状の記載による）が579人（39%）であり，「不明・未受診・未診断」のものが672人（45%）であった。

　発達障害について相談に来る成人期・老年期の人々が急増している。定年になって終日家で過ごすようになった65歳の夫（父）が，あまりにこだわりが強く，マイペースであるために困惑して相談に来る家族もある。老年期になってはじめて相談に来られた場合，どのように問題を整理して診断し，どのようにアドヴァイスができるのか苦慮する。

　TOSCAを訪れる人々の相談で，最も深刻なのは就労問題である（山崎・石井・神保，2009）。本人および家族からの相談では，①職場の中でさまざまな困難な出来事が起きる，②就労しても長続きせず，離職を繰り返している，③就職ができない，④就職する前に社会的技能訓練（SST）を含めた就労前支援を受けたい，などが多い。職場の担当者からの相談では，①職場における不適応をどう理解するとよいのか，②本人への対応の仕方について知りたい，③本人あるいは雇用側が利用できる社会的資源などの情報を得たい，などが多い。経済状況がなかなか好転しない現状では，企業側から休職や退職を迫られる事例が多くなっている。発達障害者支援法では就労支援が大きく取り上げられ，「障害者の雇用の促進等に関する法律」では「障害者雇用率制度」が設けられた。そこでは，法定雇用率は一般企業が1.8%，特殊法人および国や地方公共団体が2.1%とされている。しかし2006（平成18）年度の障害者雇用率は，全国で1.55%，東京都で1.44%と依然として低迷している。さらに福祉施設への締めつけや福祉サービス受益者自己負担の強化が進められるにつれて施設経営が劣悪となり，志が高く有能な若い施設職員が次々と離職に追い込まれている。福祉施設のレベルが急速に低下し，そ

れが利用者である発達障害の人々への対応に影響しはじめている。いずれ施設は解体され,「事業」という名のサービスの切り売り業者に転落するであろう(田ヶ谷,2007)。

とくに広汎性発達障害の人々の就労支援を行う場合,彼/彼女たちが抱える生活の困難さと障害特性をよく理解しておく必要がある。高機能自閉症やアスペルガー症候群では,ある年齢になるまで問題に気づかれず,一度問題を起こすと過度に警戒され,きわめて安易に診断され,彼/彼女たちの生活の困難さと悩みに真正面からつきあう臨床家は必ずしも多くはないことも問題である。

とくにアスペルガー症候群の人々が職場で常に問題にされるのは,それぞれの職場の「定式化されたルール」と「暗黙のルール」の理解が困難であることである(山崎・石井・神保,2009)。この問題を如実に現すのが「積極奇異群」(ウィング,1998)の人々である。基本的には孤立群や受動群の人々も同じ問題を共有しているが,「大声で話し,他人の反応を気にせず,興味のあることについて長々と話す」ことが,人間関係における軋轢を顕著なものにしてしまうのである。

III 「発達障害」の臨床における課題

発達障害の人々の診断と精神科医療のあり方について再検討する(舳松・中村・菅原,2005;山崎,2008)必要がある。さらに発達障害の臨床において,児童精神科医にとって必須のサイコセラピーの基本がないがしろにされているようにみえてならない。児童精神医学の基礎的なトレーニングも受けておらず,サイコセラピーの素養に欠ける医師が,発達障害の臨床を行うことが多くなっていることも気になる。なぜこのような状況になってしまったのであろうか。深刻に受け止めなければならない,重大な問題である。

文献

舳松克代・中村道子・菅原道哉（2005）青年期のアスペルガー症候群の診断から支援まで．臨床精神医学 34；1143-1150.

宮崎英憲（2008）我が国の発達障害教育の歴史．In：山崎晃資・宮崎英憲・須田初枝編：発達障害の基本型解．金子書房，pp.51-68.

田ヶ谷雅夫（2007）知的障害者施設の発展と課題．そだちの科学 8；88-93.

ローナ・ウィング［久保紋章・佐々木正美・清水康夫監訳］（1998）自閉症スペクトル親と専門家のためのガイドブック．東京書籍．

山崎晃資（2008）成人期のアスペルガー症候群の診断上の問題．精神医学 50；641-650.

山崎晃資・石井哲夫・神保育子（2009）自閉症スペクトラムの人々の就労問題．精神療法 35；306-311.

第3章

診断を正しく理解する

第 1 節

アスペルガー症候群の理解と対応

木村宜子
KIMURA Takako

はじめに

　最近，保育園・幼稚園・学校の先生などから，集団になじみにくい子どもたちが目につくようになったということをよく聞くようになった。落ち着きがない，友達と仲良く遊べない，自分勝手な行動が目立つ，かんしゃくを起こしやすい，というような特徴を持った子どもが増えている。これらの子どもたちは，従来の発達障害の範疇に入らない場合は，わがままな子どもとか，親の育て方が悪いと片付けられていることも多い。しかし，注意力や衝動性のコントロールに障害のある注意欠陥多動性障害（ADHD），学習上特定の領域に困難がある学習障害（LD），社会性の障害がある広汎性発達障害やアスペルガー症候群といった比較的新しい発達障害の概念が知れ渡るにつれ，障害として認識され，適切な指導が受けられるケースも増えてきた。そして，これらの障害の特徴や相互の関係についての理解も徐々に深まってきている。その中で，「アスペルガー症候群（アスペルガー障害）」については，共通の認識や理解はまだ乏しいようである。これには歴史的背景や，近縁障害である自

閉症の概念が少しずつ変化していること，精神症状そのものが量的，質的ともに規定しにくいことなどが関係している。ここでは，現在ほぼ大多数の同意が得られている「アスペルガー症候群（アスペルガー障害）」の概念について，歴史的背景や関連障害に言及しながら解説することを試みようと思う。

I　歴史的背景

「アスペルガー症候群」という診断名は，ここ10年ほどで急速に知れ渡るようになったが，実は，60年以上前の1944年にオーストリアの小児科医であるハンス・アスペルガーが発表した「小児期の自閉的精神病質」という論文の中で提唱された病態概念に基づくものである。その論文の中でアスペルガーは，人や物など外的環境とのつながりが狭くなっており，普通の情緒的な対人交流が持てず，興味の偏りやこだわりが強い一方，機械的記憶力などの特定の領域に突出した能力が見られる一群の子どもたちについて報告している。この病態は，その前年の1943年にアメリカの児童精神科医レオ・カナーが提出した「早期幼児自閉症」の概念と共通する点が多いものだったが，当時アスペルガー自身は，カナーの「自閉症」は精神病であり，彼の「自閉的精神病質」は人格発達の障害であるので，両者は異なるものだと考えていた。また，「理解と愛情のある指導さえあれば，大きな社会共同体の中でそれなりの場を占めることが可能だ」と述べており，人格障害としながらも教育可能と考えていたようである。

カナーの「早期幼児自閉症」はその後よく研究され，現在の「自閉症」の概念の元となったのに比べて，アスペルガーの提出した「小児期の自閉的精神病質」は当時第二次世界大戦中であったことや敗戦国のドイツ語で書かれたことなどから長い間注目されないでいた。それが，4半

世紀前頃から急速に関心が高まるようになった。その契機となったのが，イギリスの児童精神科医であり自閉症者の母親でもあるローナ・ウィング（1981）の「アスペルガー症候群──臨床知見」という論文である。

　ウィングは自閉症の3つの徴候（対人関係の障害，コミュニケーションの障害，想像力の障害と狭い範囲における反復的・常同的活動）を持つ子どもを調査していた時に，自閉症の診断基準には合わないが，この3つの徴候のいくつかを持っている子どもがかなりの割合でいることに気づいた。そのような子どもの多くは障害と認められないために，何らかの問題があっても援助の手が差し延べられないでいた。ウィングは，程度は軽くても，自閉症に対するのと同じような援助や教育が必要であり，かつ効果的であることを理由に，このような自閉症近縁の障害への注目を促したのである。

　その後，アスペルガー症候群について広く研究され，論じられるようになった。その中で，「自閉症」との異同が論点の中心となっているが，これが自閉症と同様のものなのか，あるいは別の障害なのかという議論に関してはまだ決着がついていない。1992年に発表されたWHOの診断マニュアルであるICD-10と1994年に発表されたアメリカ精神医学会の診断基準であるDSM-IVからは，ともに広汎性発達障害の中に自閉症とは異なる下位分類として登場している。しかし，自閉症と全く異なるものではなく，両者には多くの共通点があるため，2つの障害は重症度の異なる連続体上にあると考えるのが現在の大方の意見である。この連続体の考え方として，ウィングは「自閉症スペクトラム」という概念を提唱している。これについては後に鑑別のところで詳しく述べたいと思う。

　また，名称としては，アスペルガーが提唱した「自閉的精神病質」よりも，より微妙な知的機能の障害や対人交流の障害を持つ子どもたちについては，その障害の本質が不明であるために，パーソナリティ障害か

精神疾患かを示唆しない中立的な人名を用いた呼び名の方が適切であろうというウィングの主張を採り入れ，ICD-10 では「アスペルガー症候群」，DSM-IV では「アスペルガー障害」と名づけられている。以下では，より高頻度に用いられる「アスペルガー症候群」という名称のほうを用いることとする。

なお，DSM-IV は 2000 年に DSM-IV-TR に改定された。診断基準に変更はないが，解説（テキスト）部分が改定され，アスペルガー障害の特徴および自閉症との鑑別について DSM-IV よりも詳細に記されている。これについては後述する。

II　診断と鑑別診断

1　広汎性発達障害

「アスペルガー症候群」の診断について理解するためには，まず，広汎性発達障害および自閉症について理解しておく必要がある。

「広汎性発達障害」は，〈対人関係の障害〉〈コミュニケーションの障害〉〈こだわりや興味の幅の狭さと常同行動〉の3徴候を持っている人を広く包括した概念である。障害の範囲が知的側面に限らず，対人面や行動面などの広汎な領域に及ぶという意味で「広汎性発達障害」と名づけられた。「広汎性発達障害」はさらに，「自閉症（自閉性障害）」「アスペルガー症候群（アスペルガー障害）」「レット症候群」「小児崩壊性障害」「特定不能の広汎性発達障害」などに分類される。

「広汎性発達障害」に見られる〈対人関係の障害〉とは，人と相互の交流ができないということだが，その程度は，全く孤立して対人関係に無関心な程度から，関心はあるが適切な関係の持ち方がわからず奇妙で一方的な働きかけをするという程度まで幅がある。乳児期では視線が合

わない，抱こうとしても体を硬くして抱きにくい，あやしても笑わない，おとなしく，泣いたり手足をばたばたしたりしてかまわれることを要求することが少ない，などの徴候が見られ，幼児期になると呼んでも反応しない，視線を合わせない，ひとりで遊んでいることが多い，人に共感や慰めを求めに来ないなどが見られる。その後は，孤立したままである，誘われるとついて遊ぶ，要求のときのみ人に働きかける，一方的に話しかける，などさまざまな方向に成長してゆく。対人関係障害の中核にあるのは，共感性の欠如と人の気持ちや考えが理解できないことである。これを元として，発達段階と障害の程度によってさまざまな表れ方をする。また，この対人関係の障害は，認知障害によるもので，意欲や意志の問題ではないことに注意しなければならない。

〈コミュニケーションの障害〉は2つの領域に分けられる。ことばでのコミュニケーションと，表情や身振りによる非言語性のコミュニケーションだが，両方に障害がある。ことばはない場合もあるが，あってもおうむ返しや自分にしかわからないことばがほとんどであったり，ひとりごとが多い，一方的に話しかけるが尋ねられたことに応答せず会話にならない，ことばの使い方がおかしい，字義通りの解釈をし比喩や冗談が理解できない，自分で勝手にことばを作る，イントネーションがおかしい，などの特徴がある。

非言語性のコミュニケーション障害では，指差しや身振りなどをあまり使用しないか大袈裟である，あるいは人の表情やジェスチャーを理解できない，表情による気持ちや意思の表現が不適切である，言外の意味を推測できない，場の状況を読み取ることができない，などとして表れる。

〈こだわりおよび興味の幅の狭さと常同行動〉では，特定のもの，物の位置，順番などに対するこだわり，車，電車，恐竜，数字，天気予報，マークなどに固執し一般的なおもちゃや遊びに関心がない（興味の幅の狭さ），くるくる回る，ぴょんぴょん跳ぶ，手をひらひらさせる，体

を揺するなど同じ動作を長い間あるいは度々繰り返す（常同行動），などがある。回るものに惹かれる子どもは多く，車のタイヤを回しながらじっと見る，扇風機，換気扇，洗濯機，乾燥機などをじっと見る，回転いすや鍋の蓋など回るものは何でも回すというのはよく見られることである。また，長い物が好きな子も多く，手に常に棒やおたまなどの長い物を持っていたがるというのもよくある。また，変化が苦手で，室内装飾，物の位置，順番，予定などが変わるとパニックを起こすことがよくある。年長になって特定の領域への関心が出てくると，こだわりの強さから，その分野では秀でた知識を持つようになる者もいる。

　以上が，広汎性発達障害の主な症状だが，これ以外にも共通した特徴が見られる。まず，感覚の過敏さと鈍感さがある。聴覚では，呼んでも反応しないのに，自分の関心がある音はどんなに小さくても，また遠くからでも聞こえるということがある。また，子どもや犬の泣き声，号砲，掃除機やエアコンのモーター音など特定の音をいやがることもよくある。触覚では，触られることを極端に嫌がることや，スベスベしたものやツルツルしたものなど特定の感触を好むことがある。痛みに鈍感なこともある。味覚も過敏で，特定のものしか食べないという強い偏食を示すことがある。臭いに過敏で，なんでも臭いをかぐ癖のある子もいる。視覚では，視線を合わせることが苦手で，避けたり，相手を突き抜けて遠くを見るような眼差しをすることや，回転するものや光，宙などを長時間見つめる，物を極度に近づけて見たりおかしな角度で見る癖などがある。概して模倣は苦手で，手遊びに関心がない。手遊びや体操の真似を場面が違うところで，ひとりですることがあるが，これには模倣を通してやりとりを楽しむという意味はなく，自動的，機械的に繰り返しているに過ぎない。

2 下位分類

これらの症状を持つ広汎性発達障害を診断し，さらに下位分類するためには，ICD-10 や DSM-IV-TR などの診断基準を用いる（表1）。「自閉症」の診断のためには，上記の3徴候の全てが一定の数以上あること，その程度も社会適応に困難なほどであること，3歳以前の発症であることが必要である。自閉症の多くには，ことばをはじめとして精神発達の遅れがある。

一方，「アスペルガー症候群」の方は，〈対人関係の障害〉と〈こだわりや興味の幅の狭さ〉があり，その診断基準は「自閉症」と同じものです。〈コミュニケーションの障害〉については規定がない。また，早期の言語能力に著明な遅れがなく2歳までに単語，3歳までに伝達のための二語文が使えていたことと，認知発達や身辺自立能力などにも明らかな遅れがないという条件がある。自閉症と比較してアスペルガー症候群の特徴を明確にするために，DSM-IV ではコミュニケーション障害がないこと，早期の発達に遅滞がないことを挙げているだけだが，DSM-IV-TR のより詳しくなった解説では，〈対人関係の障害〉と〈行動，興味，活動の限定的，反復的な様式〉についてその特徴が明記されている。〈対人関係の障害〉は，「対人的・情緒的無関心というよりむしろ，常軌を逸し一方的に他者に対して接近しようとすること（例：他者の反応を無視して会話の話題を続行する）によってより典型的に示される」と記されている。〈行動，興味，活動の限定的，反復的な様式〉は，「しばしば，その個人が大量の事実や情報を集めることができるような特定の話題や興味だけに熱中するようになることによって主に明らかになる」と解説されている。〈コミュニケーションの障害〉については，診断基準にはないが，対人的機能障害や非言語的な手がかりを認識できないことなどによって，会話の相互的やりとりができなかったり，特定の話題に

表1　DSM-IV-TRとICD-10の広汎性発達障害の下位診断単位

DSM-IV	ICD-10
自閉性障害 レット障害 崩壊性障害 アスペルガー障害 その他の広汎性発達障害	小児自閉症 レット症候群 その他の小児崩壊性障害 アスペルガー症候群 非定型自閉症 精神遅滞と常同運動を伴う過動性障害 その他の広汎性発達障害 特定不能の広汎性発達障害

没頭し冗長になるために，コミュニケーションの困難が生じるかもしれないと示唆されている。

「レット症候群」は女児にのみ見られ，生後5カ月頃から頭囲の成長が滞り始めるとともに退行が起こり，対人関係が持てなくなり，手を揉むような独特の常同行動が現れ，手の道具としての機能がなくなる障害である。やがて重い精神発達遅滞に至る。また，X染色体に異常があることがわかっている。「小児崩壊性障害」は，少なくとも2歳までの発達は正常だが，その後退行が見られ始め，言語や対人関係の機能が失われ，重度の知的障害となるものである。このいずれにも該当しない広汎性発達障害を「特定不能の広汎性発達障害」という。なお，レット症候群と小児崩壊性障害は稀な疾患である。

3　アスペルガー症候群の診断基準

上記のように現在の診断基準によると，自閉症とアスペルガー症候群では，初期の知的発達に相違があることになっているが，少年期にアスペルガー症候群の臨床像を示す子どもの多くに，初期の言語発達に遅れが認められることは周知の事実である。したがって，診断基準のこの部

分に関しては異議を唱える臨床家が多くいることを付言しておく。

　もうひとつの差異として，運動機能が比較されることがある。自閉症については歩き始めが早かったり，高いところに平気で登る敏捷さや手先の器用さが記述されることが多く，アスペルガー症候群の方は運動面の不器用さがしばしば強調される。ICD-10 や DSM-IV-TR などの診断基準でも，アスペルガー症候群に関して，必須ではないが運動機能の悪さがある場合が多いと記載されている。ただし，これに関しては，差がないという意見もある。

　ICD-10 と DSM-IV-TR の広汎性発達障害の診断基準の一部を掲載しておく（表2，3，4）。

　この2つの診断基準以外にも，いくつかの基準がある。ICD-10 や DSM-IV ではアスペルガー症候群を適切に診断できないと考えた臨床家は，独自の診断基準を用いた。たとえば，カナダのサトマリらやスウェーデンのギルバーグらである。サトマリらの診断基準（表5）のほうは対人関係の障害とコミュニケーションの障害だけを取り上げており，こだわりや興味の偏りを必須としていないのでより広い対象を含むことになるだろう。これに対して，ギルバーグらのほう（表6）は対人関係の障害，コミュニケーションの障害，興味・関心の狭さ，反復的な決まりを必須項目としている。また，運動の不器用さについても言及しており，本来，アスペルガーが報告した臨床像により近いと言われている。

　また，ウィングはアスペルガー症候群の中心となる臨床的特徴を次のようにまとめた。

- 共感性の欠如
- 無邪気で，穏当を欠く，一方的な人への接し方
- 友人関係を作る能力の欠如か，希薄さ
- 過度に細かく，繰り返しの多い話し方

表2　DSM-IV-TR　自閉性障害

A. (1), (2), (3) から合計6つ（またはそれ以上），うち少なくとも (1) から2つ，(2) と (3) から1つずつの項目を含む。
 (1) 対人的相互反応における質的障害で以下のうち少なくとも2つによって明らかになる
  (a) 目と目で見つめ合う，顔の表情，体の姿勢，身振りなど，対人的相互反応を調節する多彩な非言語的行動の使用の著明な障害。
  (b) 発達の水準に相応した仲間関係をつくることの失敗。
  (c) 楽しみ，興味，成し遂げたものを他人と共有すること（例：興味のあるものを見せる，もって来る，指さす）を自発的に求めることの欠如。
  (d) 対人的または情緒的相互性の欠如。
 (2) 以下のうち少なくとも1つによって示される意志伝達の質的障害
  (a) 話し言葉の発達の遅れまたは完全な欠如（身振りや物まねのような代わりの意志伝達の仕方により補おうという努力を伴わない）。
  (b) 十分会話のあるものでは，他人と会話を開始し継続する能力の著明な障害。
  (c) 常同的で反復的な言語の使用または独特な言語。
  (d) 発達水準に相応した，変化に富んだ自発的なごっこ遊びや社会性をもった物まね遊びの欠如。
 (3) 行動，興味および活動の限定され，反復的で常同的な様式で，以下のうち少なくとも1つによって明らかになる
  (a) 強度または対象において異常なほど，常同的で限定された型の，1つまたはいくつかの興味だけに熱中すること。
  (b) 特定の，機能的でない習慣や儀式にかたくなにこだわるのが明らかである。
  (c) 常同的で反復的な衒奇的運動（たとえば，手や指をぱたぱたさせたりねじ曲げる，または複雑な全身の動き）。
  (d) 物体の一部に熱中する。
B. 3歳以前に始まる，以下の領域の少なくとも1つにおける機能の遅れまたは異常──(1) 対人的相互作用，(2) 対人的意思伝達に用いられる言語，または (3) 象徴的または想像的遊び。
C. この障害はレット障害または小児崩壊性障害ではうまく説明されない。

- 非言語性コミュニケーションの乏しさ
- 特定の関心事に強く凝り固まる
- 動作の不器用さや組み立てのまずさ，姿勢のおかしさ

このように，診断基準によって多少のずれがあるので，どの診断基準

第1節　アスペルガー症候群の理解と対応　　91

表3　DSM-IV-TR　アスペルガー障害

A. 以下のうち少なくとも2つにより示される対人的相互作用の質的な障害。
　(1) 目と目で見つめ合う，顔の表情，体の姿勢，身振りなど，対人的相互反応を調節する多彩な非言語的行動の使用の著明な障害。
　(2) 発達の水準に相応した仲間関係をつくることの失敗。
　(3) 楽しみ，興味，成し遂げたものを他人と共有すること（例：興味のあるものを見せる，もって来る，指さす）を自発的に求めることの欠如。
　(4) 対人的または情緒的相互性の欠如。
B. 行動，興味および活動の，限定され，反復的で常同的な様式で，以下のうち少なくとも1つによって明らかになる。
　(1) その強度または対象において異常なほど，常同的で限定された型の，1つまたはいくつかの興味だけに熱中すること。
　(2) 特定の，機能的でない習慣や儀式にかたくなにこだわるのが明らかである。
　(3) 同的で反復的な衒奇的運動（たとえば，手や指をぱたぱたさせたり，ねじ曲げる，または複雑な全身の動き）。
　(4) 物体の一部に熱中する。
C. その障害は社会的，職業的，または他の重要な領域における機能の臨床的に著しい障害を引き起こしている。
D. 臨床的に著しい言語の遅れがない（例えば，2歳までに単語を用い，3歳までに意志伝達的な句を用いる）。
E. 認知の発達，年齢に相応した自己管理能力，（対人関係以外の）適応行動，および小児期における環境への好奇心などについて臨床的に明らかな遅れがない。
F. 他の特定の広汎性発達障害または精神分裂病の基準を満たさない。

を用いるかによって，診断される対象の範囲が変わってくる。しかしこれは問題であり，今後はアスペルガー症候群とはどういうものかより明確に定義され，統一した診断基準を用いることで混乱が避けられるようになることが望まれる。

4　自閉症スペクトラム

　つぎに，広汎性発達障害には障害の程度に関して幅があると考えられており，先に述べたウィングの自閉症スペクトラムという概念がそれをわかりやすく説明している。すなわち，自閉症（あるいは広汎性発達障

表4　ICD-10によるアスペルガー症候群の診断基準

A. 表出性・受容性言語や認知能力の発達において，臨床的に明らかな全般的遅滞はないこと。診断にあたっては，2歳までに単語の使用ができており，また3歳までに意思の伝達のために2語文を使えていることが必要である。身辺処理や適応行動および周囲に向ける好奇心は，生後3年間は正常な知的発達に見合うレベルでなければならない。しかし，運動面の発達は多少遅延することがあり，運動の不器用さはよくある（ただし，診断に必須ではない）。突出した特殊技能が，しばしば異常な没頭にともなってみられるが，診断に必須ではない。

B. 社会的相互関係における質的異常があること
　(a) 視線・表情・姿勢・身ぶりなどを，社会的相互関係を調整するための手段として適切に使用できない。
　(b) （機会は豊富にあっても精神年齢に相応した）友人関係を，興味・活動・情緒を相互に分かち合いながら十分に発展させることができない。
　(c) 社会的・情緒的な相互関係が欠如して，他人の情動に対する反応が障害されたり歪んだりする。または，行動を社会的状況に見合ったものとして調整できない。あるいは社会的・情緒的・意志伝達的な行動の統合が弱い。
　(d) 喜び・興味・達成感を他人と分かち合おうとすることがない（つまり，自分が関心を持っているものを，他の人に見せたり，もってきたり，さし示すことがない）。

C. 度外れに限定された興味，もしくは，限定的・反復的・固定的な行動や興味，活動のパターンが，少なくとも次の一領域に見られる（しかし，奇妙な運動，および遊具の一部分や本質的でない要素へのこだわりをともなうことは稀である）。
　(a) 単一あるいは複数の，常同的で限定された興味のパターンにとらわれており，かつその内容や対象が異常であること。または，単一あるいは複数の興味が，その内容や対象は正常であっても，その強さや限定された性質の点で異常であること。
　(b) 特定の無意味な手順や儀式に対する明らかに強迫的な執着　c　手や指を羽ばたかせたり絡ませたり，または身体全体を使って複雑な動作をするなどといった，常同的・反復的な奇異な運動。
　(d) 遊具の一部や機能とは関わりのない要素（例えば，それらが出す匂い・感触・雑音・振動）へのこだわり。

D. 障害は，広汎性発達障害の他の亜型，単純型分裂病，分裂病型障害，強迫性障害，強迫性人格障害，小児期の反応性・脱抑制性愛着障害，などによるものではない。

害）の特徴である3つ組（対人関係の障害，コミュニケーションの障害，想像力の障害によるこだわりや興味の幅の狭さ）を持つ人は，その程度が非常に重い人から，軽くて目立たない人まで連続して存在する，虹のようなスペクトラム（連続体）を形成するということである。重いほうの一端には，カナーが報告した典型的な自閉症（カナータイプ）があり，

表5　サトマリたちによる診断基準（1989）

1. 孤独さ（次のうち少なくとも2つ）
    親しい友達がいない
    人との接触を避ける
    友達作りに関心がない
    自分ひとりの世界を好む
2. 人との関わり方の欠けた面（次のうち少なくとも1つ）
    自分に必要なときだけ人と接する
    人への接し方がぎこちなく不器用
    友達に対する一方的な接し方
    人の気持ちを感じ取るのが困難
    人の気持ちに無頓着
3. 非言語コミュニケーションの欠けた面（次のうち少なくとも1つ）
    表情が乏しい
    子どもの表情から感情を読み取るのが困難
    目の動きで子どもに意志を伝えるのが困難
    他の人に視線を向けない
    手を使って意志を表現しない
    身振りは大げさでぎこちない
    人に対して近づきすぎる
4. 話し方の奇妙さ（次のうち少なくとも1つ）
    抑揚のおかしさ
    口数が多すぎる
    口数が少なすぎる
    会話に一貫性がかける
    一種独特な言葉の用い方
    繰り返しの多い話し方
5. DSM-III-R の基準で以下に当てはまらない
    自閉性障害

　軽いほうの一端には，自閉症の診断基準は満たさないがこだわりや対人関係の苦手さを軽いながらも持った人がいる。この間に，さまざまな程度の障害を持つ人がおり，アスペルガー症候群は軽い方に位置するというわけである。最近では，広汎性発達障害よりも自閉症スペクトラムという用語のほうが多く用いられる傾向にある。しかし，このスペクトラム概念は正常との境が明確でないという性質を持つので，「広汎性発達

表6　ギルバーグとギルバーグによる診断基準（1989）

```
1. 社会性の欠陥（極端な自己中心性）（次のうち少なくとも2つ）
   (a) 友達と相互に関わる能力に欠ける
   (b) 友達と相互に関わろうとする意欲に欠ける
   (c) 社会的シグナルの理解に欠ける
   (d) 社会的・情緒的に不適切な行動
2. 興味・関心の狭さ（次のうち少なくとも1つ）
   (a) 他の活動を受けつけない
   (b) 固執を繰り返す
   (c) 意味よりも，機械的に
3. 反復的な決まり（次のうち少なくとも1つ）
   (a) 自分に対して，生活上で
   (b) 他人に対して
4. 話し言葉と言語の特質（次のうち少なくとも3つ）
   (a) 発達の遅れ
   (b) 表面的には誤りのない表出言語
   (c) 形式的で，細かなことにこだわる言語表現
   (d) 韻律の奇妙さ，独特な声の調子
   (e) 字義通りにとって暗喩を誤解するなど，言語理解の不良さ
5. 非言語コミュニケーションの問題（次のうち少なくとも1つ）
   (a) ジェスチャーの使用が少ない
   (b) 身体言語（ボディランゲージ）のぎこちなさ
   (c) 表情が乏しい
   (d) 表現が適切でない
   (e) 風変わりで不自然な視線の合わせ方
6. 運動の不器用さ
   神経発達検査の成績不良
```

障害は発達の重症で広汎な障害がある」という定義にもかかわらず，この障害の概念が拡大しすぎる恐れを孕んでいる。

5　高機能自閉症とアスペルガー症候群

　ところで，「高機能自閉症」とか「高機能広汎性発達障害」ということばもよく聞くようになった。この場合の「高機能」とは，優れた能力ということではなく，「知的に遅れがない」ということである。これ

まで自閉症は発達の遅れを伴うものが多く，約4分の3に精神発達遅滞（IQ=70 ないし 75 以下をいう）があると言われていた。広汎性発達障害の概念の幅が広くなると，知的に遅れのない人や時には平均よりもかなり高い能力を持つ人が多く含まれるようになってきた。このような人は，学校では普通学級にいることが多く，なかには高等教育を受ける人もおり，従来の自閉症に対する理解や対応では不十分なことがある。

　アスペルガー症候群は初期の発達に顕著な遅れがないことが条件であるため，知的障害があることはめったにない。あっても，軽度発達遅滞か境界知能である。そうすると，アスペルガー症候群と高機能自閉症は，非常によく似た臨床像になる。一時は，アスペルガー症候群と高機能自閉症は全く同じものだと考えられた時期もあった。現在では一部重なり合うが，アスペルガー症候群のほうがより障害の程度が軽くパーソナリティ障害に近いものであろうと考えられている。なお，DSM-IV-TR では，自閉性障害との鑑別について，〈対人的相互反応の様式〉が，自閉性障害では，孤立あるいは著明に融通のきかない対人接近法が目立っているが，アスペルガー障害では，非常に風変わりで，一方的で，冗長で，無神経な方法であるものの，他者に接近しようとする意欲はあるようであると述べられている。また，〈限定的，反復的，常同的な興味や行動の様式〉が，自閉性障害では，動作の独特な癖，対象物の部分に強くこだわること，儀式を行うこと，変化に強い苦痛を感じること，が見られることによって特徴づけられるのに対し，アスペルガー障害では，主に，情報や事実を集めるために莫大な時間を費やすような，限定された関心だけを追求することのなかで見られると解説されている。また，早期の発達段階において自閉症の診断基準を満たすかどうかだが，幼児期に自閉症の診断基準に適合した事例が，その後発達と共に障害が軽くなり，アスペルガー症候群の臨床像と区別がつかなくなることがよくある。したがって，厳密に区別することは重要ではなく，ともに自閉性の障害

に応じた対応をすることが肝要である。この新しい概念の登場によって，それまで自閉症の診断に合わなかった事例がアスペルガー症候群の診断の下に援助を受けられるという恩恵に浴したり，自閉症の程度が成長と共に軽くなり障害がなくなったかのように誤解されていたのが，同じスペクトラムの中で移動したに過ぎず，本来の障害に対する配慮は依然として必要であるという認識がもてるメリットがある。

6 アスペルガー症候群の臨床像

　前項で自閉症とアスペルガー症候群の鑑別について述べたが，これにはまだ異論があり，特に言語発達の遅れがないという規定に関しては疑問視されている。アスペルガー症候群の臨床像を示す子どもの中にも初期の言語発達は遅れるものがかなりあり，この規定を採用するとアスペルガー症候群の診断がつけられる子どもは極めて限られてくるといわれている。したがって，この点に関しては柔軟な態度をとる臨床家が多いようである。
　ここに自閉症の典型例とアスペルガー症候群の典型例をあげて比較してみよう。なお，これらの事例はプライバシー保護の問題があるため，いくつかの症例を組み合わせて創作した架空の事例である。

知的な遅れのある自閉症のA君
　A君は，乳児期は母乳を吸う力が弱く，少し飲んでは眠りますが，すぐに目を覚まして大泣きをすることの繰り返しでしたので，母親は大変手のかかる子だと思っていました。抱こうとしても，体を反らして抱きにくく，あやしても喜んだり，じっと見つめ返すことがなく，他の兄弟に比べて反応が乏しいのでなんとなくおかしいと早期から心配でした。運動面の遅れはなく，歩き始めるのはむしろ早

いほうで，11カ月頃に歩き始めました。ことばはなく，声を出すこともあまりありませんでした。1歳前になっても，表情が乏しくどこかをぼんやりと見ていることが多く，自分で動けるようになっても母親のところに寄ってこず，ひとりで車のタイヤを回してじっと見ていたり，車や積み木を一列に並べたりしてひとりで遊ぶ姿が多く見られました。歩き始めてからは落ち着きがなく，好きなことをしている以外は，手を叩きながら行ったり来たりしたり，くるくる回ったり，ピョンピョン飛び跳ねたりして過ごしていました。

 1歳半健診の時に，ことばがないこと，指差しができないこと，呼んでも振り返らないこと，落ち着きがないことから，しばらくの間育児相談に来るように勧められました。その後数回，相談に行きましたがあまり変化がないので，遊びの教室に誘われ参加するようになりました。遊びの教室では，最初は部屋の中に入るのを嫌がって母親をてこずらせました。2, 3回して慣れてくると泣くことはなくなりましたが，他の子どもに関心がなく，ひとりでうろうろしたり，部屋の隅に行って車のタイヤを回していたり，壁に張ってあるカレンダーの前でじっとしていることがほとんどでした。また，他の子が泣き始めると耳をふさいで足をばたばたさせたり，泣いている子に駆け寄っていきなり叩いたりする姿が見られました。その頃になると，母親も担当の保健婦さんも「自閉症」ではないかと疑い始め，専門の医療機関に相談に行くことで合意しました。

 医師から「自閉症」の診断を受け，近くの療育教室で定期的な療育を受けることを勧められました。また，MRI，脳波，聴力検査，血液検査などの医学的検査を受けましたが，脳波に異常があった以外は問題ありませんでした。

 その後，定期的に療育教室に母子で通い訓練を受けました。ことばは，3歳半頃に突然「ソニー」と言ったのをはじめに，少しずつ

単語が出始めました。ことば数は徐々に増え、間もなく二語文も少し話すようになりましたが、自分が何かをして欲しい時以外はめったに人に話しかけることはありませんでした。ひとりで遊びながらわけのわからないことをぶつぶつ言っていたり、テレビやビデオで聞いたせりふやコマーシャルを繰り返し言っていたりしました。聞かれたことにはおうむ返しで答え、会話にはなりませんでした。イントネーションがおかしく、高いトーンで語尾が上がるようなしゃべり方をしました。

　小学校は特殊学級に入級しました。入学当初は、落ち着きがなく、隙を見ては教室から飛び出しましたが、視覚的手がかりを用いることで指示が入りやすくなり、徐々に学習にも取り組めるようになりました。他の生徒への働きかけはほとんどなく、たいていはひとりでいました。

知的な遅れのない自閉症のB君

　B君は、乳児期からおとなしくミルクの飲みもあまりよくありませんでした。昼間は寝ていることが多く、ほうっておいても泣かないので、初めて子どもを持った母親は手のかからない子どもで助かると思っていました。しかし、5〜6カ月になった頃、あやしても笑ったり視線を合わせることが少なく、反応が乏しいのでなんとなくおかしいと心配になり始めました。運動面の遅れはなく、11カ月頃にハイハイもせずに突然歩き始めました。しかし、ことばは遅く、1歳半健診の時には、ことばは1つもなく、指差しや模倣もできませんでした。ひとりで静かに遊んでいることが多く、母親に甘えたり注意を引こうとする行動はほとんど見られませんでした。呼びかけても、振り向くことがなく、黙々と積み木を並べたり、車を並べたりしていました。母親が手を出そうとしたり、並べているも

のをちょっとでも動かしたりすると泣き叫んでパニックを起こすので，母親は仕方なくそっと見ているだけにしました。

　着る物にこだわりがあり，青い色の服しか着ようとしませんでした。また，皮膚が過敏で，タグが皮膚に触れることや，ごわごわした肌触りのものを極端に嫌がりました。食事も偏食が強く，野菜はいっさい食べませんでした。また，温かいはずのご飯や，カレーライスなどが少しでも冷めると食べたがりませんでした。

　3歳前頃になると，少しずつことばが出るようになり，ままごとセットなどの物を見てはひとつひとつ名前を言ったり，母親に言わせたりするようになりました。イントネーションがおかしく，語尾が上がりがちでした。指差しは，絵本の中のものをとんとんと指で叩いて示し母親に名前を言わせることはしましたが，要求を伝えるためや，応答のための指差しはなかなか出ませんでした。また，母親が指差した方も見ようとしませんでした。一方，数字はよく覚え，ひとりごとで1から10まで唱えたり，目ざとく数字を見つけて2桁の数字を読んだりしました。マークも好きで，電気製品や車を見ると必ずマークを探して読みました。ひらがなやアルファベットにも興味があり，教えなくてもいつのまにか読むようになりました。車の本が好きでよく見ていましたが，母親が読んでやろうと近づくとすっと離れていきました。

　年中から保育園に入りましたが，他の子どもとの遊びには参加せず，本を読んでいたり，車のおもちゃを並べたりしてひとりで遊んでいました。保育士にはなつき，時々ひざの上に乗りに行ったり，追いかけられると喜んで逃げ回ったりしました。そのうち，他の子どもに対する関心も出てきて，他の子の遊びをじっと見ていたり，そばで同じように砂を掘ったりする姿が見られるようになりましたが，共同して遊ぶ姿は見られませんでした。変化が苦手で，行事に

なると落ち着かず、日課の突然の変更は泣いてパニックになりました。また、入浴や洗面などの生活のパターンをいつも同じ順序にしたがりました。洗髪をしなくても必ずドライヤーを当てなければならない、決まった時間に夕食を食べなければならないというこだわりもありました。

　小学校に入学すると、算数の計算や国語の読み書きは大変よくできました。ことばも助詞の使い方におかしいところはありますが、長い文章を喋るようになり、短い会話はできるようになりました。しかし、文章の理解は苦手で、教師が話していることには興味がなく、人が話している間は手遊びをしたり、きょろきょろよそ見をしたりしていました。ことばで言われただけでは理解できないことがよくあり、行動は、周りの子どもを見ながらついて行動していました。時々、興味のある物が目に入ると、突然皆から外れてその傍に飛んでいくことがあります。次第に集団行動から外れるようになり、クラスの中でも孤立するようになりました。好きなものは相変わらず車で、休み時間にはひとりで車の絵や道路地図を描いていました。休みの日には自転車で近くの駐車場や中古車センターを巡って車を見るのが楽しみでした。

アスペルガー症候群のC君

　C君は、おとなしく穏やかな性格の赤ちゃんで、いつも静かに微笑んでいて、ほとんど泣きませんでした。ベッドに寝かされていても、窓の外の木の葉がゆれるのや、メリーゴーランドが回るのをながめて喜んでいました。あやすとニッコリと笑いましたが、自分の方から声を出したり手足をバタバタしたりして気をひこうとすることはありませんでした。歩き始めは少し遅れて、16カ月頃でした。歩き始めても、不安定で転ぶことがよくありました。話し始めは1

歳頃でした。単語の増え方は少し遅いようでしたが，間もなく二語文もしゃべるようになり，次第に長い文章も話すようになりました。

4歳で幼稚園に入園しましたが，おとなしくひとりで遊んでいることが多い目立たない子どもでした。友達に誘われると，ごっこ遊びに参加して言われるままに赤ちゃんや犬の役割をしていました。しかし，いつとはなしに輪から外れて，ひとりで本を読んでいる姿がよく見られました。文字や数字を覚えるのは早く，本をよく読みました。特に電車の本が大好きで，長い間ひとりで本をながめていました。電車の名前や系列，路線名をすぐに覚え，だれかれとなく話しかけては電車についての知識を披露しました。また，ことばに関しては難しいことばや大人びた言いまわしをすることがありました。しかし，会話は長続きせず，返答はできる限り短いものでした。ひとりごとは多く，ひとりで遊んでいる時にリズム感のよいコマーシャルやテレビの台詞を繰り返し言うことがしばしば見られました。ひとりで何かしゃべってはクスクス笑いをすることもよくありました。また，人に「○○と言って」と語呂のよいコマーシャルやその他のフレーズを何度も言わせることがありました。

C君には汚れをとても気にする癖がありました。下着や服の袖口が少しでもぬれると着替えないではいられません。トイレの後には母親にきちんと始末できたかどうか確認してもらわないと安心できないことが長い間続きました。また，物の位置や並び方にこだわるところがあり，本棚の本の順番を直したり，物をまっすぐに置き直したりすることをしょっちゅうやっていました。それでいて，自分の服の裾がはみ出していたり，靴下がずり落ちたりしていても平気でした。時間にも厳格で，食事の時間などが毎日決まったとおりにならないと気がすまないところがありました。

小学校入学後は，勉学はよくできました。特に，算数では計算は

よくでき，掛け算もひとりでに覚えました。歴史の物語や百科事典を読むことが好きで，歴史や科学の知識を豊富に蓄えていました。しかし，ことばが豊富で難しい文章をよく読むわりには，物語を読んで登場人物の心情を理解することは苦手で，読み取りの設問では的外れな応答をすることがよくありました。文章は上手で難しい言い回しを使い年齢以上のものと思えましたが，よく見るとあちこちの文章から借用した表現が多くありました。

友人関係では，電車に関することなど共通の話題がある友人とは多少の付き合いがありましたが，積極的に付き合う方ではありませんでした。時々，的を射ているが人の気持ちを傷つけるようなことを平気で言うので次第に疎まれるようになりました。また，歩き方や動作が不恰好なので笑われたり，変わった言葉遣いをするのでからかわれたりすることもしばしばでした。

ある時からパソコンに関心を持ち，自分でどんどん操作を覚えてゲームやインターネットを楽しむようになりました。インターネットではいろいろなホームページの掲示板やチャットルームで会話を楽しんでいます。

このように自閉症とアスペルガー症候群は似ているところが多くあるが，言語の発達の程度と社会性の障害の程度に差がある。アスペルガー症候群では，明らかな言語の障害はないが，ことばの理解や使い方に偏りが見られる。たとえば，一見普通に会話ができているように見えるが，ことばを字義通りに解釈したり比喩や冗談が理解できなかったりして混乱することがある。ある男の子は「腹を立てるとはどういうことか」という質問に，おなかを突き出して見せた。また，別の子は，父親が「今日は骨が折れたよ」というのを聞いてとても心配そうな顔をして父親を見た。人の気に触ることを言ってしまい，怒った相手に「もう一度言って

みろ」と言われて，同じことをもう一度言ってますます相手を怒らせたというのもある。昔話に出てくるとんちんかんな主人公はアスペルガー症候群だろうという説がある。

　対人関係では，家族や限られた人との交流はあるが，人との関わり方が一方的で奇異な傾向がある。人の気持ちを汲んだり，思いやって行動したりすることは苦手である。悪気はないのだが，人が傷つくことや場違いなことを平気で言ってひんしゅくをかうこともしばしばである。同年齢の者よりも，自分よりずっと年長か年下の者との関係を作る傾向がある。一部には，対人関係に関心があるにもかかわらず，うまくいかないために，悩んだり抑うつ的になったりすることがある。すなわち，アスペルガー症候群のほうが，障害の程度が軽く，一見障害と認められにくいが自閉性の障害が見え隠れする状態と言えるだろう。

　広汎性発達障害の人自身が周りの世界をどのように理解しているかについては，高機能の広汎性発達障害の人たちによって書かれた自伝などから知ることができる。この人たちが，自分たちの独特な感じ方や周りの世界とのずれにいかに悩み混乱したかが語られており，広汎性発達障害を理解するのに大変役立つ。本稿の末尾に参考図書をいくつかあげておく。

7　注意欠陥多動性障害（ADHD），学習障害（LD）との鑑別

　ADHDや学習障害は広汎性発達障害とは全く別物のように思われるが，広汎性発達障害児・者の多くが幼児期は多動で集中力のないことがよくあり，ADHDと区別がむずかしいことがある。また，広汎性発達障害は学習上，得手不得手の差が大きく，学習障害に似たところがある。また，ADHDや学習障害の子どもも，言語発達が遅れたり，特定のものに強い関心を持っていたり，同世代の子どもとの遊びが下手だったり

することがよくある。したがって，幼児期には鑑別が困難なために誤った診断がつけられ，学童期になって特徴がはっきりしてきてから診断名が変わるということがある。特に，アスペルガー症候群のように対人関係の障害が軽度の場合は，家族との愛着に問題がないと幼児期には広汎性発達障害かどうかわかりにくく，ADHDと診断されていることがよくある。また，臨床家の間では，ADHDの子が成長して落ち着いてくると自閉的なところが目立ってくるケースが少なからずあるということがしばしば言われる。DSM-IV-TRには，「過活動と不注意症状は自閉性障害によくみられるが，自閉性障害がある場合，注意欠陥多動性障害の診断はつけられない」と明記されている。しかし，広汎性発達障害にADHDが併存してあると考えられる事例も多く，ADHDの治療薬（中枢刺激剤やアトモキセチン）の効果も認められている。

　診断は，何か心理テストを行ってできるわけではなく，症状と発達歴からだけで行うわけであるから，障害の範囲が注意力や学習面だけにとどまるのか，対人関係に生来的な障害があり，こだわりも強いかどうかを，生育歴や普段の生活の様子をしっかりと聞き取って慎重に行う必要がある。なかには，どちらか決め難いケースもある。しかし，大切なのは，レッテルを貼ることではなく，子どもの特性をより詳細かつ正確に捉えて，適切な対応をすることである。

大人になってから診断が変更されたDさん

　Dさんは幼児期に軽いことばの遅れや不器用さ，落ち着きのなさがあり，MBD（微細脳機能障害）と診断され，数年間，療育を受けました。就学前に急速にことばと認知が発達し，普通学級に入学しました。落ち着きがない，すぐにかんしゃくを起こす，こだわりが強く頑固である，などのために友人ができず孤立しがちでしたが，教師の理解がありずっと普通学級で過ごしました。勉強はでき

たので大学まで進学しました。卒業後はパソコンを使う仕事に就きましたが、不器用で仕事が遅いことと気が利かないことで度々注意を受け、ついには解雇されました。その後、何社も面接を受けましたが採用されませんでした。ハローワークで、様子がおかしいので、障害者と認定されるほうがよいのではないかと勧められて医療機関を受診しました。

　そのときの様子は、表情が硬く、会話は一本調子で怒ったようなしゃべり方をし、相手と視線を合わせません。聞かれたことには短く答えますが、他は黙ったままで、自分の方から話すことはありません。趣味はドライブとインターネットとアニメです。ドライブは、いつもひとりでかなり遠くまで行きますが、どんなに遅くなっても予定を立てたところは全部行かないと帰りません。ひとりで行くのは、車を運転している時にそばで話しかけられると運転に集中できないからで、人と一緒に行くのはいやだということでした。友人はアニメ同好会の友人が2、3人いるだけで、ほとんど人付き合いはありませんでした。異性には関心がないとのことでした。待合室で待っていなければならない間は、ひとりでぶつぶつ何か言いながら行ったり来たりしていました。同行した母親によると、小さい時からの癖だということです。幻覚や妄想などの精神病を確信させる症状はありませんでした。アスペルガー症候群の診断がなされ、障害者職業センターで就労について支援が受けられるようになりました。

成人になってから診断されたEさん

　Eさんは20歳の青年です。大学に進学して親元を離れて単身生活をしていましたが、学校生活には馴染めず、いつも孤独感と違和感を持っていたようです。大学2年生の初め頃に、いきなり女生徒に友達になってくださいと話しかけ、断られると相手の襟首をつか

んで振り回したということが原因で，大学をやめざるを得なくなりました。その後の進路や行動上の問題を相談しに訪れた専門機関で医師の診察を勧められました。

　母親によると，Eさんは小さい時から落ち着きがなく目が離せなかったそうです。集団行動が苦手で自分勝手な行動が多く，周りからは変わり者だと思われていました。母親はテレビで学習障害について放送されたのを見て，その行動特徴から自分の子どもは学習障害でないかとずっと思っていたようです。しかし，実際の学習はよくでき，特に暗記科目は得意でした。中学，高校を通じて同世代の友人ができず，悩みを養護教諭や趣味の映画を通じて知り合った大人に聞いてもらうことで支えられていました。高校生の時には，養護教諭の紹介で専門の心理士の面接も受けましたが，そのときの記録では，初対面の女性心理士に性的な相談を恥じらいもなくし，変わった子だという印象をもったとありました。

　初診時は表情が硬く，視線を合わせず，会話は聞かれたことに短く応答するだけで，会話表現が下手なようでした。また，聞かれたことに正確に答えようとするのか，じっと考え込んでから答えたり，質問の意味はこういうことかと問い直してくることがしばしばありました。言葉遣いも堅苦しく，怒っているような抑揚の乏しい喋り方でした。身なりはきちんとしていましたが，着るものには全く関心がなく，母親が買ったものを着ているとのことでした。流行やはやりの音楽にはいっさい興味がないとのことでした。関心があるのは古い映画でした。待っている間は，じっとしていることができず，廊下を行ったり来たりしながらぶつぶつとひとりごとを言っていました。明らかな幻覚や妄想はありませんでした。アスペルガー症候群の診断が適切と考え，母親に説明すると納得されました。母親は「今まで障害と診断されることを恐れてどこへも相談に行かな

かったけれど，今後は障害の看板を背負って生きていったほうがいいでしょう」と言われました。その後，障害者職業センターに相談し，評価や訓練を受けました。2, 3 年後にようやく障害者雇用にて就労できました。

このように，幼児期は他の診断がついていたり，または，全く障害と認められていなかった人が，青年期や成人になって，対人関係上のトラブルや社会不適応による精神症状のために精神科を受診し，はじめてアスペルガー症候群の診断がつくことがある。しかし，以前は大人専門の精神科医はアスペルガー症候群についての知識がなかったために，多くの事例が統合失調症やパーソナリティ障害の診断を受けていたのが実情である。最近ではこの障害が，広く知れ渡るようになったので，正しく診断されるようになってきた。

III アスペルガー症候群の疫学

では，アスペルガー症候群の人はどれくらいいるのだろうか。実際は，アスペルガー症候群の診断基準がまちまちであったために信頼できる疫学調査は今のところない。かつては，典型的な自閉症は 1 万人に 4〜5 人でそのうちの約 4 分の 3 は知的な遅れがあると言われていた。フォンボン（2003）の広汎性発達障害に関する疫学研究のレビューで取り上げられた 1966 年から 2001 年までの 32 の疫学調査では，有病率が 0.7〜72.6／10,000 と非常に幅がある。これは，広汎性発達障害の定義の変更と認知度の改善および調査母集団の規模や研究デザインが影響したと推察されている。フォンボンはそれらの疫学研究から，アスペルガー症候群の有病率を自閉症の有病率の 4 分の 1 と見積もり，自閉性障害の推定有病率を 10／10,000，特定不能の広汎性発達障害のそ

れを 15／10,000，アスペルガー症候群を 2.5／10,000 と推定している。これからすると，広汎性発達障害全体の有病率は，少なくとも 27.5／10,000 となるが，最近の調査研究（Bertrand et al., 2001 ; Baird et al., 2000 ; Chakrabarti & Fombonne, 2001）ではあいついで高い有病率が報告されるようになっているので，60〜70／10,000 程度であろうと指摘している。アメリカの CDC（疾患コントロールセンター）が 2006 年に行った 11 の機関を通じて 307,790 人の 8 歳児を調査した疫学研究では 90／10,000 と報告されている。日本の 1971 年以降の疫学調査結果は 1.1／10,000 から 207／10,000 まで，非常に大きな幅がある（中根，2009）。中根は，調査結果が地域特性によって異なる可能性を指摘している。そして，諸研究を展望した結果，広汎性発達障害全体の有病率について，フォンボンの 60〜70／10,000 という考えを支持している。

性差は，自閉症では男性が女性の約 4 倍というのが定説だが，アスペルガー症候群では男性の比率がもっと高いという報告が優勢である。ICD-10 には男性は女性の約 8 倍と記載されている。DSM-IV-TR では，男性は女性の少なくとも 5 倍多く診断されるとある。

アスペルガー症候群は，遺伝の要素が強く，同じ家系内に似たような特徴を持つものが多く認められると言われる。自閉症そのものが，家族集積性が高く，また双生児研究では，一卵性双生児での一致率は約 75%，二卵性双生児では約 13% と報告されている。遺伝には複数の遺伝子が関与しており，そのうちの数個が同時に遺伝された場合に症状が発現するのではないかと推察されている。

IV　アスペルガー症候群の原因

上記のように，広汎性発達障害は遺伝が関与していることが示唆されるが，原因はひとつではなく，脳の障害を来たすなんらかの原因によっ

て引き起こされると考えられている。これまで自閉症と関連がある障害として，脳性麻痺，脆弱X症候群，結節性硬化症，フェニルケトン尿症，神経線維腫症，先天性風疹症候群，ダウン症候群などが挙げられている。妊娠中や出産時の異常も多くに見られる。食品添加物，都市の環境汚染の影響，ワクチンの防腐剤のチメロサール（エチル水銀チオサリチル酸ナトリウム）なども原因として注目されたことがあるが，いずれも十分な根拠はない。

　親の育て方が悪いからではないのは自明だが，むずかしい特徴のために親子関係は複雑で困難になることがしばしばである。多くの親が，周囲から育て方が悪いと非難されたり，対応に苦慮して自信を失っていることがよくある。このような場合，アスペルガー症候群と診断されることによって，親はやっと肩の荷をおろして前向きになれる。

V　アスペルガー症候群への対応について

1　一般的に必要な対応と援助

　アスペルガー症候群は知的遅れがなく，言語発達も顕著な障害がないので，なんでも話せばわかると思われがちである。そして，普通の子のように接していて，理解できなかったり，指示に従わないと，怠けている，人を馬鹿にしていると誤解される。彼らは，耳から聞いたことばの理解が悪かったり，あいまいな表現が理解できにくかったりするので混乱しているのかもしれない。また，物事を整理し順序立てることが困難なので，どのように行動に移してよいのかわからず，まごついているのかもわからない。しかし，「わからない」と言うことも苦手なのである。援助のためには，アスペルガー症候群も広汎性発達障害のひとつであるため，自閉症に準じた対応をすることが有効といわれている。広汎性発

達障害の特徴として，他人の視点で考えることが困難，聴覚的理解よりも視覚的理解のほうが優れている，変化が苦手，"終わり"がわかりにくい，などがある。これらの弱点を補うような工夫が必要である。

- 目で見てわかりやすくする（文字や絵，写真を利用，物理的空間の構造化）。
- 具体的に示す（あいまいな表現は避ける，具体的にすることを提示）。
- 予定を示す（日課表，カレンダー，作業工程などで明示）。
- "終わり"をわかりやすくする（何をやるのか，どれだけやるのか，いつが終わりか）。
- 次に何があるかをはっきりさせる。
- 変化は事前に伝える（できるだけ前もって，また変化があった時のために代替を用意しておく）。

さらに，アスペルガー症候群や高機能自閉症児・者は，人との付き合いを求めていないのではなく，社会的状況で適切にふるまえないために対人関係からひきこもっていると考えられる。また，他者との関係を築いたり維持したりすることに失敗する経験を繰り返すうちに，失望したり，抑うつ的になる傾向がある。そのため，これを防ぐための援助が特に必要である。

(a) 実用的で柔軟なコミュニケーションの力をつける
- 語の理解・表現を広げる（表情，感情，形容詞など）。
- 多義語や慣用句，ことわざなどの理解を広げる。
- 文法的な理解をより正確にする（助詞，受身，使役動詞などの使い方）。
- 援助を求めるスキルを発展させる。
- 会話のスキルを発展させる。
  - ——適切な話題の選択
  - ——状況に応じた話し方をする（声の大きさ，速さなど）
  - ——相手との親しさに応じた言葉遣いや行動
  - ——相手の話をよく聞き，一方的に話さない

(b) わかりやすい具体的な表現を心がける
- できる限り，具体的もしくは文字通りのことばを使って指示を出す。俗語や比喩，冗談，皮肉は言わないようにする。
- 可能な限り情報を視覚的に提示する。
- 社会的に期待される，好ましい行動を具体的に教える。このためには，規則を中立的な表現で書き表し，視覚的に思い起こさせるようにすることが有効。

(c) 他人には自分とは違った気持ちや考えがあることを理解させる
- 他者と自分の行動や考えあるいは好みの相違点と共通点に気づかせる。
- 他者の視点からはどう見えるかを理解させる。

　上記の(c)に関しては，他人の心や考えを理解することができないことが自閉症の中核障害であろうという仮説（「心の理論」）がある。こ

れにはちょっとした実験があって，自閉症の人が，ある人は知らないが自分が知っている事実について，そのある人が知らないことを認識できるかどうか（一次の心の理論）ということをみるものである。2体の人形サリーとアンがいる。サリーの前にはバスケットがあり，アンの前には箱が置いてある。サリーが，自分のバスケットにビー玉を入れて，その場から立ち去る。サリーがいない間に，アンがビー玉をサリーのバスケットからアンの箱に移してしまう。サリーが帰ってきたとき，実験者が「サリーがビー玉を探すのはどこでしょうか？」とサリーの信念に関する質問をする。さらに，その出来事に関する理解と用いられていたことばの理解を調べるために，「ビー玉は本当はどこにあるのでしょうか？」ならびに「初めにビー玉はどこにあったのでしょうか？」という2つの質問があわせてなされる。正答は，「バスケットの中」だが，多くの自閉症児は「箱の中」と答える。自分は見て知っているが，その場にいなかったサリーは見ていないのでビー玉が箱の中に移動されたことはわからない，ということが理解できない。これは，通常は4～5歳の子どもになるとできるが，広汎性発達障害では知的障害がなくても獲得が遅れると言われている。アスペルガー症候群では8～9歳で通過するようである。

2　学校での対応

　アスペルガー症候群は普通学級に在籍することが多く，障害と認められても適切な援助が受けられていないことがほとんどだろう。ひとつには，知的な能力が高いので特別支援学級の対象になりにくいことである。集団行動が困難な場合は情緒障害児学級に在籍していることもあるが，そこでも脳障害である広汎性発達障害として対応されるより，心因性と考えられる情緒障害児と同様な対応をされていることがほとんどである。

さらには，これまではアスペルガー症候群についてほとんど知られていなかったために，教育方法が確立していないことがある。最近になって，それぞれの生徒に対して障害の特性を踏まえた個別教育が必要だということが盛んに言われるようになった。そのような提唱の中からいくつかのアイデアを紹介したいと思う。

一般原則
(1) 個別化をする——生徒の長所，弱点，興味，広汎性発達障害の特性に対して個別化した教育プログラムを用いる
(2) 予測性を持たせる——教室環境は一貫性を持たせ，できる限り予測性を持たせる
(3) 視覚的に明確に——何が期待されているかを視覚的に明確に伝える
(4) 興味がわくようにする——生徒の特別な興味を育み，それを十分に活用する
(5) 成功の機会を提供——肯定的な自己評価が得られるような活動を選択する
(6) 個別から集団へ——明確に構造化された小集団から，徐々に構造化された大人数の活動，明確に規定されない大人数の集まりへと，段階的にソーシャルスキルを練習・応用する

具体的方策
- 日課をルーチンにする（だいたい同じようにする）。
- スケジュールを明確にする——子どもにあった個別スケジュールと表示の仕方（絵，写真，文字，具体物）。
- ワークシステム（どの作業を，どれくらい，どの手順でするのかを視覚的に明示）。

- 個別学習援助（苦手な教科をサポート，得意な面をのばす）。
- いじめから守る。
- 仲間の理解を深め，援助してくれる仲間を養成する。
- 高い能力が発揮できる機会を作る（ただし，過度のプレッシャーにならない程度に）。
- 感情が爆発したときに利用できる，静かな逃避の場所を用意する。
- こだわり行動に対する対応（原因を検討・除去，代替行動を提示，時間・場所を設定）。
- 所有物をわかりやすく，整理整頓する援助。
- 気が散らない工夫。

3 家庭での対応

　両親は，長い間，育てにくさに悩んできたことだろう。よりよい対応をするためには，「育てにくさの原因として子どもに障害がある」ことを理解することが第一である。家庭でも，上記のような対応方法が役立つ。他に家庭で付け加えるべき点は，将来の自立を目標として基本的生活習慣を身につけることと，自分をコントロールできる力を身につけることである。また，子どもがよい自己感が持てるように，家族がその存在を認めることも大切である。

　基本的生活習慣に関しては，知的障害はないにもかかわらず不十分な場合がよくある。身だしなみに無頓着でだらしない，生活上必要な行動を自分で組み立てられない，などである。将来，就労や自活した場合，自己管理ができるように幼児期からよい習慣を身につけておくよう積み重ねることと，経験を積んでおくことが必要である。

　自分をコントロールする力を身につけるためには，結果（ごほうび）をはっきりさせて課題に取り組ませることの積み重ねが効果的である。

この際は，叱らないけど，譲らないといった毅然とした態度で，しかも愛情をもってやることが重要である。ことばがけを，冷静で，肯定的な表現にしたほうが指示に従いやすい。

自己評価に関しては，能力的に問題がないために，対人関係がうまくいかなかったり，周囲からからかわれたりすると，自分に自信を失い，劣等感を持ちやすい。家族間で，理解され個性を尊重されていると，情緒も安定し自信が持てるだろう。地域や学校に対して家族が障害の説明をし，援助を求める働きかけも必要だろう。

VI サポートグループ

最近では，各地でアスペルガー症候群の自助グループができている。同じ障害を持った子ども同士の会であったり，親の会であったり，近縁の障害を含む幅の広いものであったりするが，いずれも仲間作りや，ソーシャルスキル・トレーニング，公的機関への働きかけなどを目的とした集まりである。年齢が上がるにつれ同年齢の子どもたちとの間に距離ができたり，いじめられ，疎外されるような辛い経験をした子どもたちは，このグループの中に居場所を見つけ，自信を取り戻すことができる。親も子育ての悩みや周囲との軋轢を相談できる仲間ができると気持ちが安定し，その結果，子どもへの関わり方が柔らかくなる。

今後，このように同じ障害を持つ子ども同士が交流できたり，親が勉強したり，悩みを相談し合える場所がもっと多くできることが望まれる。また，学校卒業後，就職できず家居となっている成人も少なくない。このような人が集まれるサロンのようなところや，デイケア，作業所などを開拓していくことも必要である。最近では保健所で精神障害者のデイケアとは別に広汎性発達障害の成人を対象としたデイケアを行う例が増えているようである。

おわりに

　これまでは，アスペルガー症候群は知的障害がないために現行の福祉制度では障害者手帳の交付が受けられず，福祉的援助がほとんど受けられなかった。就労や自立状況を見ると，知的能力に比して低いのが実情である。一方で，各地の発達障害支援センターで受理する相談のうち，成人に関しては大半が知的障害のない広汎性発達障害のようである。診断概念の拡大と障害の認知の改善によって診断される数が約10倍に増加している実情を踏まえて，支援が受けられるように制度が変わることが期待されている。最近になって，都道府県によっては精神障害者福祉保健手帳を取得することが可能になり，それによって障害者雇用が可能になる事例が出てきている。しかし，まだ，アスペルガー症候群についての知識を持っている専門家も少なく，適切な対応ができていないので，専門家の養成やこの障害に関する知識の普及に努める必要がある。

　学校現場では，知的障害児とも情緒障害児とも異なる本障害を正しく理解し，特性に応じた教育方法と場を準備することが求められている。専門の教師の養成が望ましい。また，医療，福祉など他の専門機関と連携をしながら，本人，家族のニーズに応じた，かつ将来を見通した教育的援助が必要である。

　最後に，アスペルガー症候群の診断基準はまだ暫定的なものであるので，今後，診断概念が変化するだろうし，それによってさまざまな影響が出ることだろう。

文献

トニー・アトウッド［冨田真紀・内山登紀夫・鈴木正子訳］(1999) ガイドブック・アスペルガー症候群——親と専門家のために．東京書籍．

Baird, G. et al. (2000) A screening instrument for autism at 18 months of age : A byear follow up study, Journal of the American Academy of Child and Adolescent Psychiatry 139, 694-702.

Bertrand, J. et al. (2001) Prevalence of autism in a United States population : The Brick Township, New Jersey, investigation, Pediatrics,108, 115-161.

Chakrabarti, S. & Fombonne, E. (2001) Pervasive developmental disorders in preschool children. Journal of the American Medical Association 285, 3093-3099.

Fambonne, E. (2003) Epidemiological surreys of autism and other pervasive developmental disorders. An update Journal of Autism and Development Disorders 33, 365-382.

降旗志郎編（2004）軽度発達障害児の理解と支援．金剛出版．

ウタ・フリス［冨田真紀訳］（1996）自閉症とアスペルガー症候群．東京書籍．

グニラ・ガーランド［ニキ リンコ訳］（2000）ずっと普通になりたかった．花風社．

森口奈緒美（1996）変光星．飛鳥新社．

テンプル・グランディン［カニングハム久子訳］（1997）自閉症の才能開発——自閉症と天才をつなぐ環．学習研究社．

テンプル・グランディン＋マーガレット・M・スカリアーノ［カニングハム久子訳］（1994）我，自閉症に生まれて．学習研究社．

キャロル・グレイ［服巻智子・大阪自閉症研究会訳］（2005）ソーシャルストーリーブック——書き方と文例．クリエイツかもがわ．

パトリシア・ハウリン［久保紘章・谷口政隆・鈴木正子監訳］（2000）自閉症——成人期に向けての準備．能力の高い人を中心に．ぶどう社．

アミー・クラインほか編［小川真弓・徳永優子・吉田美樹訳］（2008）総説 アスペルガー症候群．明石書店．

ウェンディ・ローソン［ニキ リンコ・杉山登志郎訳］（2001）私の障害，私の個性．花風社．

ゲーリー・メジボフ（2001）自閉症の人たちを支援するということ—— TEACCH プログラム新世紀へ．朝日新聞厚生文化事業団．

中根充之（2009）広汎性発達障害の疫学研究．In：高木隆郎編：自閉症——幼児期精神病から発達障害へ．星和書店，pp.139-151.）

日本自閉症協会（2000）高機能自閉症と発達障害の活動報告書．日本自閉症協会．

杉山登志郎ほか（1999）高機能広汎性発達障害——アスペルガー症候群と高機能自閉症．ブレーン出版．

高木隆郎＋M・ラター＋E・ショプラー編（2000）自閉症と発達障害研究の進歩 Vol.4（特集 アスペルガー症候群）．星和書店．

高木隆郎＋P・ハウリン＋E・フォンボン編（2006）自閉症と発達障害研究の進歩 Vol.10（特集 諸領域の最新の展望）．星和書店．

高木隆郎編（2009）自閉症――幼児期精神病から発達障害へ．星和書店．
ドナ・ウィリアムズ［河野万里子訳］（1993）自閉症だった私へ．新潮社．
ドナ・ウィリアムズ［河野万里子訳］（1996）こころという名の贈り物――続・自閉症だった私へ．新潮社．
Wing, L. (1981) Asperger's syndrome : A clinical account, Psychological Medicine 11, 115-129.
ローナ・ウィング［久保紘章・佐々木正美・清水康夫監訳］（1998）自閉症スペクトル――親と専門家のためのガイドブック．東京書籍．
安田生命社会事業団（2000）個別教育・援助プラン．安田生命社会事業団．

第 2 節

ADHDとLDの理解と対応

田中康雄
TANAKA Yasuo

はじめに

　本論は、行動上の問題として理解されている注意欠如多動性障害（ADHD）と学習面の躓きとして使用される学習障害（LD）という「障害」概念について述べる。
　概念とは、辞書的には、物事の概括的意味内容と、事物の本質を捉える思考形式という意味をもつ。ここでは、2つの発達障害の本質に近づくよう努力したい。

I　歴史的変遷

　子どもの多動を最初に指摘したのは、Hoffmann, H.（1847）であろうが、攻撃的で落ち着きのない子どもを医学的に議論したのは、1902年の Still, G.F. による 43 例の症例報告が最初であろう。1918 年には脳炎の蔓延後、脳炎後遺症の子どもに多動が認められた。1925 年には Walon, H. も落ち着きのない騒がしい子どもに関する論文を発表し、1935 年に

『子どもの神経と精神の障害』(邦訳『異常児』)を著した Robin, G. は「落着きのない子供」という章で「一つところに凝っとしてゐられないで，何の動機もなく動く。思惟と表象の流れを固定させることができないのだ。注意は浮動し，何ものにも固定しない。この注意散乱が知能に影響して，ある程度精神薄弱を来す。学業成績が満足なものは，先づ見当たらないといっていい」(旧漢字体は改めた) と表記している。1937年に Bradley, W. が行動上に問題のある5歳から14歳，30名の子どもにアンフェタミンを使用したところ，感情の抑制と学業の向上に改善を示した。こうした脳の器質的な障害から生じる行動異常や運動，認知の躓きを 1947 年1に Strauss, A.A. らは脳損傷児と呼称した。1959 年に，確認できない脳損傷を仮定した Knobloch, H.W. ほかが微細脳損傷 (minimal brain damage : MBD) という概念を示したが，損傷 (damage) という言葉はさまざまな誤解や偏見を生むということで，機能障害 (dysfunction) という言葉が採用され，1962 年には微細脳機能障害 (minimal brain dysfunction : MBD) へと変更され，以後この名称が医学界で使われるようになっていった。

　一方，すでに Robin, G. も触れていた学習の躓きに関して，治療教育の立場から Kirk, S.A. が 1962 年に「文化・教育上の要因等に由来せず，脳性機能異常および (あるいは) 情緒ないし行動異常におそらく由来した言語や計算に関する学習の障害」として学習障害 (learning disability : LD) を提唱した。1963 年には LD 全米の親の会が発足し，以後急激な進展を示した。この影響からかは定かでないが，1968 年のアメリカ精神医学会による診断基準第2版 (DSM-II) では，子どもの多動性反応と特異的学習障害という2つの診断名が登場し，前者は DSM-III (1980) より注意欠陥障害 (attention-deficit disorder : ADD) と名付けられ，DSM-IV (1994)，DSM-IV-TR (2000) で ADHD (attention-deficit / hyperactivity disorder) と命名された。注意欠陥多動性障害という日本語

訳名は，2008年より注意欠如多動性障害（略語はADHDのまま）と修正された。

その後は，周知のように，多動，注意散漫，衝動性を主症状とするADHDと，読む，書く，計算する，という学習スキルが，知的な遅れがないのにもかかわらず躓いている状態に対してLDという用語が使われるようになっている。

わが国でもKirk, S.A. の提言に先立ち，1952年に発行された教師たちによる『個人差に応ずる国語の学習指導』という著書には「注意散漫の児童をどうしているか」という章があり，そのための対策が説かれている（倉沢，1952）。1957年に発行された『国語学習の診断と治療』では，「まったく読めない子ども」「読解力がたりない子ども」などの章があり，読めない子どもについては，知能年齢が低い場合，言語発達が遅れている場合に加えて，聞いたことを記憶したり聞き分けたりする力のおとる子ども，見たものを記憶したり見分けたりする力のおとる子どもという視点での子どもの理解と接近が説かれていた（平井，1957）。これは，いかに当時の教師が子どもの学習状況を細やかに点検対応していたかを証明するものであろう。

医学領域では，子どもにある学習の問題や多動，衝動性といった落ち着きのなさについては，1960年代から関心を持たれてきた（星野ほか，1992）というが，ADHDは，1997年の神戸の事件少年や，学級崩壊といった事象に関連して，キレやすい子どもといった誤解されやすい現象で広まり始めてしまった。一方1990年より公式にLDに関する検討を始めた文部省（現在の文部科学省）は，1995年の中間報告を経て，1999年に最終報告を出した。しかし，教育現場によるLD（Learning Disabilities）の定義と医学的診断のLD（Learning Disorders）に定義には，後述するように多少の齟齬が残った。

歴史的に振り返ると，ADHDとLDへの気づきは古く，しかし障害

としての位置づけはつねに変動する新しいカテゴリーで，その内実もさまざまな形で広まっていった。さらに，そもそも，こうした状態を示す子どもたちには，さまざまな要因が考えられ，なかなか理解しにくいのが現状である。

II　注意欠如多動性障害（ADHD）について

　注意欠如多動性障害（以下，ADHD）は，年齢不相応の著しい多動性，衝動性，不注意を主症状とするもので，詳細は DSM-IV-TR（2000）による診断基準項目を参照していただきたいが，不注意の9項目中6項目以上，かつ／または多動性，衝動性の9項目中6項目が，7歳以前から，少なくとも6カ月以上，2つ以上の生活場面において存在し，生活面で困難さを呈していることで判断される。つまり特定の場所に限定した言動ではなく，また年齢的に高くなってから急に認められるようなものでもないということである。さらに，その症状により，社会的，学業的，または職業的機能に躓きを認めていること，すなわち日常生活を送る上で，生きにくさという感覚が自・他覚されてはじめて診断される，ということになる。

　鑑別あるいは除外するべき診断としては，広汎性発達障害，統合失調症，またはその他の精神病性障害の経過中にのみ起こるものではなく，他の精神疾患（例えば，気分障害，不安障害，解離性障害，またはパーソナリティ障害）ではうまく説明されないとされているが，臨床的には，特に広汎性発達障害とが重複する，あるいは鑑別困難な事例も少なくない（木野内ほか，2007）。

　ADHD の有病率（あるいは発生確認率）は DSM-IV-TR によると学齢期の子どもで3〜7％，性差はおおよそ2：1から9：1と男児優勢である。成人における有病率（あるいは発生確認率）は1〜5％で，性差も男女

比が1:1に限りなく近づくともいわれている。なお，わが国での疫学調査データはない。

　基本症状である多動性，衝動性または不注意は，加齢により変化していく。例えば，学齢期の着席困難は小学3年生頃になると目立たなくなるが，そわそわと体を揺らす，ノック式ボールペンなどをノックし続けるといった「移動のない多動性」へと変化することがある。宿題などの忘れ物は，あまりにも叱責され続け，しかも改めることができないことで，徐々に「ごまかす」ようになる。成人になるとこうした行為は周囲からの信用を落とし，社会的な立場を難しくしてしまう。一方，友人へのちょっかいや止まらないおしゃべりは，思春期前後に生じやすい無視やいじめを生むかもしれないし，愉快な仲間と評価されるかもしれない。なお，齊藤（2006）は思春期の集団構成を3つに分類し，一般に，同一行動が取れない子どもや関心・興味を共有できない子どもは，いじめの対象になりやすいことを指摘しているが，ADHDなどの発達障害のある子どもは，いじめの対象へのなりやすさを内包しているように思われる。さらに日常における頻回な注意，叱責に晒されることで，子どもたちの自己評価は失墜し，自信喪失，不安，抑うつ，無気力，無関心といった内在化障害へ進行することもあれば，反抗的な態度や未成年の喫煙，粗暴行為といった反社会性へ進展することもある（齊藤・渡部，2008）。

　診断評価のためには，当人および家族，関係者から直接面接で得られる現症に加え，これまでの発達歴や家族歴，保育教育機関における評価（お便り帳や通知表，テストの結果）などを丁寧に遡り検討する必要がある。子どもの行動チェックリストにはADHD評価スケールとしてのADHD-RS（DSM準拠）（DuPaul et al., 2008）などが有用となるだろう。

　最大の関心事である治療的対応であるが，現時点では，①環境調整，②薬物療法，③心理・社会的対応の3点を融合した包括的対応をライフ

イベントに合わせて行うことが推奨される。

　環境調整では，子どもが日常生活を送る家庭や保育・教育現場での対応が重要となる。詳細は本書の第III部や第IV部第7章の各論文が参考になる。心理・社会的対応という根幹に関しては，本書第IV部が参考になる。なお薬物療法については，発達障害そのものを完治させる薬物は存在しないことを大前提に，田中（2009）を参考にしていただきたい。

III　LDについて

　前述したように，1990年よりLDに関する検討を始めた文部省（現在の文部科学省）が1999年に最終的に定義した教育用語としてのLD（Learning Disabilities）は，「基本的には，全般的な知的発達に遅れはないが，聞く，話す，読む，書く，計算するまたは推論する能力のうち特定のものの習得と使用に著しい困難を示すさまざまな状態を指すもの」であり，推定原因として「中枢神経系におけるなんらかの機能障害」を置き，他の障害が重複して出現しても，あるいは環境等がその状態を生み出す要因にならないと位置づけた。

　一方，医学的診断のLD（Learning Disorders）は，神経心理学的な観点から読字，書字，算数能力の障害といった学力面の特異的発達障害のみを意味している。

　すなわち，教育用語としてのLD（Learning Disabilities）は，医学用語のLD（Learning Disorders）と，「聞く，話す」という点ではコミュニケーション障害（聞く・話すの障害，吃音，構音障害など）を，「推論する能力」という点では広汎性発達障害までをも包括している。本論では，医学的診断のLDについて概説することに留める。

　DSM-IV-TRによれば，LD（Learning Disorders）は，読字障害（読み

の正確さと理解力の障害），書字表出障害（書字能力の障害），算数障害（算数能力の障害），特定不能の学習障害から構成される。さらに，精神遅滞や広汎性発達障害，コミュニケーション障害，ADHDが随伴しやすいことも特徴である。

1 読字障害

　読字障害とは，生活年齢や知能や年齢相応の教育程度に応じて期待される水準よりも，読む力が低いと判断される状態を指す。

　DSM-IV-TRによると，読字障害と診断された60～80％が男性で，有病率は学齢期の小児で4％といわれ，男女の比率はほぼ等しいといわれる。この問題は，小学3, 4年生以降にならないと，周囲になかなか気づかれにくいし，その間「わざと読もうとしない」「読むことを嫌っている」と評価されやすい。

　読む力は，文字と文字でないものを識別できるようになることが最初の段階であり，次に，「かな文字」を形と音とが重なるように解読することである。幸いに日本語の「かな文字」は，1文字1音で構成されているため，ひらがな50音表がまず拾い読みできる，という能力が求められる。次に，一連の単語を視覚的に認識し，短期・長期記憶と照合し，さらにその意味を理解するという段階が期待される。

　読字障害と診断される子どものなかに，音読が徐々にできるようになっても，文章の意味理解が苦手な子どもがいる。その一方で，話し言葉での理解は問題ないため，授業での担任の口頭での教示や説明は理解できるが，教科書を音読しようとすると，とたんにひどくたどたどしくなる子どもがいる。なお，音読には問題がないのに意味理解が悪く読解困難な場合を特異的理解困難児とよび，言葉の教示は理解できるが音読や書き取りに困難を示す場合をディスレクシア（Dyslexia）とよぶ場合

もある。

　一連の単語を視覚的に認識しても，短期・長期記憶と照合する部分が躓くと，読める文字だけしか読めない状態となり，「拾い読み」となる。あるいは，位置関係の視覚的認識処理に躓くと「とばし読み」となる可能性もある。あるいは「ゆっくりと何度も読まないと理解できない」子どももいる。

　学習成果は，つねに「できたか／できなかったか」という結果で評価されるため，人前で読めないと，それだけで恥ずかしく，自己評価が低くなる。学習場面では，良いところを褒め認めることで，恥ずかしいだけの体験に留めるような配慮が求められる。

2　書字表出障害

　書字の障害を考えるときには，不器用さで上手に文字が書けないといった，字形の拙劣さとは区別しておく必要がある。

　書字の困難さでは，ひらがながもっとも障害されにくく，カタカナ，漢字，英語の順に難しくなるといわれている。これは，ひらがなやカタカナは文字と音とが一対一対応しているためで，一方で漢字や英語は複数の音と対応している，ひらがなへの置き換えが何通りもある，さらに形の複雑さがあるためであろう。

　書字の場合，読めても書けない場合はあるが，読めない文字は決して書けない。もし読めない文字が書けている場合は，音への置き換えや意味の理解が躓いているか，文字としての認識ではなく，形としての記憶に留まっている可能性がある。写実的な絵が得意な子どもの場合，こうしたことがありうる。さらに，書字表出障害の場合は，単純に書けないだけなのか，読めない躓きも重ね持っているのかを点検する必要がある。筆者は，小学5年生の男児が先生が黒板に書いた漢字交じりの文字

をノートにすべてひらながで正しく書いていた場面に遭遇した。この子は，漢字を音に分解して読む力はあるのだろうが，漢字として書くことが苦手なのだ。その子の作文が廊下に貼り出されていたが，佐藤君という名字が，「佑藤」と記載されており，にんべんに右と書くべきか，左と書くべきか，とても悩んだ跡が作文用紙から窺えたほどである。

　書字の躓きは，音読できず，音声的に正しく綴る能力が低下することで生じる場合もあれば，形態的誤りや記憶の躓きにより書けない場合もあるだろう。前述の子どもは，後者の例である。その場合は，複雑図形模写や後ほど記憶に頼って書くときに躓きが認められる。書字表出障害は読字の躓きに比べて，小学 1，2 年生になる頃には明らかになるなど，学習場面で早く気づかれやすいが，DSM-IV-TR では有病率の算定が困難であるという。

3　算数障害

　DSM-IV-TR では有病率を 1％ とし，小学 5 年生以上にならないと確認困難であるという。

　秋元（2003）によれば，算数障害は 2 つの能力の障害から検討することができるという。

　ひとつは，数詞やその読み書き，計算に困難を来たす場合で，これは，言語性能力の障害である。九九が覚えられない・思い出せない，暗算が困難で，用語・概念理解，文章問題の記号への解読や数字・記号の解読に躓く。その一方で，日常的な金銭の計算などの具体的な操作はできる。

　もうひとつは，視覚 - 空間能力の障害で，これは量の概念の躓き，図形の位置関係，筆算で桁がそろえられない，などの躓きを示す。その一方で定型的作業は得意で，機械的な計算問題はできる。

　数学的手順は，次第に推論能力も問われ，ひじょうに複合的な各要素

の検討が求められるため，広範囲な学習障害を示しやすい。

4　LD（Learning Disorders）の診断と対応

　診断は，発達歴を詳細に聴取し，学力到達度の正常範囲，学習機会の欠如，教え方の拙さ，文化的要因，他の発達障害などとの鑑別・合併に注意し，心理検査（WISC-III，K-ABC，ITPA，絵画語彙検査など）と実際の学習現場の状況を加味して行いながら判断していく。

　希求される対応支援は，子どもの学習成果の向上をむやみに目指す前に，「できない」ことが怠けとか意欲の低下，あるいは人としておとるということではないということを周囲に理解していただき，当人に，「これは苦手なことなのだ」と自覚してもらうことで，恥ずかしいとか，自分はだめだという自己卑下感を持たせないことである。

　その一方で，学校の成績や学歴には，子どもの将来を決定づける力がある。親は，将来，子どもに苦労させないために，学習の困難さを克服できないだろうかと希求する。その親の焦りを受けとめながら，今できることを蓄積していくこと，得意な方法を発見することの大切に気づいてもらい，今を頑張っている子どもを追い詰めないように配慮することである。

　支援者には，子どもと親，双方へ地道な労いと励ましを送り続けることが求められる。

IV　本質へ近づくために

　以上が医学的視点から見たADHDとLDの解説である。
　それ以上に大切なことが，こうした特性のある子どもたちの生活をいかにすれば豊かな方向へ導くことができるだろうかという問い立てであ

ろう。

　強調しておきたいのは，ADHDやLDを持つ子どもたちは，「成長する」という「当たり前の事実」である。発達障害という名称は，まるで「発達すること」そのものに躓いているかのような誤解を生じさせる言葉である。しかし，発達障害と呼ばれる子どもは，どの子も周囲の予測を裏切るような育ちを示す。ある意味その驚きと感動のために，筆者はこの仕事から離れないのだと思う。

　次に述べておきたいのは，課題を持った子どもに対して，躓きをなかったものとする，欠点を消失あるいは変えることに努力するのではなく，今，目の前にいるその子どもが精一杯頑張っていることを尊重し，長所を認め褒めることである。

　この姿勢を筆者は，『窓ぎわのトットちゃん』（黒柳，1981）に登場する小林校長先生の態度から学び続けている。黒柳徹子さんの自伝のような本書では，小さい頃から「反省」を母の胎内に忘れてきた子と呼ばれ，注意されても態度の改まらないトットちゃんが生き生きと描かれている。ある小学校を1年生の途中で退学させられたトットちゃんは，2つ目の小学校としてトモエ学園へ転校した。転校時の面接でこの学園の小林校長は，母親を廊下で待たせ，トットちゃんとの一対一の面接場面で，「なんでも話してごらん」とトットちゃんを促し4時間以上もの話をニコニコと聞き続けた。トットちゃんをして「あとにも先にも，トットちゃんの話を，こんなにちゃんと聞いてくれた大人は，いなかった」と語らせた校長は，その後毎日，トットちゃんに対して「きみは，ほんとうは，いい子なんだよ」と語り続ける。小学校生活は，本当に楽しそうに過ぎていくが，転校前のトットちゃんと転校後のトットちゃんが，全く別人になったわけではない。では，なにが，変わったのだろうか。筆者は日々の生活にある豊かさ，トットちゃんの周囲に活き活きと生きる人々の存在という変化でないだろうかと，何度も読み返すたびに思う。

問い立てへの3つ目の回答，これもトットちゃんのお話から学んだことである。われわれ大人が小さな子どもの思いを軽んじないこと，その思いに心を馳せ護り続けることである。『窓ぎわのトットちゃん』には「もともと性格も陽気で，忘れっぽいタチだったから，無邪気に見えた。でも，トットちゃんの中のどこかに，なんとなく，疎外感のような，他の子供と違って，ひとりだけ，ちょっと，冷たい目で見られているようなものを，おぼろげには感じていた」という記載がある。幼いトットちゃんが感じたおぼろげな不安，疎外感を，われわれは心する必要がある。
　生活を保障するための医療の存在意義を，花田（1983）は，「検査，診断，投薬のほかに，子どもへの適切な指導方法と取り扱い方を考えることの重要性」として強調し，牧田（1985）は「教育と医学（療）との両域にわたる学際的問題として，この障害の研究と対応との強化を育みたい」と述べた。しかし，四半世紀前のこの提言に，われわれはいまだ十分に答えられていない。

おわりにかえて —— 生活障害としての視点

　自らの診断特性を知ったとき，子どもたちは「僕（私）がADHD（あるいはLD）を持っていることをわかってほしい」と求めているのではなく，「ADHD（あるいはLD）というひとつの特性を持ちながら，それ以外のさまざまな個性，特性を持つ僕（私）という唯一無二の存在をわかってほしい」という全人的理解を求めていると，筆者は日々の臨床で実感している。
　かつて臺（1978）は，「分裂病という疾病の治療より，分裂病者の生きようを重視する」発想として生活臨床を提案した。生活者とみることで，「その自立を助けるために，継続的に生活相談に乗って行く。病者は相談相手としての治療者を1つの支えに，痛み多い人生行旅を難渋

しながらも，自分の足で歩み続ける」と記した．さらに臺（2006）は，「（生活臨床は）生活障害の改善をめざした治療であり，患者本人の『暮らし下手』，『生き辛さ』を助けるもの」と述べている．

筆者は，発達障害も生活障害をその中心に置くべきであると思う．医学的視点からの診断と特性の説明がなぜ必要かといえば，すべては，「その人に限りなく近づく」ためなのである．「個々の生きよう」を共に構築していくために，本質に近づくために必要な情報であり，ツールなのである．

生活障害としての発達障害を前に，われわれは今一度，なにを大切にするべきかを，自問する時がきた．

文献

秋元有子（2003）算数障害のサブタイプ——記号とその意味の視点から．LD 研究 12 ; 153-157.

American Psychiatric Association (2000) Diagnostic and Statistical Manual of Mental Disorders, Fourth Edition, Text revision : DSM-IV-TR, APA, Washington D.C.（高橋三郎・大野裕・染矢俊幸訳（2004）DSM-IV-TR 精神疾患の診断・統計マニュアル新訂版．医学書院．）

Bradley, W. (1937) The behavior of children receiving Benzedrine. American Journal of Psychiatry 94 ; 577-585.

DuPaul, G.J., Power, T.J., Anastopoulos, A.D. & Reid, R. (1998) ADHD Rating Scale-IV : Checklist, Norms, and Clinical Interpretation. The Guilford Press, New York.（市川宏伸・田中康雄監修（2008）診断・対応のための ADHD 評価スケール ADHD-RS（DSM 準拠）チェックリスト，標準値とその臨床的解釈．明石書店．）

花田雅憲（1983）学習障害と児童青年精神科医療．児童精神医学とその近接領域 24 ; 179-185.

平井昌夫（1957）国語学習の診断と治療．明治図書出版．

Hoffmann, H. (1847) Der Struwwelpeter. Literarische Anstalt, Frankfort.（佐々木田鶴子訳（1985）もじゃもじゃペーター．ほるぷ出版．）

星野仁彦・八島祐子・熊代永（1992）学習障害・MBD の臨床．新興医学出版社．

木野内由美子・石井桂子・竹下利枝子・越川直枝・加藤優子・田中康雄（2007）

AD/HD から広汎性発達障害へ診断変更に至った症例に関する一考察——児童相談所での医学診断の課題と展望．児童精神医学とその近接領域 48；344-352．

Kirk, S.A. (1962) Educating Exceptional Children. Houghton Mifflin, California.（伊藤隆二編訳（1969）特殊教育入門．日本文化科学社．）

Knobloch, H.W. & Pasamanick, B. (1959) Syndrome of minimal cerebral damage in infancy. Journal of the American Medical Association 170-12；1384-1387.

倉沢栄吉編（1952）個人差に応ずる国語の学習指導．新光閣書店．

黒柳徹子（1981）窓ぎわのトットちゃん．講談社．

牧田清志（1985）学習障害に対する児童精神科医の構え．児童精神医学とその近接領域 26；219-234.

Robin, G. (1935) Les Troubles Nerveux et Psychiques de l'Enfant. Fernand Nathan, Paris.（吉倉範光訳（1951）異常児．白水社．）

齊藤万比古（2006）思春期の仲間集団体験における「いじめ」．In：齊藤万比古：不登校の児童・思春期精神医学．金剛出版，pp.213-224.

齊藤万比古・渡部京太（2008）注意欠如・多動性障害（ADHD）の診断・治療ガイドライン 第3版．じほう．

Still, G.F. (1902) Some abnormal psychical conditions in children. Lancet 1；1008-1012, 1077-1082, 1163-1168.

Strauss, A.A. & Lehtinen, L.E. (1947) Psychopathology and Education of the Brain-Injured Child. Grune & Statton, London.（伊藤隆二・角本順次訳（1979）脳障害児の精神病理と教育．福村出版．）

田中康雄（2009）小児・青年期の行動異常．In：田中康雄：よくわかる精神科薬物ハンドブック．照林社，pp.183-189.

臺弘（1978）1．解説．In：分裂病の生活臨床．創造出版，p.3.

臺弘（2006）精神医学の思想．In：医療の方法を求めて 改訂第3版．創造出版，p.256.

Walon, H. (1925) L'Enfant Turbulent (Éd. Alcan). PUF, Paris.

第4章

アセスメントを支援につなげるために

第1節

発達障害という事実を受け止めるために
インフォームド・コンセントをめぐって

村田豊久
MURATA Toyohisa

はじめに

　私はもう40年以上も，うちの子どもは発達が心配だという養育者（ほとんどの場合，母親あるいは両親であるが）の訴えを聞き，その子どもとかかわってきた。そして，その発達が心配だという養育者の要望に応じようと努力してきた。しかし，一度としてその仕事がうまくやれたという感慨を持ったことはない。いつもどうだろうかと考えあぐねながら，職務上，苦し紛れの対応をしてきたと言えよう。そのような私にこのタイトルでの原稿依頼があり，私もこの機会にこの問題を考えなおしてみようという気持ちからお引き受けした。このような経緯での執筆なので，皆様の期待にそえる内容のものとはならないかもしれない。一人の臨床家が発達ということ，その障害ということに直面させられ，どのように呻吟してきたかをお伝えすることで，皆様がこの問題を考える際の何らかの参考になればという気持ちから私の体験と思いを述べてみたい。

I　発達とは，その障害とは

　発達が順調でないのではと心配している養育者に接して，そうかもしれないなとか，その心配はないのではという判断を臨床家はしなくてはならないのだが，それにはまず発達とはどういうことかという見解を持っていなくてはならない。ところが，精神が発達するとは，心が発達するとはどういうことかという論議になると，哲学の問題，あるいは脳科学の課題とも重なってとても難解なものになる。とりあえずは臨床の立場から，赤ちゃんが周りの世界にだんだんと溶け込んでいって，自分にとって大切な人との関係が作られ，ことばを身につけ，いろいろなことを理解して，さらに自分の生活環境での活動を豊かにして社会性を獲得していく過程ということにしてきた。このように狭くとらえた発達でも，そこにはたくさんの要因が密接に関連していて，その発達のプロセスにはきちんとした順序があるようだ。発達が心配だという養育者からはまず，そのプロセスを聞くことにしている。私が重要と思うことを記すと次のようになる。

II　お母さんに聞くことにしている1歳までの発達の道筋

　生まれてきた赤ちゃんは，養育者とのかかわりをとおして，また赤ちゃんが生活している世界（環境）との相互作用の中で，動揺を繰り返しながら，月日を経るごとに変化してくる。数日たつと赤ちゃんは養育者（それは必ずしもお母さんとは限らないかもしれないが，象徴的な意味も込めてお母さんと以後記すことにする）の顔を見る，視線を合わせる。お母さんは赤ちゃんと気持ちが通じたと思う。そして，赤ちゃんもそうではないかと想像する。気持ち悪そうな表情を見せたり，不機嫌

そうに泣き叫ぶと，何か不快な内的体験をしているのではないかと気になって，抱き上げてあやしてやる。すると，赤ちゃんに安らぎがもどり，笑顔でお母さんに応える。さらに，抱っこしてもらう，お乳を飲ませてもらう，着替えさせてもらう，添い寝をしてもらう，かわいいねといつもあやしてもらうなどの，絶え間ない育みをうけて，やっと2カ月たち，3カ月たつうちに，お母さんに愛され，守られて，自分があることがしかとわかってくるようだ。お母さんとの心理的な絆ができ，それが日に日に強まってくると言えよう。お母さんも赤ちゃんの成長をうれしく思い，赤ちゃんも自分がいろいろのことができると，それはお母さんの喜びになると感じるようになる。いないいないばーをする，おつむてんてんとまねできると，2人の関係はより深まってくる。

　これらの赤ちゃんとお母さんとのかかわりのプロセスが，ほぼ順調だったのか，あるいはそのプロセスがどこでどう足踏みしたのか，どうずれたのかを知ることができるとよいのであるが。

III　1歳をすぎての子どもの発達の検討

　1歳すぎの赤ちゃんの心の発達は，ふつう，表情，お母さんへの感情反応，周りへの関心，あやしかけられた時に見せる反応，などで感じ取られるものと言われてきた。しかし，それはいくら年期をつんでも難しい。私はむしろ赤ちゃんの歩きを見て判断することが多くなった。赤ちゃんの歩きが私の気持ちを引き込むようなものか，私が赤ちゃんと一緒に歩いているような気持ちになれるか，ということに焦点を当てて考えるようになった。赤ちゃんの歩きが人の感興を引き起こすものであるなら，赤ちゃんにはもうお母さんとの心理的なよい関係ができているからだ。

　人間の赤ちゃんの心の発達がどうして歩き方でわかるかと不思議に思われる方もおられるだろう。しかし，赤ちゃんの歩きはただ足を交互に

動かし前に進むという運動ではない。赤ちゃんは歩くことによって周りの人々を引き込み，また歩くことによって，周りの人々と一体になり，自分が住むこの世界に溶け込んでいく。

　赤ちゃんがはいはいができるようになると，お母さんも心の中ではいはいをやって，もうひとつ，もうひとつと声援する。お母さんがもう少しと心の中で期待すると，赤ちゃんはそれがわかったかのように，はいはいを続ける。立ち上がれて，1歩歩くと，お母さんも，お父さんもやったと叫ぶ。1歩，2歩と歩けると，周りの人々にも喜びをもたらすことが赤ちゃんにもわかる。失敗を繰り返しながらも，3歩，4歩と歩けると，それはもう自分一人の動作でなく，家族全員や自分を取り巻くすべての人の祝福を背負ったものであり，皆と一体となれる行為だという確信を持つ。母さん見ててよと，10歩進んで，5メートル先で待っていたお母さんの胸に飛び込めた時の喜びは，何よりも勝るであろう。

　そのような子どもとお母さんや周りの人々との関係は，ただ歩きだけでなく，子どもの毎日の行動や生活ぶりにも反映されていると思う。この空間を感じとり，この世界に溶け込もうとし，そして一緒に生活している人々との連帯感を深めるものだと思う。子どもの動作，行動をそのような視点で見て感じられてくるものが，その子どもの発達の評価には大切だと私は考えている。

IV　ことばの発達が遅れているのではという心配について

　発達がどうもスムーズでないのではということで親子が受診するとき，母子の関係性が乏しいとか，その歩きに母親の気持ちが乗り移っていないとかということより，その発達のどこが具体的に心配かとなると，ことばがない，しゃべらない，発声はするが何を言おうとしているのかわからないなど，ことばの発達にまつわることがらである。

ことばが遅れているか，ことばの発達の仕方がかなり特異なものであるかの検討は，発達検査のことばの項目に該当することばがあるか，ないかということではなく，お母さんと子どもの間でどのようなことばの誕生にむけてのかかわり合いがあったかどうかの吟味のほうが大切で，また有用だと私は考えている。

ことばはお母さんと子どもの間でのコミュニケーションに根ざしている。それもはじめはお母さんの微笑み，感情を込めたあやしかけを，赤ちゃんが受けとめ，そこにお母さんからの意味を察知することである。情動的コミュニケーションとも呼ばれるこのやり取りがことばの原初的なものといえよう。この中で赤ちゃんはお母さんの気持ちをわかり，お母さんの話しかけや動作による促しから，周りの世界の状況を少しずつ理解していく。お母さんも，いないいないばーやおつむてんてんを繰り返して，赤ちゃんと共鳴しようとする。すると赤ちゃんもお母さんの所作や動き方をやってみようとする。お母さんを見ての模倣運動である。この模倣運動が出現するのは，奇しくも赤ちゃんが人見知りするようになる時期と合致する。人見知りとは，自分にとってもっとも大切な人をしかと認識し，他の人とは違う態度，反応をとるようになることである。とすると，人見知りをするほどに，お母さんとの関係が深まって，やっと模倣行動が生まれる。そして，お母さんのすることを自分もできる，自分がしたことをお母さんもしたという体験を持ったことは2人の関係をさらに密なものにしていく。そして赤ちゃんの周りへの興味，関心，自分の身体を動かしての活動の幅は広がっていく。

身体模倣能力が育ち，進展してくると，子どもは見よう見まねでさまざまなことをやろうとする。子どもは自分の身体を動かし，あれこれ工夫して身体動作を繰り返し，自分の運動に伴う身体感覚で周りの世界のことがらを把握していく。その繰り返しの中で，今でなく昨日したこと，今はここにはないことも，自分の感覚像として残っているものを頼りに

思い出すことが可能になるようだ。これを私は身体的言語感覚と呼んでいるが，内言語といわれる概念もほぼ同じではないかと思う。ここまでくると，ことばの誕生までの第一ステップにたどり着けたと考えている。

　発達が心配である，早く密な働きかけをした方がよいと思う子どもは，このようなことばを巡ってのかかわり合いが乏しかった場合であり，私はお母さんへの受け止めの促しも，このことの話し合いから行っている。

V　発達の評価を行い，発達がスムーズでないことを伝える手順

　発達が心配だと訴えてきた養育者から子どものそれまでの発達の経過を聞き，そして子どもの歩き方や動作をじっと見て私もそれに共鳴できるかを確かめたり，実際にまねごっこやボールの投げうけごっこをしてみる。子どもが話していることばの分析検討を行ったり，また遠城寺式発達検査や津守式検査を行ってプロフィールを吟味したりすると，2回目，3回目にはおおよその見当はついてくる。重篤な発達の遅れがある子どもでは初回から保護者の心配がそのとおりであったことがわかる。

　しかし，それをいつどういう形式で養育者に伝えるかは慎重でなくてはならない。子どもの発達のこれまでの経過や状態像が診断マニュアルに掲載されている，これに該当するという診断名の伝達をするのは避けるべきであると，私は考える。そのぐらいのことは養育者にはわかっている。発達が心配だと受診したのは，そうであってもどのような家庭での養育が必要かを相談したと思ってであるし，また医療機関や療育機関で今後どのような支援がしてもらえるかの保障を求めてである。

　発達が心配な子ども，発達がスムーズでないと思われる子ども（それらをここでは発達障害と呼ばせてもらうことにする）にとって，なにより大切なことは，お母さんをはじめ家族すべての人が，その子どもにこれまで以上の手厚い育みをしてくれるようになることである。そのよう

な事態になるような説明が工夫されなくてはならない。

　それには，まずその子どもの発達障害がお母さんとのどのようなかかわりの中で経過してきたかの検討をする必要がある。いつから子どもの発達が心配になったか，それにどういう対処をしてきたかはポイントとなる。早くから気がついて，あやしかけ，語りかけを繰り返すなど根気よく続けてきたお母さんもいる。逆にあせってしまい，早急な教え込みをしようとしてうまくいかず，不安をますますつのらせたお母さんもいる。また，子どもが2歳になっても歩かない，3歳になっても子どもがことばを理解しないということで，やっと相談にきたというお母さんもいる。それはお母さんがかなりのんびりした人であるのか，本当は早くから心配だったが，何でもないと思い込もうと努力していた人なのか，を考えなくてはならない。

　また，父親が子どもの発達に関心を向けているのか，母親の子育てに協力的なのか，を知っておかなくてはならない。最近は子どもが2歳前に父母が離婚して，母親一人で苦しんで子育てしていることも少なくない。祖父母はこの子どもの発達をどう見ているのか，特に母親の子育てをよく支援してくれているのか，批判ばかりして疎遠になっているのかも把握しておきたい。

　治療者側がこれからどのような支援ができるのか，どのような働きかけがこの子どもには必要か，吟味しなくてはならない。それが家族を納得させるものなら，発達障害ということの受け止めはさほど困難ではないと思われる。自分のところだけでは無理だとしたら，どのような医療機関，療育機関を紹介できるのか，またそこは実際に引き受けてくれて充分な働きかけや家族への支援をしてくれるのかを知っておくことも必要である。

　このようなことがらを検討，吟味した上で，発達障害という事実を受け入れてくださるようにという願いを込めての話し合いになる。

初回受診時に両親とも来ていて，両親ともこれから障害があってもどのような労をもいとわないという態度であり，また治療者が子どもの発達障害の経過や特性について，自信が持てる理解ができたら，初回に発達障害であることの事実を説明し，両親とこれからの家庭での育み，働きかけの基本的なことを話し合い，治療者側もできるだけの援助をする覚悟があることを伝えたらよい。しかし，そのようにうまくすすむことはまれである。

　治療者が子どもとお母さんの関係のありようを含めた障害の特性について，まだ充分な理解に到っていない時や，お母さんの不安が強いとか，他の家族の支援体制が整っていない時は，もう少し待ったほうがよいと考える。その場合は，確かに発達が心配ですね，どうすればよいかよく考えてみましょう，ともかくこの子どもに目をかけ，いつも可愛がってやって下さい，とお願いして，1～2週おきに受診してもらい，治療者も子どもの発達障害の特性の理解につとめるとともに，お母さんの障害受容の力が強まるのを待つことにしている。そして父親，あるいは祖父母に来てもらえる日を選んで，この子どもの発達障害という事実を受け入れてもらえることを願っての話し合いをしたい。

　お母さんに，またお母さんを支える家族に，どのような形で発達障害という事実を伝えるかは，子どものその後の経過に大きな影響をもたらす。熟慮して，慎重に行うというのが大切だと思う。後の支援の覚悟や実際の用意はなく，ただ診断マニュアルに適合しているだけで，診断名の告知をするのは非常によくない，と繰り返して言いたい。むしろ，わかりませんね（本当にわかっていないのだから）と言ったほうが，ずっとその子どものためにもよいことだと思う。

VI 発達障害のタイプまで早急にわかるか

　発達障害であることは受け止めたが，どのようなタイプの発達障害かという質問を，当初から受けることも少なくない。家族も発達障害についての勉強をしておられ，うちの子どもはアスペルガーではないか，学習障害ではないか，ADHDではないかなどの問いかけである。しかし，そのようなタイプ分けの診断は，6歳までは非常に難しい。2年，3年と治療的なかかわりを続け，子どもの発達の様子を感じ取ってやっと理解できるものだと，私は考えている。また，早くタイプ分けすることで，子どもにどのようなよい結果がもたらされるのであろうか。子どもの発達が足踏みしているようだとか，スムーズな発達が起こっていないようだとしたら，今必要な働きかけ，環境調整をしていくことが重要である。その働きかけ，環境調整が，5歳を過ぎると子ども各人によって少しずつ重点の置きかたが異なってくる場合もある。タイプ分けの検討はその時点で考えても遅くはないと思う。

　とは言っても，家族がうちの子どもは自閉症ですとか，アスペルガーですと決めておられる方も少なくない。私はそのような時，そうとは言い切れないと思っても否定はしないことにしている。今日の段階ではよくわかりません，そうかもしれませんが，今は発達全体を見ていきましょう，という話し合いを続けている。

VII インフォームド・コンセントについて考える

　障害や病気について，その原因，成因についての所見を示し，それによって起こった現在の症状，状態像を説明し，診断を伝える。そしてその病態が改善するように適切な治療法を提示するというのが，イン

フォームド・コンセントの第1段階である。そして，患者さんや家族からそれについての質問，疑問に正確に答え，そして診断と治療法についての患者さんや家族の理解と同意が得られたら治療を進めていくというのが，第2段階である。治療者の見解・提案に，理解・同意を得られたら，それを文書にしたため署名し，各自保持しておくということになる。これが，身体医学において取り交わされているインフォームド・コンセントの概要である。

　しかし，精神医学においては多くの場合，このような意味でのインフォームド・コンセントは取り交わしにくいことが多い。それは身体医学における病気のようなエビデンスを示せる原因，また症状（あるいは病態）を生んでいる器質的所見が見出されていないからである。さらに，心理臨床，障害児療育の領域においては，なおさら身体医学の臨床におけるようなインフォームド・コンセントを取り結ぶことは困難である。精神の発達の変調，心の病態というものに，まったく身体性の関与がないというのではない。しかし，身体的資質，中枢神経系の反応の特異さと，環境との複雑な絡み合いによって，変調や病態が生じているとみなれるという性質のものであるから，それ自体が環境への働きかけや，対象（治療的働きかけの必要な人）との心理的交流の中で明らかにしてゆかねばならないことがらである。

　身体医学における意味でのインフォームド・コンセントが，心理臨床や障害児療育にも求められているとしたら，それは既存のインフォームド・コンセントは取りがたいというインフォームド・コンセントとならざるをえない。それはとても困難な問題ではあるが，無意味なこととは思わない。それに取り組む中で，身体性の問題，特に中枢神経の関与の症状特性の関連について治療者は常に検討しなくてはならないからである。私がこれまで行ってきた，発達障害という事実を受け止めてもらう話し合いは，インフォームド・コンセントとは言えないようだ。「発達

障害は中枢神経の機能不全が基盤にあって起こってくると言われていますが，それがこの子どもにどう当てはまるのかわかりません。中枢神経系の機能の脆弱さはあるにしても，それがこの子どもではいろいろの要因とかみ合って発達の不調和が起こったのだと思います」という説明まではしてこなかった。これからは，その次元での深い検討を行い，発達障害の特性の理解につとめなくてはならないのであろう。

第2節

関係をみること・関係を支援すること

小林隆児
KOBAYASHI Ryuji

はじめに

　国際的な診断基準に右に倣えとばかりに，わが国の発達障碍臨床も子どもの行動特徴を抽出して診断することにさほど抵抗を感じない事態がじわじわと浸透しつつあるように思えてならない。そこでは子どもが示す不可解な行動は症状とか障碍とみなされ，診断が進められているわけだが，それらを関係の枠組みで見ていくと，その様相は大きく変わってくる（小林，2010a，2010c）。

　筆者が試みてきた新奇場面法の一こまを取り上げてみよう。3歳4カ月の自閉症男児とその母親である。子どもがひとり遊びをしている姿を想像してみるとよい。子どもにのみ焦点を当てると，ひとりで遊んでいるように見えているかもしれないが，少し離れたところで母親はたたずんで子どもを見ていた。子どもと母親の関係に目を移すと，子どもは母親の存在を気にしつつも，なぜか玩具の方に気があるかのような態度を取って，ことさら母親に背を向けている。夢中になってひとりで遊んでいるわけでもないのだ。子どもは母親の存在が気になって仕方ないに

もかかわらず，母親に背を向けている。そのことを証明するかのように，まもなく母親が部屋から出て行こうとドアを開けた途端に，子どもは急に立ち上がって母親を追い始めたのである。このように全体のコンテクストの中で子どもを見ていくと，子どもがひとり遊びをしているというように子どもの行動のみを抽出することはできず，子どもが母親に対して「甘えたいけど甘えられない」心理状態にあって，まるで「拗ねている」ようにさえ見えてくるのだ。そのように筆者が感じるのは，子どもの行動を母親との「関係」の中でとらえ，両者の気持ちの動きをも感じ取っているからである。

このように従来の発達障碍臨床で当然のごとく行われている子どもを「個」として捉える視点から，「関係」の枠組みで捉える視点へと，その見方を変えていくと，日々の臨床風景は一変する。

I 「甘え」は二者関係の問題である

乳児期から幼児期早期にかけて〈子−養育者〉関係が深まっていく過程でもっとも重要な心理的過程はアタッチメント形成である。そこで繰り広げられるアタッチメント関係のありように対して情動面に焦点を当てると，「甘え」にまつわる世界が見えてくる。

「甘え」は本来二者関係の中で生まれ，育まれていく営みである。そこで子どもは絶対的に養育者に依存しなければ生きていけない。しかし，それを受け止める側の養育者はそのような子どもの欲求を無条件に叶えてやることができるかといえばそうではない。養育者自身，複雑な歴史を抱えて生きてきたがゆえに，時には子どもの気持ちを受け入れがたく，排斥したり拒否したりすることもけっして稀なことではない。それゆえ，子どもは「甘え」を享受するためにはどうしても養育者の顔色をうかがうなど，周囲の状況を敏感に感じ取りながら振る舞うことを余儀なくさ

れる。そこに「甘え」の世界はアンビヴァレンスを孕む必然性がある。

　なぜこのようなことを取り上げるかといえば，筆者が乳幼児期の子どもとその養育者との関係の難しさの背景に「甘え」にまつわる「アンビヴァレンス」を見て取ったからである。したがって，その関係の修復を図るためには，「アンビヴァレンス」そのものを治療の中で取り扱うことが重要な柱となる（小林，2008，2010b，2010c）。

II 「アンビヴァレンス」に着目することがなぜ大切か

　「甘え」の世界はヒトが人になっていく精神発達過程で最初に経験する対人関係の世界である。つまりは原初段階での体験である。そこでの体験が強い「アンビヴァレンス」を孕むか否かは，人のその後の成長過程を大きく左右することになる。なぜなら原初段階での体験は生涯発達過程の基底に脈々と流れ続けているからである。このように人の「発達」とは，土台が育って，それに積み重なるようにしてさまざまな体験がライフサイクルを通して蓄積されていく中で展開していくものである。土台がうまく形成されなければ，砂上楼閣となってしまう危険性がある。乳幼児期早期での「甘え」の「アンビヴァレンス」がその後の成長過程でさまざまな形で顕在化するのはそのためである。筆者がこれまでに明らかにしてきた自閉症に見られる行動障碍（小林，2001；小林・原田，2008）であれ，言語発達病理（小林，2004）であれ，すべて「アンビヴァレンス」が深く関わっているのであって，関係発達臨床において当面の治療的課題としてこの「アンビヴァレンス」に焦点を当てて，その緩和を目指すのはそのような理由によっている。さらに，この「アンビヴァレンス」の問題はけっして発達障碍のみに当てはまるようなものではなく，あらゆる精神病理現象の背後に関与していると考えられるのである（土居，2009；小林，2010c）。

III なぜ「アンビヴァレンス」を扱うことが難しいか

「三つ子の魂百まで」といわれるように乳幼児期早期の体験の重要性は昔から認識されてきたが、この時期の体験の重要性のひとつの大きな理由は、当事者本人もその記憶を想起することができないことにある。あとから自分でどうにでもなるようなものではない。それゆえ、その後の人生で苦しみ続けなくてはならないという事態が起こり得るのだ。「甘え」が非言語的、非反省的な性質を有する（土居、2001）とはそのような意味を含んでいる。「甘え」が享受されない乳幼児期を送ってきた者にとって、「甘えたい」という欲求は表面的に隠れることはあっても、けっしてなくなることはない。相手次第である「甘え」が充足されないと、甘えたい相手の顔色をうかがうなどして、つねに相手の存在が気になってしまう。そうなると、依存できないにもかかわらず、依存したいという欲求は生き続けるために、変態的な依存関係が生まれることになる（土居、2001）。

IV 「アンビヴァレンス」はどのような表現型をとるか

「甘え」の「アンビヴァレンス」はどのような表現型をとるか、具体的にいくつか例示してみることにしよう。

乳児期であれば、母親が遠くから見つめると、乳児は視線をこちらに向けるが、いざ近寄っていくと、視線を回避する。離れていると母親に抱っこをせがむが、いざ母親が抱っこしようとすると、仰け反って嫌がる。母親が抱くと、乳児は二の腕を母親の身体と自分の身体の隙間に入れて、密着するのを避ける。母親の乳房をほしがらず、自分の身体の一部をいじったり、しゃぶったりするなど、「アンビヴァレンス」はわか

りやすい形で表に現れる。

　幼児期になると,部屋の中で一緒にいると,どこか落ち着かず動き回り,とりつく島がない感じである。母親に抱きつくと同時に噛み付く。母親が傍にいることさら背中を向けて,関心がなさそうに振る舞っているが,いざ母親がどこかに行こうとすると,まるで心細いかのような反応を見せるなど,次第に行動型も複雑になる。

　学童期では,母親が話しかけると,無視したり,ことさら応じないが,母親がほかの人と話を始めると,ふたりの間に割って入っては話の邪魔をする。まるで挑発的であるかのようにして相手の嫌がることをわざとらしくやる。その行動も次第にエスカレートして深刻化するために,周囲との関係のねじれも複雑になっていく。

　しかし,思春期以降になると,母子関係の中でストレートに表現されることは少なくなって,面接中,治療者とのあいだで現れることが多くなる。しかし,それは第三者にはわかりづらいものとなり,治療者が自ら感じ取ることでしか把握することが困難となっていく。そのために事態は非常に複雑になっていくのである。

V 「アンビヴァレンス」を感じ取るにはどうするか

　では臨床家が「アンビヴァレンス」を感じ取ることができるようになるためにはどうしたらよいか。実はこのことがもっとも難しく,困難な課題だといわねばならない。もともと他者の気持ちをわかるということはどのようにして可能になっているかを考えればわかりやすいかもしれない。相手が悲しそうな表情を浮かべている。その時われわれが悲しそうだと感じ取ることができているのは,自らの身体あるいは情動に,相手と同様の「悲しい」という情動の変化が生起しているからであって,けっして表情を単に見るといった表層的な次元の知覚体験ではない。相

手の情動が自らの情動をも揺さぶり，共振するようにしてこちらに相手の情動の変化が伝わっていくような性質のものである。そのことを可能にしているのは，自らの情動の変化が「悲しい」という社会的意味をもつ体験であることを，いつの間にか暗黙のうちに認識することができるようになっているからである。

　したがって，相手の心理，とりわけここで取り上げている「アンビヴァレンス」を相手の中に感じ取ることができるようになるためには，自らの「アンビヴァレンス」に気づかないといけない。実はこのことがわれわれ治療者にとっても困難な課題なのだ。そのことを土居（2009）は患者の非言語的コミュニケーションに注目することを力説する中で，「このような微妙な手掛かりを捉えるためには，治療者自身，十分『甘え』の心理に習熟していなければならない。言い換えれば自分のアンビヴァレンスが見えていなければならない。そしてそれこそ最も困難なことであるといわなければならないのである」（p.27）と指摘しているほどである。

　「アンビヴァレンス」はことばで明確に見て取れるようには表現されない。母子関係の中で，治療者自らもそこにどっぷりと浸かり，当事者の心の動きのみならず，自らの心の動きをも感じ取るという態度が求められる。このような治療関係が成立することによって，初めて「アンビヴァレンス」を感じ取ることができるようになる。「関係をみる」と述べた意味は，まさにここにあるのであって，子どもの母親の関わり合いを客観的に冷めた目で，まるでマジックミラー越しに見るような態度で関わったのでは，感じ取ることなどできはしない。先に土居が「最も困難」だと述べた真意はここにある。

VI 「アンビヴァレンス」を取り上げることがなぜ治療的に作用するか

　ではもしも治療者がこのような「アンビヴァレンス」を感じ取れたとしたならば，それを面接の中でどう生かしたらよいかという問題である。ここで最も重要なことは，「いま，ここで」アクチュアルに取り上げることである。もちろん，それまで治療関係と治療経過を十分に踏まえてという前提があることはいうまでもない。では積極的に「アンビヴァレンス」を取り上げることがなぜ治療的な作用をもつのであろうか。
　先に，「甘え」にまつわる世界は人間関係の原初段階の体験であることを指摘した。それは非言語的で，非反省的であるとも述べた。このような原初段階の人間関係は，五感が主に働くような体験世界とは異なり，原初的知覚という未分化で，その後のあらゆる体験世界とも通底するような性質を持つものである。したがって，「アンビヴァレンス」を感じ取ることが可能になるのも，この原初的知覚の働きに負うところが非常に大きいのであって，頭で理解するといった性質のものとはまったく異なっている。そのことが誰にでも容易に感じ取ることを困難にしている最大の理由でもあるのだ。
　「アンビヴァレンス」の体験世界は，このような原初段階の世界であることから，この体験世界を感じ取り，それを患者に気づけるように取り上げることができるならば，そのことによって患者と治療者の間には原初段階での人間関係に相当する関わり合いが生まれる契機となる。「感情移入」あるいは「共感」といわれてきた治療関係である（小林，2010d，2011）。

VII 事例提示

「アンビヴァレンス」は治療場面でどのように出現するのか，その際治療者はどう扱えばよいか，具体的に例示してみよう。

K男：初診時3歳10カ月／知的発達水準：軽度精神遅滞
主訴：自閉症ではないか。どのように接したらよいか教えてほしい。
発達歴：周産期，特に異常はなく満期正常分娩。母乳で育てたかったが，母乳が出なかったので人工栄養で育てた。乳幼児期早期，よく笑っている子だった。抱っこも好きでよく求めてきた。そのため当時は母親として違和感をまったく抱かなかった。しかし，1歳を過ぎてもことばが出ないことが少し気になり始めた。でもいつかは出るだろうと思っていた。

1歳半健診で，頭に布を置いた時に布を取り払うかどうかの検査を受けたら，K男は布を取り払わなかった。検査中，ずっとなされるがままで，まったく抵抗を見せることはなかった。そのため，おかしいなと一瞬思った。しかし，当時行きつけのホームドクターからは大丈夫でしょうと言われた。

2歳過ぎても，名前を呼んでも振り返らないのが気になり始めた。しかし当時，姉の中学進学の受験で母親は忙殺されていた。毎日姉の塾への送迎をしたり，勉強の手伝いをしたりして，姉の受験勉強に心血を注いでいた。幸いK男はおとなしくて手がかからなかったので，それを良いことにしてあまりK男には手をかけなかった。2歳頃から同じ年頃の子どもを怖がるようになった。さかんに同じことを繰り返すようになった。ことばの遅れも見られ，気に入ったせりふばかり口にする。要求はクレーン現象のみであった。

3歳，幼児教室に通い始めた。そこで担当者にコミュニケーションが

おかしいですね，と指摘された。母親はそれを聞いて大変驚いたが，その時は半信半疑だった。しかし，父親はそれ以前から気にしていた。そのため，両親はＫ男のことをめぐってよく言い争いをした。まもなく，子ども福祉センターに出かけたところ，そこで自閉症といわれた。早速週1回の療育を受けるようになった。

3歳半，ことばが出始めたが，独り言で同じフレーズを繰り返すことが多く，会話にはならなかった。その後まもなく筆者の外来を受診した。

初診時の親子の関わり合いの特徴

家族そろって診察室に入ろうとすると，Ｋ男は少し嫌がり抵抗を見せた。初めての部屋で怖かったのであろうが，まもなく親と一緒に入室することはできた。診察室の雰囲気で少し落ち着き始めると，部屋に置かれた玩具を手当たり次第に手に取って扱い始める。すぐに母親の方に視線を向けて，顔色をうかがうようにして手に取った玩具を扱うのをやめる。玩具の方に行ったかと思うと，ソファに座っている母親の方に戻ってくる。そうかと思うと，すぐにまた母親から離れて玩具の方に行ってしまう。そして，再び母親の方に戻ってくる。このように母親の方に近づいたかと思うとすぐに離れるという行動パターンをしばし繰り返していた。母親はソファに座ったまま遠くからＫ男にさかんに指示的なことばを掛けていた。

母親に対する強いアンビヴァレンス

Ｋ男には母親に対して構ってもらいたい（甘えたい）という気持ちが強いことが，何度も母親の方に戻る行動に感じられたが，なぜか母親に近づいてはすぐに離れてしまっていた。ここにＫ男の強いアンビヴァ

レンスが感じ取られたが，それを強めている要因のひとつに，母親のＫ男の行動に対する過敏な反応があると思われた。なぜなら，Ｋ男は母親に甘えたいという思いを持ちつつも，母親からの注意や指示のことば掛けによって突き放されるような感じを抱き，容易に近づけない状態にあると思われたからである。

　それでも，Ｋ男がさかんに母親の顔色をうかがう行動（母親参照といわれる行動である）を見ていて，筆者はそれを，母親を頼りにしているサインとして肯定的にとらえることができた。さらには，Ｋ男の表情を見ていると，時に恥ずかしそうに，うれしそうに，そして嫌そうにしていることから，Ｋ男の気持ちがこちらに伝わりやすいことも感じ取り，そのことも母親に伝えた。つまりはここで筆者はＫ男の気持ちの動きを代弁しながら母親に説明していたのである。

筆者の助言

　そこで筆者は以下のように両親に助言した。まずはＫ男が母親の方に近づいては離れていくことを繰り返す行動の意味を，Ｋ男には母親に対して構ってもらいたい気持ちがとても強いのだが，いざ近づくとなぜか不安緊張が高まり離れていく気持ちになっているのではないかと説明し，今のＫ男には母親に対する強いアンビヴァレンスが働いていることを述べた。その際，母親に対する強い思いを肯定的に取り上げ，強調しておいた。ついで，両親にはＫ男を「自閉症だから〜だ」と一般の自閉症理解に当てはめるような，教条的で固定的なイメージを持たないように述べるとともに，Ｋ男のいろいろな行動が彼のどのようなこころの動きを反映しているのか，じっくり見ていくことが大切だと付け加えた。そして，母親には，Ｋ男の気になる行動に対して指示的な言動を極力減らすようにと助言した。

第2〜3回

　母親は子ども2人の世話でかなり強い疲労感を訴えていた。そのため容易には母親の苛立ちは軽減しなかった。そのためであろうか、K男は母親に相手をしてほしそうな動きを見せるのだが、表立っては相手を要求しない。ひとりで玩具を前にして、手を出してはすぐにその手を引こうとするなど、玩具を扱うことにもためらう気持ちが強く感じられた。そうしたK男の行動が母親の苛立ちをさらに強めるという負の循環が2人の間をさらに難しいものにしていた。しかし、筆者はそのことをここでことさら取り上げることは控えた。母親の自責感を強めるだけだと思われたからである。母親の疲労感をいかにして緩和するかということに心を砕いていた。

第4回（1カ月後）

　K男が同じ遊びを繰り返していると、母親はそれをじっと見ているのがつらいため、ついK男を他の遊びに誘ってもっと楽しませてやりたくなっていた。たとえば、K男がクルクルスロープに丸い球を転がして回転するのを夢中になって見ている。すると、母親は他の遊びをさせたくなって、赤い丸い球を手に取って〈これきれいよ、これやってみようか〉と勧める。K男はすぐに〈いや！〉と拒否するが、それでも母親は繰り返しそれを勧めていた。ついにK男は折れて、それを手に持つが、いかにも嫌そうに〈きれい！〉と発している。K男は球がくるくる回って動いているように関心が引き寄せられていると思われたが、母親には同じことの繰り返しにしか見えなかったのであろう。そのため他の色の球を見せては他の遊びを勧めたくなっていたのである。

母親の見捨てられ不安

　このようにＫ男が遊んでいることに母親が口を挟むと，それがＫ男の遊びの流れに沿っていないために，Ｋ男は拒否的反応を示している。それにもかかわらず母親が自分の方にＫ男を誘いたくなるのは，母親自身がそこで自分が拒否される不安，つまりは見捨てられ不安を刺激されていたためではないかと思われるのである。

　そんな母親の干渉に対してＫ男は回避的になり，同じことを繰り返す遊びの世界に逃避することで自分を守ろうとしているように見えた。このような母親の先取り的関与がＫ男の注意散漫を引き起こし，他の物への気移りを結果的に引き起こしていると考えられたのである。

筆者の助言

　そこで筆者は以下のように母親に助言した。自分の方から子どもに何かをさせなければという思いが強いようだが，そのような気持ちを持たなくてもいいこと，何かしなければという思いから少しでも自由になり，手を抜くことが大切であること，そしてＫ男の行動の意味を一緒に理解するように心がけていきましょうと述べた。Ｋ男の繰り返し行動は，単に同じことの繰り返しではなく，その中で微妙に変化する感じを楽しんでいるという肯定的な意味があることを説明し，子どもの行動をしばらくは見守りながら付き合い，彼が何をどのように楽しんでいるのか，じっくりと見ていきましょうとも伝えた。

第５回

　母親の肩の力が少しずつ抜けてきた。そのためであろうか，自分の心

の内や家族の心配事などを筆者に自分から話すようになった。以前はドキドキしていて，いつも誰か一緒にいてくれないと心細い感じがあった。そんな時には家事に集中することによって忘れるようにしていた。家事に入るまでの何もしない時間が一番嫌いだという。さらには自分の母親（K男の祖母）の具合が悪いので心配なこと，そして父親についても思い出話が語られ始めた。父親はとても周囲に気遣う人で，いつもぴりぴりしていた。父親が自分のそばに来るだけで緊張していた。背筋をいつも伸ばしていないといけないような人だった。大好きだけど，母親が一緒にいて初めてゆったりできた。ゴミ一つでも落ちていると気にしていた。印象深い思い出として以下のような話が語られた。

母親の子ども時代が想起される

　両親と私，3人で旅行した時はまるで「強化合宿」みたいだった。予定通りの行動をするようにいつも急かされていた。周囲の人への気遣いからではあったが，つねに他人に迷惑がかかるから，早くしなさいと急かされていた。もちろん，私たちのためによくやってくれていたと思う。父親は家族思いだが，周りの人たちに気を使い，旅行の時には予定をびっしりと決めて出かけ，少しでも予定に遅れそうになると，私たちを急かしていた。だから私たちにとって家族旅行は「強化合宿」のようなものだった。ゆったりとリラックスして楽しむようなものではなかった。父親がいると背筋を伸ばしていないといけないようで，いつもぴりぴりしていたというのである。

　これまで筆者は母親との間で，K男に関わる際の母親自身の気持ちを常に取り上げて確認してきた。母親はK男の行動を見ているとなぜか急かしたくなる自分の気持ちに気づくことによって，このような思い出が想起されていった。このような思い出話から，（K男の）母親自身も

親に対してアンビヴァレンスの強い子ども時代を過ごしたことが明らかになってきたのである。

第6回（2カ月後）

　母親に少しずつ落ち着きが感じられるようになってきた。第4回で筆者に，ゆったりと構えて，自分から積極的に働きかける必要はないと言われたことが救いとなっていることが語られた。このように母親には自分の内面を振り返ろうとする内省的態度が生まれつつあった。
　そこで筆者は母親に次のようなことを考えてもらった。K男の遊びを見ていて，動き，テンポをどう感じるか尋ねた。すると「慌ただしい」「せかせかした感じ」と答えるとともに，母親自身も慌ただしくて飽きやすいことを自ら気づいて語るようになった。自分もそうだということに気づいたのである。そこで，筆者はK男の今の状態を見ていると，「急き立てられる感じで」「（自分が）なにかに動かされているように感じられる」と母親に伝えることで，母親にも今の自分の生活が時間に追われて，毎日慌ただしく，急かされるような感じであることに目を向けてもらった。母子双方の慌ただしい感じが，両者間で負の循環を生んでいることに気づいてもらうことがねらいだった。このような説明は母親にはとても納得のいくものであったようで，治療開始当初の自責感は薄らぎ，筆者の助言を前向きに受け止めていた。

第7回

　以前母親はK男の言動の意味がまったくわからず，注意ばかりしていたが，この頃にはK男の言動の意味が少しずつわかるようになってきたことを，新しい発見をしたようにうれしそうに日記に書いてきて筆

者に見せてくれた。そこには次のようなエピソードが綴られていた。

　2人で外出していた時だった。K男がさかんに母親に何か言っているのだが、それが分からなくてどうしてよいか困っていた。先日から〈お弁当屋さん、丸くなった〉とさかんに私に言っていたことを思い出した。即座にはわからなかったが、その店の看板が変わっていることに気づき、その看板が丸くなっていたという。K男はそのことを自分に伝えたかったのだとその時初めて気づいた。それが母親にも分かり、とてもうれしくなった。K男にそのことを言うと、にっこりしてうれしそうに反応したというのである。

母子ふたりの世界

　このような感動的なエピソードを、まるで子どものように、素直に、うれしそうに筆者に報告する母親の態度がとても印象的であった。このことが契機となって、母親もK男に合わせて遊びに参加しようとする積極的な姿勢が見られ始めた。

　ぎこちないながらも母親は子どもの動きに少しずつ合わせるようになっていった。K男はそんな母親の関与がうれしくて仕方ない様子であった。母親と筆者が話し始めると、ふたりの間に割って入り、母親を自分の方に引っ張って、母親とふたりボールテントの中に入って遊び始めた。周囲から守られた一番安心できる場所に母親と一緒に入って遊んでいるのである。筆者が母親と話をしていると、筆者の足をさり気なく踏んで去っていく。筆者に対する親近感と怒りの感情をこのようなさり気ない行動で示していることに、筆者はK男の繊細な気持ちを微笑ましく感じ取り、それを母親に語ることによって、母親もK男の何気ない行動の背後にいかにK男の気持ちが反映しているか、次第に気づくようになっていった。

第8〜9回（3カ月後）

　母親の口から，先日家族で旅行に出かけた時のエピソードが語られた。旅館に行くまでの道中，坂道が長かったが，最初K男は歩くと元気よく宣言して張り切っていた。しかし，次第に疲れてきたのか抱っこを要求してきた。母親は，さっき自分で歩くと言ったでしょ，と励ました時だった。K男は穏やかで甘えた口調で，〈大きな船はタグボートを運ぶ！〉と要求したというのである。〈タグボート（自分）は大きな船（父親）が運んでくれる！〉と言いたかったのだろうと母親はすぐにわかり，父親が抱っこをしてくれて無事目的地に到着することができたという。母親はK男の気持ちが理解できたことを心底喜んでいるのがひしひしと伝わってきた。
　こうして母親はK男の日頃の言動の意味を感じ取ることが容易になるとともに，そのことをK男に伝えることで，ふたりの関係は急速に深まっていった。それは見ていてとても微笑ましい光景に映った。毎回筆者に届けてくれる日記には，日頃の何気ない出来事の中でのうれしい発見が楽しそうな文面で綴られていた。

おわりに

　ここでは「関係をみる」とはどういうことかを中心に解説した。これまで国際的な診断基準の広がりの中で，行動特徴の把握が客観性を担保しているかのように宣伝され，多くの診断医がそれに倣っているが，精神科治療とは何かを考えるとき，われわれが患者との関係を抜きにして，治療が成り立つはずはない。筆者がこれまで一貫して「関係」の重要性を指摘し論じてきたことの最大の理由はそこにある。そこでは治療者自身も透明な存在ではなく，自らの全存在をかけて関わることが求められ

ている。そのような努力なくして,「共感」的関係など生まれるはずはない。治療者自身も自らの感性を日々切磋琢磨するという努力を惜しんではならない。今日何事も安直で手軽なマニュアル化が広く浸透している中で,「関係をみる」ということはたやすいことではない。しかし,そのことなくして精神科臨床などありえない。今の筆者の率直な今の心境である。

文献

土居健郎（1986）勘と勘繰りと妄想．In：高橋俊彦編：分裂病の精神病理 15．東京大学出版会，pp.1-19（土居健郎（1994）日常語の精神医学．医学書院，pp.348-366．）
土居健郎（1994）日常語の精神医学．医学書院．
土居健郎（2001）続「甘え」の構造．弘文堂．
土居健郎（2009）臨床精神医学の方法．岩崎学術出版社．
小林隆児（2001）自閉症と行動障害——関係障害臨床からの接近．岩崎学術出版社．
小林隆児（2004）自閉症とことばの成り立ち——関係発達臨床からみた原初的コミュニケーションの世界．ミネルヴァ書房．
小林隆児（2008）よくわかる自閉症——関係発達からのアプローチ．法研．
小林隆児（2010a）関係を診ることによって臨床はどう変わるか．乳幼児医学・心理学研究 19-1；1-13．
小林隆児（2010b）自閉症のこころをみつめる——関係発達臨床からみた親子のそだち．岩崎学術出版社．
小林隆児（2010c）関係からみた発達障碍．金剛出版．
小林隆児（2010d）メタファーと精神療法．精神療法 36-4；517-526．
小林隆児（2011）．関係からみた「勘と勘繰りと妄想」（土居健郎）．精神療法 37-3；327-336．
小林隆児・原田理歩（2008）．自閉症とこころの臨床——行動の「障碍」から行動による「表現」へ．岩崎学術出版社．

第3節

生きたアセスメントを進めるために

門 眞一郎
KADO Shinichiro

　発達障害の子どものアセスメントは，アセスメントの対象領域もアセスメントの手段もさまざまであり，同時にアセスメントという語の意味するところも用いる人の考えや用いる場面により異なる。アセスメントのすべてを網羅することは筆者に与えられた紙幅ではかなわないことなので，それは他に譲ることとして，筆者に与えられた「生きたアセスメント」という観点から，発達障害のアセスメントについて，日頃おぼろげに考えていることをいくつか文字にしてみたい。

I 発達検査

　発達障害のフォーマルなアセスメントと言えば，まず用いられるのは各種の発達検査であろう。ここでは，その中でも筆者の職場の前身である京都市児童院（現京都市児童福祉センター）の関係者を中心に開発されたK式発達検査の再改訂版である「新K式発達検査2001」を取り上げることにする。
　京都市児童福祉センターでは，療育手帳の交付対象者かどうかを判断する際に，この検査により算出される発達指数（以下DQ）をよく用い

る。その点ではそれなりに有用な検査ではあろう。療育手帳の対象者は、「児童相談所（18歳以上の場合は知的障害者更生相談所）が知的障害児（者）であると認めるもの」ということになっている（厚生事務次官通知，1973）。知的障害の場合は，発達の遅れであるから，DQという単一の数値だけでも判断の有力な材料になり，現実にそのように使われている。

　しかし，自閉症スペクトラムのような発達の偏りの場合は，DQという単一の数値だけでは何もわからないに等しい。少なくとも生きたアセスメントには使えない。発達の偏りということは，検査課題による出来不出来がばらばらだということであり，平均値のようなDQだけでは発達の様相を知ることはできない。もちろん新K式発達検査の場合，全指数のほかに，「認知・適応」や「言語・社会」と名づけられた下位指数も算出されるが，これも大雑把に二分されているだけで，やはり自閉症スペクトラムの子どもではそこから得られる情報は少ない。一つひとつの問題がどういう性格のもので，その出来不出来が子どもの発達の偏りをどう反映しているかを考えることが，生きたアセスメントとなるであろう。「言語・社会」の問題の中でも，視覚的手がかりのある言語的問題（口頭で質問され，口頭で答える問題）もあれば視覚的手がかりのない問題もある，その出来不出来を分析することからヒントを得れば，日常の育児，保育，療育，教育などに工夫の余地が見出せるであろう。アセスメントは，実生活における支援に生かせてこそ，生きたアセスメントたりうる。

　さらに，この種の発達検査の問題は，通常の発達の順序と期待される年代とに基づいて子どもに与えられるが，発達の遅れの場合はそれでよしとしても，発達の偏りの場合はそうはいかないであろう。通常の発達の順序とは異なる順序や，あたかも飛び級のような発達の軌道を描くこともあるからである。かつて自閉症の子どもの発達に関しても，「ど

子も同じ発達の道筋をたどる」と喧伝されたことがある。多くの保育士や教師が情緒的に共鳴していたものであるが、現実の子どもの発達の様子を見れば、自閉症スペクトラムの子どもと健常の子どもとでは、発達の道筋は必ずしも同じとは思えないし、検査結果を詳らかに検討し虚心坦懐に考えれば、なおのこと同じとは言えないことが多い。

　知能検査についても同じことが言える。自閉症スペクトラムの子どもの場合、知能指数（IQ）だけでは何もわからないに等しい。例えば、WISC-III 知能検査では、言語性課題、動作性課題の成績により、知能指数は言語性指数（VIQ）、動作性指数（PIQ）、全指数（FIQ）と3種類算出されるが、その3つの数値だけでは、やはり子どもの認知能力を知るには不十分である。13種類の下位検査問題の成績の変異を知ることが重要である。ところで、「言語性指数」の「言語」という文字に幻惑されて、VIQ の高低があたかも言語能力のすべてを示唆していると誤解されることがある。WISC-III の検査場面は、余計な外部刺激を遮断された、検査者と被験児だけの一対一場面である。言語性課題は音声言語のみが使われ、書字は用いられない。つまり日常のソーシャル・コミュニケーション状況とはずいぶん様相を異にするはずなのである。知能検査はもともと知的障害の子どもを効率よく選別することを目的として開発されたものであり、いくら下位検査の回答内容を知り得たとしても、これだけで自閉症スペクトラムなどの発達の偏りをアセスメントしきれるものではない。

II　検査実施上の問題

　聴覚障害の子どもが、視覚的な手がかりがなく、言葉だけで質問される問題に答えられないからといって、その子はその問題を理解する能力がないと決めつけるわけにはいかないことは言うまでもない。しかし、

これが自閉症スペクトラムの子どもの場合，同じようには受け止めてもらえないことがある。というのも，自閉症スペクトラムだけなら耳は聞こえているからである。しかし，耳は聞こえても，言葉だけで伝えると理解できないことも多い。だからといってその子には理解力がないとは言えない。もし視覚的に伝えれば理解できるなら，その子にはその問題内容に関する理解力がないのではなく，その問題を伝える手段に関して理解力がないのである。問題を文字や絵にして出せばどうなるか。そういうやり方は，すでに検査の標準的な手順からは逸脱していることになるが，標準的な手順を用いた後に，逸脱することで支援に生かされるなら，手順を厳密に守るだけで終わるよりも，はるかに生きたアセスメントになるのではなかろうか。

III 測定誤差について

知的障害の定義は我が国の法律には存在しないが，実際には，アメリカ精神遅滞協会（AAMR）の精神遅滞の定義に基づいて考えられることが多い。ちなみにこの協会は，2007年にアメリカ知的・発達障害協会（AAIDD）と改称され，精神遅滞（mental retardation）も知的障害（intellectual disability）と改称された。AAIDDによる知的障害の定義は，最新版が2010年刊行の第11版（AAIDD, 2010）であるが，第9版（AAMR, 1992）の精神遅滞の定義をほぼ踏襲している。その間に刊行された第10版では，重要な変更というより加筆がある（AAMR, 2002, pp.56-59）。

それは，診断のための《知的機能》の基準は，平均より約2標準偏差（SD）以下とするが，使用した具体的なアセスメント・ツールの標準測定誤差（SEM）とそのツールの長所と限界とを考慮にいれなければならないということである。測定誤差の可能性を考慮しないと，知能検査を

主に信頼して知的機能をアセスメントすることは誤用の可能性をはらむからである。すべての測定は，特に心理学的測定は，ある程度誤りの可能性をはらむものであり，得られたスコアは実際には前後数ポイントの範囲に相当するのである。標準測定誤差（SEM）は，全般的知的機能の十分標準化された測定について3～4ポイントと見積もられている。例えば，IQ 70の最も正確な理解は，確固たるスコアとしてではなく，少なくとも1SEM（すなわち約66～74のスコア：確率66％），あるいは2SEM（すなわち約62～78のスコア：確率95％）（Grossman, 1983）という信頼区間で考える。これは重要な考察であり，知的障害の診断に関わるあらゆる判定において考慮しなければならない点である。

　さらに，考慮に入れておかなければいけないことがある。標準偏差である。AAMRの精神遅滞の定義においては，「〈知的機能〉の基準は，平均より約2標準偏差（SD）以下とする」とある。そして，検査ツールが違えばそのSD値も違うので，知的障害かどうかを判断する際の基準のひとつである知的機能の境界も，用いる検査ツールによって異なるのである。さらに，年齢によってSDが異なる場合，もっと複雑になる。本稿で取り上げた新K式発達検査2001の場合，開発時点で得られたデータを見ると，年齢によりSDが大きく変動している。特に対照的な年齢の平均とSDをいくつか挙げると表1のごとくである。SDがこのように大きく変動するようでは，とても一律70を知的障害かどうかの境界値として固定的に考えるわけにはいかない。さらにここに検査の標準誤差も考慮しなければならないとなると，発達検査や知能検査を生きたアセスメントのツールにするためには相当の熟慮が必要となる。

表1　新K式発達検査2001の3年齢区分でのDQ平均と標準偏差

年齢区分	DQ平均	標準偏差SD
3:0-3:6	100.9	9.3
10:0-11:0	102.2	13.3
15:0-16:0	103.9	21.8

IV　事例

　ここで，ある人に登場してもらおう。Kさんは，自閉症スペクトラムと最重度知的障害の23歳男性である。小学校時代から現在まで知的障害児施設に入所中である（現在も児童相談所による措置延長が続いている）。

1　生育歴など

　在胎38週，帝王切開にて出産。生下時体重は4380gで，黄疸が強かったために光線療法を受けた。Kさんが4歳のとき，両親が離婚し，以後Kさんは母親に育てられた。現在までの特記事項を児童相談所の児童記録から抜き出すと以下のようになる。

- 1歳10カ月時，「ことばと歩行の遅れ」を主訴として児童相談所に相談した。
- 初語は「まんま」が1歳10カ月頃との記録がある一方，4歳10カ月時の心理判定書には「有意味語なし，喃語発声のみ」とある。歩行は1歳10カ月。幼児期は多動であった。
- 2歳7カ月時の心理判定書には「中度精神発達遅滞」とある。
- 2歳10カ月時に，知的障害児通園施設への単独通所を始めた。

- 4歳10カ月時の心理判定書には,「新K式発達検査で,発達指数（DQ）は24,重度精神発達遅滞,てんかん」とあり,記録には,母の陳述として「自閉症ではなく,知恵遅れと言われた」とある。
- 6歳8カ月に知的障害養護学校小学部に入学したが,その後,母や祖母の病気や妹の入試,卒業,入学などの折に,たびたび知的障害児入所施設に緊急一時保護された。
- 8歳0カ月時の心理判定書には,「DQ 15,最重度精神発達遅滞,てんかん（レノックス症候群）」とある。
- 11歳7カ月時に母親から施設入所申し込みがあった。理由は,「多動,体が大きくなってきた,こだわりが強い,目を離すといなくなるなどのため面倒が見切れないから」というものであった。
- 11歳8カ月時の心理判定書には,「DQ13,エレベーターへの興味こだわりが強い。テレビは囲碁や教育テレビ,雑誌はグラビア。アルファベットのA, B, Cは区別できる。今年になって欲しい食べ物を指差すようになった」とある。
- 3カ月後（11歳11カ月,小学部6年時）に知的障害児入所施設に措置され,現在まで入所が続いている。すでに成人年齢に達しているが,成人施設への移行が叶わず,引き続き児童相談所から措置延長されている。
- 18歳時に養護学校高等部を卒業した（体重57kg）。以後,施設中心の生活となった。居室は2人部屋であった。対応困難なこととしては,畳や扉を投げようとする,ベンチを倒す,入所者の歩行具を倒そうとするなどがあり,体重増加とともに危険度が増してきた。
- 22歳時に,「新K式発達検査で,発達年齢は1歳10カ月,発達指数は11,最重度精神発達遅滞」と判定された。この時点ではすでに強度行動障害（厚生省,1998）と言える状態であった。

2 施設での生活

21歳時（2001年）に，行動障害が激しい人の居住棟の中で最も奥の個室に移された。イライラしてベンチを倒す，物をやたら投げる（畳，各居室の服入れ等），一部のASDの人の姿（目を合わせない人）や持ち物にこだわって攻撃的な行動をとるなどの対応困難な行動が著しくなった。好きなビデオを独占的に見ることができるよう，個室の壁にはビデオモニター画面がはめ込まれた（スイッチは詰め所からの遠隔操作）。その結果，著しくビデオ依存の生活になっていった。体重はさらに77kgに増加した。一部の職員（食べ物，ドライブ等の望みを先回りして叶えてくれる人）に強く依存するようにもなった。

3 対応困難な行動のアセスメント

Kさんの破壊活動（物投げ，扉はずし，ベンチ倒し，トイレの物詰め）と攻撃的行動は，Durand（1990）の動機アセスメント尺度（MAS）に従ってその機能を考えると，欲しいものが手に入らないとき，嫌な出来事や活動に抗議したいときや，自分の思い通りにならないときの行動であり，機能は要求ということになる。

4 心理アセスメント

Kさんが22歳のとき，処遇方針を再検討するために，措置機関である児童相談所に心理アセスメントを施設側は依頼した。心理判定員は施設で，しかもKさんが面接室への移動を拒否したために，居室で新K式発達検査2001を実施した。

判定結果は次のようなものであった（強調は筆者）。「課題呈示への関

表2　Kさんの発達検査結果

	発達年齢 DA	発達指数 DQ
姿勢・運動（P・M）	2歳11カ月	18
認知・適応（C・A）	2歳0カ月	12
言語・社会（L・S）	0歳11カ月	6
総合（T）	1歳10カ月	11

心にもムラがあり，呈示や例示に対して反応よく取り組む材料とそうでない材料とがある。**課題への興味を維持することも困難**。関心が逸れて離席する場面もあり，一旦，離席すると課題に**関心を引き戻すことは困難**。認知領域では，特に図形構成（描画）の場面においては**高い関心が**ある。言語領域では，表出言語は2～3語程度，指差しは観察されない。対人よりも事物への**関心が優位**。合視も乏しく，**言語的にも非言語的にもコミュニケーションを図ることは困難**である。最重度精神発達遅滞である」（表2）。

　以上のようなアセスメントでは，施設側は処遇方針の再検討ができなかった。強調した箇所は「関心」の有無で説明されているが，関心の有無というよりもKさんにとって理解しやすいかどうか，特に視覚的に理解しやすいかどうかという問題である。

　普段の生活をよく知る職員とともに，あらためてアセスメントを行なった。Kさんは，普段からコミュニケーションが貧弱で，要求を適切な形で職員に伝達できず，そのために欲求不満におちいり，対応困難な行動をとらざるを得ないと考えられた。検査結果からも，視覚優位の認知の偏りは明らかであり，この点をうまく活かすコミュニケーション手段を導入することで，問題行動を解消または軽減できると予想された。そこで，導入したのが絵カード交換式コミュニケーション・システム

(PECS) であった（Bondy & Frost, 2002）。そして，事実 PECS のトレーニングを実施することにより，2カ月あまりで対応困難な行動は激減したのである。

　このようなアセスメントこそが，生きたアセスメントというものであろう。

文献

American Association on Intellectual and Developmental Disabilities (2010) Intellectual Disability : Definition, Classification and Systems of Supports. 11th Ed. AAIDD, Washington D.C.

American Association on Mental Retardation (1992) Mental Retardation : Definition, Classification, and Systems of Supports. 9th Ed. AAMR, Washington D.C.（茂木俊彦監訳（1999）精神遅滞——第9版．学苑社．）

American Association on Mental Retardation (2002) Mental Retardation : Definition, Classification, and Systems of Supports. 10th Ed. AAMR, Washington D.C.

Bondy, A. & Frost, L. (2002) The Picture Exchange Communication System Training Manual. 2nd Ed. Newark DE : Pyramid Educational Products.（門眞一郎監訳（2005）絵カード交換式コミュニケーション・システム——トレーニング・マニュアル第2版．フロム・ア・ヴィレッジ，佐賀．）

Durand, V.M. (1990) Severe Behavior Problems : A Functional Communication Training Approach. The Guilford Press, New York.

Grossman, H.J. (1983) (Ed.) Classification in Mental Retardation. American Association on Mental Deficiency. Washington D.C.

厚生事務次官通知（1973）療育手帳制度について．

厚生省大臣官房障害保健福祉部障害福祉課（1998）強度行動障害特別処遇加算費の取扱いについて．

第4節

アセスメントから援助へ

村瀬嘉代子・楢原真也
MURASE Kayoko, NARAHARA Shinya

はじめに

　かつて，心理臨床においては，まずアセスメント過程において見立てがなされ，援助方針が立てられる，次いでその方針に基づいた援助過程が展開する，と多くの場合考えられていたと言えよう。だが，臨床とは，アセスメント作業と援助とが常に裏打ちしあって進められることが必要である。換言すれば，良質なアセスメントの営みの中には，援助的営みが含まれている。つまり，適切に援助の営みを進めるには，対象の状態を常に的確に捉え，それに即応した技法を創意を働かせつつ用いていかねばならない。アセスメント過程と援助過程とは必ずしも二分されるものでない。仮に援助開始時に，クライエントに対して基本的見立てがなされても，それは援助過程の展開につれて修正され，より的確な見立てとなっていく，と考えるのがより臨床的であろう。このことは，とりわけ，発達障害児への援助に際して大切な視点と言えよう。援助過程の中で，絶えず的確な観察を行ってこそ，効果的な援助技法の適用や新たなかかわり方の端緒が見出され，具体的かかわり方の工夫がなされること

を，児童福祉施設に措置されたある発達障害児と見なされた子どもへの援助過程を通して述べることが本稿の目的である。

I 児童養護施設に措置される子どもたち

児童養護施設（以下，施設）とは，何らかの事情で家族と暮らすことのできない子どもたちが生活する場所である。近年，虐待を受けて入所するケースが増加しているが，そうした子どもたちの中には，すでに他の機関において「広汎性発達障害」「ADHD」といった診断を下されている者も多い。発達障害を抱えた子どもを育てる難しさから虐待が生じたのか，養育者と子どもとの間の細やかなやり取りがなされない環境下で発達的な問題が生じたのか，両者の関連を一義的に決定することは困難である（田中，2005）。つまり，児童福祉施設に入所措置される子どもたちは，生物－心理－社会的要因がさまざまに輻輳した結果，たまたまそうした名前がついていると言い換えることもできる。施設内で「発達障害」（あるいは「愛着障害」「被虐待児」など）と診断を下された子どもを援助していく際には，その子どもの生育歴や諸々の環境についての資料や判定資料に加えて，日常のさまざまな場面での観察結果を総合した理解にもとづく個別化した働きかけが必要なことは言うまでもない。

施設で暮らすということが，安心・安全を保障された毎日の生活の中で，子どもが抱えてきた傷を心身ともに癒し，育ち直っていくことであるとするならば，子どもに「発達障害」というレッテルを貼ることが，処遇がうまくいかなかった時や子どもが問題行動を起こした時の言い訳になってしまうことは，避けなければならない。アセスメントの目的とは，単に個々の症状を特定し，診断名をつけることではない。症状の背後にあるものを汲み取り，本人がそうせざるを得ない必然性を理解しようと努めることであり，その子どもが今よりも少しでも生きやすくなる

ような具体的な援助の方法を考えていくことにある。援助のプロセスとはアセスメントの過程でもある。

II 児童養護施設におけるアセスメント

施設に措置される子どもの情報は，主に児童相談所から送られる児童票と呼ばれる数枚の用紙に多くを負っている。児童票には，子どもや保護者の生育歴，措置に至る経過，保健情報，心理検査（WISC-IIIや田中ビネーといった知能検査，バウムテスト，SCTなど）の結果等が記載されている。しかし，心理検査は，本人がその場所やテスターをどう捉えているか，という問題を無視しては成り立たず，保護されて間もない状況で，自分の置かれた状況や将来の見通しもわからず，恃むもののない環境下で行われたアセスメントは，本人の実際の能力や状態像を正確に反映していない場合もある。子どもを的確に把握し，処遇方針を立てていくためには，児童票の情報のみでは不十分であるため，施設の中には独自のアセスメントを行っているところもある（藤澤，2004）。施設の心理職に求められることは，児童相談所から送付された情報を施設での現実の生活に役立てていくために，面接や行動観察によってその内容を補い，その結果をケアワーカーに還元していくことである。たとえば，WISCの結果，知能構造のばらつきが確認されていたとしても，それは何を意味していて，生活の中でどのような配慮を行えばよいのかを，子どもに直接関わるケアワーカーに伝えていくことができなければ，検査は生きた手立てにはなり得ない。また，児童票に生々しく記載されている過酷な生育歴や問題性にばかり目を奪われがちであるが，その子が持つ潜在可能性を見出すことをも併せ行うことが，子どもにとってはもちろん，その子どもを援助していく職員にとっても有用なアセスメントとなる。

III 事例（事例の内容はプライバシー保護のため，複数の事例を合成し，変更を加えている）

1 見立てと出会い

　小3の男子Yは，母親からの不適切な養育によって入所してきた。以前に通っていた学校では異臭を放ったり，授業中に頻繁に抜け出すことがあった。家出を繰り返し，冬の寒さをしのぐために他家のガラスを割って中に入ろうとしたところを警察に通報され，児童相談所に保護された。児童票には「ADHD」という診断と，WISC-IIIの数値が記載されていた。

　　VIQ 82　PIQ 89　FIQ 84
　　（言語性：「知識」5「類似」9「算数」5「単語」7「理解」7「数唱」3／動作性：「絵画完成」9「符合」7「絵画配列」8「積木」8「組み合わせ」10）

　施設でのアセスメントとしては，まず，家庭での具体的な生活状況が浮かび上がるようにさり気なく具体的に聞き取りをし，施設入所についてどのように説明され，当のY自身はどう理解しているか，そして今，これから何を望んでいるかについて尋ねた。Yは「僕が悪いことをしたから」とうつむいて呟いた。通告事由のネグレクトに加え，人とすれ違う時，反射的に手を翳して頭を庇う仕草や，煙草の火によるのではと思われる手足の火傷あとから，身体的虐待を日常的に受けてきたのではと推測された。

　Yが家族や父母のイメージをどのように抱いているのかと，くまちゃ

んカード（村瀬，2001）をお話し作りの遊びのように施行した。場面を読み取って適切に物語りが作れるものの，子グマが看病されている場面では，「お母さんが……」と小声で言いかけながら，「違う，雌グマだ！」と言い直すなど，母親に対する複雑な感情が示された。施設への入所については，「僕が悪いことをしたから，ここに連れてこられたんだ」と伏し目がちに話した。それに対し〈他所の家のガラスを割るのは確かに悪いことだよね。でも，すごく寒い日で，家に帰っても誰もいない。一人ぼっちで，お腹もすいてたかもしれない。それは小さな子どもにとってはとても大変なことだったと思う……〉と言うと，彼は「うん，大変だった……」としみじみと呟いた。そこで，〈Y君が安心して暮らし，学校へ通えるように，いつかお家で暮らせるように用意が整うまでは，ここで生活していくのだよ〉と伝えた。

　生活場面では，慌ただしく施設内を走り回る姿が目についた。女性の実習生にべたべた甘えていたかと思うと，夕刻帰宅時に，「もう来なくていいよ」「早く帰れ」という言葉を投げつけることもあった。しかし，就寝時などにケアワーカーが一対一でゆっくりと対応する場面では「お布団ってあったかいんだね」と素直に話ができるなど，昼間の姿とは違った一面を覗かせ，こころの奥底には繊細な感情を抱いていることが看取された。

　WISCの結果では，言語性と動作性に差があり，この結果と本人の成育歴と施設での行動観察とを照らし合わせて，以下のことが挙げられた。

①習得知識の不足――「知識」「単語」「算数」の項目が落ち込んでいる

　　LDの可能性も考慮し行動観察したが，職員と一緒に本が読めること，入所時に書いた作文などから，読字障害，書字表出障害は認められないが，算数障害の可能性については，今後も配慮が必要かと思われた。学力的には遅れが認められるものの，過去の出来事や

現在の状況を適切に説明できることや日常の様子からも，ネグレクト・不登校による基礎学力の不足が直接的な原因だと考えられた。

②聴覚的短期記憶が弱い——「算数」「数唱」項目の低さ

　生活場面で職員に言われたことを，言われた傍から「え？」「何やるんだっけ？」と聞き返すことが多く，聴覚的な情報処理過程に問題があるようにも思われた。ただし，これも基本的日常生活が変転きわまりない環境で育った影響もあろうかと考えられた。

③視覚的処理が強い——「絵画完成」「積木」「組み合わせ」が比較的高得点

　他の子どもたちとパズルや神経衰弱を一緒にすると，優れた面を見せた。また，職員と車での外出時に，助手席においてあった地図を見せて〈今ここにいて，ここまで行くんだよ〉と説明をすると，地図を見ながら「次は右に曲がるんだね」と，地図を的確に読み取った。

　以上の結果を踏まえて，短期的な目標としては，①施設が安心できる環境と受け取られるように，食事や入浴，就寝の時など，日常生活で丁寧なかかわりをし，それまで欠けていたあたたかい生活体験を補い，居場所感と安全保証感を贈りたい。普段は落ち着かない彼の内面に触れる時間をわずかでも自然に用意すること。②「自分が悪いからここに来た」という自尊感情の貧しさについては，機会を捉え生活の中で話をし，些細なことでも良い行為を見落とさずに賞揚すること。③生活場面での指示や注意は短い言葉で簡潔に行い，時に絵や見通しを示した紙も併用することを心がけた。長期的な目標としては，被虐待体験の癒し，特にくまちゃんカードの反応や女性に対する態度から，母親の存在を胸に収めていくことが課題となるだろうと思われた。その一助として，プレイ

セラピィの導入が検討された。

　母親に対しては，児童相談所が精神科受診へと繋ぎ，折々の相談援助を行いつつ，経過の次第によって，Yとの面接交流を試みようという方向づけがなされた。

2　配慮を込めた日常生活の援助と学校教育，そして，プレイセラピィの連携

　学校では，当初授業に集中できずに教室内を歩き回ったり，教室を飛び出して校内の木に登ったりするなど，机に座ることも困難であった。それに乗じて他の生徒も落ち着かなくなり，一時期は学級全体が危機的な状況に陥った。それに対して，施設と連携しながら，教頭やTAなど複数の教員が担任の教師をフォローし，整理・整頓ができなくても，学用品を先生の隣の机にまとめておける蓋つきの箱を置く，席を先生と目の合う一番前にする，テスト問題は先生が読み上げ本人の実力に合わせた問題を解かせる，授業中は参加を促しながらも集中できない時には「退屈になったらお絵かきしてもいいよ」と伝え他の生徒の邪魔にならないようにする，彼の得意な分野（工作，昆虫の知識など）では積極的に褒めるなど，個別的な配慮を行った。

　セラピィでは，部屋に入るとそわそわし，1時間をプレイルームの中で落ち着いて過ごすことが難しく，駆り立てられるようにまとまりのない遊びを繰り返した。彼に「今，面白いこと」を聞くと，ビニール袋を持って，さまざまな昆虫を採取してくることだと言う。ふと彼の生き生きとした生命力は小さなプレイルームでは収まりきらないのではと考え，ある日〈今日はお部屋で遊ぶのをやめて，一緒に虫取りに行こう〉と提案した。デジタルの腕時計と周辺の地図を持たせ〈時間内で行ける場所を〉と彼に頼んだ。半歩遅れでついていくセラピストに，彼はさまざまな動植物がいる場所を教えてくれた。〈すごい！　こんなところにザリ

ガニがいるなんて！〉〈雨上がりだから，今日はかたつむりがいるんだね〉というように，見知った場所も彼と一緒に歩くと，新鮮な発見があるのだった。その後は〈今日はどうする？〉と聞くと，「今日はお話しする」「今日は外に行く」と，その日の天候や気分に合わせて場所を選ぶようになり，プレイルームで落ち着いて話したり，遊んだりできる時間が増えてきた。それとともに「どうしても暴れたくなった時，どうすればいい？」と，自身が抱える困惑について口に出したことを契機に，感情の適切な表現について一緒に工夫したり，家庭での被虐待体験をプレイの中で表出し，その辛さをセラピストが想像し分かちあおうとする過程を通して，鬱積した怒りや苦悩が少しずつ和らげられていくかに観察された。

　生活場面では，施設への入所を「自分が悪いことをしたから」と捉えている彼に対し，折に触れ〈君が悪いのではない〉〈確かに悪いことをしたのかもしれないが，それにはそうするだけの理由があったのでは？〉〈これから良いと思えること，自分を誇りに思えることをひとつずつ積み重ねていこう〉とケアワーカーは伝えた。年少児に対する暴力や万引きなどの行動も見られたが，その度に辛抱強く，事の是非を短い言葉ではっきりと伝えた。悪いことを叱責するだけではなく，良い面についてはわずかな言動でも見逃さずに認めるように接した。施設内での学習については施設の環境的限界もあり，集中して取り組むことが難しかったが，施設の年長児が，学校の宿題として音読していた金子みすゞの「私と小鳥と鈴と」という詩を，彼はある時から自分でも好んで暗唱するようになった。

　　私と小鳥と鈴と

　　私が両手を広げても，

お空はちっとも飛べないが，
飛べる小鳥は私のように，
地面を早くは走れない。

私がからだをゆすっても，
きれいな音は出ないけど，
あの鳴る鈴は私のように
たくさんな唄は知らないよ。

鈴と，小鳥と，それから私，
みんなちがって，みんないい。

　就寝前に本を読む，一緒に詩を朗読するという流れを次第に放課後の時間に移行し，彼が採ってくる植物や昆虫にちなんだ詩を紹介して，一緒に音読することを始めた。漢字にはふり仮名をふり，詩の情景が浮かび上がるように一緒に絵を描いた。「僕のためにつくってくれたの!?」と彼は喜び，学習に集中できる時間が増えてきた。
　問題の全てがなくなったわけではないが，生活場面で関わるケアワーカー，施設の心理士，小学校の先生など彼に関わるさまざまな大人が自分の立場を大切にしながらも連携し，その子に応じた対応を工夫するうちに，彼は次第に落ち着きと行動の纏まりを見せてきた。
　学校では，教室内での配慮にとどまらず，担任の教師が夏休みに施設まで彼の様子を見に来られたり，その際に一緒に宿題をみて下さったりと，個別的関わりを経験する過程で，彼は担任の先生に信頼を寄せるようになっていった。（後に懇談会で聞いた話では）学校内で担任の先生に母親に対する葛藤を表現することもあったようだが，先生は時には他の生徒の手前を考えさらりと，時にはこころを汲んだ対応をされており，

施設の職員にとっても学ぶところが大きかった。他に多くの生徒がいる中で，彼に特別な配慮を行うことは言葉にし難いご苦労があったであろう。柔らかなあたたかい気持ちとそれを表現するわざを持つ教師に出会えたことは，彼にとっても施設にとっても幸運なことであった。

　セラピーでは当初，無理に決められた枠内にあてはめようとするのではなく，彼の興味・関心に身を添わせることを大切にした。原則的には，プレイルームを飛び出し「虫取り」に出かけるのは奨励されないかもしれないが，対象を見つめ，自分の責任の負える範囲で着手できることは何かと考えた時に，これまで自分の行動が叱責や非難に結びつくことの多かった彼にとって，限られた時間ではあるが自分が主役となり，セラピストと主体的に興味や関心を分かち合うことは意味ある経験だ考えられた。その際，思いつきで行動するのではなく，彼の視覚的な認知能力の高さを生かし，地図と時計を持たせ見通しを持って行動できること，施設の外を共に探索し彼の安心できる場所を築いていくことを目標とした。

　施設のケアワーカーは彼に「ADHD」的な特徴があることや，いわゆるDBDマーチ（齊藤・原田，1999）について知悉しながらも，年少児に手をあげる，万引きをするといった問題行動の背景や，一見了解しがたい言動の説明にそれをあてはめることには慎重であった。虚心に彼と触れあい，そこから汲み取ったもの，見えてくるものを大切にしようとした。現在の施設が置かれた厳しい条件下で，施設の生活が彼にとって安心・安全であることを心がけ，既成のアプローチをあてはめようとするのではなく，「その子が，その子らしくあってよい」という存在の基盤を認め，彼の内側から出てくる表現を伸ばしていこうとした。いみじくも彼が好んだ詩は，そうした大人の想いと呼応するかのようであった。

　入所1年半を経て，Yと母親との面接が持たれるようになった。呼称を使わずに（それを避けるかのように）話していたが，4回目に「お母さん」と呼びかけ，会話も平素の生活の様子を伝えたりして弾むように

なりつつある。

おわりに

　児童福祉施設（乳児院，児童養護施設，情緒障害児短期治療施設，児童自立支援施設）に入所するほとんどの子どもたちは複雑な事情を背負っている。そうした子どもたちの行動だけに目を向ければ，皆，なんらかの"障害"には当てはまるであろう。しかし，彼らが希求するのは，"他ならない自分"に向けられた眼差しであり，診断基準の機械的な適用は，彼らが必要としている援助に応えるには不十分である。一方で「みんなちがって，みんないい」とは，ひとつの理念あるいは理想であり，それを実現していくためには，対象に対する的確な理解を基盤に，その子どもを支える環境をいかに周囲の大人が構築していくかというきわめて具体的・現実的な作業の積み重ねが必要とされる。今後も「発達障害」と診断を受ける子どもは児童福祉施設全般において増加の傾向にあると予想されるが，多くの苦難を抱えた子どもたちの受け皿として機能するために，施設のハード面が改善されると共に，生きたアセスメントと個別化された多面的アプローチの質的向上が切望される。

文献

藤澤陽子（2004）暁学園の子どものアセスメント面接プログラム．In：児童虐待防止対策支援・治療研究会編：子ども・家族への支援・治療をするために──虐待を受けた子どもとその家族と向き合うあなたへ．日本児童福祉協会，pp.121-128.
村瀬嘉代子（2001）子どもの父母家族像と精神保健──一般児童の家族像の10年間の推移並びにさまざまな臨床群の家族像との比較検討．児童精神医学とその近接領域 42-3．（再録：村瀬嘉代子（2003）統合的心理療法の考え方．金剛出版，pp.88-109）
齊藤万比古・原田謙（1999）反抗挑戦性障害．精神科治療学 14；153-159.
田中康雄（2005）発達障害と児童虐待（Maltreatment）．子どもの虐待とネグレクト 7-3；304-312.

第 Ⅲ 部

学校生活を支援する

第 5 章

特別支援教育の発展に向けて

第1節

特別支援教育の現在と課題

柘植雅義
TSUGE Masayoshi

I 特別支援教育への転換

　平成19（2007）年4月，これまでの「特殊教育」が法令上なくなり，新たな理念とシステムによる「特別支援教育」がスタートした。1878年，京都における盲唖院の設立が，我が国の障害のある子どもの教育の始まりとすれば，その130年間の間に起こった変革の中でも最も大きなものであろう。まさに，歴史的な転換である。
　ここでは，特別支援教育の理念と基本的な考え，従来の特殊教育との違い，意識改革とシステム改革，そして，法的整備の状況について述べる。

1 特別支援教育の理念と基本的な考え

　特別支援教育とは，従来の特殊教育の対象者の障害だけでなく，LD（学習障害），ADHD（注意欠陥多動性障害），高機能自閉症を含めて障害のある児童生徒の自立や社会参加に向けて，その一人一人の教育的ニーズを把握して，その持てる力を高め，生活や学習上の困難を改善ま

たは克服するために，適切な教育や指導を通じて必要な支援を行うものである。

すなわち，これまでの特殊教育の対象の障害に，国の調査により6%ほどの存在が示唆されるLD・ADHD・高機能自閉症等の「知的障害のない発達障害」を加えたことと，これまでのように「障害の種類や程度」に特に注目するだけではなく，一人一人の児童生徒の「教育的ニーズ」に注目しようとすること，この2点が大きな特徴である。

このような特別支援教育の理念と基本的な考えを理解し，特別支援教育への転換を果たし，より質の高い特別支援教育を推進するための原動力が，関係者の「意識改革」である。

特別支援教育では，障害の種類と程度の視点ではなく，児童生徒一人一人の学習面や行動面でのつまずきの「気づき」と「教育学的・心理学的な実態把握」，それに「迅速で適切な対応」といった視点が基本になる。その上で，児童生徒によって医学的な診断があれば，より適切な対応が可能になる。

2 これまでの特殊教育と新たな特別支援教育との違い

特別支援教育とこれまでの特殊教育との基本的な違いは以下の5点である。

(1)「基本的な考え」が異なる —— LD・ADHD・高機能自閉症等を含めたことと，一人一人の教育的ニーズに応えること。
(2)「仕組み」が異なる —— 教師一人の尽力に頼るのではなく，学校としてシステムを構築し対応すること。
(3)「方法」が異なる —— PDCA（Plan-Do-Check-Action）サイクルによって対応すること。とりあえず始めてみて，しかし，着実に

確実によりよいものへと弛みなく高めていくこと。
(4) 「アプローチ」が異なる──学校内では校内委員会, 地域では連携協議会というように, さまざまな立場や専門性のある者がチームを構成して対応すること。
(5) 「有効性の範囲」が異なる── LD・ADHD・高機能自閉症等を含む障害のある児童生徒だけに有効なものではなく, 障害のあるなしにかかわらず全ての児童生徒にも資するものであること。したがって, 例えば, 我が国の現在の最重要の教育課題である「確かな学力の向上」と「豊かな心の育成」に資することが期待されること。

3　意識改革とシステム改革

特別支援教育の推進には, 「意識の改革」と「システムの改革」が必要である。「意識の改革」が充分ではないと, たとえ「システムの改革」ができても適切に機能を発揮することは困難であろう。

「校内委員会を設置したが機能しない」「特別支援教育コーディネーターを指名したが予想していた活躍がなされていない」「個別の指導計画を作成したが活用されない」といった声を聞くことがある。仕組みは作ったが機能していない, というのである。

これらの背景には, システム構築が充分ではない, ということも考えられるが, そもそも, 「意識の改革」が充分になされていないことが原因であることも考えられる。

(1) 教師の意識改革

これらの違いを理解するために校内研修会を企画・実施し, 校内の職員の意識改革を進め, 質の高い特別支援教育を学校で実現するために

チャレンジする精神を一人一人の教師がもつことに結びつけていく。

(2) 校長の意識改革

　最後に，学校で特別支援教育の推進が成功するかどうかは，学校管理職である校長の意識改革によるところが多い。校内の教師の意識改革を率先して進め，自ら特別支援教育の推進役として，特別支援教育を視野に入れた学校経営を計画・実施し，適切に評価（学校評価）できるかどうかがポイントである。このことは，文部科学省が示した「ガイドライン」にも示されている。その上で，システム構築やシステム修正を行い，校内の特別支援教育推進のキーパーソンである特別支援教育コーディネーターをはじめ，さまざまな関係者に管理職としての必要な支援を行い，学校として全体的・総合的に特別支援教育が推進されることを目指すことが期待される。

4　法的整備の状況

　特別支援教育を推進するための法的整備は，ここ4～5年の間にかなり進んだ。障害者基本法や学校教育法が改正され，教育基本法には，「障害のある者」の教育の必要性が盛り込まれた。これらの中で，特に，平成17（2005）年4月からの発達障害者支援法の施行は，各学校における発達支援の促進に大きな後ろ盾となっている。したがって今後は，このような法整備を受けて，各学校は，コンプライアンス（法令順守活動）の視点を大切にしながら特別支援教育への「意識改革」と「システム改革」を図る段階へと入った。
　LD・ADHD・高機能自閉症等の知的障害のない発達障害等に適切に対応するための法的整備が近年相次いでいる。特に発達障害者支援法の成立・施行は，今後のこの分野における取り組みの大きな法的支えと

なった。平成17（2005）年4月に施行された本法律で，「発達障害」とは，自閉症，アスペルガー症候群その他の広汎性発達障害，学習障害，注意欠陥多動性障害その他これに類する脳機能の障害であって，その症状が通常低年齢において発現するものとして政令で定めるものをいう。本法律の目的は，発達障害を早期に発見し，発達支援を行うことに関する国及び地方公共団体の責務を明らかにし，学校教育における発達障害者への支援，発達障害者の就労の支援，発達障害者支援センターの指定等について定めることにより，発達障害者の自立及び社会参加に資するようその生活全般にわたる支援を図り，もってその福祉の増進に寄与することである。教育に関する第8条では，国及び地方公共団体は，発達障害児がその障害の状態に応じ，十分な教育を受けられるようにするため，適切な教育的支援，支援体制の整備その他必要な措置を講じるものとする。大学及び高等専門学校は，発達障害者の障害の状態に応じ，適切な教育上の配慮をするもの，とされた。

そして，発達障害者支援法の平成17（2005）年4月からの施行や，2005年12月の中教審答申などを受けて，平成18（2006）年3月に新たにLD，ADHDを通級による指導の対象とすべく学校教育法施行規則が改正されるとともに，これまで情緒障害として一括されていた自閉症が，情緒障害から切り分けられて独立した障害となった。これにより，翌4月から新たな通級がスタートした。

近年になって成立または改正された主な法律等一覧
- 発達障害支援法（平成16年12月成立，平成17年4月施行）
- 障害者基本法（平成16年6月改正）
- 学校教育法（平成18年6月改正，平成19年4月施行）
- 学校教育法施行規則（平成18年3月改正，4月施行）
- 学校教育法施行令（平成19年3月改正，4月施行）

- 障害者自立支援法（平成17年12月成立，平成18年4月施行）
- 高齢者障害者移動円滑化促進法（新バリアフリー法）（平成18年6月成立）
- 教育基本法（平成18年12月改正，12月施行）

II 発達障害の理解と対応

我が国では，LD，ADHD，高機能自閉症，アスペルガー症候群といった「知的障害のない発達障害」への対応が，アメリカ，カナダ，イギリス，ニュージーランド，オーストラリア等，諸外国と比べて十分ではなかった。しかし，新たにスタートした特別支援教育では，これらの状態を示す児童生徒等へ本格的に対応することになる。

ここでは，それらの障害の教育的定義，判断基準，出現率の問題，指導方法について述べる。

1 LD，ADHD，高機能自閉症の教育的定義と判断基準

(1) 教育的定義

LD（学習障害）――「学習障害とは，基本的には全般的な知的発達に遅れはないが，聞く，話す，読む，書く，計算する，推論する能力のうち特定のものの習得と使用に著しい困難を示すさまざまな状態を指すものである。学習障害は，その原因として，中枢神経系に何らかの機能障害があると推定されるが，視覚障害，聴覚障害，知的障害，情緒障害などの障害や，環境的な要因が直接の原因となるものではない」（報告1999.7）

ADHD（注意欠陥多動性障害）――「ADHDとは，年齢あるいは発達に不釣り合いな注意力，及び／又は衝動性，多動性を特徴とする行動

の障害で，社会的な活動や学業の機能に支障をきたすものである。また，7歳以前に現れ，その状態が継続し，中枢神経系に何らかの要因による機能不全があると推定される」（最終報告 2003.3）

　高機能自閉症──「高機能自閉症とは，3歳くらいまでに現れ，①他人との社会的関係の形成の困難さ，②言葉の発達の遅れ，③興味や関心が狭く特定のものにこだわることを特徴とする行動の障害である自閉症うち，知的発達に遅れを伴わないものをいう。また，中枢神経系に何らかの要因による機能不全があると推定される」（最終報告 2003.3）

(2) 判断基準

　判断基準についてはガイドライン（文部科学省, 2004）を参照（省略）。

2　学習面や行動面で著し困難を示す児童生徒に関する全国実態調査

　通常の学級の担任教師への質問紙調査法という形で小学校1年生〜中学校6年生までの児童生徒を対象に行われた。その結果，学習面や行動面で著しい困難を示すと担任教師が回答した児童生徒の割合は 6.3% というものであった。これは，40人の学級では2〜3名程度，30人の学級では2名程度，という割合である。さらに，その内訳は，学習面で著しい困難が 4.5%，行動面で著しい困難が 2.9% で，学習面と行動面ともに著しい困難が 1.2% である。詳細については，文部科学省が設置した，特別支援教育のあり方に関する調査研究協力者会議による「今後の特別支援教育の在り方について（最終報告）」(2003) を参照。

3　学校内での指導方法

　近年，学校における指導方法の開発が急速に進んできている。

国立特別支援教育総合研究所では，いくつかのプロジェクト研究により，「LD・ADHD・高機能自閉症の子どもへの指導ガイド」「自閉症教育実践ガイドブック」「自閉症教育実践ケースブック」などの指導用冊子が作成された。これをもって，発達障害のある児童生徒への指導方法はとりあえず確立されたと考えてよいだろう。今後は，それをベースに，さらに研究が深まることが期待される。

また，全国各地の教育センターにおいては，各自治体の考えや実情を踏まえた，独自の指導用冊子が作成され始めている。特に近年では，通常学級における指導と，通級指導教室や特別支援学級といった特別な場での指導とを切り分けて，記載するものが増え始めており，この分野の実践研究が成熟してきていることが窺われる。

III 特別支援教育のシステム

特別支援教育では，これまでの特殊教育と違って，学校内にさまざまなシステムを構築することになる。これまでの特殊教育が（特段のシステムがなく単に）一人一人の教員の尽力だけに頼っていたとすれば，新たな特別支援教育は，教員の尽力のみならず，システムで対応するということが特色である。

ここでは，システム構築の意図と概要，システムの内容，特別な指導の場の充実，特別支援学校の充実とセンター的機能，そして，そのようなシステムを駆使して特別支援教育を適切かつ有効に推進するための教員の専門性向上について述べる。

1 システム構築の意図と概要

幼稚園，小学校，中学校，高等学校から，高等専門学校や大学に至る

まで，継続的な支援を行うことが発達障害者基本法で求められ，それを踏まえて，全国各地で取り組みが進んだ。文部科学省は，小・中学校については平成19（2007）年度までに体制整備を図ることを目指して取り組んだ。

　支援体制で求められている内容は，気になる児童生徒の実態把握を行い，その後の指導や支援のあり方を明らかにしていく「校内委員会」，校内の特別支援教育のキーパーソンで，校外の関係機関との連絡調整の窓口や，保護者との連携の窓口としての役割が期待される「特別支援教育コーディネーター」の指名である。さらに，校外の専門家が学校を訪問してさまざまな支援を行う「巡回相談」の仕組みや，教育委員会に設置され，対象となった児童生徒等がLDかどうか，ADHDかどうか，高機能自閉症かどうかの「判断」（診断ではない）を行い，専門的意見を学校に返す，教育学，心理学，医学などの専門家から構成される「専門家チーム」の仕組みが用意されている。さらに，指導の計画を長期目標，短期目標を設定して一人一人に作成する「個別の指導計画」，また，学校に入学する前から卒業後，生涯にわたって教育，福祉，医療，労働等の各分野から総合的に策定していく「個別の支援計画」（「個別の教育支援計画」）が，重要なツールとして求められた。また，盲・聾・養護学校がセンター的機能を発揮し，近隣の小・中学校等における発達障害等を含む障害のある児童生徒へのさまざまな支援を行うことが求められ，具体的な支援が始まった。

　特別支援教育を推進するには，校内外において特別支援教育のシステムを構築することが求められ，平成15（2003）年度から全国各地の全ての学校で取り組まれている。全国各地におよそ33,000校ある小・中学校では，以下に述べる特別支援教育コーディネーターの指名や，校内委員会の設置，校内委員会による実態把握などがほぼ終了し，現在では，幼稚園や高等学校におけるシステム構築が本格化している。ただし，学

校や地域によって，システム構築の進捗状況に大きな差があることに注意したい。

校内で特別支援教育に関する支援体制の構築を進める意図は，特別支援学級の担当者など，特別な教師のみが一人で対応するのではなく，管理職をはじめ学校全体で総合的に進めることが求められ，多様な人材がチームとして対応するには，何らかのシステムが欠かせないからである。また，多様なニーズのある多数の児童生徒に適切に対応するには，もはや教師一人では限界であり，チームによる対応が求められる，ということである。さらには，一部の教師の専門性の問題に関心が集まり，いわゆる指導力不足教員の研修による指導力向上等に向けた取り組みも進んでいる。これらのことから，発達障害のある児童生徒への対応は，もはや一人一人の教師の尽力のみでは困難であり，チームアプローチが欠かせないのである。

2 システムの内容

特別支援教育のシステムは，以下に示すさまざまな事項からなる複合体である。個々の事項についての詳しい内容は，文部科学省作成のガイドラインを参照のこと。

(1) 特別支援教育コーディネーター

校内の特別支援教育の推進のキーパーソンであるとともに，医療機関や大学，発達障害者支援センター等の校外の専門機関・関係機関等との連絡調整の窓口，さらには，保護者との連携や保護者への支援の窓口として機能することが役割である。現在では，小・中学校のほとんどの学校で，少なくとも一人は指名されている。現在では，幼稚園や高等学校での指名が進んできている。

(2) 特別支援教育委員会

校内で，学習や行動等で気になる児童生徒がどのくらいいるのか，個々の児童生徒が学習や行動のどこにつまずいているのか，医師の診断により何らかの障害が確認されているのか，そのような児童生徒にどのように指導・支援を行っていけばよいか，校外の専門家チームや巡回相談（以下に解説），さらには，その他の専門機関や専門家に支援を求める必要があるのかどうかなどを明らかにする委員会である。メンバーは，校長，教頭，特別支援教育コーディネーター，教育相談担当者，養護教諭など，多岐にわたる。

(3) 専門家チーム

教育委員会が設置するもので，学校からの要請で，より詳しい実態把握により，LDかどうか，ADHDかどうか，あるいは高機能自閉症かどうかの「判断」を行い，その結果も踏まえて，学校での適切な対応の在り方をアドバイスする。専門家チームを構成するメンバーは，教育学，心理学，医学などの専門家，教育行政担当者，教育関係者などからなる。医師も加わるが，「診断」は行わない。現在では，全ての都道府県・政令指定都市に設置され，その他の市町村でも独自に設置しているところが増えてきた。

(4) 専門家による巡回相談

専門家チームと異なり，各学校へ直接入り込み，必要な支援を行うのが巡回相談である。教育学や心理学等が専門の大学の教員や，医師，民間の教育機関等の専門家，特別支援学校の担当者などが，小・中学校等を巡回する。

(5) 個別の指導計画

教師が指導する際の，障害のある児童生徒一人一人に対して作成される計画で，各学校における特別支援教育委員会において作成される。個別の指導計画を作成するには，まず，対象となる児童生徒の実態把握を行

い，それを踏まえて，1年間の長期目標と，学期ごとの短期目標を設定し，それを実現するための指導内容や具体的な手続きを明確に記述する。それにしたがって，指導を進め，学期ごとに指導の成果を記述し，評価を行う。この作業を学期ごとに実施し，年度末には，1年間の指導を総合的に評価する。そして，それらを踏まえて，次年度の長期目標や短期目標を修正していく。

(6) 個別の教育支援計画

個別の指導計画が，教師による授業などでの指導の計画であるのに対して，個別の教育支援計画は，学校に入る前から卒業後までも見通したより長期にわたる計画で，教育のみならず，対象児童生徒の実態に応じて，医療，福祉，労働等に関する事項が記載される。さらに，生後あるは障害が明らかになってから，学校教育，卒後，成人，さらには，高齢者へと，生涯にわたって支援をしていく計画を，個別の支援計画という。

3　特別な指導の場の充実

　平成5（1993）年度からスタートした「通級による指導」（通級指導教室）は，通常学級に在籍するものの弱視や難聴，言語障害や情緒障害などの「軽度の障害」により，一部（1～3時間の「自立活動」と，それを合わせても8時間までの教科補充），特別な指導が必要な児童生徒のために用意されたものである。この制度に係る学校教育法施行規則が改正され，平成18（2006）年4月から施行された。これにより，従来の通級の対象ではなかったLD，ADHDが通級の対象となるとともに，情緒障害として場面緘黙などと一括されていた自閉症が情緒障害から切り分けられて独立したひとつの障害と位置づけられた。アスペルガー症候群は，この自閉症という括りとして捉えられ，これまで以上にその障害特性に特化した指導が進むことが期待される。

一方，一部の小・中学校に設置されている特別支援学級（これまでの特殊学級）は，特別支援学校（これまでの盲・聾・養護学校）における対象ではないものの（それほど障害が重くないものの），「通級による指導」では十分な学習の効果が期待できない児童生徒のために用意されたものである。知的障害や情緒障害等の障害種別に設置され，また，児童生徒の籍は通常学級ではなく特殊学級となる。アスペルガー症候群の児童生徒の中には，「通級による指導」の活用だけでは十分でなく，より集中的継続的に指導を受けられる特殊学級（情緒障害）において効果が大きい場合がある。そして，児童生徒の教育的ニーズによって，特別支援学級を離れて一部の教科等を通常学級で受ける「交流及び共同学習」を積極的に推進することが法的に規定された（平成16（2004）年6月の，障害者基本法の改正）。

4　特別支援学校の充実とセンター的機能

　これまで我が国に約1,000校あった盲・聾・養護学校が，平成19（2007）年4月から法令上なくなり，特別支援学校としてスタートした。
　この特別支援学校の特徴は，これまでの障害種別の学校のみならず，複数の障害に対応する学校を設置することが可能となったことと，センター的機能を発揮することが規定されたことである。
　センター的機能とは，特別支援学校の近隣の小・中学校等に在籍する児童生徒等の指導・支援にも積極的に関わることであり，具体的には，①小・中学校等の教員への支援機能，②特別支援教育等に関する相談・情報提供機能，③障害のある幼児児童生徒への指導・支援機能，④福祉，医療，労働などの関係機関等との連絡・調整機能，⑤小・中学校等の教員に対する研修協力機能，⑥障害のある幼児児童生徒への施設設備等の提供機能，と示されている（中央教育審議会（2005）を参照）。

5　教員の専門性の向上

　発達障害のある児童生徒への対応に関する専門性の向上に向けた研修が全国各地で急増している。研修の対象者も，特別支援教育コーディネーターや，通級指導教室や特殊学級の担当者はもちろん，通常学級の担当者，校長や教頭の管理職，養護教諭，教育相談担当者，生徒指導担当者など多岐にわたり始めた。コーディネーターなど立場ごとに特化した研修とともに，さまざまな対象者が一堂に会する形態を用意し，質疑応答や協議がさまざまな立場の者で行われる場合も見られ，土日に設定し教育関係者のみならず保護者や一般市民も対象にした広く理解推進を進めることを意図した公開セミナーも増えている。これらのことは，特別支援教育の推進は，校内の特定の者のみが行うのではなく管理職はじめ学校全体として総合的に推進することであるという基本的な考えが研修の在り方にも反映されていることを示す。そして，管理職に求められる用件，幼稚園における対応の在り方など，特定の対象者や学校種ごとによる取り組みの報告が始まっている。

　このような研修プログラムは，都道府県や政令指定都市や，市町村が独自に開発し実施するもので，教育委員会の戦略が色濃く出る部分でもある。また，このような研修の評価については，研修の直後のアンケート調査とともに，研修を受講した後の半年後や1年後の成果も把握することが大切であることから，フォローアップ研修を行うなどして，アウトカムの評価を試みる自治体も見られる。また，そのような自治体が用意する研修会のみならず，各学校が校内で主体的に行う校内研修会が増えてきている。さらには，現職教員を対象にした大学院レベルの研修や，さまざまな専門的資格の取得を目指す教員も増えている。

IV 特別支援教育の進捗状況

　特別支援教育への転換が，平成13（2001）年1月から徐々に始まっている。
　ここでは，平成15（2003）年度から国が毎年行っている特別支援教育の進捗状況に関する調査（モニター）と，各都道府県等の取り組みについて述べる。

1　国が行うモニター

　平成15（2003）年度から毎年9月1日付で実施しているモニターの結果は，以下の通りである。特に，モニターを始めた平成15（2003）年度当初と，4年後の平成18（2006）年度について述べた。

　　（1）校内委員会の設置——　57.4%が95.8%になった。
　　（2）実態把握の実施——　47.3%が83.6%になった。
　　（3）コーディネーターの指名——　19.2%が92.5%になった。
　　（4）個別の指導計画の作成——　13.1%が38.5%になった。
　　（5）個別の教育支援計画の策定——　6.3%が19.9%になった。
　　（6）巡回相談員の活用——　33.9%が60.9%になった。
　　（7）専門家チームの活用——　12.2%が30.8%になった。

　このように，4年間で，いずれの項目についても，着実に伸びたことがわかる。特に，校内委員会の設置とコーディネーターの指名は，90%を超えた。校内委員会の設置に伴って，校内委員会の最も重要な機能である実態把握の実施も80%を超えた。また，具体的な指導，支援の

計画である，個別の指導計画は40%近くに達したが，それに比べると，個別の教育支援計画の策定は，その半分ほどの20%に留まった。外部からの専門家による支援については，巡回相談員の活用が60%を超え，専門家チームの活用も30%を超えた。

2 各都道府県・政令指定都市の取り組み

　法的整備が進み，地方分権体制が着実に進む現在では，各自治体は，特別支援教育推進の独自の戦略を作成し，主体的に取り組むことが期待される。そのために，平成19（2007）年度までに，国内全ての公立小・中学校において，体制整備を進める取り組みが全国各地の自治体において急ピッチで進んでいる。それを支援するために，文部科学省が作成した支援体制整備のためのガイドライン（試案）を踏まえて，自治体独自の支援体制のマニュアル作りが相次いでいる。さらに，実際の教室での指導法マニュアルの作成も進んだ。特に，「通級による指導」のみならず，近年では，通常学級における指導を想定した指導マニュアルの作成も相次いでいる。自治体によっては，このような冊子類を各学校に配布するのみならず，自治体のホームページで公開している。また，自治体によっては，自治体内の学校における支援体制の構築状況を，各学校ごとに調査し公表することも広がりを見せており，国レベルにおいても自治体レベルにおいても，PDCAサイクル（plan-do-check-act cycle：「計画」「実行」「評価」「改善」の4段階を繰り返して業務を継続的に改善するサイクルのこと）に沿った，このようなモニターが定着しつつある。

V　特別支援教育の課題

　これまでに述べてきたように，新たな特別支援教育がスタートした。

しかし、さらなる充実や検討すべきことなど、今後の課題として積み残されたものもある。これらの課題についても、先送りにすることなく、できることから順次、スピード感を持って取り組んでいくことが期待される。

ここでは、今後4～5年やそれ以上の長期にわたって解決することが期待される課題ではなく、ここ数年で解決したい課題（十分に解決可能な課題）について整理して述べる。

(1) 関係者の正しい理解推進——教員のみならず、年齢や実態に応じて他の幼児児童生徒や、その保護者についてもある程度の理解推進が必要であり、そのための対策（校内研修会、総合的な学習の時間の活用、PTA活動）。さらに、一般国民の理解と協力に向けた施策や事業展開の一層の充実が求められる。
(2) 早期発見・早期支援体制の確立（就学相談を含む）——幼稚園・保育園段階からの「気付き」と園内体制を生かした具体的な指導・支援の開始。および、小学校への就学に向けた相談支援体制の構築。
(3) 指導方法の確立——通常学級における指導（一斉指導）と、「通級による指導」を活用した「取り出し指導」（個別指導や小集団指導）の双方における、指導法の確立。
(4) 一貫したい継続的な支援体制の構築——校内における支援体制の構築と、幼稚園から高等学校までの一貫した継続した連携システムの構築。その際には、「個別の指導計画」と「個別の教育支援計画」の適切な運用が鍵となる。
(5) 高等学校における指導・支援の充実と就労・進学に向けた支援——小・中学校に設置されている通級指導教室の成果と指導・支援の継続性を踏まえて、高等学校における「特別な指導の場（取

り出し指導）」の在り方の検討とモデル的試行の実施によるエビデンスの蓄積が急務である。また，就労先や大学などの進学先への必要な情報の提供や，職場や大学で得られる具体的な支援の情報収集をしていくシステムの構築。
(6) 現職教員研修プログラムの工夫と評価——特別支援教育コーディネーターや管理職など，関係者にどのような研修が必要か，どのような研修が効果的か，研修の成果をいかに評価するかについて，調査研究等を通じて明らかにする。
(7) 大学学部・大学院における養成プログラムの工夫と評価——教職を志す大学学部段階の学生の 4 年間の教育課程における，特別支援教育の位置づけの検討が求められる。4 年間で，特別支援教育に関する知識・技能などをどの程度修得すべきかの検討である。その際には，特別支援学校免許を取得するとは限らない場合も含めての検討が必要である。また，また，新しい特別支援教育の時代における，現職経験者による大学院レベルの研修プログラムの在り方の検討も急務である。

付記
本稿は，平成 23（2011）年 5 月に執筆したものであり，その後，現在に至るまでの様々な経過については他の文献を参照されたい。

法案関係
障害者基本法（平成 16 年 6 月改正）
発達障害支援法（平成 16 年 12 月成立，平成 17 年 4 月施行）
学校教育法施行規則（平成 18 年 3 月改正，4 月施行）

文献
中央教育審議会（2005）特別支援教育を推進するための制度の在り方について（答申）．

文部科学省（2004）小・中学校における LD（学習障害）・ADHD（注意欠陥／多動性障害）・高機能自閉症の児童生徒への教育支援体制の整備のためのガイドライン（試案）．

無藤隆・神長美津子・柘植雅義・河村久編（2005）「気になる子」の保育と就学支援──幼児期における LD・ADHD・高機能自閉症等の指導．東洋館出版社．

特別支援教育の在り方に関する調査研究協力者会議（2003）今後の特別支援教育の在り方について（最終報告）．

柘植雅義（2002）学習障害（LD）──理解とサポートのために．中公新書．

柘植雅義（2004）学習者の多様なニーズと教育政策── LD・ADHD・高機能自閉症への特別支援教育．勁草書房．

柘植雅義（2004）障害のある子どもの教育の転換── LD・ADHD・高機能自閉症への特別支援教育．In：安彦忠彦・石堂常世編：現代教育の原理と方法．勁草書房．

柘植雅義（2005）法的整備の視点からみた LD・ADHD・高機能自閉症等．LD 研究 14-3 ; 295-300.

柘植雅義（2005）特別支援教育政策の立場から．発達障害研究 27 ; 2.

柘植雅義編（2005）通常学級における特別支援教育 PDCA（学校の PDCA シリーズ No.3）．教育開発研究所．

柘植雅義・石塚謙二（2005）発達障害者支援法で定められたこと──教育について．In：発達障害者支援法ガイドブック編集委員会編：発達障害者支援法ガイドブック．河出書房新社．

柘植雅義（2006）発達障害者支援法──成立の背景とねらい，概要と解説，及び今後の方向．リハビリテーション研究 128 ; 29-32.

柘植雅義編（2006）これならできる"LD・ADHD・高機能自閉症等"への対応（教育課題完全攻略シリーズ No.3）．教育開発研究所．

柘植雅義編（2007）実践事例に学ぶ特別支援教育体制づくり── 23 自治体の特色ある取り組みから．金子書房．

柘植雅義・秋田喜代美・納富恵子・佐藤紘昭編（2007）自立を目指す生徒の学習・メンタル・進路──中学・高校における LD・ADHD・高機能自閉症等の指導．東洋館出版社．

柘植雅義（2008）特別支援教育の新たな展開──続・学習者の多様なニーズと教育政策．勁草書房．

第 2 節

学校生活支援のためのコラボレーション

遠矢浩一
TOYA Koichi

I 特別支援教育時代の到来

　平成 17 (2005) 年 4 月より, 発達障害者支援法が施行され, 発達障害の早期発見, 発達支援を行うことが国および地方公共団体の責務として明記された。さらに, 学校教育における発達障害者への支援, 発達障害者の就労の支援, 発達障害者支援センターの指定等について定められ, 発達障害者の自立および社会参加のための支援が法的に位置づけられた。
　ここでいう発達障害とは, 「自閉症, アスペルガー症候群その他の広汎性発達障害, 学習障害, 注意欠陥多動性障害その他これに類する脳機能の障害であってその症状が通常低年齢において発現するものとして政令で定めるもの」とされた。
　平成 18 (2006) 年 6 月には, 学校教育法等の一部を改正する法律案が可決され, 現在の盲・聾・養護学校の区分をなくして特別支援学校とすると同時に免許制度が改められることとなった。このことにより, 小中学校における特別支援教育の推進が法律上, 位置づけられた。そして, この特別支援教育は, 平成 19 (2007) 年 4 月より本格スタートするに

至った。

II 特別支援教育コーディネーター

　新たな特別支援教育制度の大きな特徴のひとつは，発達障害児が基本的に通常の小中学校に在籍し，特別支援教室においてそれぞれのニーズに合わせた指導が行われていくことである。その際，各学校に新たに配置された特別支援教育コーディネーター（以下，コーディネーター）が重要な役割を担う。コーディネーターは，特別なニーズを有する児童に関して，保護者や関係機関に対する学校の窓口として，また，学校内の関係者や福祉，医療等の関係機関との連絡調整役としての役割を取ることが求められる。平成15（2004）年3月の文部科学省「今後の特別支援教育の在り方について（最終報告）」によれば，「障害のある児童生徒の発達や障害全般に関する一般的な知識及びカウンセリングマインドを有する者を，学校内及び関係機関や保護者との連絡調整役としてのコーディネーター的な役割を担う者（特別支援教育コーディネーター［仮称］）として，学校の校務として明確に位置づける等により小・中学校又は盲・聾・養護学校に置いて，関係機関との連携協力の体制整備を図ることが重要である」とされている。

　コーディネーターが置かれることには重要な意味がある。学級担任制をとっている小学校においては，とりわけ児童・生徒の指導についての責任が担任一人に負わされる傾向にあり，生徒指導上の諸問題の"抱え込み"が生じがちである。しかし，コーディネーターを置くことによって，そうした責任の所在の一極化を防止し，学校全体で児童・生徒の指導上の諸課題を共有していくことが可能となる。

　2004年1月の文部科学省「小・中学校におけるLD（学習障害），ADHD（注意欠陥多動性障害），高機能自閉症の児童生徒への教育支援

体制の整備のためのガイドライン（試案）」（以下，ガイドライン）では，コーディネーターの指名にあたっては，「学校全体，そして地域の盲・聾・養護学校や関係機関にも目を配ることができ，必要な支援を行うために教職員の力を結集できる力量をもった人材を選ぶようにすること」が望ましく，「各学校の実情に応じて，教頭，教務主任，生徒指導主事等を指名する場合や養護教諭，教育相談担当者を指名する場合，特殊学級や通級指導教室の担当教員を指名する場合などさまざまな場合」が考えられるとされている。

III 校内委員会

こうした指導上の諸課題の共有の"場"として機能するのが校内委員会である。ガイドラインにおいて，校内委員会の役割が以下のように示されている。

「学習面や行動面で特別な教育的支援が必要な児童生徒に早期に気付く」「特別な教育的支援が必要な児童生徒の実態把握を行い，学級担任の指導への支援方策を具体化する」「保護者や関係機関と連携して，特別な教育的支援を必要とする個別の教育支援計画を作成する」「校内関係者と連携して，特別な教育的支援を必要とする個別の指導計画を作成する」「特別な教育的支援が必要な児童生徒への指導とその保護者との連携について，全教職員の共通理解を図る。また，そのための校内研修を推進する」「専門家チームに判断を求めるかどうかを検討する。なお，LD，ADHD，高機能自閉症の判断を教員が行うものではないことに十分注意すること」「保護者相談の窓口となるとともに，理解推進の中心となる」。

校内委員会の構成員については，「校長，教頭，教務主任，生徒指導主事，通級指導教室担当教員，特殊学級担任，養護教諭，対象の児童生

徒の学級担任，学年主任等，その他必要に応じて外部の関係者」などの「学校としての支援方針を決め，支援体制を作るために必要な人たちから構成すること」が求められている。

IV　コーディネーター・校内委員会の現状

　理念を見るとこれまでの特殊教育制度からの"改革"の中身には目を見張るものがある。しかし，学校現場において，コーディネーターが十分に機能できているか，と言えば，現状では"否"であろう。ガイドラインにおけるコーディネーターの"指名対象者"を見れば一目瞭然である。コーディネーターの役割を担う教員が，教頭，教務主任，特別支援学級教員等，公務分掌上，他の役割を同時に担わなければならないからである。自分の学級で6，7名の障害児を指導している特別支援学級担任が，他のクラスの発達障害児の指導上の調整的役割を担うことまで求められて，果たしてそれを十分に行うことができるかと言えば，その困難さは，素人でも想像に難くない。

　また，教頭と特別支援学級教員が，同じくコーディネーターのさまざまな役割を同様に担うことができるかと言えば，それぞれの知識や経験によって異なるのが当然である。しかしながら，ガイドラインでは，そうした種々の"難しい"役割を万遍なくこなすことがコーディネーターには求められている。

　曽山・武田（2006）は，コーディネーターに関する研究がほとんど見あたらないなか，その実態をさぐるべく，コーディネーターの資質・技能に関する質問紙調査を実施している。その結果，通常学級担当，特殊学級担当，教頭，担任外教員によって，コーディネーター指名を受けた教員の，自らの資質・技能に関する自己評価に違いがあることを明らかにした。教頭は，「教育機関との連携・ネットワーク」「県教委の専門

家チームとの連携・ネットワーク」といった"連絡・調整"や「個別の指導計画の作成，または，作成への参画」「個別の教育支援計画の作成，または作成への参画」といった"個別プログラムの策定"，「児童生徒の指導に悩んでいる教職員がいる場合，その状況の把握」「保護者の学校への要望やニーズの把握」といった"担任・保護者のニーズ把握"に対する自己評価が高い一方，特殊学級担当教員は，「軽度発達障害に関する一般的な知識」「障害のある児童生徒の教育課程や指導方法の知識」「心理検査の知識・技法」といった"知識・技法"および，"個別プログラムの策定"について自己評価が高いといった，公務分掌の違いによる"得意分野"の違いが認められた。

　特別支援教育体制の実施が緒についたばかりの学校現場の現状においてこの結果は重要である。コーディネーターがあらゆる支援機能を発揮することをガイドライン通りに求めるのではなく，コーディネーターの個人的特性に配慮しながら，校内委員会をはじめとする教員個々人の力量に全面的に依存するのではない校内支援体制を構築する必要性を示唆しているからである。

V　学校アセスメントの必要性

　"アセスメント"というとき，一般に，相談対象者の個人的特性についての評価を指すことが多い。精神科クリニックなどの病院臨床，小中学校の心の相談室などの学校臨床に携わる臨床心理士の多くは，そうした個別心理面接を行うことが常であろう。しかし，発達障害児の支援に携わるとき，"個別のアセスメント"のみではきわめて不十分である。WISC-III等を用いた知能検査などの個別アセスメントの必要性と方法論については，他を参照いただきたいが，学校臨床において必要なのは，そうした個別のアセスメントと併行して行われる"学校アセスメント"

と呼べるものである。

　学校アセスメントには，大きく3つの視点が必要である。

　1つは，構造的アセスメントである。例えば，ADHD児の場合，刺激の多い環境においては容易に注意がそれやすい。他のクラスの体育の授業が丸見えの校庭側に座席がないか，教室の壁に不必要にさまざまな掲示物が貼られていないか，教師の板書の仕方に秩序があるのかなど，教室内の構造的なアセスメントは重要である。また，自閉症児は感覚過敏性をもっていることが多い。自閉症児の在籍する教室が音楽室の隣に配置されていないか，化学薬品のにおいのする理科実験室の隣に配置されていないか，といった教室外のアセスメントも必要である。

　学校アセスメントの2つめの視点は，人的アセスメントである。対人関係性の困難を示し，他児とのトラブルが多い自閉症児は多い。教育相談の現場において，学級担任から相談が寄せられるとき，「自閉症の○○くんは，いくら指導してもトラブルがおさまらない」と，他児とのトラブルの原因を自閉症児自身に帰属させる形で語られることがほとんどである。しかし，実際に教室内で対象児を観察してみると，トラブルを"始発"するのは，本児ではなく他児であることも少なくない。「ダメ」とか「バカ」などの否定語やからかいに，過剰なほど感情的に反応することも，自閉症やADHDといった発達障害児が示す特徴のひとつであるが，そうした否定的な他児の関わりが発達障害児の"反応"としての暴言や暴力といった行動を引き出していることがある。したがって，学校アセスメントにおいては，他児と対象児の間の行動連鎖パターンを分析的に見る必要がある。他児の対象児に対する直接的な関わりだけではなく，客観的には対象児と"無関係に"行われている他児の行動が，対象児の行動に影響を及ぼしていることもある。例えば，自閉症児はルールを頑なに守る。しかし，そのルールは自分だけのルールとして守られているのではなく，そこから逸脱することを他者に対しても認めない。

チャイムが鳴ったら席に着くことに強くこだわる自閉症児が，席に着くのが遅れた他児に対して攻撃的な行動を示しているようであれば，「チャイム→着席」というルールを他児に徹底することが結果的に対象児の問題行動を落ち着かせることにつながる。

学校アセスメントの3つめの視点は，組織アセスメントである。発達障害児を担任する教員が，学校組織としてどのように支援しようとしているのかについて，実態を知るための観察と聞き取りが必要である。先に述べた文部科学省のガイドラインで推奨されているような校内委員会やコーディネーターが十分に機能している小中学校は未だ多くはないというのが筆者の実感である。校内委員会のメンバーが決められているだけで実際の情報交換のための会議は開催されていなかったり，会議が開かれていても管理職からの担任指導だけに終始し担任を追いつめてしまっているケースもある。こうした小中学校は，得てして閉鎖的で，市町村に置かれている専門家チームや教育委員会，教育センターなどの専門機関との連携が絶たれている。管理職を筆頭に，生徒指導上，生起するさまざまな問題を全て自校内で処理しようとする反面，その責任をすべて担任に"お着せて"しまい，結局，担任一人が苦悩している。その苦労を管理職に相談し，再び，管理職から「指導」を受け，責任を押しつけられ，一人苦悩し……という悪しきトートロジーに陥ってしまうのである。発達障害児の担任を取り巻く教員組織の特徴をアセスメントすることによって，担任支援体制の構築が促され，結果的に発達障害児の支援へと結びつくのである。

VI　特別支援教育をめぐる学級担任の視点

特別支援教育が推し進められる現在，通常の学校の教師たちはいったいどのような不安を抱えているのだろうか？

筆者は，平成16（2004）〜17（2005）年度文部科学省特別支援教育推進体制モデル事業実施地域の小学校教員を対象に，通常の学校で発達障害児を指導するにあたっての教師の不安について質問紙調査を実施した（遠矢，2007）。その結果，小学校教員たちは，発達障害児を通常の学級で指導することは可能だと考えながらも，そのことによって他のクラスメイトに及ぶ負の影響を懸念していることが明らかとなった。とりわけ，自分の周囲に発達障害について理解している教師が少ないと考える教師ほど，発達障害児が通常学級に在籍することでクラスメイトに及ぶ負の影響が大きいと捉えていた。

　この結果はきわめて示唆的である。通常学級の教師たちは，発達障害児を指導する際の自らの「負担感」を単純に心配しているのではなく，発達障害について理解がなく，協力も期待できない教師集団の中で，発達障害児の指導に自ら時間を費やさざるを得ないことによって他児の指導が手薄になり不公平感を抱かせてしまうこと，他児が我慢をする機会が増えたり，学習に集中できなくなるかもしれないこと等を不安に思いつつ，クラスの他の児童に対する支援の手立てを求めていることを示しているからである。すなわち，通常の学校での特別支援教育体制の整備にあたっては，発達障害児自身に対する支援の手立てを整えると同時に，他の児童の学習体制を維持・向上するためのシステムを学校全体として構築することを忘れてはならないのである。さらには，発達障害の特性や支援方法などについての，教師全体の知識と力量の向上のための研修を充実させる必要がある。

VII　発達障害児支援をめぐるコラボレーション

　発達障害に限らず，さまざまな支援ニーズを抱える子どもたちを日々，指導する教師たちは，まさに，"ネコの手も借りたい"忙しさの中で

日々奮闘している。人的加配等のない状況で特別支援教育体制が推し進められているため，理念はわかるが現実の方法が見つからないとの言葉を管理職の口からよく耳にする。もっともである。

　教師たちが今必要としているのは，学校全体での支援体制の構築もそうであるが，まさに，"自分の学級運営を助けてくれる人的資源"である。文部科学省は，平成19（2007）年4月より，全国の小中学校に「特別支援教育支援員」を配置することを決めた。平成19（2007）〜20（2008）年度30,000人配置とのことで，公立の小中学校に1名程度が置かれる計算になる。しかし，児童生徒の6.3%が発達に偏りを有するという実状を考えるときわめて不十分である。したがって，例えば，すでに，北海道帯広市において実施されているような要支援学級補助員の派遣等，自治体レベルの対策の検討も必要であろう。それにもまして，そうした事業の可否にかかわらず，大学，ボランティアセンター，NPO，親の会，すでに退職した教員・保健師・保育士といった地域の人的資源を校内でどのように活用するのかについての実践的検討を学校主導で進めることが，教師たちの心理的な不安と指導上の困難を低減するために有用と考える。学校と大学，学校と教育センターといった公的機関同士のコラボレーションを追い求めるだけでなく，地域の人的資源との"交流"を人的支援体制拡充のためのコラボレーションと位置づけてはどうだろうか。

注
引用原文において「特殊学級」の用語を用いている場合には，「特殊学級」と記載，その他は「特別支援学級」の用語を用いた。

文献
文部科学省（2003）今後の特別支援教育の在り方について（最終報告）．
文部科学省（2004）小・中学校におけるLD（学習障害），ADHD（注意欠陥／多動

性障害),高機能自閉症の児童生徒への教育支援体制の整備のためのガイドライン(試案).

曽山和彦・武田篤(2006)特別支援教育コーディネーターの指名と養成研修の在り方に関する検討.特殊教育学研究 43-5;355-361.

遠矢浩一(2007)発達障害児の通常学級における指導に関する小学校教師の不安——特別支援教育推進体制モデル事業実施地域での調査研究.リハビリテイション心理学研究 34-1.2;1-16.

第3節

学校における高機能自閉症児への対応
当事者からのお願い

落合みどり
OCHIAI Midori

はじめに

　自分自身の体験と，ことばの遅れのある自閉症児とアスペルガー症候群の子どもを療育した経験を元に，高機能自閉症児について教職員が知っていて欲しいことなどを以下に書きます。
　なお，私が実際に療育したのは「言語・学習・注意・行動障害」のある子どもたちですが，私自身はそれらの障害のないアスペルガー症候群で，学校には適応できたものの社会不適応を起こした例です。また，この他に，インターネット上で相談に応じた事例なども多々ありますので，それらを特に区別せずに項目別にまとめました（ただし，LD・ADHDの対処法と重なるところの多い「学習」と「注意」の問題は，ここでは省かせていただいています）。
　これは，こちらからの要望です。実際は，学級運営上，可能な限りの取り込みをしていただき，お互いのためにより良い環境を作っていただ

ければ幸いです。
　以下「*」は，教員の意識を変えるだけで，即刻対応が可能な項目です。

I　基本方針

- 学習や感覚の特異性などの問題には個別対応が必要ですが，社会的孤立を避けるためにも（無理のないやり方で）集団とのかかわりも保つ必要があります。
- 〈ボトムアップ式の個別指導〉と〈トップダウン式の集団指導〉との割合や比重を，発達に応じて変えていきます。
- 通常の筋道とは違う発達の仕方をしているので，必ずしも教育課程で決められた順番に従っていない，独自の思考方法を持っていることがあります。このような場合は，本人の認知の特性に合わせたカリキュラムを作成すべきです。
- 学習のレディネスができていない分野については，教科学習以前のつまずきにしっかりと対応するところから始める必要があります。
- 本人の発達段階と到達度に応じて指導方針をこまめに修正する，柔軟な姿勢が大切です。
- 他の子どもたちとまったく同じようにすべてのことができるようになることが，本人にとって本当に有益なことだとは限りません。
- 発達のアンバランスがあって，できることとできないことの格差が大きく，できないことばかりが目についてしまうかもしれません。しかし，できること・好きなことから始めれば，本人が自信と楽しみを持つことができます。
- 小学校時代は，「障害」を持ちながらも周囲との折り合いをつけ，「個性」として伸ばしていける基礎を作る重要な時期です。

- 学校全体で基本姿勢を統一し，積み上げができるように引き継いでいくことが大切です。

II　学級での具体的な対処法と，生徒指導の仕方について

学級生活上の留意点[*]

- 同じ姿勢を保持することが困難で，席についてじっとしていられない子どもが多いのですが，生理的・身体的な理由だということを理解してください。
- 席を離れる，校内を徘徊する，勝手にトイレに行くなどの行動をする子どももいます。低学年のうちはなかなかコントロールできませんが，「行き先を告げてから行く」「必ず教室に帰って来る」といった約束をし，ステップを踏んだ対応をすると，次第にこのような行動はなくなります。
- 同時にたくさんの感覚器官を働かせることが困難なため，ちゃんと聞こうとすると姿勢を保持できなくなってしまったり，人の顔を見ない方が発言を聞き取りやすかったりします。一般にお行儀が悪いとか相手に失礼だと言われてしまうところですが，これも生理的な理由なので，要所要所で引き締めることができれば，日常の学級活動では多少大目に見て欲しいところです。
- 学活や一日の流れがうまくつかめない子どもには，順序立てた進行表を作ったり，学級環境を構造化して，「いつ・どこで・何をするか」をわかりやすくする配慮が必要です。また，急な予定変更についていけなかったり，ちょっとしたことで混乱してしまう子どもだということを念頭において接してください。
- 偏食や過食があることもあります。栄養のバランスを取り健康維

持に心がけるための給食指導も必要ですが，無理強いしても身にならないことが多いので，本人が意識して食べられるようになるまでは強要しないようにお願いします。
- 一日のうちで，活動性が高まったり低くなったりする時間帯（バイオリズム）があります。また，季節の変わり目に身体的に不調になることも多いのですが，本人には自覚がなく，何となく機嫌が悪くイライラしたりパニックになって現れることもあります。
- 行事前には不安感から緊張が高まって落ち着かず，行事が終わった後には興奮していつまでも尾を引くことがあります。
- 自分の外観を気にせずに内部感覚だけで服を着るので，だらしない着方をしていることがあります。また，感覚過敏のために衛生管理がしにくいこともあります。爪切り・洗髪・散髪をいやがるのはそういう理由からです（小学校高学年以降になると，意識してできるようになることが多い）。

他害・癲癇・パニックなどの問題行動への対応[*]

- 他児とトラブルを起こした時には，単に善悪を裁量するだけでなく，原因に何らかの「認知の間違い（後述）」か「パターン化された行動」があるという観点で見てください（もちろん，原因が何であれ，不適切な行動をした時には素直に謝れることも大切なソーシャルスキルです）。
- パニックを起こした時は，まずはその現場から離し，落ち着いてからことばかけをします。興奮状態の時には，何を言っても聞こえていません。
- パニックは，苦手なことに直面していることを訴えているか，強固な「こだわり」があることを表わすシグナルです。よく観察す

れば原因はわかるので，できるだけ回避するような工夫が必要です。
- 発達の程度に合っていない課題を要求されると，パニックを頻発させることになります。スモールステップを1つ抜かしただけで，できなくなってしまうこともよくあります。指導計画を見直して，課題の水準を下げる柔軟性が必要です。
- その場の状況とまったく関係のないことを口走って混乱しているような時は，現実に対してではなく，何かのキッカケで想起した過去の記憶に反応していることがあります（テレビなどのワンシーンをそっくりそのまま再現する様子がよく見られるように，自閉症児・者は，現実に生きていながら，常に過去の出来事を参照していると言っても過言ではありません）。

こだわり行動への対応

- 「こだわり」が強い子どももいれば，あまり強くない子どももいます。感覚的で強固な「こだわり」行動があることもあるし，一度決めた「順序」を変えられないとか，一度覚えてしまうと変更がきかないというようなものもあります。
- 社会的に許される範囲のものや，ある程度は容認しても差し障りのないものは，取り立ててやめさせる必要はありません。全面的に禁止しようとすると，かえって強くなることがあるので，場所や時間をわきまえ，人に迷惑をかけないことを学習する方向に導くべきです。
- 最も強固な「こだわり」はなかなか変えることができませんが，それほど強くない「こだわり」ならば，変更に応じることもあります。最終的には本人が困るようになると思われる行動は少しずつ変えるように根気よく条件交渉をし，崩せるところから崩します。が，どうしてもダメとなったら周囲が合わせるしかありません。

- 授業中に,ひっきりなしに「はい!」と手を上げている,先生の言うことにいちいち応える,というような「こだわり」行動に対しては修正せず,「今は・やめて」という指示に従えればよしとします。
- ○や×の札を作ったり,手や腕でサインを出して,今やっている行動が適切かどうかを教える方法が有効です。しかし,一度や二度では止まりません。何度でも,その場で教える根気強さも必要です。
- 周りの状況とは無関係に,「自閉的なファンタジー」にのめり込んでしまうことがよくあります。じっと何かを見つめたり,奇異な動きを始めたりして,「心ここにあらず」の状態になります。基本的には「こだわり」と同様に,要所要所でやめられればよしとします。
- これらの自閉的な行動は,自閉症児・者にとっては自然なことで,不安感を解消して自己のバランスを回復するために必要な行為でもあります。そのこと自体が悪いことだと思ってしまうと,精神的に悪影響を及ぼします。状況に応じて切り換えることを学習できればよいという自覚を,本人に持たせることも大切です。
- 自閉症児・者の自閉的な行動をからかわないように,同級生たちを啓蒙して欲しいと思います(思春期以降,本人が気づいて,これらの行動を人前でしなくなることもあります)。

学校に適応できている児童にも社会性の教育が必要なこと[*]

- 学校という環境に適応できるタイプの子どもは,何の問題もないように見えてしまいますが,自分だけの思い込みの中に生きていて実質的なコミュニケーションが成立しないままに,たまたま上手くやっているだけのことがあります。そのまま放置すると,青年期以降に孤立し就労や社会生活ができなくなる可能性があります。
- 世の中の仕組みに無関心なため,頭ではわかっているけれど生活の

智恵にならないことが多くあります。知識偏重になりやすく、理詰めで世の中を知り尽くしたつもりになっていることも多いので、家事の手伝いなど身の回りのことをなるべく多く体験させることも大切です。

- 自閉症児の自己認知力は、全般に低いと見るべきです。自己像に関する思い込みが強いと、自分で自分にふさわしい仕事を決めつけて選択肢を狭めてしまうし、自分が正当に評価されないことに癇癪を起こします。逆に、自分は欠陥だらけでできることが何もないと思い込んでいることもあります。自分で評価した自己像と客観的な評価との間にギャップを生じさせないための指導も必要です（LD・ADHDを合併している子どもは複雑ですが、介入の余地がたくさんあります。これらの合併がない子どもの方が難しいケースもあります）。

精神的なフォローが必要なこと

- 自閉症児には、発達の遅れや能力的な偏りがあるために、人と同じようにできないことがあります。遅れているだけで成長とともにできるようになることもありますが、多くは終生続く「障害」となります。まずは本人に、人と違っていることを悪いことだと思わせないでください。そのためにも、教師がよき理解者になってくれることを望みます。
- 「人と違っているために、人と違う行動や発想をしている」ことを、本人と同級生の双方が納得できるように、「差別意識」を生まない配慮が必要です。クラスの子どもたちの態度は、教師の接し方に左右されます。
- 普通ならば、現実検討力を失わせるほどでもない一般論を真に受け

てしまうことがあります。たとえば,「どの教科もまんべんなく点を取るように」と言われたことを「自分に欠けていることを補完しなければならない」と解釈し苦手な科目ばかりを選んでしまうとか,「何でも正直に答えなさい」「疑問に感じたことは何でも質問しなさい」と言われてその通りにしてしまうことなど。さらに,できるはずのないことに固執してできない自分を責め,一人深刻に悩んでいることがあります。誰かがいち早く気がつけば,こじれないうちに思い込みをほぐしてあげることができます。

- 「いじめ」体験は,いつまでも記憶に残ります。その,「悔しさ」をバネにして成長するというような一般論を安易に適用しないでください(否定的な対人関係が固着してしまうと,ありとあらゆる社会活動に支障をきたしかねません)。
- また,本人自身が「普通になりたい」「みんなと同じになりたい」という気持ちを持った時には,その気持ちを尊重してあげてください。しかし,自分には欠けていて,できないことがあると自覚した時には,優れている面を評価して,自信を失わせないようにしてください。
- 自分に欠けている部分は補助具を使うことで補えるし,会社に勤めなくても在宅でできる仕事もあります。常に,前向きに,自分の特性を活かす工夫をする姿勢を身につけられるようにアドバイスすることが肝要です。
- 何もかも一人で抱え込まず人の意見を聞ける人になるように,「人は信頼するに足るものだ」という経験をたくさん積むことが大切です。
- 興味・関心の幅が狭くても,能力的な偏りがあっても,それらを上手に活かして,社会的な技能に繋げている人もいます。趣味や生甲斐にしている人もいます。自分自身の特徴を本人がよく知って,優れた面が際立つように,不得意な部分が表に出ないように心掛け,不利な立場に追い込まないことも大切なスキルです。

III 補足説明

偏食指導について

- 本来は，家庭で行うべき生活指導ですが，学校生活の一部としての給食指導についての注意点です（家庭である程度の指導ができている上で依頼されている場合と，そうでない場合とでは異なります）。
- ここで「強要しないように」と言っているのは，"どうしても受け入れることができないもの"のことで，偏食はそのまま放置せよということではありません。
- 食の「こだわり」に手付かずで入学してくる児童を指導するには，「一日・一つずつ・一口ずつ」挑戦する，「目標を達成できたら誉める」を繰り返す方法や，「食べられない原因は何で，どういう条件（調理法・味付け・形状……）なら食べられるか」を聞き出して（あるいは，様子を見て）地道に交渉していく方法などが考えられます。

生理的なものとの兼ね合いについて

- 姿勢・服装・基本生活習慣など，通常ならば就学時にはできていて当然だと思われていることができないのは，主に発達の遅れや障害によるものです。
- 個々人によって発達の度合いが違いますが，低学年では無理でも中学年〜高学年になる頃にはできるようになることがあります。
- また，周囲の人と違うことをしていることに気づいて，自分から

やめたりやめようと努力するようになる児童もいます（違いに気づいた時に，まったく自信をなくして自分自身を責める児童や，やめられないことをやめようと無理をしすぎる様子の見える児童には，精神的なフォローが大切です）。

学校での構造化が必要なケースと，その方法

- 自分の教室・席・ロッカーなどの見分けがつかない。
  → 色分けしたり，自分の目印をつける。
- 同じ部屋が，教室（勉強の場）になったり食堂（給食の場）になったりする状況の変化がわからない。
  → わかりやすいサインや絵などを掲示して，今現在の「場」と「自分がすべき行動」をハッキリさせる。
- 授業時間と休み時間の区別がつかない，先生ではなく他の児童が教壇に立って行う学級活動は自由時間ではないことがわからない。
  → わかりやすいサインや絵などを掲示して，今現在の「場」と「自分がすべき行動」をハッキリさせる。
- 時間割が進行していて，次の授業に入っていることがわからない。
  → 授業内容がわかるような看板などを掲示する（注―前の授業時間に起きたことを引きずっているだけの児童の，心理的な問題とは違います）。
- 自分でやるべきことがわからなくて，オロオロすることが多かったり回避傾向が見られる。
  → やることの順番を，本人がわかるように細分化した手順書を作り，それを見ながら行動する。
- 「時間の推移」や「仕事の経過」がわからなくて，不安に陥りやすい。
  → 作業の順番や，現在どこをやっているか，あとどれくらいある

かなどを，線分・色分けした図形・水時計などを使って，大小比較のできる数は量で示し，視覚的にわかりやすくする。

IV　自閉症の理解を深めるための予備知識

特異な「感覚ー知覚」をしていること[*]

- 触覚（特定の衣類の感触をいやがる，常に何かを握ったり触ったりしている）・聴覚（特定の音をいやがる，耳ふさぎをする，通常ではわからないような音を聞き分ける＝耳がいい）・視覚（動くものをじっと見ている，特定の形を吸い寄せられるように見つめる，目の前で手をヒラヒラさせる）・味覚（微妙な味の変化で食べなくなる，同じ食材でも温度による味の違いにうるさい）・嗅覚（特定の臭いをいやがる，または好む）などの過敏（特異性）が，よくみられます。
- 不快な感覚刺激に対する反応の仕方にも，個人差があります。パニックや癲癇を起こすこともあれば，本人もよくわからずイライラする程度のこともあります。ことばで明らかに拒否し頑として受け付けない子もいれば，不安を訴えて泣き出す子もいます。また，多少の苦痛は感じていても我慢していたり，自分で感覚遮断して感じないようにしている子どももいるので，外見ではわからないこともあります。
- 感覚過敏は，精神状態の影響を受けます。精神状態が悪く不安が強いと，重くなる傾向があります。
- 逆に，身体感覚は鈍いことがよくあります。痛覚（怪我しても痛さを感じない，病気の時にどこが悪いのかわからず症状を訴えない）・平衡感覚（いつまでもグルグル回ってしかも目を回さない，

高いところに平気で登る)・固有感（自分自身で感じている身体の内部感覚と実際の身体の位置との間にギャップがある)・温感（暑さ寒さに合わせて服を選べない，健康にかかわる温度調節ができない）など。
- これらの「感覚－知覚」の特異性には，個人差があります。組み合わせもさまざまですし，ほとんどない子どももいます。
- 感覚過敏というよりは，接触防衛反応が強くて人との接触をいやがったり，人がたくさんいると苦痛を感じる子どももいます。
- これらは，本人にとってはとても重要なことで，決して「わがまま」や贅沢ではありません。

認知の特性があること

- 「認知」の障害があると，身の回りのちょっとしたことができない（たとえば，縦長のロッカーに横長のカバンを入れようとする）こともありますが，主に「学習」障害となって現われることになるので，特別な教科指導が必要になります。
- また，漢字だけ覚えてしまうとか，文字や数字に異様な関心を示すことがあり，逆に「頭がいい」と思われて対応の機会を逸してしまうこともあります。
- 「部分」の認知が強すぎて，「全体」を見ていないことがあります。物の一部分だけしか見ていないために，一般概念ではまったく違うものを「仲間」としてくくってしまい，外観が変わると共通性を見出せなくなります（逆に，部分認知のよさから，優れた識別力を発揮していることもあります）。
- 人に関する認知障害があると，人の顔を見分けられない（相貌失認），人の行動や動作を誤まって解釈する（社会的認知障害／手を

上げただけで叩こうとしていると思ってしまう，など）ことになります。
- 過去に不快体験をした状況（物）と類似した状況（物）を，異様に恐がることがあります（メガネをかけた人をみんな恐がる，危険な思いをした場所に類似した場所やそこにあった物を恐がる，など）。精神状態が悪く不安感が強い時には，その傾向が強くなります。
- 通常では考えられない行動をしたり，とんでもない理由を訴える時は，何らかの「認知障害」があるとみなして，「この子には，どういう風に世界が見えているのだろうか？」という観点に立ってみて欲しいところです。
- 認知障害のある子どもには，「ここは・何をする場所なのか」「今は・何をする時間なのか」といったことを，本人の発達段階に応じた意味の通じるサイン（絵・記号・ことばなど）を出すようにすると，混乱が起きにくくなります。また，ソーシャルスキル・カードなどを用いて，「人の顔の表情」や「人の行動」の意味を学習するプログラムも必要です（より重度な場合は，環境全体を構造化してわかりやすくします）。

ことばとコミュニケーションの問題があること

- ことばの遅れのある子どもの場合は，ことばが出ない，遅いことを気にして，話し方を教えたり，しゃべらせようと強要しがちです。でも，伝達手段はことばだけではありません。絵・写真・関連する物を上手に用いることでコミュニケーションが可能になることもあります。また，しゃべらないけれど人の言っていることは理解できていることもあれば，話せないのに文字を使いこなせると

第3節　学校における高機能自閉症児への対応　231

いうような，発達のアンバランスが見られることもあります。(このアンバランスは，修正しようとしてできるものでもないし，一般的な筋道通りでなければ発達できないということはありません)。
- アスペルガー症候群では，ことばが出ているから大丈夫，わかっていると思われがちです。でも，本人は意味がわからずに状況に関連することばを記憶していて，機械的にしゃべっていることが往々にしてあります。また，知っていることを羅列しているだけで，お互いの意思を通じさせるための「会話」はしていません。一方的に，延々としゃべり続けることもよくあります。
- ことばの持つ表面的な意味しか理解できない(「首をかしげる」は，首を傾けることでしかない，など)は，よく指摘されるところです。
- また，ことばを巧みに使いこなすことができている子どもでも，文脈を一切無視して，単語の意味だけにとらわれてしまうことがよくあります。
- どんな話題が話されていても，自分が興味を持っている特定の事柄ばかりを話すことがよくあります。また，何の関係もないことを話し始めた時は，頭の中に何かのシーンを思い浮かべて，そのシーンの中にある事柄のことを話していると考えれば，まったく不可解ではなくなります。
- 「会話」に関するソーシャルスキルを学習することも，社会生活上必要です。

通常と違う「感情」の持ち方をしていること／人との「かかわり方」が違うこと*

- 「感覚」や「認知」が通常と違っていることと，不安感・恐怖感が強いために，「感情」の持ち方が人と違っています。喜怒哀楽はハッキリしているのですが，普通の人が笑わないところで笑った

り，普通なら何でもないことに怒ったりすることがあります。
- 意識の中に他者の視点を自然に取り込むことができないので，羞恥心がないように見えます。また，人によく見られたいという動機がないために，社会的な感情が生起し難く，競争心を持っていないことも往々にしてあります。したがって，これらの「社会的な感情に訴える方法では，指導の効果が上がらないことになります。
- どんなにたくさんの人がいてもほとんど人を意識せず，自分一人の独り舞台に立っているかのように振る舞うことがよくあります。目立ちたいのではなく，逆に周りに人がいることを忘れてしまうほどファンタジーに没頭してしまっている状態です。自分の記憶にある物事（テレビのシーンなど）を再現し始めたり，知っていることを並べ立て始めたり，感覚的な何かに夢中になったりしているので，「おかしなことをする」「そんなことは聞いていない」などと怒らずに，状況に応じてストップをかけて下さい。
- 「一番」にこだわることも，よくあります。人より上に出ようとしているわけでも，人に勝ちたい，人に負けたくないという欲求が強いのでもありません。「自分でこうと決めたことが，そのイメージ通りに実現する」ものだと思っていることが多いのです。「一番が良いと決めたら何でも一番でないと気が済まない」と観れば，単なる「こだわり」とも考えられるので，「二番目から数えて一番だよ」「元気さで一番だよ」というような言い方をして，とりあえずはその場をうまくしのぐことはできるでしょう。しかし，自分の能力の見積りができていない，自分なりのやり方でできていると思い込んでいるために「思っていること」と「できること」とのギャップに気づいていないなどのステップの踏み外しがある時には，思い込みをほぐすための対応が必要なこともあります。
- 本や掲示物などに書かれたことばやキャッチフレーズなどは鵜呑

みにしますが，人に直接指示されることを嫌う傾向があります。直接指示される侵入感には抵抗を示すので，選択肢をいくつか提示して，極力自分で選ばせるようにするとうまくいくことがあります。

運動機能の障害や非言語的（身体的）な学習障害があること

- 身体（の欠損）障害がないのに，粗大運動（全身を使った運動）や微細運動（手元の操作）がうまくできない「発達性協調運動障害」を持っていることがあります。
- 一般に，アスペルガー症候群に合併することが多いと言われています（また，ADHDに合併することもあります）。
- この障害がある場合，着替えなどの日常の動作が上手くできなかったり，字や絵が書けなかったり，体育の授業についていけなかったりします（音楽の楽器演奏，技術家庭科の実習にも影響します）。
- ルールが覚えられなくて体育に参加できないのではなく，キャッチボールができない，なわとびができないというような様子が見られたら，この障害を合併していることが疑われます。
- この障害の有無と発達の度合いを測定する基準があり，検査結果に基づいた訓練方法もあります。一般的な体育指導法を用いて，むやみに頑張らせてもほとんど改善しません（発達が遅れているからできないのに無理強いするのは，心理的な負担を増やすだけです）。
- 発達障害のない子どもでも，運動機能の発達が遅れていることがあり，こういう子どもたちを集めて基礎的な身体能力を高めるプログラムを組むことは，たいへん意義のあることと思われます。
- 発達障害（自閉症・ADHDなど）があって，この障害が合併して

いる場合は，生活自立や就労に支障をきたす大きな原因になることがあります。
- 人がやっている動作を真似できなかったり，ことばでの指示が通じないことがあります。簡単な動作でも，一つ一つの具体的で細かな動素に分解しないとわからないのです。また，何とか覚えられても，一連の動作をするのに常に（言語化して）意識しないと実行できないことがあります。
- 身体の操作性に難があるため，所作が粗雑に見えます（例えば，ドアをバタンと閉める，物を放り投げるように置く，足音をバタバタと立てて歩く，など）。
- また，身体的なサインが読み取れないために，他者の動き方の秩序や動線を察知できずにぶつかってしまう，ドアの前に立って邪魔になっていることに気づかないこともあります。本人はまったくわかっていないので，怒るよりも教えてあげることが必要です。

注
「当事者からのお願い」という主旨を踏まえて，本節では「です・ます」調とした。

第6章

的確な支援のために応用行動分析を活用する

第1節

応用行動分析の考え方と方法

加藤哲文
KATO Tetsubumi

　本稿では，発達障害のある子どもたちへの応用行動分析（applied behavior analysis）による支援や指導について基本的な考え方と代表的な方法を紹介する。これらは，発達障害のある子どもたちと日々関わっている教師や保育士と，保護者や地域の専門職などが連携することで，十分に応用することが可能な方法である。しかし事例報告や応用行動分析に関する本などで用いられている方法を，実際に関わっている子どもたちに適用しようとしても，なかなかうまくいかない場合もある。この原因としては，応用行動分析の基本的な原理（主として，行動が増えたり減少したりするメカニズム）を十分に理解していないことがあげられる。そこで，応用行動分析の基本的な考え方をはじめ，特に発達障害のある子どもたちへの支援のバリエーションを紹介していくことにする。

I 応用行動分析とは

　応用行動分析は，1960年代から主として米国で開発されてきたもので，近年ではわが国でも多くの著書が刊行され，また日本行動分析学会などでわが国の研究や実践報告が活発に発表されてきている。最初に，

発達障害のある人たちへの支援に、応用行動分析がなぜ役に立つのかという点について説明していこう。それは応用行動分析の考え方や数十年にわたって蓄積されてきた研究成果が、発達障害のある人たちを理解することや彼らの行動の変容にたいへん役に立ち、また彼らへの支援の方向性と合致しているからである。

1　障害を"治す"といった考え方はとらない

そもそも応用行動分析では、現在の世界保健機構の障害モデル（ICF）にたいへん近い形で障害をとらえてきており、医学や一部の臨床心理学などの疾病モデルとは異なっている。したがって、発達障害のある個々人の現在の能力を最大限に活用するための積極的支援と、生活している現環境において生ずるハンディキャップの解消に向けた、現実的で実用的なノウハウの提供に重点をおく。そして支援のための具体的な目標を設定して、問題解決や環境面の調整を図ることにより、"障害"を低減しようとする。

2　特定の価値観や信念で人をとらえず、その人の行動を客観的に取り上げる

人の特定の行動が起こる、あるいは起こらないといった条件は、周囲の環境との相互の影響によって決まってくる。したがって、ある子どもが周囲の友達に対して暴力をふるった場合、その暴力をふるう"行動"が不適切なのだと考え、その子が（性格的に）悪いといった価値判断はしないで問題解決をはかる。

3　社会的妥当性・社会的受容性を重視する

これまで開発されてきた応用行動分析の方法や技法は，基本的には一人一人の事例への適用を通して，その効果の検証を行ってきている。このための強力な実践研究方法として，「単一事例実験計画法（single subject research design）」を用いる。この方法を用いると，教育者や実践家が実際に応用行動分析の種々の技法を事例に適用した際の効果を，実際の事例の行動の変化や問題の解決経過を通して判定できるようになっている。しかし，このような方法によってその成果が享受されるのは，当事者である子どもたちであり，また一緒に生活している親御さんや家族，学校や幼稚園・保育園では先生方である。したがって，応用行動分析を用いて指導や訓練を行った専門家などが，"効果があった，あるいは問題が解決した" と判断しただけでは不十分だろう。本当にその効果を実感し認めうるのは，当事者や関係のある人たちということになる。応用行動分析では，専門家だけではなく，当事者や関係者からも評価を受けることによって，真の "効果や成果" を判断する。これを「社会的妥当性・社会的受容性」というが，現在では，達成したい目標の設定基準，そのための方法や技法の選択基準，その効果の判断基準などについても，慎重に評価している。

4　全ての行動は，周囲の環境の影響を受けている

　応用行動分析では，人の行動に焦点をあてて，その人のよりよい生活を実現したり，またそのような状況を阻害している状況（環境）を改善していくことを大きな目標としている。これは，「全ての行動が，周囲の環境との相互作用によって生じており，また維持されている」という行動分析学の基本的な考え方から必然的に導かれたものである。したがって人の行動を変容したり新しい行動を形成するためには，その人が生活している環境との相互作用を十分に分析することが必須の条件となる。

行動を分析する際には，その行動が起こりやすい条件（先行条件）と，習慣化・持続化しやすい条件（結果条件）を中心にアセスメントを行う。その行動が望ましいものにせよ，不適切なものにせよ，全てが行動原理によって成立していると考える。このようなアセスメントと分析の結果から，先行条件や結果条件を明らかにする（これを「機能的アセスメント（functional assessment）」という）ことで，望ましい行動をより起こりやすく，または不適切な行動を起こりにくくすることが可能となる。

5 成立した行動変化を実生活場面に定着させていく方法を重視する

　学校や幼稚園・保育園で生活する，発達障害をはじめとした障害のある子どもたちには，さまざまな専門的資源（内外の専門機関・施設や，特別支援学級・通級指導教室など）による特別な支援が必要とされている。このような専門的資源で行われる指導や訓練は，時間，量，種類においても限られたものである。また，特に発達障害のある子どもたちの特徴として，特定の場で形成された行動や学習成果が実生活にうまく波及しなかったり（行動の般化（generalization）の不良），指導期間の終了後，一定期間が経過すると，獲得された行動や技能が持続・定着しなかったり（行動の維持（maintenance）の不良）することがある。応用行動分析ではこのような問題を，支援や指導の方法や技法の改善によって解決しようとする。これは，指導された場（通級指導教室など）と普段生活する場（通常の学級など）との環境の違いが，指導された行動に及ぼす影響や，行動が持続・定着する要因（これは，「強化（reinforcement）」の要因が関与している）から再検討して，般化や維持を促進する環境を改めて整備することなどである。例えば通級指導教室では，特定の課題や技能を個別場面で指導するばかりではなく，小集団での指導を行ったり，指導内容を通常の学級のそれに近づけたり，集団の場で強化され

る機会や仕掛けを作ったりといった，指導の場や方法を工夫することで，般化や維持の問題を解決していく。

II 応用行動分析による支援の方法

応用行動分析による支援の有効性は，これまでの膨大な研究実践や追試研究でかなり実証されてきている。したがって，これからの応用行動分析の大きな目標は，個々人の実際の生活に即して，これらの方法や技術を生かしていくことにある。そのために応用行動分析では，まずは彼ら発達障害のある人たち一人一人の現環境での行動や生活の仕方について，「機能的アセスメント」や「生態学的アセスメント（子どもや家族の生活様式や具体的な生活の実態を調査すること）」といった方法で把握する。それらの結果をもとに，現状の障害の存在を前提として，周囲の環境とうまく折り合って行動できるように環境を調整する。

例えば，自閉症のある子どもが，集団場面で，周りの子どもたちからの過剰な刺激に応じきれなくなって，その場から逃げたいと思うことがあったとしよう。その子は，"いやだよ"とか"もう少し静かにして"などとうまく断ったり，頼むことができないことが多い。そんな時に，辛いのと我慢ができない状況が重なって，急に泣き叫んだり，そばにあるおもちゃを投げ飛ばしたりするかもしれない。周囲から見ると，突然このような行動をするため，"パニック"になったととらえられる。しかしその子からすれば，このような行動は，辛さや追い詰められた気持ちを表現する手段であったかもしれない。

ではどのように対応したらいいのだろうか。まずは先生方をはじめ，周囲の人たちに少しばかり工夫をしてもらう必要がある。彼らにとって，集団場面で我慢の限界を超えない環境を用意してもらうこと，そして辛くなったら，気持ちを落ち着かせたり一時的に待避できる場を用意して

もらうことなどである。このように周囲が，彼ら独特の行動上の特徴を理解してうまく折り合ってくれると，危機的な状況をかなり回避することができる。まずは，日々生じている"困った行動"や，"混乱の状態"をよく観察していただき，このときに自閉症の子が何を表現したいのか，何を訴えたいのかを見極める努力をしてもらいたい。次に，彼らの振るまい方や表現手段を，周囲が理解しやすく受け入れやすいものに，少しずつ変えていく方法を考える。これは，障害のある人たちと，一般生活に不都合が特にみられない人たちとの間の，"生活上の折り合い"をつけるための障害者側への変化の要請である。そのために，周囲の人たちが理解しにくく，時には不都合を与えている行動（例えば，攻撃行動や妨害行動など）を，そうではない行動に変えていく必要がある。ただし，いきなり彼らの現有の行動のレパートリーを超えたものを身につけてもらおうとしても難しいので，少しずつしかし着実にそのような行動を教えていく必要がある。このような行動が生活の場でみられるようになると，周囲からは賞賛や肯定的な関わりが増え，日常での定着がはかられるようになり，結果として不適切な行動は減少していく。

III　応用行動分析による行動理解の枠組み

　以上のように，応用行動分析では，第一に障害のある人もない人も共存できる環境へと修正することを重視する。その上で，両者の行動をよりよいものに変容させるために，その行動の意味や，起こっている原因を把握する。これらが明らかになると，"どのように"支援すればよいかがみえてくる。そこで，次に行動理解の枠組みを説明しよう。

1　行動の基本は ABC 分析で

応用行動分析では"行動"について,「先行条件（Antecedent condition）」を手がかりとして,個人が「行動（Behavior）」を起こし,「結果条件（Consequent condition）」として特定の刺激が伴うという枠組みでとらえている。具体的には,図1をみてもらいたい。
　上段は,(A)「先生の問いかけ」に対して,(B)ユウキ君が「挙手をする」と,その結果,(C)先生が「指名してくれる」という例である。このような機会が何度もあると,その後ユウキ君の挙手行動は増加することが予測される。一方,下段は,(A)「先生の問いかけ」に対して,(B)ユウキ君が「自分勝手に答えてしまう」と,その結果,(C)先生が「注意する」という例で,ユウキ君の勝手な行動は減少することが予測される。このように行動を3つの枠でとらえることを,それぞれの単語の頭文字をとって「ABC分析」という。また,上段のように,行動が増加するように結果条件が伴うことを「強化」,下段のように行動が減減少するように結果条件が伴うことを「弱化」という。その際,強化をもたらす結果条件として構成されている刺激を「好子(こうし)」,弱化をもたらす結果条件として構成されている刺激を「嫌子(けんし)」という。行動理解の基本はまず,ABC分析によって当該の行動の先行条件と結果条件を明らかにすることから始めてほしい。

2　行動が増えたり減ったりするメカニズム

　さて次に,特定の行動が増えたり減ったりするメカニズムについて考えてみよう。これは先にも述べた「強化」という,行動が起こった直後に結果条件を伴うことと関係がある。図2をみてほしい。アキナさんの行動が起こった直後に「ほめられる」という結果条件が伴うと,以後アキナさんの行動が増加したとしよう。一方,「注意される」という嫌悪的な結果条件や,アキナさんの好むこと（物）が取り除かれる（例え

図1　行動のABC分析の例

Antecedent (A)：先行条件	Behavior (B)：行動	Consequent (C)：結果条件
先生が子どもたちに「～わかる人，手を挙げてください」と言う	ユウキ君が「ハーイ」と手を挙げる	先生が「はい，ユウキ君」と言って指名する
先生が子どもたちに「～わかる人，手を挙げてください」と言う	ユウキ君が（手を挙げないで）答えてしまう	先生が「勝手に答えてはいけません」と注意する

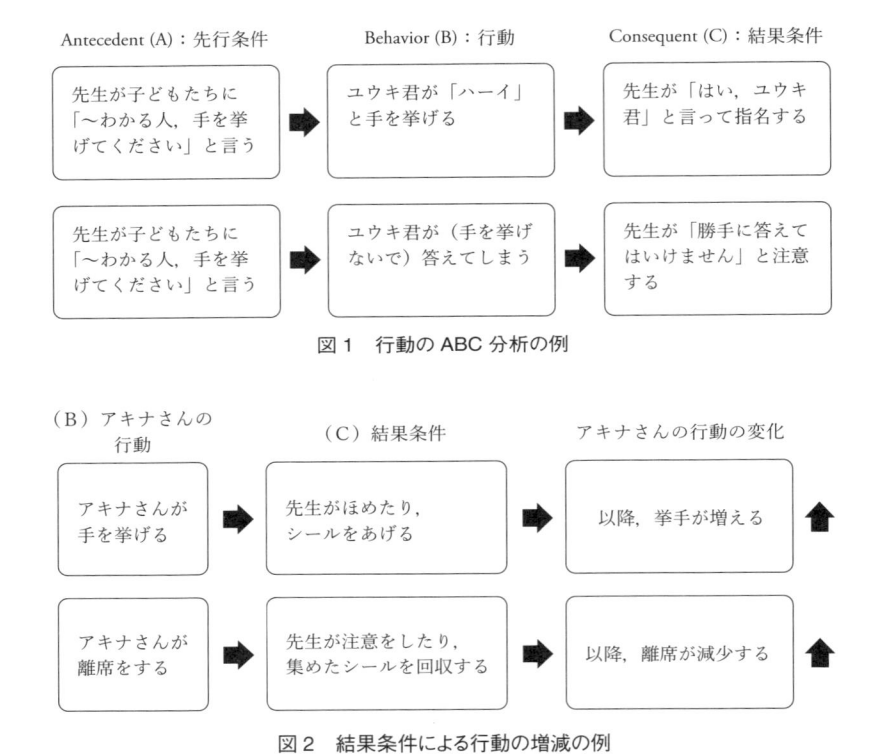

図2　結果条件による行動の増減の例

（B）アキナさんの行動	（C）結果条件	アキナさんの行動の変化
アキナさんが手を挙げる	先生がほめたり，シールをあげる	以降，挙手が増える
アキナさんが離席をする	先生が注意をしたり，集めたシールを回収する	以降，離席が減少する

ば，ほめたり注目をすることをやめたり，集めたシールを回収されてしまう）という結果条件が伴うと，以後アキナさんの行動は減少したとしよう。このように，行動が起こった直後の結果条件によって，結果条件の直前の行動が増えたり減ったりする。このような行動の増減する条件をよく理解しておくと，子どもたちの望ましい行動を増やしたり，困った行動や不適切行動を減少させる手立てを講じることが可能になる。

　また日常的には，特定の行動が生起するたびに，毎回好子が伴う（これを連続強化という）ことはあまりないだろう。むしろ，何回か行動し

てやっと好子が伴う（これを間欠強化という）ことが多いだろう。好子が毎回伴ったり、ときどき伴ったりするなどの好子の伴い方のパターンのことを「強化スケジュール」という。このような強化スケジュールを工夫することによって、子どもの望ましい行動を持続・定着させたり、困った行動や不適切行動を継続的に抑えるための有効な手立てを講じることができる。学校や幼稚園・保育園では望ましい行動に対して毎回好子を伴わせる（連続強化）ことは難しいことが多く、また特定の種類の好子（例えば、単にほめるだけとか、シールを与えるだけなど）を使い続けると飽きてしまうこともある。このような場合は、間欠強化スケジュールを用いると効果的である。

また、一定の指導や支援の結果として、「望ましい行動が増えて、困った行動や不適切行動も減少した」ようにみえても、一定期間が経過するともとに戻ってしまうことがある。指導によって形成した行動を維持させるためには、指導場面でその行動を永久的に強化しつづけなければならない。このようなことは実際には不可能である。そこで、指導の成果を活かしつづけるために、学校以外でも多くの人に強化される機会の多い行動を指導したり、特定の行動への強化の仕方を工夫したりすること（もちろん、先に述べた強化スケジュールの工夫も含まれる）が必要になる。

3　行動が起こりやすくなるメカニズム

休み時間に友達と遊んでいたカズ君は、突然周囲の友達の頭をたたいたり足を蹴ったりするようになった。友達も先生もカズ君が急に攻撃的になった理由がわからなかった。このような状況はよくあるかと思われるが、多くの行動にはそれを引き起こす原因がある（これは、先に述べた先行条件にあたる）。そしてその原因は複数であることが多く、そ

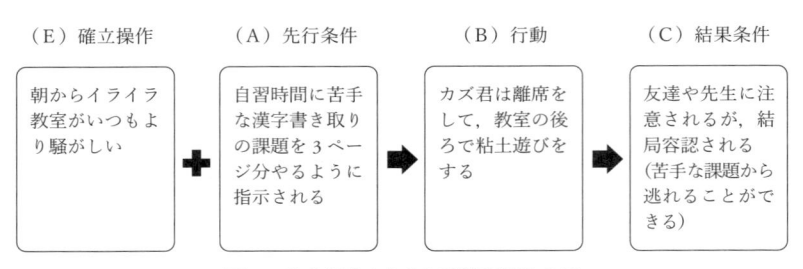

（E）確立操作	（A）先行条件	（B）行動	（C）結果条件
朝からイライラ教室がいつもより騒がしい	自習時間に苦手な漢字書き取りの課題を3ページ分やるように指示される	カズ君は離席をして、教室の後ろで粘土遊びをする	友達や先生に注意されるが、結局容認される（苦手な課題から逃れることができる）

図3　確立操作を含めた行動随伴性の例

れらが重なり合うとこのような行動が起こる確率が高くなる。カズ君にとっては、「すぐに読みたい本があったこと」とか「休み時間の終わる直前に先生に叱られたこと」などが原因になっているだろう。そして、それらの先行条件のもとで起こった特定の行動は、その直後に強化される（例えば、「友達をたたいたら読みたい本がすぐに手に入った」とか、「友達をたたいたら、先生が個別に注意して（かまって）くれた」など）。このようなことが何回も経験されるようになると、これらの行動は先に述べた先行条件のもとでさらに起こりやすくなる。

　また、そのような先行条件と行動が結びつきやすくなるのに、「確立操作（establishing operation）」という条件も大きな影響力をもつ。確立操作とは、特定の先行条件や結果条件の効力を一時的に高めるものである。例えば、お腹がすいていたり、のどが渇いていたりする時に、「食べ物や飲み物を要求したり手に入れようとする行動」は起こりやすくなるし、このような時の食べ物や飲み物は、好子との効果はたいへん大きくなるだろう。また、寝不足や頭が痛い時に勉強をするのは辛いので、「勉強を避ける行動」が起こりやすくなるし、ほんのささいなこと（例えば、ケシゴムをけずって遊ぶことなどが、避ける行動の好子として強力な力をもつだろう。図3では、学校に行く前からの不快な条件（イライラして

いる）や，朝の教室がいつもより騒がしいことが確立操作として働いていた可能性がある。このような状況で苦手な課題を行うように指示される（先行条件）と，授業中における不適切行動（離席や，教室の後ろでの遊び）が起こりやすくなる。さらに，結果条件として，苦手な課題から逃れることができた（不適切行動が強化される）ことで，以降もこのような行動が起こりやすく，また定着していく可能性が高くなっていく。

このように，実際の行動は，ABC分析に加えて確立操作を枠組みに加えて分析すると，行動の起こりやすい状況を予測したり，それらの予測に基づいて，困った行動や不適切行動の予防的な対策をとることも可能になる。確立操作となるような出来事としては，①身体・生理的な側面（頭痛などの生理的な痛み，疲労，睡眠不足，食物・飲み物などの欠乏や飽和化，服薬の影響など），②物理的な環境の側面（騒音，温度や湿度，教室内の環境設定等），③対人的・社会的な環境の側面（人（嫌な・好きな）の接近，叱られる／いじめられるといった嫌悪的な出来事，友達とのけんか，約束やルールの変更など）などがある。

IV　個へのアプローチから，現実の環境へのアプローチへ

応用行動分析は，以上のような行動理解の枠組みを用いて，人の行動と環境との調和を目指した支援方法を提供してきている。特に，人の行動を具体的に変容させることに大きな効果をもたらしてきたことから，とりわけ，行動面の問題のある発達障害者を対象とした研究が盛んに行われてきている。最近の主要な研究テーマとして，発達障害のある個々人が，周囲の支援を仰ぐばかりではなく，自分の行動を自分でうまく調整したり，コントロールできるようになることを目的とした支援方法の開発などがある。このような行動は，「自己管理（self-management）行動」といわれ，自立生活を営むために必要なものである。このように，

障害のある当事者自身の行動を受容させるための支援方法の開発とともに，周囲の物理的環境の修正や，当事者に関わる人たちの行動を変容させるための研究実践も進められている。

1　自己管理行動の指導

これは，自分の行動を自分で管理し責任をもつ技能を指導する方法である。この方法は，教師や親が直接指導するよりも，子どもの行動の般化や維持が見込めるもので，目標行動の設定，自己モニタリング（自己記録と自己評価），自己強化，自己教示といった一連の指導方法が開発されている。

2　社会的スキル訓練

社会的スキル訓練（social-skills training）は，発達障害のある子どもの効果的な指導方法として，わが国でも注目されるようになってきている。しかし，障害のある子どもに適用する際に注意を要することがある。それは訓練で形成したスキルの般化と維持に関することである。この訓練は，特定の標的スキルを，特定の場で，特定の人によって，予め規定された訓練期間（時間や回数）で行うもので，簡単に日常場面に般化したり長期間の維持が見込める"魔法の"訓練ではない。発達障害や知的障害の特性を考えると，特別な条件で指導された行動が，自然に般化したり維持することが難しいケースが多い。そこで次のような方法を組み合わせると効果的である。

(1) 仲間媒介法・仲間指導法

これは，集団場面で障害のない子どもとの関わりを計画的に活用する

方法である。つまり彼らに障害のある子どもとの関わり方や援助する方法を訓練して，実際の学習や生活場面で指導や援助をしてもらう。この方法は，大人が行う指導よりも般化や維持の点で効果的なことが示されているし，障害のある子どもと障害のない子どもの双方で好ましい関わり行動が増加することもわかっている。具体的には，モデルとなる子どもを選定し，障害のある子どもに対して，適切な社会的スキルを指導してもらったり，障害のある子とない子で指導する側と指導を受ける側といった役割を交代しながら学習や活動を行う方法もある。訓練では，参加のルール（対象となる行動や両者の役割など）を明確にし，両者が一定の基準で役割を実行できた場合に強化されるような条件を設定するとよいだろう。

(2) 集団随伴性訓練

これは，障害のある子どもを含んだ集団活動に活かすことができる方法である。「相互依存型集団随伴性訓練」は，グループ内の全てのメンバーが一定の課題や活動を達成することで，グループ内の個々のメンバーが強化されるというルールのもとで成り立っている。したがって，課題が難しかったり時間が足りなくて達成が難しい者への，他のメンバーからの援助行動が促進される。ただし，メンバーがより早く強化されることを期待するあまり，失敗したり難渋している者への圧力や非難がみられることもあるので，このようなことがルール違反であることを取り決めた上で実施することが必要である。

3　行動コンサルテーション

　専門職などが対象となる子どもに直接的に指導に当たることが現実的には難しい場合や，専門機関・施設などでの指導だけでは，実際の生活場面（学校，園，家庭など）への般化や維持が十分ではない場合がある。応用行動分析では，指導や訓練をする環境（指導・訓練者や指導組織）そのものを般化しやすいものにし，適切な支援を継続するために，「行動コンサルテーション（behavioral consultation）」という方法を用いることがある。これはスクールカウンセラーや巡回相談員などの専門職が，学校や幼稚園・保育園の教職員や保育士などに対して行うコンサルテーションやコーディネーション，保護者への支援，学校や園内外で行われる連携的支援体制を作る際などに効果的である（加藤・大石，2004，2011）。このような状況では「間接的な支援（子どもを直接に支援しないという意味で）」をより効果的に行う必要がある。この方法は，子どもの支援について，応用行動分析などの行動論的アプローチに基づいた具体的で効果的・効率的な方法や手立てを計画するだけではなく，この支援計画や実施手順を，教師や保育士などの直接的な支援者に対して，正確かつ継続的な実行を促すための介入を実施する。ここで重要なことは，子どもの行動変化のみならず，教師や保育士の"指導行動や支援行動"が，適切に確実に実行されているかに重点を置いていることである。教師や保育士などの指導や支援がうまくいかない時には，指導行動や支援行動を改善したり修正するための具体的な手立てを講じる。これらには，教師や保育士が必要な指導や支援を正確に確実に実行しやすいように，指導の手引きやモデルを準備したり，実際に指導をした時に実行の確実さや正確さに対するフィードバックを計画的に提示する。教師や保育士の先生方からみると抵抗感があることも考えられるが，応用行動分析などの方法は，それらが正確に確実に実施されてはじめて効果が見込

める。したがって，指導や支援に関する専門性を高めるためには，専門職の方々のみならず，日々関わっている教師や保育士の方々にとってもこのようなお互いの支援の点検が重要である。もしも計画通り実行されない場合でも，それをしない教師や保育士個人を非難したりするのではなく，それが計画通りできなかった原因を，組織やチームなどで検討し，チームワークでその不十分な部分を補完していくことが重要である。このような意味で，行動コンサルテーションは，個々人へのコンサルテーションのみならず，学校内の支援委員会など，組織への支援にも効果がある点で期待が高まっている。

おわりに

応用行動分析について，その基本的考え方や原理，いくつかの適用方法を紹介してきた。これまでこのような支援方法については，"単に表面的な行動のみ扱っていて，子どもの心を無視している"とか，"子どもの意欲とか意志を軽視して，大人が動かしているにすぎない"といった誤解や批判があった。また，用語や理論が難しいとの感想も出されている。しかし，どのような専門領域においても，まず理論やそこで使われている用語をしっかりと理解することが必要である。それは，"専門用語"が，その理論や方法を合理的に理解するために作られたものなので，できる限りその用語を正確に理解することを促進すると，おそらく先ほど述べた誤解や批判は解消されることと思われる。

また，応用行動分析は，個人の行動のみを扱っているのではなく，学級集団や組織も対象としており，周囲の環境が障害のある子どもたちにとって，まさに"ユニバーサル化"したものに変容することを最終目標にしているといえる。そのために，指導や支援の場では，そろそろ"何を指導（支援）するのか"といった段階から，"どのようにして効果的

で，当事者や周囲にとって満足のいく結果を提供するか"といった段階へ移る必要があるだろう。応用行動分析は，このようなニーズに対応できる，進化中の方法だといえる。

文献

加藤哲文・大石幸二編（2004）特別支援教育を支える行動コンサルテーション—連携と協働を実現するためのシステムと技法．学苑社．

加藤哲文・大石幸二編（2011）学校支援に活かす行動コンサルテーション実践ハンドブック．学苑社．

M・E・キングシアーズ＋S・L・カーペンター［三田地真実訳］（2005）ステップ式で考えるセルフ・マネージメントの指導．学苑社．

山本淳一・加藤哲文編（1997）障害児者のコミュニケーション行動の実現を目指す応用行動分析学入門．学苑社．

第 2 節

学校支援における機能分析の役割

松見淳子
MATSUMI Junko

はじめに

　発達障害の多様化に対応し，学校では一人一人の児童生徒のニーズに応じた支援の充実が求められている。通常の学級で学習面か行動面で著しい困難を示す児童生徒が 6.3%在籍するという結果が文部科学省（2002）の全国実態調査により明らかになった。通常の学級に在籍する自閉症，アスペルガー症候群その他の広汎性発達障害，学習障害，注意欠陥多動性障害などをもつ児童生徒への教育的支援の充実を図ることが全国的に求められている（野口・加藤，2004）。本稿の目的は，通常学級で支援を必要とする児童生徒への行動アセスメントについて検討することである。
　学校で児童生徒はさまざまな行動を遂行している。道城・松見（2006）は，公立小学校に勤務する教師 84 名を対象に調査をした結果，低学年の児童が「学校生活において身につけるべき適切な行動」は 14 場面にわたり 200 以上あることを明らかにしている。「朝の用意」から「授業の開始時」「先生が前で話をしているとき」「発表をするとき」「給食を

食べるとき」「掃除をしているとき」「持ち物や配布物の管理」「下校するとき」に至るまで，さまざまな学校場面で必要な行動を定義している。例えば，朝の用意には，①学習用具を机に入れる，②学習用具以外のものを所定の場所にしまう，③ランドセルをロッカーにしまう，④提出物を出す，⑤名札をつける，といった一連の行動が含まれる。しかし，発達障害の児童生徒は，準備に人よりも時間がかかったり，最初の一歩が分からないために固まってしまったり，場に応じて適切な行動がとれなかったり，教師の指示が通らなかったりする，など集団生活で苦手なことが多いために全国で具体的な指導法が検討されている。

I 学校場面における発達障害児の行動観察

筆者は，兵庫県X市の学校巡回相談員を務めている。2002年に開始したX市の「通常の学級におけるLD等への特別支援事業」では，教育委員会，小中学校，大学，専門機関，専門家チームが教育支援の連携体制を築いている。目的は，障害児教育や臨床心理学など専門の課程を専攻する大学院生や大学生による教員補助者を通常の学級に配置するとともに，大学教員などの専門家による巡回相談を実施することである。X市では，独自のアセスメントセンターを開設し，詳細な査定はもとより学習や生活面で特別な教育的支援を必要としている児童生徒一人一人の個別指導計画を策定し，学校に指導の助言を行うなど継続的なフォローを行っていくシステムの構築を検討している。筆者は，研究室から5つの小学校に配置している大学院生と大学生による教員補助者のスーパービジョンを行い，さらに巡回相談や教員研修会も定期的に実施している（松見・道城，2004）。

X市の特別支援事業の特徴は，教員補助者が通常学級において「LD，ADHD，高機能自閉症の児童生徒」（文部科学省，2004）の様子を直接

モニターして担任の教師と協働で支援できる点である。教室で児童生徒の行動が状況に応じてどのように変化し，周囲がどのように応えているか，というきわめて流動的な社会的相互作用の観察を行える。発達障害の子どもは，普段と異なったことが起きると，例えば時間割に少し変更があっても「パニック」を起こすことがある。教室で担任の指示が通らないために，授業についていけずに手遊びをしている児童も巡回時によく見かける。仲間とうまくいかないとき，適切な表現力をもたないために泣き叫ぶ児童もいる。席を立ち，教室の外へ出てしまう児童もいる。教室でこのような行動が頻繁に起きると，担任の教師は学級のコントロールを失い，学級経営が困難になる。これらの問題を緩和させるためには，学級環境を調整し，問題行動を予防するような教育的支援が必要になる（道城・松見，2006）。

巡回相談では，困った状況を述べ，それに対して具体的に何をすればよいのか，という相談をよく受ける。問題を明確にすること，その前後関係や状況を明らかにするという線に沿って情報を集めている（Nock & Kurtz, 2005）。発達障害に関係した行動問題が生起する状況は環境によって，あるいは一日の時間によって異なる。教師の指示や教室のルールが明確であれば，授業が進行しやすくなる（道城・松見・井上，2004）。学校支援の大きな目的は，特別な配慮を必要とする児童生徒と彼らをとりまく社会的環境との間の相互作用を前向きなものにすることであるが，そのために必要な機能的アセスメントの基盤となる視点を確認したい。

II 教育的支援に関する機能的な視点

教育的支援は問題を具体的に記述することから始まる。例えば，次のような問題に対して想定できる行動例をできるだけ具体的に記述してみたい。

① A君はよくパニックを起こす→A君は先週3回国語の授業で漢字が読めなくて大声で「分からない！」と泣き叫び教室を飛び出した。
② Bさんは引っ込み思案である→Bさんは昼休みに仲間から声をかけられることも自分から声をかけることもなく，一人隅に座ったままである。

　発達障害をもつ児童生徒は，認知・行動・情緒面で苦手なことがたくさんある。教育的支援を考える際には，周囲の対応，すなわち，子どもをとりまく社会的環境も範疇に入れた支援が必要になる。アセスメントにおいては，児童生徒が現在できていることや得意なことを見つけ出し，その上でできることを増やすことを中心に支援を考える。適切な行動が増えると，周囲の反応も自然によくなることが多い。児童生徒と環境との相互作用を改善し，問題行動を予防できるような環境を教育的に整備することが望ましい。例えば，教師の指示が通らない場合，指示のことばは明瞭か，指示の声は大きいか，聞き手の注目行動を確認したか，などの点についてアセスメントを行う。聞き手に合わせて教師が指示を出せるようになれば，児童生徒の授業参加行動は改善し，教師との相互作用もおのずから改善するものと予測できる。特別支援を必要とする児童生徒は，全体への指示に従うことが苦手である（道城・松見，2006）。原因は，言葉が理解できない，学習スキルが足りない，注意がそれる，指示の記憶ができない，こだわりのために指示に従えないなど多様であるが，問題の原因が明らかになれば，通常学級に在籍し支援を必要とする児童生徒への積極的な教育的支援が可能になる（梶・藤田，2006；野呂，2004）。

```
A ━━▶ B ━━▶ C
```

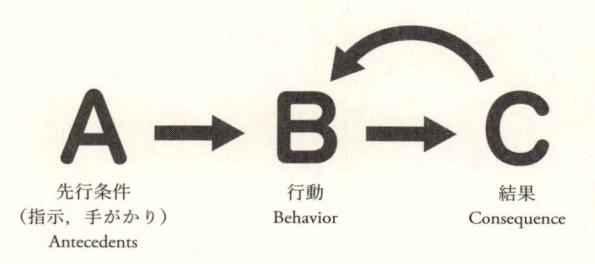

先行条件　　　　　行動　　　　　結果
（指示，手がかり）　Behavior　　Consequence
Antecedents

図1　ABC機能分析（松見，2006）

III　行動アセスメント ── 機能的アセスメント

　機能分析とは，行動アセスメント法を指し，支援計画を立てる上で効果的である（Sturmey, 1996）。機能分析は，一人一人のニーズに沿って一事例を対象に行われるために，科学的で柔軟な行動アセスメント法と言える。応用行動分析，行動療法，認知行動療法など実証的な行動変容の介入計画を立てる手順として実践されている（松見，2003）。特別支援教育にも機能分析は不可欠なアセスメント法として適用されている（山本・池田，2005）。機能分析は，行動を個人と環境との相互作用の観点から捉える枠組みとして，先行状況（A），標的行動（B），結果（C）を観察することで，問題行動の機能を推測し，先行状況や結果を操作することで問題の改善を図る。機能分析を行うことで標的行動がいつ，どこで，なぜ生起するのかを正確に知ることができる（Haynes & O'Brien, 2000）。図1は機能分析を図式化したものである。行動分析学では，ABCの3要因の相互関係を「三項随伴性」と呼んでいる（Skinner, 1953）。

　ABC機能分析の目的は，個人の特定の反応の変動に影響を及ぼす環境要因を観察により見つけ出すことである。発達障害をもつ児童生徒

の日常生活で見られる多様な行動の生起を予測するために，ABCの3要因の間の機能的な関係を観察し記録する。例えば，教室で，ある場面（A）になると，児童が望ましい行動をとり（B），その結果（C）毎回教師にほめられるとする。Bの望ましい行動は増えることが予測できる。半面，不適切な行動問題（B）がある場合には，それが起こる状況（A）を観察し，行動（B）の結果（C）を記録することにより，不適切な行動を維持している要因を明らかにすることができる。自閉症児にはこだわり行動が見られるが，どのような状況でこだわり行為の回数や持続時間が増えたり減ったりするのか，という問いに関して，先行刺激条件（A：苦手でしかも新しい課題が出てきた），こだわり行為（B：消しゴムで間違った答えを消し続けている），結果（C：新しい課題を回避する）の相互関係を明らかにする。また，児童の離席行動が問題である場合，児童は授業中どのような状況（A）で，席を離れ（B），それが教室でどのような結果（C）を生み出しているかという一連の出来事を観察し記録する。（A）課題が難しくなると，（B）児童は席を離れて教室を立ち歩き，周りが騒がしくなり，（C）他の児童の注意がそれてしまい，教師が授業を続けることが困難になる。このようにして機能分析を行うと，問題行動に関する生起条件や結果の予測が可能になる。

　機能分析により得られた結果を基に問題行動の改善を図ることができる。発達障害をもつ児童生徒に対して教師が自分の行動を調整することで，効果的に支援できることが分かれば，前向きに教育に取り組むことができる（島宗，2004）。機能分析は単なる問題行動の頻度や持続時間を問題にするのではなく，環境と行動との随伴関係を重視した対応策を生み出す実証的なアセスメント法である（山本・池田，2005）。

IV 行動の機能 ── コミュニケーションとしての行動

　発達障害をもつ児童生徒は，さまざまな行動によりコミュニケーションを行っている。不適切な行動も適切な行動と同様に環境に働きかける作用がある。子どもが店で欲しいものを買ってもらえないときに人前で癇癪を起こしたり，ことばが苦手な子どもが手を出して不満を訴えたりすることなどはよく見られる光景である。
　Iwata et al. (1994) は，自傷行為（例：目に指をつっこむ，頭を壁にぶつけるなど）が習慣化していた知的障害者や発達障害者 152 名を対象に自傷行為の機能分析を行った結果，自傷行為を引き起こす先行条件（A）と結果（C）は人により異なることを明らかにした。問題となる行動には次の4つの機能を挙げることができる（平澤・藤原，1997；Iwata et al., 1994）。

①注目の獲得機能──問題行動が周囲の気を引き，注目を浴びることにより問題の行動が強化される例である。この場合は，問題行動への注目ではなく，問題行動を行っていないときに注目を向け，特に適切な行動には注目するように周囲が対応できれば，問題行動である自傷行為の頻度は低減するものと予測できる。対象者にできることが増えればネガティブな行動は減る。したがって望ましい行動の指導を行い強化することが重要になる。
②嫌悪的な状況からの回避・逃避機能──自分にとって難しいことや嫌なことを要求されたとき，自傷行動が起きると周囲は提示していた課題を取り下げることがある。この場合は，嫌な課題を避けることができるために，自傷行動が強化され増えると報告されている。対応として，課題をやさしくして成功体験を増やす，ス

モールステップに分けて教える，適度に休憩を入れる，などの方法が考えられる。

③感覚刺激によるフィードバック機能——反復的に行う自己刺激行動により得られる感覚刺激が問題行動を強化しているという説であるが，人がいないときにプラスチックの表面を爪で音を立てる，爪を噛む行動なども自己刺激の機能をもつ場合がある。

④物や活動の要求機能——問題行動を起こすことで，自分の欲しい物を獲得でき，自分のしたいことができるという機能を指す。

以上のように，機能分析は，特定の行動を維持している環境要因を明らかにして，その低減を図る上で有効である（Sturmey, 1996）。形態が同じ行動であっても，機能が異なれば，対応策が異なるので，支援の対象になる標的行動を明確に定義し，その先行条件と結果を詳細に観察して，介入前のベースライン・データを記録することからアセスメントを行う。

V アセスメントから介入へ

機能分析の結果に基づき，支援計画を立てるが，支援技法は豊富にある（加藤・大石，2004；山本・池田，2005）。技法の効果を検証するために有効な一事例実験デザインも用いられる。図1に表示したAの先行条件とCの結果を操作することにより，Bの標的行動の低減または増加を目標にしたさまざまな支援を立案することができる。表1に教室で使える技法の例を示した。支援は，不適切な行動の軽減にとどまらず，自立を促すための個人の行動レパートリーを広げることも重視される。機能分析により行動のコミュニケーション機能を明らかにして，機能は同じであるが別の望ましい行動に置き換える行動的な指導が行われ成果

表1　教室で使える支援例（松見, 2006）

- 具体的な行動目標を設定する。
- 行動のセルフモニタリングを教える。
- 明確なルールを設定しキーワードを掲示する。
- ルール行動の正確なフィードバックを与える。
- 難しい課題や行動はスモールステップに分けて教える。
- モデリングにより望ましい行動のお手本を示す。
- 児童に行動のリハーサルをさせる。
- 周囲の気をひく不適切行動に注目しない。
- 適切な行動は具体的にほめる。
- しかる代わりに適切な代替行動を教える。

をあげている。ポジティブな行動を指導し強化維持できるような環境作りが大切である。その一貫として，近年，学級単位のソーシャルスキル教育が広まっているが（佐藤・相川, 2005），通常の学級に在籍する発達障害児に向けたソーシャルスキル教育への期待は今後ますます大きくなると思われる。

おわりに

　本稿では，発達障害の児童生徒をとりまく社会的環境との相互作用で問題行動を捉えることが重要になってきたことに鑑み，行動の機能分析の検討を行った。個人の問題行動として捉えるのではなく，環境と行動の相互作用を観察することの意義を述べ，その方法について解説した。特別支援を必要とする一人一人の児童生徒のニーズに対応した教育の充実化を図るために，学校に期待される役割が増えている。発達障害のある児童生徒が学校場面で発する多様な問いかけに対して，専門家は学校支援を行い，支援の効果を実証的に評価する社会的責任を担っている。

文献

道城裕貴・松見淳子（2006）大学・地域と連携した学校支援の応用行動分析的モデルの検討．関西学院大学人文論究 56-2；19-34．

道城裕貴・松見淳子・井上紀子（2004）通常学級において「めあてカード」による目標設定が授業準備行動に及ぼす効果．行動分析学研究 19；148-161．

Haynes, S.N., O'Brien, W.H. (2000) Principles and Practice of Behavioral Assessment. Kluwer Academic/Plenum Publishers, NY.

平澤紀子・藤原義博（1997）問題行動を減らすための機能的コミュニケーション訓練．In：山本淳一・加藤哲文編：応用行動分析学入門――障害児者のコミュニケーション行動の実現を目指す．学苑社, pp.210-220．

Iwata, B., Pace, G.M., Dorsey, M.F. et al. (1994) The functions of self-injurious behavior：An experimental-epidemiological analysis. Journal of Applied Behavior Analysis 27；215-240.

梶正義・藤田継道（2006）通常学級に在籍する LD ―― ADHD 等が疑われる児童への教育的支援――通常学級担任へのコンサルテーションによる授業逸脱行動の改善．特殊教育学研究 44-4；243-252．

加藤哲文・大石幸二（2004）特別支援教育を支える行動コンサルテーション．学苑社．

松見淳子（2003）機能分析とケースフォミュレーション．臨床心理学 3-3；321-326．

松見淳子（2006）不適切な行動や考え方を変える――認知行動療法．月刊 学校教育相談 20-2；98-105．

松見淳子・道城裕貴（2004）LD 等への特別支援事業の実態と大学との連携．In：神戸市小学校長会・神戸市小学校教育研究会特別支援教育部編：続・変容する子どもたち．みるめ書房, pp.47-67．

文部科学省（2002）通常の学級に在籍する特別な教育的支援を必要とする児童生徒に関する全国実態調査（調査結果）．

文部科学省（2004）小・中学校における LD（学習障害），ADHD（注意欠陥／多動性障害），高機能自閉症の児童生徒への教育支援体制の整備のためのガイドライン（試案）．東洋館出版社．

Nock, M.K. & Kurtz, M.S. (2005) Direct behavioral observation in school settings：Bringing science to practice. Cognitive and Behavioral Practice 12；359-370.

野口和也・加藤哲文（2004）通常学級への支援（2）．In：加藤哲文・大石幸二編：特別支援教育を支える行動コンサルテーション．学苑社, pp.85-102．

野呂文行（2004）通常学級への支援（1）．In：加藤哲文・大石幸二編：特別支援教育を支える行動コンサルテーション．学苑社, pp.66-83．

佐藤正二・相川充（2005）実践！ソーシャルスキル教育――小学校編．図書文化社．

島宗理（2004）インストラクショナルデザイン――教師のためのルールブック．米

田出版.
Skinner, B.F. (1953) Science and Human Behavior. McMillan, NY.
Sturmey, P. (1996) Functional Analysis in Clinical Psychology. John Wiley and Sons, NY.（高山巌監訳（2001）心理療法と行動分析——行動科学的面接の技法．金剛出版．）
山本淳一・池田聡子（2005）応用行動分析で特別支援教育が変わる．図書文化社．

第3節

学校支援の応用行動分析モデル

道城裕貴・松見淳子
DOJO Yuki, MATSUMI Junko

I 現在の特別支援教育

　現在，多様なニーズをもった子どもたちへの支援において学校現場から専門的協力を要請されることが増加している。本稿では，多様性時代の学校現場における子どもの行動アセスメントおよび早期支援モデルのあり方を検討し，学校支援の応用行動分析モデルについて検討する（松見・道城，2004）。支援活動の基盤となったモデルは臨床心理学における科学者−実践家モデル（松見，2005）であり，ここでは臨床実践と研究活動を連携させ特別支援教育の専門性を高めようとする専門家訓練モデルを指す。

　文部科学省（2002）は，「通常の学級に在籍する特別な教育的支援を必要とする児童生徒に関する実態調査」を行い，通常学級で6.3%の児童生徒が学習面あるいは行動面で著しい困難を示すと報告した。これは1学級40人クラスの2,3人に相当し，通常学級において特別な支援を必要とする児童生徒が在籍していることを示した。このような児童生徒に対する校内の教育支援体制の構築と，通常学級における「個に応じた指導」

を実現する，効果的な支援の方法論が強く求められているのである。

　2003年には「今後の特別支援教育の在り方について」の最終報告が出され，特別支援教育の考え方が初めて示された。これは，学習障害（LD），注意欠陥／多動性障害（ADHD），高機能自閉症を含めた障害のある児童生徒一人一人の教育的ニーズに応じて教育的支援を行う特別支援教育への転換を図り，これらの児童生徒への支援体制の構築の必要性を挙げたものであった。その後，2005年に施行された発達障害者支援法により，学校教育における発達障害者の支援が規定された。2007年の学校教育法の改正では，特殊教育が特別支援教育に改められ，小中学校において発達障害の児童生徒に対して適切な教育を行うことが正式に位置づけられた。通常学級を学級担任だけで担う時期は過ぎ，多様なニーズを抱える子どもたちをチームで支援する学級経営になってきたのである。それに伴い，2007年にはLDの児童生徒に対する学習支援等を担う特別支援教育支援員の設置が決定し，現在全国の小中学校31,173校に配置されている。つまり，教育現場から発せられる多様な問いかけに対し，専門家と学校現場の連携による効果を実証的に評価する支援体制の構築が全国的に求められている（山本・澁谷, 2009）。

II　地域と連携した特別支援事業

　筆者らは，2002年度に開始した神戸市「通常の学級におけるLD等への特別支援事業」に参加し，支援活動と並行して巡回相談と研究を常時行えるシステムの構築を検討している。この事業は神戸市教育委員会，小中学校，大学，専門機関，専門家チームが連携体制を築き，通常学級に大学院生もしくは大学生を「教員補助者」として配置し，大学教員の指導の下，児童生徒の支援を目的とする長期的な企画である（中尾, 2008）。2009年度の本事業の支援対象校は70校，協力大学は兵庫県，

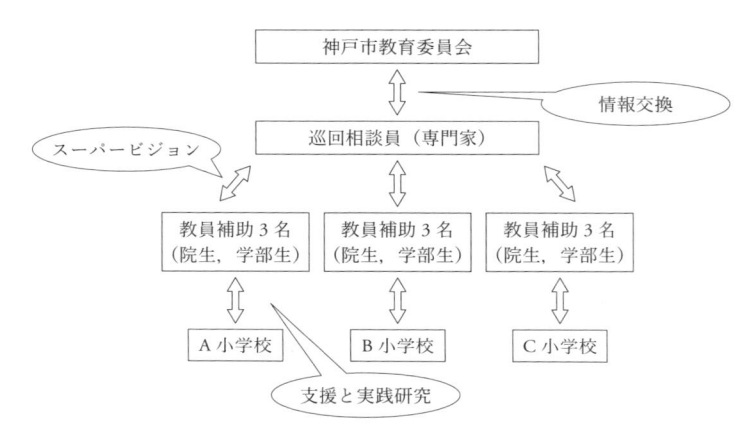

266　第6章　的確な支援のために応用行動分析を活用する

```
                    ┌─────────────────┐
                    │  神戸市教育委員会  │
                    └────────┬────────┘
                             ⇅         ＿＿＿＿＿
                    ┌─────────────────┐ (  情報交換  )
                    │ 巡回相談員（専門家）│  ￣￣￣￣￣
   ＿＿＿＿＿＿＿    └─┬──────┬──────┬─┘
  ( スーパービジョン )  ⇅      ⇅      ⇅
   ￣￣￣￣￣￣￣  ┌────┐ ┌────┐ ┌────┐
                  │教員補助3名│ │教員補助3名│ │教員補助3名│
                  │(院生,学部生)│ │(院生,学部生)│ │(院生,学部生)│
                  └──┬──┘ └──┬──┘ └──┬──┘
                     ⇅        ⇅        ⇅
                  ┌────┐ ┌────┐ ┌────┐
                  │A小学校│ │B小学校│ │C小学校│
                  └────┘ └────┘ └────┘
                        ＿＿＿＿＿＿＿＿
                       ( 支援と実践研究 )
                        ￣￣￣￣￣￣￣￣
```

図1　大学と学校の連携に基づく特別支援

大阪府，京都府にわたる14大学であり，総計142名の大学院生と大学生が専門教育を受け教員補助者として特別支援事業に参加している。

　図1は，神戸市「通常の学級におけるLD等への特別支援事業」の概要を表している。まず，神戸市教育委員会が大学教員に支援を依頼する。大学教員は，心理学あるいは教育学を専攻する大学院生，大学生2，3名を1チームとして各小中学校に派遣する。専門家である大学教員は巡回相談員として，学生は教員補助者として事業に参加する。教員補助者は，週1回来校し，教師との話し合いなどによって支援を必要とする子供たちへの支援を行う。そして，配置校の協力を得て，教育の現場で実践研究を行い，支援の効果を評価している。

　2004年度には，さらなる特別支援教育の充実を目指し，「こうべ学びの支援センター」が設立された。これは，専門家による児童生徒のアセスメント，個別の指導計画のためのガイドラインの作成，巡回相談等を行うアセスメントセンターであり，全国でも例のない画期的な試みであった。設立以来，毎年アセスメント件数は300件以上あり，電話相談

は毎年 1,000 件を超えている。

III 教育現場における応用行動分析学の効用

　筆者らは応用行動分析学の理論に基づいて実践活動を行っており，行動アセスメントに基づいて早期支援モデルを実証的に検討している。行動アセスメントでは，先行状況（A），問題行動（B），対応や結果（C）を観察し，記述的に記録する記述的アセスメントを用いて行動の機能に着目する方法を奨励している（Gresham, Watson & Skinner, 2001）。記述的アセスメントは，ABC 分析とも呼ばれ，支援の対象となる子どもや用いる支援方法に差があったとしても，行動の機能に着目する有効な手段である（Carr & Wilder, 2003 ; Nock & Kurtz, 2005）。教員補助者が支援の度に作成する報告書においても，問題行動，先行状況およびその対応や結果について記述する形式を用いている。

　行動アセスメントを用いて児童の問題を早期に発見することで，低学年の段階から支援を行うことが可能となる。行動的な技法を用いた支援としては，課題分析，モデリング，プロンプト，フィードバック，賞賛や励ましによる強化が挙げられる。教室場面における具体的な方法は，難しい課題をスモールステップに分ける，個別指示，声かけや指差しのプロンプト，モデリングによる見本などである。

IV 教室のルール

　Emmer et al.（1997）は，学級経営方法の重要な要素のひとつとして教室のルールを確立することを挙げている。特に，通常学級に在籍し集団行動を行うためには，教室のルールを理解し適切な行動が遂行できることが重要となる。通常学級では，個別対応以前に，教室全体に対する多

面的な予防・介入アプローチが必要とされているのである（DuPaul & Stoner, 2003）。

　通常学級には，授業を受ける際に必要なものや，提出物，給食や掃除など，さまざまなルールが存在する。筆者らは，小学校の教師84名に対して「学校生活において身につけるべき適切な行動」として低学年（1，2年生）の児童に指導している行動の質問紙調査を行った。これは，小学校の「朝，教室に入った時」などの15の場面において，児童が「すべき行動」を自由記述する調査であった。KJ法を用いてカテゴリ化したところ，例えば「朝，教室に入った時」では，「学習用具を机の中に入れる」「整理整頓」「ランドセルをロッカーにしまう」「提出物を出す」「名札をつける」などの具体的な行動が挙げられた。1つの場面につき6～26の行動が挙げられ，各場面において行うべき教室のルールが明らかとなった。

　また，子どもたちはさまざまな指示に従わなければならない。筆者らは，通常学級内で1年生の教師4名が出した指示を教室内で観察記録し，505個の指示について23の大カテゴリに分類した。結果として「国語の用意をしましょう」などの「授業の用意・片付け」「"や"のつくことばは？」などの「挙手」「書字および書字の用意」が，順に多く見られたことが明らかとなった。観察を行った教科や授業内容によって偏りがあるため，さらなる観察が必要ではあるが，教師が出す指示はパターン化した形で繰り返されており，特に授業の準備や片付けに関する指示が多いことが示された。

V　教員補助者の具体的な支援活動

　筆者らの大学チームは，5つの小学校に教員補助者を配置して支援を行っている。大学内の取り組みとしては，(1) 教員補助者による報告

書の作成，(2) メーリングリストによる情報交換，(3) 月1回の定例会，④勉強会などである。定例会では，各小学校での問題等を話し合い，勉強会では輪読会，教員補助者のための具体的な支援マニュアルの作成などを行ってきた。

支援は5月から始まり，まず学校側との話し合いによって支援クラスを決定する。教員補助者の一日の具体的な動きであるが，まず授業開始前に担当クラスの学級担任と簡単な情報交換を行う。教室では，机間巡視を中心に，支援が必要である児童の横について支援を行う。例えば，「名前を書きましょう」という全体指示が出ている状況で，対象児童が名前を書いていなかった場合は「周りを見てごらん」と働きかける，「名前を書きましょう」と横に付いて担任の指示を繰り返す，名前を書く欄を指差すなどの支援を行う。休み時間には，対象児童と一緒に遊ぶことで，児童の様子を観察する。授業中に直接観察によるアセスメントを行い，記録する。放課後は，アセスメントに基づいて担任と今後の支援について話し合いの場を持つ。

教員補助者の支援内容について，現在までX小学校において行われた (1) アセスメントに基づく支援，(2) 学級支援，(3) 個別支援という3つの視点から考察する。

1 アセスメントに基づく支援

効果的な支援を行うためには，教室で支援を必要とする児童や学級全体がどのような問題を抱えているのかを行動アセスメントによって明らかにすることが必要となる（Nock & Kurtz, 2005）。ここでは，筆者らが「指示に従うことができない」と担任から相談を受けた小学1年生2名の事例を検討する。支援の中で，担任の授業中の指示やそれに伴う反応を観察記録し，児童2名の行動アセスメントを行った。

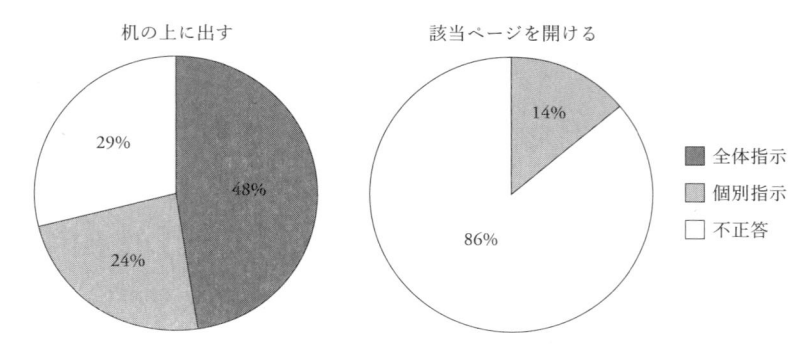

270　第6章　的確な支援のために応用行動分析を活用する

図2　Aくんの担任への指示への正答率（%）

　Aくんは，自閉的なこだわりがあり，全体指示に従うことができないという問題が見られた。図2は，担任の指示に対する正答率を表している。黒が担任の全体指示によって正答，斜線が教員補助者の個別指示によって正答（指示内容は全体指示と同様），白が全体指示あるいは個別指示によっても正答できなかった割合を示している。「教科書を出しましょう」などの「机の上に出す」指示に対しては，全体指示で正答が48%，個別指示が24%，誤答が29%であった。つまり，担任もしくは教員補助者による指示で，72%の行動を遂行できていたことを示した。しかし，「56ページを開けましょう」などの「該当ページを開ける」指示に対しては，全体指示では0%，個別指示では14%，誤答が86%であった。つまり，横に付いて個別に指示を出しても指示に従うことが少なかったことを表している。

　一方，Bさんは，専門機関において軽度発達遅滞という診断を受けており，言葉や学習面での遅れが見られたが，こだわりなどの問題行動はなかった。図3は，担任の指示に対する正答率を表している。「机の上に出す」指示に対しては，全体指示が77%，個別指示が15%，誤答が8%であった。つまり，支援者による指示で92%できていたことを示し

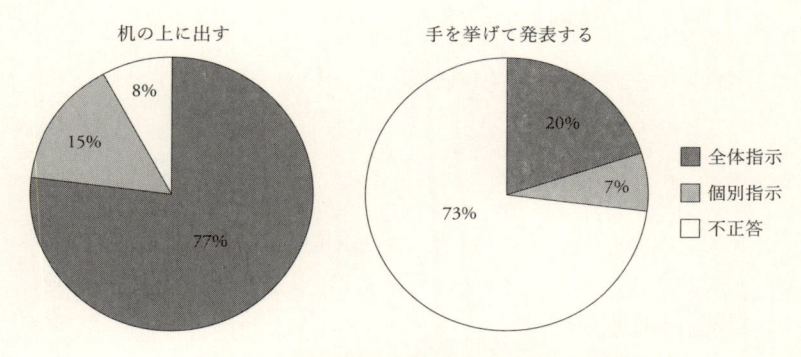

図3 Bさんの担任への指示への正答率（％）

た。しかし，「答えが分かる人？」などの「手を挙げて発表する」指示に対しては，全体指示では20％，個別指示では7％，誤答が73％であった。これは，Bさんにとってルーティン化された行動は全体指示で従うことができるが，問題の答えを考え，理解し，手を挙げるという行動は難しいことを示した。このように，「指示に従うことができない」と言われる児童であっても，詳細な行動アセスメントを行うことで明確な違いが見えてくる。そのため，問題行動の先行状況，結果を観察し，機能を推測するABC分析は有効であると考えられる。

2　学級支援

多様な子どもたちが在籍する通常学級においては，まず学級単位で適切な授業準備行動を教え，学習態勢を整えることが大切であり（Akin-Little, Little & Gresham, 2004），現在まで多くの学級支援が行われている（e.g.：道城・松見・井上，2004；大対・松見，2010；大対ほか，2005；田中ほか，2010）。道城・松見（2007）は，「チャイムがなったら席に座る」という着席行動に対して「めあて＆フィードバックカード」を用い

た実践研究を行った。このように，教室のニーズに沿った支援を行うことで学級全体を向上させる実践研究が行われている。

3 個別指導

学習上の問題を抱えるLD児は一斉指導場面におけるアセスメントが難しいため，個別指導が有効な場合がある。例えば，朝の会などに別室での指導時間を設けることで，アセスメントや指導を行うことができる。毎年2,3名に実施しており，一対一の集中的な教科指導を行っている。最近では，特別支援学級の児童を対象に，速く正確に漢字が読めるように応用行動分析に基づく「流暢性」の個別指導を行い，効果を示した（野田・松見，2010）。

VI コンサルテーション

1 大学との連携

(1) 巡回相談

巡回相談員による定期的な巡回相談は，学校ごとに行われている。巡回相談の目的は，教室内での児童の直接観察により，学校側に具体的な支援方法を考案し，その評価を行うことである。巡回相談が学校側の教員補助者の受け入れを手助けする場合もあり，また専門家の意見により児童への早期介入が可能となる。つまり，(1) アセスメントの実施，(2) 支援方法の考案，(3) 教員補助者と学校の連携をより強くすること，(4) 特定の児童に関して専門機関での査定を促すこと，(5) 教員補助者の指導者として大学で専門教育を行うなど，利益が大きい（松見・道城，2004）。

X小学校では，(1) 教員補助者による日程調整，(2) コーディネーターによる巡回相談の要望受付，(3) 各担任への心理・教育記録の記入依頼，(4) 巡回スケジュールの決定，(5) 心理・教育記録，座席表の提出といった手順で行われている。巡回当日には，教室巡回による児童の観察，担任との面談，保護者との面談（要望があれば）等を行う。巡回後には，教員補助者を通じた児童へのフォローアップを行う。

(2) 夏季校内研修会

夏季校内研修会では，学校全体へのコンサルテーションの一環として，応用行動分析等の講義とあわせて事例検討を行っている。これは，行動アセスメントの方法を指導するなど，教員の専門的な知識を深めることが目的である。X小学校では，毎年夏季校内研修会を行っている。教員の特別支援事業に対する理解も深まり，行動アセスメントに基づく実証的な支援方法の受け入れも非常に良く，支援の充実につながっている。

(3) 学校全体へのコンサルテーション

学校全体の支援を目的としていても，特定の学年やクラスに支援が偏ってしまうことがあるため，X小学校では直接支援を行っていないクラスにもコンサルテーションを行っている。コーディネーターを通じて，教員補助者による直接観察や面談を行い，支援を行う。このように教員補助者がコンサルタントとして専門性を発揮する機会が増えており，行動コンサルテーションの必要性が十分に認められていると言える（加藤, 2004）。

VII　学校支援における今後の課題

　インクルージョン教育により，通常学級の多様化は今後さらに進んでいくと考えられる。地域と学校が連携を深め，通常学級において特別な支援を必要とする児童生徒へのアセスメント，およびアセスメントに基づいた早期支援を行うことが求められている。神戸市の特別支援事業は，大学，学校側のいずれも利益がある，地域に根ざした効果的な支援体制である。しかし，全国的には大学等のリソースに恵まれない地域もあり，今後，地域のリソースや自治体の規模に合わせた地域独自の支援体制の整備を考えていく必要がある。

　本稿では，児童生徒のニーズに応え，実践場面において実証的なデータを収集し行動アセスメントを行うことで，現場に還元するという支援について検討した。このような過程において導かれるモデルは，現場から生まれるものであるため，社会的妥当性が高いと考えられる。さらに，家庭との連携は，支援を必要とする児童にとっては，問題行動の対応や個別の指導計画作成において特に重要であると考えられる。道城ほか（2008）のように，就学準備など，就学前からの家庭と専門機関，学校の連携した支援が今後さらに求められるようになる。

文献

Akin-Little, K.A., Little, S.G. & Gresham, F.M. (2004) Current perspectives on school-based behavioral intervention : Introduction to the mini-series. School Psychology Review 33 ; 323-325.

Carr, J.E., & Wilder, D.A.（2003）Functional assessment and intervention Illinois : High Tide Press Inc.

道城裕貴・松見淳子（2007）通常学級において「めあて＆フィードバックカード」による目標設定とフィードバックが着席行動に及ぼす効果．行動分析学研究 20；

118-128.

道城裕貴・松見淳子・井上紀子（2004）通常学級において「めあてカード」による目標設定が授業準備行動に及ぼす効果．行動分析学研究 19；148-160.

道城裕貴・原説子・山本千秋・田中善大・江口博美・松見淳子（2008）模擬授業場面における就学前の発達障害児の授業準備行動に対する行動的介入．行動療法研究 34；175-186.

DuPaul, G.J., & Stoner, G. (2003) ADHD in the Schools : Assessment and Intervention Strategies. Guilford Press, New York.

Emmer, E.T., Evertson, C.M., Clements, B.S., & Worsham, M.E. (1997) Classroom Managerment for Secondary Teachers. Allyn & Bacon, Boston.

Gresham, F.M., Watson, T.S., & Skinner, C.H. (2001) Functional behavioral assessment : Principles, procedures and future directions. School Psychology Review 30；156-172.

加藤哲文（2004）特別支援教育における「行動コンサルテーション」の必要性．In：加藤哲文・大石幸二編：特別支援教育を支える行動コンサルテーション――連携と協働を実現するためのシステムと技法．学苑社，pp.2-15.

松見淳子（2005）科学者－実践家モデルと心理学――連携が生み出す臨床心理学の視点．In：下山晴彦編：心理学の新しいかたち．誠信書房，pp.47-65.

松見淳子・道城裕貴（2004）LD等特別支援事業への大学の協力．In：神戸市小学校長会・神戸市小学校教育研究会特別支援教育部（編）続・変容する子供たち．みるめ書房．

野田航・松見淳子（2010）児童の漢字の読みスキルの保持・耐久性・応用に及ぼす流暢性指導の効果の実験的検討．行動分析学研究 24；13-25.

文部科学省（2002）「通常の学級に在籍する特別な教育的支援を必要とする児童生徒に関する全国実態調査」調査結果．2002年10月24日（http://www.mext.go.jp/search/index.htm.）．

中尾繁樹編著（2008）神戸市発！　特別な支援の必要な子どもへの具体的指導内容と支援策．明治図書．

Nock, M.K. & Kurtz, S.M.S. (2005) Direct behavioral observation in school settings : Bringing science to practice. Cognitive and Behavioral Practice 12；359-370.

大対香奈子・松見淳子（2010）小学生に対する学級単位の社会的スキル訓練が社会的スキル，仲間からの受容，主観的学校適応感に及ぼす効果．行動療法研究 36；43-56.

大対香奈子・野田航・横山晃子・松見淳子（2005）小学1年生児童に対する学習時の姿勢改善のための介入パッケージの効果――学級単位での行動的アプローチの応用．行動分析学研究 20；28-39.

田中善大・鈴木康啓・嶋崎恒雄・松見淳子（2010）通常学級における集団随伴性を用いた介入パッケージが授業妨害行動に及ぼす効果．行動分析学研究 24 ; 30-42.

山本淳一・澁谷尚樹（2009）エビデンスにもとづいた発達障害支援——応用行動分析学の貢献．行動分析学研究 23 ; 46-70.

第 7 章

応用行動分析を活用した学校支援の実際

第1節

仲間との適切なかかわりを育む支援

佐藤和子
SATO Kazuko

　発達障害のあるお子さんの特徴に，心のつながりを持つこと，人間関係を持ち続けること，意思の伝達・やりとり，集団に参加することなど，周りと適切にかかわるのが苦手なことが挙げられます。
　このようなお子さんに対して，早期からの専門機関による対応の重要性が指摘されながらも，そのような機会を逸してしまう場合も少なくありません。しかし，周囲と上手くかかわりを持つことが苦手な発達障害のあるお子さんにおいても，幼稚園や保育園でのクラスの仲間の子どもたちと日常の保育場面の中からお互いの理解を深め，社会のルールを学ぶことによって，早期から良好な仲間関係を築くことが将来の不適応を予防すると指摘されています。
　これらを踏まえて，発達障害のあるお子さんの仲間とのかかわりを促進するための取り組みの経過と結果を報告したいと思います。筆者は外部からの支援者として一定期間定期的に保育園を訪問し，お子さんたちに対して直接的に支援させていただきました。本取り組みにおいては，以下の3点を目的に支援を実施しました。

　（1）お子さんの力を生かし，その場にふさわしい行動を育むため，

　　　　周囲と適切にかかわることが苦手な発達障害のあるお子さんの参
　　　加の場を増やすこと。
　　（2）クラスの仲間の子どもたちにも協力の機会を作ること。
　　（3）子どもたち同士のやりとりに焦点をあて，子どもたちの相互の
　　　かかわりを促進すること。

　本取り組みは，発達障害のあるお子さんのかかわりの促進に有効であ
ると報告されている支援方法を採用しながら，それぞれの課題をカバー
できるよう，次の3つの方法を組み合わせて実施しました。

I 子どもたち同士のかかわりを育む支援法とその有効性

1 仲間媒介法

　仲間媒介法は，障害児と彼らの仲間（健常児）が日常の自然な場面で，
双方のかかわりを促進するアプローチのひとつです。具体的には，健常
児に対して発達障害児へのかかわり方を教えたり，発達障害児に健常児
をモデルとして行動することを教えたり，双方が社会的スキルを獲得す
ることを目的としています（沖・大塚，1998）。

　仲間媒介法が有効である根拠や利点として，①仲間の訓練への参加に
よって，日常に近い訓練場面の設定が可能となり，訓練場面から自然な
場面への般化が容易になる，②発達障害児の社会的スキルの向上が仲間
に認知されやすいため，仲間による社会的受容が促進される，③仲間の
社会的スキルも向上し，発達障害児が自然な場面で強化を受ける環境が
整いやすいことが挙げられています（佐藤ほか，2000）。しかし，その
実証データは少なく，手続きの曖昧さ，般化の困難性や仲間の負担が大
きいなどの問題が報告されています。また，仲間の選定条件として，出

席率が高いこと，かかわりがうまくできること，教師の指示によく従うこと，長時間粘り強く課題に取組めることなど，いくつかの条件が提案されています（佐藤・佐藤・高山，1998）。これらを克服するために，訓練が仲間の大きな負担にならず，訓練されるスキルはすでに子どもの行動レパートリーとして獲得されており，難しすぎないことが望ましく，発達障害児だけでなく友達を含めた周囲環境の事前のアセスメントが重要であることが指摘されています（新垣・杉山，1990）。以上のように，「仲間の選定」には多くの条件が提案されていますが，事前のアセスメントを適用することで，可能な範囲での選定で有効な支援につながると考えられます。

2 機会利用型指導法

　機会利用型指導法は，子どもたちにかかわる大人（訓練者，教師，親）が，日常的な場面の中で指導の機会を捉え，そこで系統的に，自発的な言語行動を教える方法です。この指導法は日常の文脈の中ですでに獲得している非言語的な一連の行動のつながりに，言語行動を組み込ませるという方法です。これによって未獲得の言語行動もこれまでの強化随伴性によって維持され，機能的で自発的な言語の使用を発達させ，維持させることができるのです（出口・山本，1985）。そこで，子どもたちの間のかかわりの中に機会利用型指導法を組み入れ，頻繁に繰り返される日常での言語行動への強化随伴性を整えることにより，発達障害児の望ましい行動が形成，維持される確率が高まると考えられます（出口・山本，1985）。機会利用型指導法の効果的な適用においても，障害児の行動レパートリーのアセスメントの必要性が指摘されています（加藤，1997）。

3　機能的アセスメント

　機能的アセスメントとは，既存の行動を減らしたり，増やしたり，あるいは望ましい行動を増やしたり，望ましくない行動（問題行動）を減らしたりするために，具体的な取り組みを行う前にその行動を引き起こしている先行事象，およびその行動を維持している結果の特定を行う手続きです（Mittenberger, 2001）。適切な機能的アセスメントの目的のひとつは，環境的な要因も含めた系統だったアセスメントを行い，その行動を起こしやすくしている要因，起こしにくくしている要因，結果事象が何であるかを理解することです。機能的アセスメントの情報収集方法には，本人や関係者からの情報収集，直接観察，および機能分析（通常の状況，あるいはそれに類似した状況下で，問題行動に関係している可能性のある要因を計画的に操作すること）があります（O'Neill et al., 1997）。

　このような機能的アセスメントに基づく支援の成果は，機能的アセスメントを行わない時に比べて効果的であることが指摘されています（Carr et al., 1999）。

　このような知見から，本取り組みでは支援計画の立案に機能的アセスメントを導入し，発達障害児と仲間の相互作用の随伴性を見出します。さらに，このアセスメント結果に基づき，機会利用型指導法を利用して，子どもたちの適切なかかわりを育み，統合保育場面における発達障害児と仲間との交流の機会を増やす（仲間媒介法）ことを目的としました。

II　支援経過について

　お子さんのプライバシー保護のため，お子さんの情報やデータは架空のものとなっております。

1 アセスメントと支援計画の立案

- 対象児：Aさん（女）5歳，C保育園年中児，広汎性発達障害，クラス人数20名
- 対象児：B君（男）6歳，D保育園年長児，広汎性発達障害，クラス人数16名

　AさんとB君が在籍するクラスのお子さん，それぞれ3名ずつを支援に協力いただくお友達として，担任の先生に選んでいただきました。その際，仲間媒介法でご紹介した「仲間の選定条件」になるべくあてはまるお友達をお願いしました。

　支援は約4カ月間にわたり，週に1日から2日，実施しました。約1カ月間はAさん，B君および協力いただいたお友達の情報収集や行動観察を実施し，担任の先生や保護者にも相談しながら計画を立案しました。

担任の先生や保護者へのインタビューによる情報収集

(1) 保育園の一日のスケジュールの確認。
(2) AさんとB君の主なコミュニケーション方法の確認。
(3) 協力いただくお友達のコミュニケーション方法，遊び，活動の好み，性格や特徴についてなど。
(4) AさんおよびB君のお友達とのかかわりと関連しそうな行動の確認（かかわりを持たない，対人トラブルなどの具体的な不適切なかかわり行動とその行動の程度や頻度。また，不適切なかかわり行動および適切なかかわり行動が起こりやすい，または起こりにくい場面，状況，人，活動について。Aさん，B君それぞれの好み，得意なことについてなど）。
(5) 担任の先生の記入による，問題行動動機付けアセスメント尺度

(Durand, 1990) の実施の結果から，AさんとB君の不適切なかかわり行動の機能の推定．

問題行動動機付けアセスメント尺度とは，問題行動を強化・維持している4つの機能（①感覚刺激の要求，②嫌悪事態からの逃避，③注目の要求，④物や活動の要求）のアセスメントを目的とした16項目の質問紙からなっています。

2　AさんとB君の仲間とのかかわり行動の分析と支援計画の立案

①Aさん

Aさんは「友達が遊んでいる時に，友達が使用している物を持ち去る」という不適切なかかわり行動がありました。このような行動がどのような場面や状況で生じるかという「先行事象」と，この行動が起こった結果として生じた「結果事象」について，先生方や保護者の方から情報収集を行い，それらの結果と，筆者がAさんと仲間とのかかわりを観察した結果を整理しました。

(1) どのような場面で「お友達が使用している物を持ち去る」行動が生じやすいか（先行事象）については，「自由保育場面」と「自由遊び中」が特定されました。
(2) 「お友達が使用している物を持ち去る」行動が生じる直前のきっかけとしては，「Aさんの好きな玩具や活動の存在」と「やることがなくふらふらしている」ことが考えられました。
(3) Aさんが「お友達が使用している物を持ち去る」行動の結果としては「保育士の先生が個別にかかわり仲裁をする」や「好きな玩具が与えられる」「その活動に参加させてもらえる」ことが多

く観察され，物や活動の要求を満たすための効率のよい手段として
この行動が機能していることが推測されました。

　以上の分析をふまえて，Aさんの適切なかかわり行動の結果，物や活動の要求が満たされるような設定で考えました。
　具体的には，Aさんが「お友達の名前を呼び，遊びに参加したいことを言葉で伝える」ことを支援目標とし，適切なかかわり行動を育てることとしました。
　以下の（a）から（c）は，表1に示す目標行動に対応するもので，「　　」は対象のお子さんとお友達の目標行動の機能を示しています。

　（a）Aさん：相手の「注目を得る」ための声かけ／協力いただいた
　　　お友達：相手の働きかけに対する受け答え
　（b）Aさん：「物や活動を要求」するための声かけ／協力いただいた
　　　お友達：相手の働きかけに対する受け答え＋物や活動の分け与え
　（c）協力いただいたお友達：相手の「注目を得る」＋「物や活動を要求する」ための声かけ／Aさん：相手の働きかけに対する受け答え＋物や活動の分け与え

　Aさんの「お友達が使用している物を持ち去る」行動は，設定保育場面で観察されなかったことから，支援場面は自由遊び場面としました。自由遊びは，自由保育時間内に園内の保育室をお借りして訓練を実施しました。

②B君
　B君は自由保育場面での仲間とのかかわりは少なく，設定保育場面において「他児にちょっかいを出す」という行動が観察されました。B君

のかかわり行動について情報を整理しました。

(1) どのような場面で「他児にちょっかいを出す」行動が生じやすいか（先行事象）に「設定保育場面の興味のない，または難しい活動（課題）」がありました。
(2)「他児にちょっかいを出す」行動の直前のきっかけとして，他児が活動（課題）を始める，B君は活動（課題）に取り組まないことから「B君は活動（課題）ができない，もしくはわからない」ことが推測されました。
(3)「他児にちょっかいを出す」行動の結果として「保育士の先生の個別のかかわり」「他児の注目が得られる」ことが多く，他者の注目を得るための効率のよい手段として「他児にちょっかいを出す」行動が機能していることが推測されました。

以上の分析をふまえて，B君の適切なかかわり行動の結果，周囲（他者）の注目が得られるような設定を考えました。

B君は仲間の注目を得るための適切な働きかけが少なく，抱きつく，他児の顔に自分の顔をくっつける，他児の使用している物をいじるなどの不適切なやり方でのかかわり行動が多く観察されました。しかし，大人に対しては「先生」と言語的に働きかけたり，肩を叩くという身体的な働きかけによる適切な注目の要求行動が可能であり，すでに適切なかかわり行動がB君の行動レパートリーとして獲得されていながらも，適切な場面で使用できない実態が確認されました。

このため，具体的な方法としては，お友達に対してもB君が「肩を叩いたり，名前を呼ぶなどして，わからない時にお友達に働きかけて手伝ってもらう」ことを支援目標とし，お友達との適切なかかわり行動を育てることとしました。

表1　Aさんと協力いただいたお友達の目標行動

	働きかけ行動	受け答え行動
	「Aさんの目標行動」	「協力いただいたお友達の目標行動」
(a)	○○ちゃん（君）	（相手を見て）なあに
(b)	入れて	うん，いいよ
	「協力いただいたお友達の目標行動」	「Aさんの目標行動」
(c)	Aちゃんもやる？	うん，やる

表2　B君と協力いただいたお友達の目標行動

	働きかけ行動	受け答え行動
	「B君の目標行動」	「協力いただいたお友達の目標行動」
(a)	トントン（肩を叩く）○○ちゃん（君）	（相手を見て）なあに
(b)	見せて	いいよ
	「協力いただいたお友達の目標行動」	「B君の目標行動」
(c)	（相手を見て）B君，やりたいの？	うん

　以下の (a) から (c) は，表2に示した目標行動に対応するもので，「　」は目標行動の機能を示します。

(a) B君：相手の「注目を得る」ための声かけ／協力いただいたお友達：相手からの働きかけに対する受け答え
(b) B君：「遊びや活動を要求する」ための声かけ／協力いただいたお友達：相手からの働きかけに対する受け答え
(c) 協力いただいたお友達：相手の「注目を得る」＋「遊びや活動を要求する」ための声かけ／B君：相手からの働きかけに対する受け答え

　B君の「他児にちょっかいを出す」行動は，かかわりが少ない自由保

育場面で育てるよりも，お友達とのかかわり行動が生じやすい設定保育場面で育てるほうがB君には受け入れやすいと考えられたため，支援場面は設定保育場面としました．

③ 具体的な訓練方法の手順

　支援計画は，訓練を3つのステップ（I期からIII期）に分け，段階を追って少しずつ実施しました．また，目標行動はAさん，B君および協力いただいたお友達が，すでに獲得しているコミュニケーションのレパートリーの中から選定し，お子さんたちの発達に応じたものとしました．訓練の目標となる活動としては，現状の行動の結果と同じ結果が得られる（機能的に等価な）代わりとなる行動を育てることとしました．

　以下は目標行動に対する訓練の手順です．

　　I期：AさんまたはB君に対して，筆者が個別に（a）（b）（c）の訓練（筆者はお友達の役）を実施．
　　II期：お友達と筆者（筆者はAさんまたはB君役）で訓練を実施した後，模擬的に，AさんまたはB君とお友達，双方一緒に目標行動のリハーサルを実施．
　　III期：かかわり行動が生じやすい場面を設定し（Aさんは「自由遊び場面での輪投げ遊び」，B君は「設定保育場面での制作活動」），その場面の中で目標となる行動が生じる機会を利用して，直接，筆者が言語的または身体的なサインを与えながら，訓練を実施．

　この際，お子さんたちから自発的に目標行動が生じるように，筆者からのサインを減らしていったり，行動が生じるのを少し待つなどの方法をとりました．目標行動が生じた際には，その行動が正しい反応であるということをお子さんたちが認識できるように，その行動の直後にシー

ルや言語による賞賛，使いたい玩具をお子さんたちにすぐに与えるなど，お子さんの欲求が満たされる工夫をしました。最終的には，筆者からのサインがなくても自発的に目標行動が生じること，あるいは，不適切なやり方でなく適切なやり方でかかわれることを目指しました。

III 支援計画の実施結果および考察

Aさん，B君および協力いただいたお友達のかかわり行動の観察は，訓練を実施した保育（訓練場面と同環境下——Aさんにおいては自由遊び，B君においては設定保育）場面と，自由保育場面の開始後 10 分間に実施しました。また，訓練実施前と 3 期に分けた訓練実施期間中のI期からIII期，訓練期間後の，自然な状況（訓練している状況を観察するのではなく，訓練を実施していない時のお子さんたちのかかわり状況）で観察しました。

これは，お子さんたちに訓練した適切なかかわり行動が，訓練場面だけでなく日常の保育場面においても生じることと，訓練後にも適切なかかわり行動がお子さんたちの間で維持されることを目指していたためです。

図1と図2はAさん，図3と図4はB君，図5と図6は協力いただいたお友達の行動の変化を表しています（図に示した「始」は働きかけ行動，「応」は相手に対する受け答え行動を表しています。行動の割合とは，全てのかかわり行動のうちの適切なかかわり行動が占める割合を表しています）。

訓練IはAさんおよびB君の個別訓練期間中，訓練IIは協力いただいたお友達を含めた訓練期間中，訓練IIIは実際の機会を利用した訓練期間中を表します。

AさんおよびB君のお友達とのかかわり行動は訓練II期以降より増加し，訓練III期以降には目標行動である「適切なかかわり行動」が増

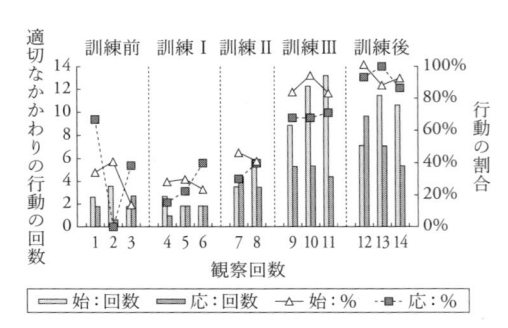

290　第7章　応用行動分析を活用した学校支援の実際

図1　Aさんの適切なかかわり行動の変化（訓練と同環境下での自由遊び場面）

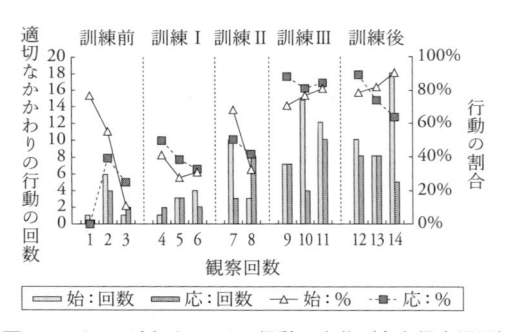

図2　Aさんの適切なかかわり行動の変化（自由保育場面）

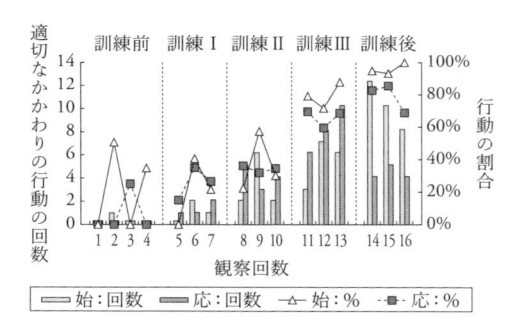

図3　B君の適切なかかわり行動の変化（訓練と同環境下での自由遊び場面）

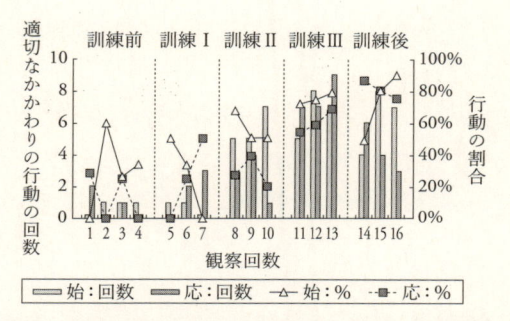

図4 B君の適切なかかわり行動の変化（自由保育場面）

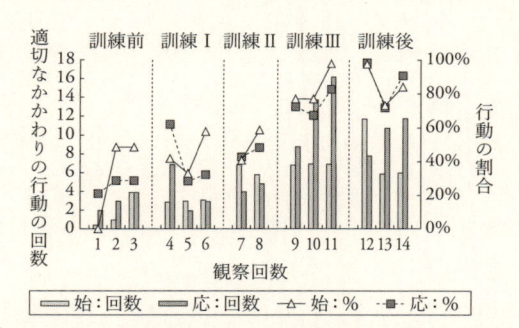

図5 Aさんに協力いただいたお友達の適切なかかわり行動の変化
（訓練と同環境下での自由遊び場面）

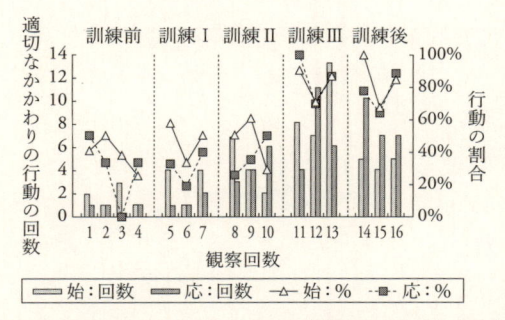

図6 B君に協力いただいたお友達の適切なかかわり行動の変化
（訓練と同環境下での自由遊び場面）

加し，かかわり行動が「不適切なやり方」から「適切なやり方」へと推移しました。

　AさんおよびB君の支援に協力いただいたお友達は，かかわりが上手なお子さんとして選びました。しかしながら，図5，図6が示すように，訓練II期までは適切なかかわり行動の増加の割合は少ないままで経過しています。これは，かかわりが上手なお子さんであっても，お子さん同士のかかわりは未熟な面が多く，AさんとB君だけでなく協力いただいたお友達においても，かかわり行動が継続する働きかけ行動や受け答え行動が適切にとれていなかったと考えることができます。

　AさんとB君だけでなく，協力いただいたお友達にも適切なかかわり行動を直接，その場で大人から教える訓練III期の導入により，お子さんたち双方にとって有益なかかわり方法が身につき，お友達同士のよりよい関係が育ち始めたのではないかと思われます。本取り組みにおいては，お子さんたちの行動の情報を事前に整理し，お友達とのかかわりが生じやすく，継続しやすいように遊びや場面を設定しました。さらにこれまでの不適切なかかわり方に替わる，同機能を持つ既存の適切なかかわり方に行動を置き換え，繰り返し訓練したことがこのような結果となったのではないかと考えられます。お友達からの適切な働きかけや受け答えが繰り返されることにより，周囲とかかわりを持つことが苦手なお子さんにおいても，適切なかかわり行動が少しずつ育つことが期待できると思われます。

　また，お友達の適切なかかわり行動が，周囲とのかかわりが苦手なお子さんの適切なかかわり行動の成長と維持には大変重要と思われますが，幼いお子さん同士のかかわりであるため，継続的な大人からの注目や賞賛，言葉かけ等の働きかけが，お子さんたちの行動の変化や維持，成長に必要かつ効果的であることも今回の取り組みが示唆するところと思われます。

今回の取り組みでは，お子さんがすでに適切なコミュニケーション方法を持っているにもかかわらず，お友達とのかかわりにおいては，適切な場面で使用できていなかったことが示されました。このような行動を育てていくためには，日常の中から随伴している強化関係を見出し，適切な行動をその関係性の中に組み入れ，機会を利用して，そのつどお子さんに教え，頻繁に繰り返すことが有効であるとともに重要であると思われます。

　また，多忙な保育現場の中では，お子さんの一つ一つのかかわり行動を観察し続けることは困難であること，かかわりが苦手な発達障害のあるお子さんの特性として，訓練した適切なかかわり行動が多くの日常場面で同様に生じる難しさがあると思われます。しかしながら，お子さんの将来の不適応を予防し，健やかな成長を促進するためには，日常保育の中でお子さん同士のかかわりを繰り返し少しずつ育てていくことが必要であると考えます。少子化のためにお子さん同士のかかわりの機会が限られている現在において，お子さん同士が触れ合う貴重な経験となる幼稚園や保育園生活の意義は大きく，少しの大人の援助や配慮が，お子さんたちの適切なかかわりに大きな影響を与えるものと考えます。

注
本節は事例報告であるため「です・ます」調とした。

文献
新垣さゆり・杉山雅彦（1990）peer tutoring における tutor 行動形成に関する問題点. 心身障害学研究（筑波大学心身障害学系）15-2 ; 31-42.

Carr, E.I.G., Horner, R.I.H., Turnbull, A.P, Marquis, J.G., Magito-McLanghlin, D., McAtee, M.L., Smith, C.E., Ryan, K.A., Ruef, M.B. & Doolabh, A.（1999）Positive Behavior Support for People with Devetopmental Disabilities : A Reseach Synthesis. American Association on Mental Retardation. Washington D.C.

出口光・山本淳一（1985）機会利用型指導法とその汎用性の拡大――機能的言語の教授法に関する考察．教育心理学研究 33-4；78-88．

Durand, V.M.（1990）Severe Behavior Problems : A Functional Communication Training Approach. Guilford Press. New York.

加藤哲文（1997）コミュニケーション行動を形成するための基礎的・応用的指導技法．In：小林重雄監修：応用行動分析学入門――障害児者のコミュニケーション行動の実現を目指す．学苑社，pp.97-120．

Mittenberger, R.G.（2001）Behavior Modification : Principles and Procedures. 2nd ed.（園山栄樹・野呂文行・渡部匡隆・大石幸二訳（2006）行動変容法入門．二瓶社．）

沖久美子・大塚玲（1998）統合保育における自閉症幼児と健常幼児の社会的相互作用の促進―― peer を媒介とした介入の試み．小児の精神と神経 38-2；107-115．

O'Neill, R.E., Horner, R.H., Albin, R.W., Sprague, J.R., Storey, K. & Newton, I.S.（1997）Functional Assessment and Program Development for Problem Behavior : A Practical Handbook. 2nd ed. Cole Publishing Company. Stanford.（三日地昭典・三田地真実訳（2003）問題行動解決支援ハンドブック．学苑社．）

佐藤正二・佐藤容子・岡安孝弘・高山巌（2000）子どもの社会的スキル訓練――現状と課題．宮崎大学教育文化学部紀要「教育科学」3；81-105．

佐藤正二・佐藤容子・高山巌（1998）引っ込み思案児の社会的スキル訓練――長期維持効果の検討．行動療法研究 24-2；71-83．

第 2 節

通常学級での授業参加率を高める支援

古田島恵津子
KODAJIMA Itsuko

I 「やりたくない」と学習を嫌がる A 児——情報の収集

　A 児が「わからない，やりたくない」と言って，机の上にうつ伏せになって泣くことが増えてきたと担任と介助員から報告がありました。A 児は，広汎性発達障害のある 2 年生で，筆者の担当する発達障害通級指導教室に通ってきていました。知的な遅れはありません。
　A 児の授業中の様子を担任と介助員に詳しく聞きました。さらにそれを確かめるために，授業の様子を参観に行くことにしました。了解を取ってビデオにも撮らせてもらいました。
　この結果，次のようなことがわかりました。A 児は，作業が丁寧で，その作業に集中すると他のことに注意を払うことができません。また，教科書の他のページが気になったり，髪の毛を触りながら指しゃぶりに夢中になったりします。このようなときに，担任や友だちが話していても注意を向けることがなかなかできません。担任の話が長くなったときや担任と他の児童がやりとりをしているときにも，聞き続けることが難しくなりました。そして，周りの様子を見て，他の児童が自分とは違う

ことをしていることに気づき,「わからない，やりたくない」と訴えたり，席を立って教室内を歩き回ったり，廊下に出たりしていました。学習が終わってないのに，席を立って教室を出て行ってしまうこともありました。

　この学級では自由な発言が許容されていました。担任の問いかけに複数の子どもたちが一度に答えたり，子ども同士で自由に会話する機会がたびたびありました。そのような時にA児は，担任の話を聞くよりも，近くの児童との会話に夢中になることがありました。また，担任は，児童に作業をさせながら次の課題を指示したり，注意事項を話したりすることもありました。A児は，その時にも「わからない」ということがありました。授業は，課題が終わった児童から休憩時間や次の時間の準備をするという形で終了することが多かったようでした。また，A児の席は，介助員からの支援が受けやすいように廊下側の最後尾にありました。

　この一方で，A児が介助員を手招きして援助を求め，学習に取り組むこともありました。また，A児が学習に取り組んでいないときに，介助員や担任が声を掛け，やるべきことを教えると素直に応じることもありました。また，怒って拒否しても，しばらく見守ると取り組み始めることもありました。

　本人にも話を聞いてみました。すると，「先生が何を言っているのかわからない」「教室がうるさい」「黒板がよく見えない」「授業がいつ終わったのかわからない」と感じていることがわかりました。

II　問題を整理する——問題の同定

　これらの状況から，A児の学習参加状況を以下のように定義しました。(a) 自立的学習参加＝他の児童と同じ条件で同じように話を聞いたり，作業をしたりしている状態，(b) 援助付き学習参加＝担任や介助員から

援助を受け参加している状態，(c) 非学習参加＝私語，髪の毛いじりや指しゃぶりなど，学習以外の活動をしている状態，あるいは活動を拒否している状態。この定義に沿って，参加状況を1分ごとに記録してみました。算数と図工の2時間の記録では，両方とも同じような傾向で，自立的学習参加は3割程度，援助付き学習参加が4割程度，非学習参加が3割程度ありました。多くの場合，課題の拒否の前には非学習参加がありました。課題の拒否も含めた非学習参加が問題で，これを減らし，自立的学習参加を増加させることが課題だと思われました。

ところで，広汎性発達障害のある人たちの多くは，個人差はありますが，感覚過敏や鈍麻があることが最近知られるようになってきました。また，一度に複数の情報の処理をすることも苦手であるといわれています。教室内では，担任や児童の話し声だけでなく，椅子が動く音，鉛筆でノートに書く音，他の教室から響いてくる話し声，歌声，演奏の音，時には窓の外の自動車が走る音，鳥の鳴き声など，さまざまな音が存在します。広汎性発達障害のある人は，これらの音をマイクで拾うように全部同じレベルで聞こえたりすることがあるそうです。また，視覚刺激については，興味のある部分だけしか注意が払えなかったり，聴覚刺激と同じように全てが見えるように感じる方もあるそうです。A児もそのような特徴のあるお子さんだと推測されました。

III　ABC分析——問題の分析

さて，A児に話を戻しましょう。観察結果と介助員，担任，本人の話から「非学習参加」は，次のようにして起き，維持されていると考えられました。

(1) 非学習参加の生起に影響を与えている状況

- 本人の感覚過敏＝音声刺激や聴覚刺激を選択的に聞き分けることや見分けることが苦手。
- 一度に複数の作業を同時にすることが苦手。
- 自由に発言することができる学級ルール。
- 担任から遠い席。
- 課題が終わった人から終了する授業。

(2) 非学習参加を引き起こす直接のきっかけ
- 担任の声より近くの児童の声がよく聞こえる。
- 複数の話し声や教室内外の雑音で，担任の話し声や他の児童の会話内容が抽出できない，聞こえにくい。
- 自分が他の児童とは違う活動をしていることに気づく。
- 作業の途中で新たな指示が加わる。
- 介助員が課題に取り組んでいないことに気づき声をかける。

(3) 問題となる行動
- 学習活動とは別の活動に夢中になる（髪の毛いじりと指しゃぶり，私語，別の作業など）
- 立ち上がり，教室内を歩き回ったり，退室したりする。
- 「わからない，やりたくない」と言って，机の上に伏せる。

(4) 問題となる行動の直後の様子
- 援助を受けて，学習活動に参加。
- 席に戻り，援助を受けながら学習に取り組む。
- 学習活動を促すが，さらに拒否する。

(5) 問題となる行動を維持していると思われる要因

- 「何をしたらいいのか，どうしたらいいのかわからない不安や混乱」からの逃避
- 「髪の毛いじり，指しゃぶり」による感覚刺激の充足（獲得）
- 「友だちと話したい」と思う要求の充足（獲得）

このように，関係者に話を聞いたり，直接観察したりした情報を基に，(1)～(4)のように，問題となる行動の起きるきっかけや直後の様子を分析することによって，(5)のように問題となる行動の目的（機能）を明らかにすることをABC分析といいます。

IV　ABC分析から機能的アセスメントへ──代替行動を考える

ABC分析からさらに代替行動や望ましい行動を分析し，支援につなげる方法を機能的アセスメントといいます（図1は非学習参加行動のうち，課題を拒否する行動を分析したものです）。

最初から問題となる行動を望ましい行動に置き換えることができれば問題はありません。しかし，ABC分析で分析したように，さまざまな関係性から現時点ではA児にとって問題となる行動＝「泣く・怒るなどで課題を拒否する」方法が最も効率的で，他に有効な方法を知らないのでこの行動が繰り返されるわけです。問題となる行動よりも難易度の高い行動を新たに獲得させることは困難です。そこで「代替行動」を考える必要性が生じるのです。しかし，「代替行動」というのは私たちの日常生活にはあまり用いられない考え方で，これを考えることは大変難しく感じます。

代替行動は，問題となる行動と「同じ目的（機能）」を得ることができ，問題となる行動より「許容できる行動」で，かつ問題となる行動と「同程度あるいはさらに平易な難易度で」行うことができる行動です。

第7章　応用行動分析を活用した学校支援の実際

背景要因
○独特の情報処理（聴覚視覚過敏）。
○つぶやき、話し声、私語の多い教室。
◎担任から遠く、担任の話が聞こえにくい（後ろの）座席。
●課題が終わった児童から、活動を終了する。

きっかけ
○他児が自分とは違う課題に取り組んでいる（していない）ことに気がつく。
○作業をしている途中で次の課題が出される。
●介助員が課題をするように声をかける。

望ましい行動
何をするのか、担任や介助員、近くの友達に聞く。
自分で粘り強く課題解決。

不適切行動
「やりたくない」と泣き、怒り、時には離席、退室を伴い、課題をしない。

代替行動
「ちょっと待って下さい」と休憩を申し出る。

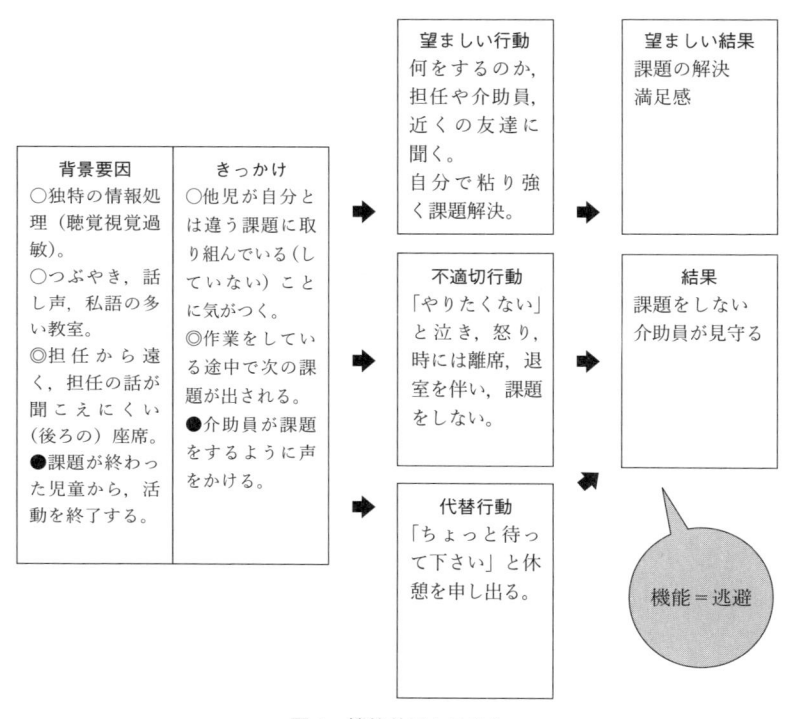

望ましい結果
課題の解決
満足感

結果
課題をしない
介助員が見守る

機能＝逃避

図1　機能的アセスメント

しかし、目的が複数あると考えにくくなります。

A児の情報をよく整理してみると、いったん課題の拒否をした後でも、援助に応じて学習活動に応じることもありました。つまり、指しゃぶりや髪の毛いじり、私語などによって学習活動が中断しても、注意を促されれば再び活動に参加することができるということです。しかし、最近、これを拒否することが多くなったということですから、ここでは「泣いたり怒ったりして、時には離席や退室を伴って課題を拒否する」ことに

焦点をあてて考えます。

行動の目的としては「何をしたらよいかわからないことから生じる不安や混乱からの逃避」と考えられます。現在は逃避するために「泣く・怒る・離席・退室」などの行動をしています。そこで「泣く・怒る・離席・退室」よりも周囲が許容できる方法で，かつ「泣く・怒る・離席・退室」と同程度の難易度の行動を考えることになります。

A児の情報を再度調べてみると，自分から援助を求めて学習に取り組むこともあります。つまり，援助を求めることは，すでに獲得されているスキルで，「泣く・怒る」などと同程度のレベルの行動と考えてよいでしょう。そこで，「ちょっと待って下さい」と言って，混乱する気持ちをクールダウンする時間を求める方法を教えることにします。これにより正当に課題から逃避することができ，問題となる行動と同じ目的を達成することができます。

V 支援案の作成――介入計画の立案

機能的アセスメントの結果から支援案を考えます。

まずは，問題を起こしにくい状況にできないか考えます。非学習参加が生じることに影響を与えて状況として具体的に3つの課題がありました。これに対しては，次のように考えます。「自由に発言することができる学級ルール」→『挙手後許可を得て発言する』『原則，授業中の私語の禁止』，「担任から遠い席」→『担任に近い席』，「課題が終わった児童から課題を終了する」→『始めと終わりのあいさつをする』。以下，同様に，非学習参加を引き起こす直接のきっかけについても対策を考えます。すると次のようになります。「自分が他の児童とは違う活動をしていることに気づく」→『学習に参加していない状況を減らす（参加している時間を増やす）』，「作業の途中で新たな指示が加わる」→『注

目させてから，指示を出す。指示は1回につき1つだけにする。スケジュールや手順の板書をしておく』，「介助員が課題に取り組んでいないことに気づき声をかける」→『本人が混乱しないようにかける言葉を相談して決めておく』。

　次に，代替行動の指導方法を考えます。これは，実際に教室でA児と担任，介助員でリハーサルする方法が考えられます。混乱した時に掛ける介助員の言葉掛け，介助員に声を掛けられた時のA児が返すセリフなどを相談して決め，繰り返し練習し，成功するイメージをもってもらいます。必要に応じて，本人自身が混乱を収めるためのスキル訓練（深呼吸や数を数える，気持ちを落ちつかせる小物を見たり触ったりする）も必要かもしれません。

　最後に，これらの方法で代替行動や望ましい行動ができた時と，問題となる行動がさらに生じた場合への対応方法を考えます。ここでは記録カードを作成し，望ましい行動や代替行動ができたことを記録に取り，それをポイントとして貯める方法を考えました（トークンシステム）。また，支援がうまくいかないときの対処方法も考えました。どんなに良くできた支援案でも，うまくいかないことはあるものです。対応策を考えておくと慌てなくて済みます。このようにして支援案を図2のようにまとめました。

VI　支援方法の提案──支援のための打ち合わせ

　担任，介助員，保護者，本人との打ち合わせの機会を設け，この支援案を提案します。担任が実施しやすいように，実際には次のように提案しました。

　　(1) 授業の始めと終わりのあいさつをする（授業の開始と終了がA

A 先行条件		B 行動	C 結果
背景要因	きっかけ	代替行動	
○学習ルールの変更（不規則発言の禁止，挙手発言の励行，作業時間の確保など）。 ○学習ルールを守る児童の賞賛。 ◎座席を前にする。 ●学習の始めと終わりのあいさつをする。	○注目をさせて（作業をやめさせる，静かにさせるなど）から，課題を説明する。 ○活動スケジュールや学習手順の掲示や板書。 ●（本人が混乱しないように）介助員の言葉の掛け方を相談して決めておく。	○休憩の求め方の練習をする。 ・混乱を自覚したときは，「少し休ませて下さい」や「ちょっと待って下さい」と要求する。 ・自分で深呼吸等して気持ちを納める練習をする。 ・「ちょっと待って下さい」（約束カード）等のカードを用意して使う練習をする。	望ましい行動 ・着席して学習に参加している時は，気がついたら賞賛。 ・自分で切り替えができたら賞賛。 代替行動ができたとき ・可能な限りすぐに休憩を認める。 ・望ましい行動や代替行動ができたら，記録カードにポイント加算。 うまくいかないとき ・約束カードを見せ，代替行動を確認する。すぐに修正すればポイント加算。 ・修正できないときは，無視。終わってから予防策を話し合う。

図2　支援計画

児には判断が難しいため）
(2) A児の座席を最前列にする（担任の声を聞きやすくし，黒板がよく見えるようにするため）
(3) 学習ルールの見直し（口を閉じて話を聞く，挙手発言の励行，できている児童を誉める＝複数の音声刺激の整理）
(4) 指示の出し方の工夫（作業の手を止めて集中させてから指示を出す，指示はできるだけ1回につき一つだけにする，できるだけ課題を短く板書する＝音声刺激の整理，視覚的援助のため）

なお，この際，問題となる行動への指導は，通級指導教室ですでに行っており，学習中の支援も介助員と担任によって実施されていました。また，望ましい行動への対応策，さらなる問題となる行動への支援もすでに担任や介助員によって実施されていました。

担任からは，(1)(2)は比較的簡単に実施できるが，(3)(4)は年度途中でのルールの変更が難しいという意見が出されました。そこで，(3)(4)については，通級指導教室で行っている学習ルールについてのソーシャルスキルトレーニング（以下 SST）を A 児の学級で実施することになりました。

VII　支援の実施——指導介入の実施その1

A 児の学級で，通級指導教室で行っている学習ルールに関わる SST の「出前授業」を筆者が行いました。「勉強が楽しくなるきまり（よく見る，口を閉じる，姿勢の保持，挙手発言，声の大きさなど）」を教えた後に，簡単なクイズを交えたゲームを行いました。このときに，全員が口を閉じてから指示を出すこと，1 回の指示に 1 つの内容を示すこと，ルールを守っている子どもたちを意図的に誉めることなどを示しました。誉められると子どもたちは積極的にルールを守ります。この様子をビデオに撮っておきます。終了後，あらかじめ渡しておいた振り返りカードとビデオを見て，ルールを守れたかどうかを自己評価してもらいました。

この出前授業の直後の 2 時間，担任が行う授業に筆者が ST として参加し，SST で用いたカードを使って，口を閉じて話を聞くタイミングを示したり，上手にできているときに花丸カードを出したりして，指導内容を復習しました。

その後，(1) 座席の変更，(2) 授業の開始と終了のあいさつの手続きを実施してもらいました。そして，この 1 カ月以内に 2 回，その後 1

カ月に 1 回程度，A 児の学級の授業の様子を参観しました。目的は 2 つありました。1 つ目は，A 児の授業参加態度の変容を確認することです。もう 1 つは，(1) ～ (4) までの支援が実行されているかどうかを確認し，担任に知らせることです。

　授業参観は，事前に A 児の様子を記録したときと同じようにビデオを用いました。また，同時に記録用紙に記録しました。そして，授業参観終了後，担任に，学習ルール，指示の出し方の工夫が確実に実施されていたことを伝えました。支援の回数が増えていた場合には，支援内容とその増加回数を具体的に知らせました。また，A 児の授業参加状況の変化，その他の子どもたちの授業参加状況の変化等を口頭で伝えました。授業参観は合計で 5 回実施しました。

　この間，A 児自身は，「先生の話を聞く」「席にすわって授業に参加」ができたかどうかを自己評価し，記録カードに自分で毎日記録しました。記録は，毎日家で点検してもらいました。また，2 週間に 1 回，通級指導教室で結果を点検し，グラフにまとめました。記録をポイントに換算し，ポイントに応じて自分の好みのものと交換しました。

VIII　取り組みの結果——指導介入の実施その 2

　A 児の学級の授業を参観した結果を図 3 にまとめました。支援開始後，自立的学習参加の割合の 85.4％に上昇しました。また，担任が指示を出したり，話をしたりしている時に，どれだけ話を聞いていたかについても調べてみました（傾聴率）。支援開始前は平均 13％でしたが，支援後は平均 91％でした。また，介助員や担任による支援付き学習参加の割合の平均は，42％から 5％に減っていました。非学習参加の割合は，平均 27.5％から 16.3％に減りました。

　本人の自己記録では，「話を聞く」が，支援開始直後 2.5 ポイントか

[割合]

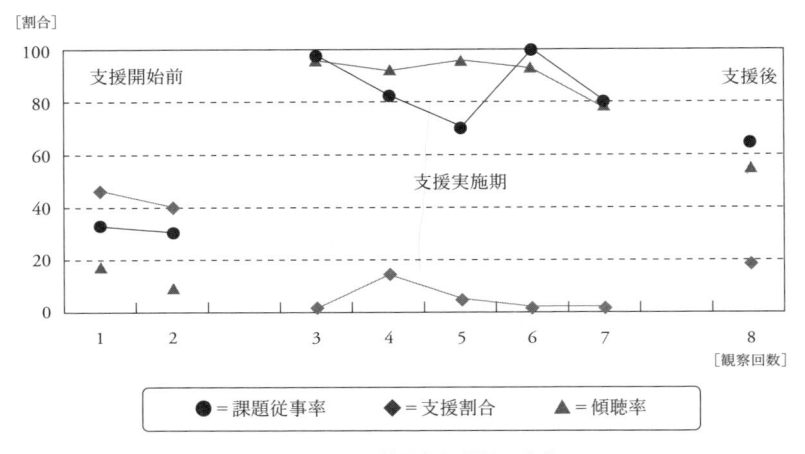

図3　A児の学習参加状況の変化

●＝課題従事率　◆＝支援割合　▲＝傾聴率

ら支援終了間近では3.3ポイントに,「席にすわる」が,2ポイントから4.3ポイントに上昇しました（両方とも5ポイント満点）。

　また,担任の指導は,出前授業直後の2回の授業では,ルール徹底のため,「注目をさせる」「注目を徹底させる」などの指示が10回以上あり,支援開始前より増えていました。しかし,観察3回目から,子どもたちの様子を賞賛する回数が増え始め,ルール徹底のための指示が減り,代わって賞賛の回数がこれを上回るようになってきました。最終的には指示が10回以下,賞賛が15回以上になりました。

IX　評価——指導介入の評価

　この結果を基に,評価のための会議をもちました。参加者は最初と同じく,担任,保護者,介助員,本人,そして通級担当（筆者）です。

本人は「先生の声がよく聞こえるようになった」「黒板がよく見えるようになった」「学校が楽しくなった」と感想を述べました。介助員は、「A児が以前よりも自主的に授業に参加するようになった」「席を立たなくなった」「援助する回数が減った」と指摘しました。保護者からは「席替えをしてもらったときに、すごくよく聞こえるようになったよ、よく見えるようになったよと、うれしそうに報告してくれました。この子にとって、教室での座席の位置はとても重要だったんですね」と述べました。
　担任からは次のようなコメントをもらいました。

　「Aさんは、落ちついて授業に参加できるようになりました。しかし、今回の取り組みはAさんだけでなく、学級児童全体にも変化をもたらしました。学習ルールの見直しをして、賞賛を多くするようにしたら、以前より早く子どもたちが集中するようになりました。また、児童と教師の関係がよくなりました。学級内に認め合う雰囲気が生まれ、温かいやりとりが生まれました。Aさんが通級指導教室で学んできたことを学級の児童に紹介する機会がありました。漢字の覚え方やストレスの逃し方だったと思います。その方法がとてもよいと、真似する子が何人もいました。大縄が苦手だったAさんが、友だちに励まされて連続跳びの仲間に入れた時には、皆で喜び合いました。他の子どもたちとほとんど変わりありません」。

　なお、出前授業については、学習規律の見直しにとても役立ったと評価してもらいました。

X　3年生に進級したA児

　A児は3年生に進級しました。学級替えがあり，担任も替わりました。4月中旬，教室に授業の様子を参観に行きました。算数の時間でした。新学期が始まったばかりなので，名簿順にすわっており，座席は最後尾でした。時々，指しゃぶりをしたり，髪の毛に触ったりすることはありましたが，担任の話を一生懸命に聞き取ろうと頑張っている様子が見えました。しかし，最後尾なので，やはりよく聞こえないこともあるようでした。するとA児は隣の席の子に話しかけ，何やら聞いています。担任が説明した箇所を，もう一度聞いていたのです。しかし，それではよくわからなかったようで，聞き終わっても困った顔をしていました。すると，今度は，机間支援で回っていた担任に声を掛け，再び質問をしていました。それで，ようやく納得したのか，課題に取り組み始めました。こうした援助を自分から求める行動は，この時間だけで4回ありました。この日の結果を以前と同じように記録してみると自立的学習参加が65％，援助付き学習参加が18％，非学習参加が17％，傾聴率は55％でした。

XI　考察

　座席の変更と学級の学習ルールの見直し，指示の出し方の工夫で広汎性発達障害のある2年生児童の授業参加状況が大きく改善しました。3年生に進級し，一時的にそれらの支援がなくなると，傾聴率が低下し，自立的学習参加率も低下しました。しかし，これをカバーする「質問する」という行動はしっかり身についていました。このことから，2年生の頃行った支援がA児にとって有効であったということがいえるでしょ

う。もちろん，この参観の後，3年生担任はA児の席を最前列に変えてくれました。

　先に述べたように，広汎性発達障害のある子どもたちは，感覚過敏・鈍麻があるお子さんが多いようです。彼らは，五感から入ってくる情報の整理が非常に苦手で，本人がいくら努力しても他の児童と同じように聞いたり見たりすることは難しいのです。しかし，彼らも授業に参加し，わかるようになりたいと願っています。そこで，努力を本人だけ求めるのではなく，情報の提供の仕方（環境）を整理したわけです。これにはさまざまな方法があるでしょう。A児には，今回の支援が役立ちました。だからといって，全ての広汎性発達障害のあるお子さんに有効とは限りません。それは，同じ広汎性発達障害でも少しずつ状態が異なるからです。つまり，一人一人に合わせた支援案が必要なのです。

XII　行動コンサルテーション

　一人一人に合わせた支援案を立案するためには，今回紹介したように，関係者や本人の話を聞き，問題となる場面を直接観察し，問題を分析し，支援案を考えます。しかし，いくら有効と思われる支援案でも，それを行う人が実行できなければ，何の意味もありません。支援を実際に行っていただく方たちとの調整が大切です。例えば，今回の取り組みでは，出前授業や授業観察後のミーティングの時間などがそれにあたります。そして，最後に，これらの支援が有効であったのかどうかを評価する会議を設けました。

　実は，この一連の支援方法は，①問題の同定，②問題の分析，③指導介入の実施，④指導介入の評価の4段階からできています。そして，それぞれの段階で，効果的な支援案を提案できるように機能的アセスメントを用いたり，支援を実際に行う人が支援を行うことができるかどうか

（受容性）を考えたり，支援案を着実に実行する（介入厳密性）ために必要な手立てを講じたりすることが必要とされています。この一連の方法を行動コンサルテーションといいます。応用行動分析を用いた支援方法のひとつです。

XIII　特別支援教育と行動コンサルテーション

評価会議の後，年度末になって担任から次のようなコメントをもらいました。

>「最近の子どもたちは，興味関心，集中力，耐性という点で，少しずつ変化しているように感じていました。Aさんは，確かに特別支援が必要な児童でしたが，そうした最近の児童の代表かもしれませんね。もともと，Aさんのための支援でしたが，それが学級児童全体を高める手だてになりました。特別支援のための配慮は，他の児童にも効果があることがわかりました。今回の取り組みでは，自分のこれまでの指導スタイルを大きく変えることになり，正直，大変負担でした。それでもなお余りある収穫があったと思います」

A児の学級では，学級全体にも効果を及ぼしました。全ての学級でこの効果が得られるわけではありません。しかし，通級指導教室で毎年行う年度末のアンケートでは，通級児童が所属する学級全体の7割の担任が，学級児童全体に望ましい効果があったと評価しています。実際，今回取り組んだ教室環境の整理は，近年話題になっている「学習のユニバーサルデザイン化」の基本になっている項目がほとんどでした。「どの子どもたちにもわかりやすい授業」を展開するためにとても重要な方法ですが，全ての項目を実施するのは難しいことでしょう。行動コンサ

ルテーションによってより適切な項目を選択し実施をすることが，より効果的な支援策となるでしょう。

さて，A児は「学校が楽しくなった」と言っていました。A児のように，通常学級に在籍している子どもたちは，先生や仲間に認められて自信をつけていきます。自己肯定感が高まると，新しいことに挑戦してみようという意欲もわいてきます。どの子もそうであるように，発達障害のある子どもたちも，自分が所属する教室の中で成功することが大切なのです。そのための有効な支援方法のひとつが，行動コンサルテーションだと思っています。

注
本節は事例報告であるため「です・ます」調とした。

文献
野口和也・加藤哲文（2004）行動コンサルテーションの方法．In：加藤哲文・大石幸二（編）特別支援教育を支える行動コンサルテーション――連携と協力を実現するためのシステムと技法．学苑社，pp.85-102.
高橋智・増渕美穂（2007）アスペルガー障害・高機能自閉症の本人調査からみた感覚過敏・鈍麻の実態と支援に関する研究（1）（2）．日本特殊教育学会第45回大会発表論文集，pp.847-848.

第3節

通級指導教室と通常学級の連携

長谷川和彦
HASEGAWA Kazuhiko

はじめに

　「学校教育法施行規則の一部改正等について（通知）」が公布され，LDおよびADHDの児童生徒も通級による指導の対象に加わり，障害の状態に応じて年間10単位時間から280単位時間まで適切な指導および必要な支援が受けられるようになりました。通級指導教室のメリットは，一人一人の児童生徒に合わせて目標や指導方法を設定し，きめ細かで丁寧な指導ができることです。また，対象となる児童生徒の指導は，通級指導教室だけで完結するのではなく，通常学級や地域との連携の中でこそ，指導の成果が生きてくることが必要です。
　したがって，通級指導担当者には通級指導教室での指導だけでなく，指導したことをどのように通常学級に生かすのかといった，学級担任との連携の中味や方法も重要になってくると言えます。
　本稿では，通常学級に在籍する発達障害のある児童の示す問題行動に対して，通級指導教室で問題行動を起こさなくてもすむような適切な行動を形成することを目的とした指導を行うとともに，通級指導教室での

指導効果を通常学級へ波及させるための般化促進指導を，担任教師とともに行った実践を紹介します。

I　対象とアセスメント

(1) 実践期間
　200x 年 5 月 1 日〜 12 月 20 日

(2) 場面
　対象児が在籍する A 小学校の通級指導教室および在籍学級

(3) 対象児
● B さん，男，6 歳，HFPDD（高機能広汎性発達障害）
　学習場面において，担任教師の説明中や課題を行っている最中に筆入れや消しゴムをいじったり，ボーッと宙を見つめたりして過ごす行動が頻繁に見られました。また，体育では，ルールがわからないために，徒競走で反対方向に走り出したり，鬼ごっこで捕まっても逃げ出したりする姿が見られました。
● C さん，男，9 歳，ADHD
　1 年生の 2 学期に A 小学校へ転入してきました。床に寝転がって担任教師の指示に抵抗したり，担任教師に擦り寄って抱きついたりする問題行動が見られました。また，担任教師および友達に対して，抱きついたり頬や腕をつまんだりする行動も毎日のように見られました。担任教師が口頭で注意しても効果はなく，対応に困っていました。

(4) 担任教師
● 担任 b，A 小学校の第 1 学年の担任で，教職経験 20 年程度の女性教師

これまでに普通学級に在籍する肢体不自由児および発達障害児を担任した経験がある。
● 担任c．A小学校の第3学年の担任で，教職経験15年程度の女性教師。
これまでに普通学級に在籍する発達障害児を担任した経験がある。

(5) 通級指導担当

筆者が担当。教職経験15年の男性教師で，行動・情緒障害学ならびに応用行動分析学を専門とする大学教員のスーパービジョンを定期的に受けている。

(6) 問題行動のアセスメント

① 問題行動の機能的アセスメント

問題行動の機能的アセスメントとは，どのような場面で，どのような問題行動が生じ，結果としてどのようなことが起こり，そのことが問題行動を起こした児童にどのような影響を及ぼしているのかを分析する方法です。筆者は，まず対象児が在籍する学級において対象児の行動観察を行いました。

対象児Bは，担任bの一斉指示や説明を聞いていないことが多く，課題の途中でボーッとしたり，鉛筆や筆入れをいじったりすることが頻繁に見られました。担任bの話を聞かなくても介助員からの個別の指示や説明が行われている状態でした。

対象児Cは，自由に移動できる学習時間や休憩時間などに，抱きついたり頬や腕をつまんだりする行動がよく見られました。抱きついたりつまんだりする相手は，担任cや前担任，仲のよい女子児童，おとなしい男子児童であり，相手を弁別して行っていることが観察から確認されました。

次に，担任教師に対して機能的アセスメント・インタビュー（Functional Assessment Interview：以下，FAI と略する）を実施し，問題行動に影響している出来事についての情報収集を行いました。また，問題行動の機能を推定するために，動機付けアセスメント尺度（Motivation Assessment Scale：以下，MAS と略する）を用いて，担任教師に対象児の問題行動を評価してもらいました。

　担任 b に FAI を実施したところ，早く改善したい対象児 B の問題行動として，「ボーッとしたり，物をいじったりする行動」が挙げられました。その行動は入学する以前から毎時間起こり，注意や指示があるまで見られること，クラス全体に説明をしている場面で問題行動が起こりやすいことがわかりました。また，担任 b の希望として，簡単な指示で学習するようになってほしいこと，わからないことは自分から質問するようになってほしいことを確認しました。

　担任 C に FAI を実施したところ，早く改善したい対象児 C の問題行動として，担任教師や友達の腕や頬をつまんだり，腰に抱きついたりする行動が挙げられました。その行動は，一年生のときからほぼ毎日行われ，休憩時間に遊びに行くときや，休憩時間が終わって教室に戻ってくるときに生起しやすいことがわかりました。

② 代替行動の選定と支援計画の作成

　対象児 B の問題行動は，必要のない用具が机上に置いてあり，担任教師 b や介助員の注目がないときに生起しました。また，担任 b による一斉の指示や説明のとき，対象児 B にとって理解しにくい課題や複数の課題が提示されたときも高頻度で問題行動が生起しました。MAS の結果を踏まえ，問題行動は，感覚刺激の獲得と嫌悪的な課題からの逃避の機能によって維持されていると考えられたので，代替行動（同じ機能を果たす行動）を，「課題の内容や説明が理解できないときの担任教師への援助要求行動」とし，支援計画を作成しました（図 1）。

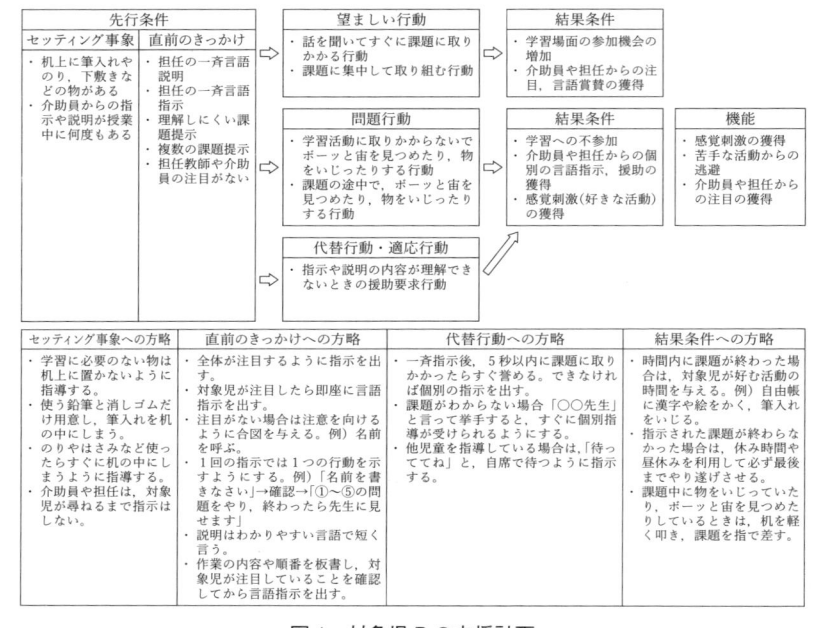

先行条件		望ましい行動	結果条件	
セッティング事象	直前のきっかけ	・話を聞いてすぐに課題に取りかかる行動 ・課題に集中して取り組む行動	・学習場面の参加機会の増加 ・介助員や担任からの注目, 言語賞賛の獲得	
・机上に筆入れやのり, 下敷きなどの物がある ・介助員からの指示や説明が授業中に何度もある	・担任の一斉言語説明 ・担任の一斉言語指示 ・理解しにくい課題提示 ・複数の課題提示 ・担任教師や介助員の注目がない	問題行動	結果条件	機能
		・学習活動に取りかからないでボーッと宙を見つめたり, 物をいじったりする行動 ・課題の途中で, ボーッと宙を見つめたり, 物をいじったりする行動	・学習への不参加 ・介助員や担任からの個別の言語指示, 援助の獲得 ・感覚刺激(好きな活動)の獲得	・感覚刺激の獲得 ・苦手な活動からの逃避 ・介助員や担任からの注目の獲得
		代替行動・適応行動		
		・指示や説明の内容が理解できないときの援助要求行動		

セッティング事象への方略	直前のきっかけへの方略	代替行動への方略	結果条件への方略
・学習に必要のない物は机上に置かないように指導する。 ・使う鉛筆と消しゴムだけ用意し, 筆入れを机の中にしまう。 ・のりやはさみなど使ったらすぐに机の中にしまうように指導する。 ・介助員や担任は, 対象児が尋ねるまで指示はしない。	・全体が注目するように指示を出す。 ・対象児が注目したら即座に言語指示を出す。 ・注目がない場合は注意を向けるように合図を与える。例)名前を呼ぶ。 ・1回の指示では1つの行動を示すようにする。例)「名前を書きなさい」→確認→「①～⑤の問題をやり, 終わったら先生に見せます」 ・説明はわかりやすい言語で短く言う。 ・作業の内容や順番を板書し, 対象児が注目していることを確認してから言語指示を出す。	・一斉指示後, 5秒以内に課題に取りかかったらすぐ誉める。できなければ個別の指示を出す。 ・課題がわからない場合「〇〇先生」と言って挙手すると, すぐに個別指導が受けられるようにする。 ・他児童を指導している場合は, 「待ってね」と, 自席で待つように指示する。	・時間内に課題が終わった場合は, 対象児が好む活動の時間を与える。例)自由帳に漢字や絵をかく, 筆入れをいじる。 ・指示された課題が終わらなかった場合は, 休み時間や昼休みを利用して必ず最後までやり遂げさせる。 ・課題中に物をいじっていたり, ボーッと宙を見つめたりしているときは, 机を軽く叩き, 課題を指で差す。

図1 対象児Bの支援計画

　対象児Cの問題行動は，課題をやり終えた後や，自由に教室を動ける学習時に，仲の良い特定の相手に対して問題行動が生起していました。MASの結果も踏まえると，問題行動は，感覚刺激の獲得と担任教師および友達からの注目の機能によって維持されていると考えられました。そこで，このような問題行動と同じ機能を保ちながら，適切に振る舞えるようになる代替行動を選定した結果，「名前を呼んで握手する行動」を形成することとし，支援計画を作成しました（図2）。

II　対象児への直接指導と担任教師との連携

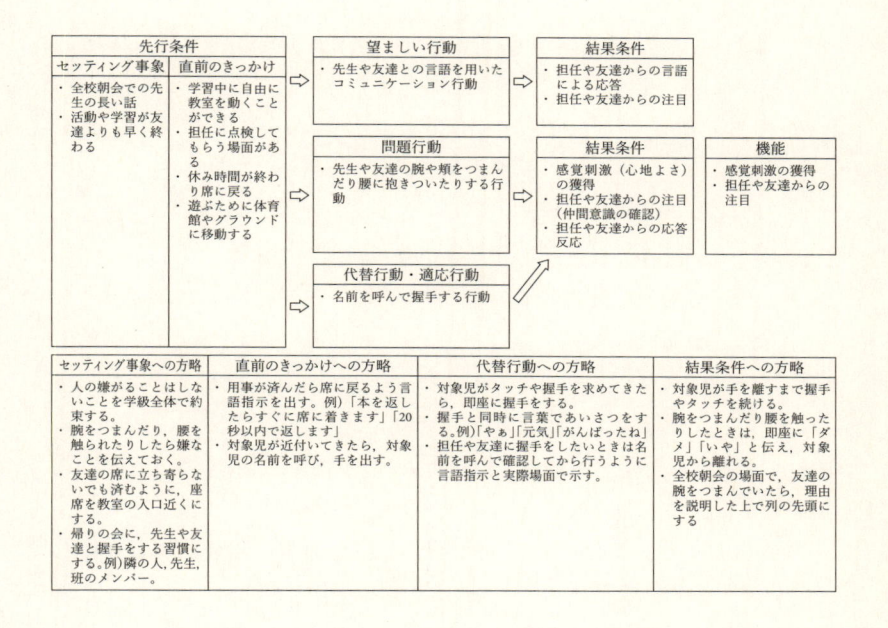

図2　対象児Cの支援計画

先行条件		望ましい行動	結果条件	機能
セッティング事象	直前のきっかけ	・先生や友達との言語を用いたコミュニケーション行動	・担任や友達からの言語による応答 ・担任や友達からの注目	
・全校朝会での先生の長い話 ・活動や学習が友達よりも早く終わる	・学習中に自由に教室を動くことができる ・担任に点検してもらう場面がある ・休み時間が終わり席に戻る ・遊ぶために体育館やグラウンドに移動する	問題行動	結果条件	機能
		・先生や友達の腕や頬をつまんだり腰に抱きついたりする行動	・感覚刺激（心地よさ）の獲得 ・担任や友達からの注目（仲間意識の確認） ・担任や友達からの応答反応	・感覚刺激の獲得 ・担任や友達からの注目
		代替行動・適応行動		
		・名前を呼んで握手する行動		

セッティング事象への方略	直前のきっかけへの方略	代替行動への方略	結果条件への方略
・人の嫌がることはしないことを学級全体で約束する。 ・腕をつまんだり、腰を触られたりしたら嫌なことを伝えておく。 ・友達の席に立ち寄らないでも済むように、座席を教室の入口近くにする。 ・帰りの会に、先生や友達と握手をする習慣にする。例）隣の人, 先生, 班のメンバー。	・用事が済んだら席に戻るよう言語指示を出す。例）「本を返したらすぐに席に着きます」「20秒以内で返します」 ・対象児が近付いてきたら、対象児の名前を呼び、手を出す。	・対象児がタッチや握手を求めてきたら、即座に握手をする。 ・握手と同時に言葉であいさつをする。例）「やぁ」「元気」「がんばったね」 ・担任や友達に握手をしたいときは名前を呼んで確認してから行うように言語指示と実際場面で示す。	・対象児が手を離すまで握手やタッチを続ける。 ・腕をつまんだり腰を触ったりしたときは、即座に「ダメ」「いや」と伝え、対象児から離れる。 ・全校朝会の場面で, 友達の腕をつまんでいたら、理由を説明した上で列の先頭にする

　本実践では，通級指導教室で対象児の代替行動を形成するためのトレーニングを継続し，通級指導場面では代替行動が頻繁に見られるようになりましたが，通常学級場面では効果があまり見られませんでした。そこで，直接指導を継続しながら，通常学級でその行動が般化するように，担任教師に対するシミュレーション訓練と担任教師に対する行動コンサルテーション（加藤・大石，2004）を行いました。

1　通級による直接指導

　対象児Bに対して，週に1時間，指導を行いました。指導時間の前

半20分間をコミュニケーション訓練とし，後半20分間を国語の補充指導としました。コミュニケーション行動の形成では，まず，課題がわからず困ったときには，挙手をして「せんせい」「おしえてください」「みてください」と援助要求をすることを，モデリング（見本となるモデルを示し，適切な行動を学習させる方法）を行いながら指導しました。次に，作文や文章の読み取りなどのやや難しい課題を用意しました。対象児Bが挙手をして「せんせい」と発言すると，筆者がすぐに駆けつけることにしました。また，対象児Bが「おしえてください」と援助要求をしたら，すぐに援助を行いました。いずれも代替行動を即時に強化することになります。また言葉による要求が出ないときには，困った表情のイラストが描かれている「こまったカード」を指差したり，挙手動作を見せたりするなどのプロンプト（手がかり刺激）を与えました。

対象児Cに対しては，週に1時間，国語の時間に通級による指導を行いました。対象児Cの問題行動は通級指導教室では見られませんでした。つまり，通級指導教室の教師と通常学級の担任教師とを区別して反応しているようでした。そこで，通級による指導では，まず，「握手する」という適切な行動を形成することを目標としました。入室および退出時における握手（名前を呼んで手を差し出す），課題を終えたときの握手（「がんばったね」「えらいね」と言って手を差し出す）の指導を通級指導の時間のたびに実施しました。また担任や親しい友達に対して，対象児C自ら握手をするように個別の社会的スキル訓練を実施しました。

2　担任教師に対するシミュレーション訓練

異なる場面への般化を促進するためには，その場面における強化随伴性が指導場面における強化随伴性と同じになるように教員間，保護者間でも指導法に関する共通認識を確立し，日常場面でも分化強化（ある特

定の性質をもつ反応を強化すること）を徹底することが必要です（山本，1997）。そこで，担任教師にも通級指導担当者と同じ指導法を身に付け，通常学級場面で対応してもらうために，担任教師とのシミュレーション訓練を行いました。担任教師とのシミュレーション訓練は2日間とし，1回目は，あらかじめビデオ撮影しておいた通級指導の様子を視聴し，対象児への対応および指導のポイントを確認しました。

　2回目は，行動観察の結果をもとに課題場面を想定し，筆者が作成した台本に沿って，担任教師と一緒にロールプレイを実施しました。ロールプレイでは，同僚の先生からも協力を得ました。ロールプレイは，①モデリング，②ロールプレイ，③スキル習得テストの順に行いました。スキル習得テストは，筆者および協力者が，全ての項目において指導可能と判断するまで実施しました。

3　担任教師に対する行動コンサルテーション

　担任教師が行う支援の実行度を高めるために，担任教師に対する行動コンサルテーションを合計3回実施しました（図5，6の介入3の時期）。具体的には，筆者が，学習参観をした日の放課後，または，その翌日の放課後に担任教師の対応の実行度の結果を提示しました。担任教師には，対象児の問題行動と代替行動の生起率，担任教師の介入の実行度を折れ線グラフ（図3）で提示しました。また，シミュレーション訓練で使用した台本をチェックリスト（図4）に作り直し，対応している項目のマスを黒く塗りつぶすことにしました。また，対応していない項目には，マーカーを入れたり文字を拡大したりして，担任教師がその対応を意識するように工夫しました。担任教師に対する行動コンサルテーションの時間は，20分程度としました。用いたチェックリストとグラフは，カードケースに入れ，教卓の上に置いていつもチェックできるようにしました。

320　第7章　応用行動分析を活用した学校支援の実際

問題行動の生起率

1: 21.4%　2: 22.5%　3: 20.0%　4: 34.4%　5: 22.2%　6: 50.0%　7: 51.6%　8: 39.0%　9: 28.0%　10: 33.3%　11: 30.2%　12: 21.9%

1分間当たりの代替行動の回数

1: 0.00　2: 0.00　3: 0.00　4: 0.00　5: 0.00　6: 0.03　7: 0.03　8: 0.02　9: 0.04　10: 0.06　11: 0　12: 0.06

担任の介入の実行度

8: 73%　9: 83%　10: 84%　11: 50%　12: 84%

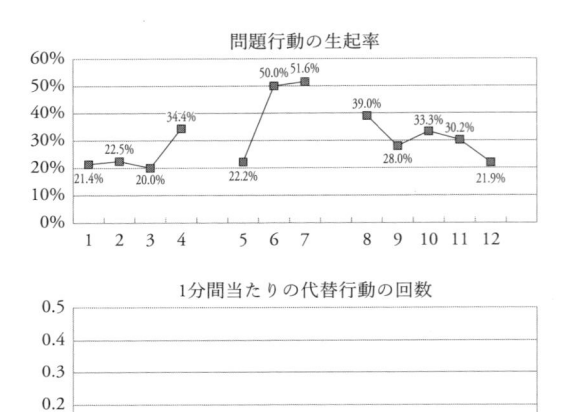

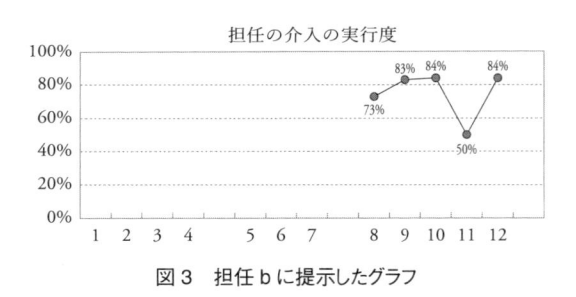

図3　担任bに提示したグラフ

III　結果

1　通級による指導の効果

　対象児Bでは，前半の20分間をコミュニケーション指導の時間とし，問題行動と代替行動を記録しました。問題行動生起率の平均は13.4%

1　課題説明
　■Bさんが注目していることを確認する。
　■Bさんが注目しないときは名前で呼ぶ。
2　板書
　■図と文字，わかりやすい言葉。
　■順序が一目でわかる。
　■板書してから説明。
　■課題がわからないようであったら個別に指示を出す。
3　課題中
Bさん：物をいじったり消しゴムのかすで遊んだりしている。
　■机をトントンと叩き，課題を指で示す。
　■いじっていた物をしまうように指示する（消しゴム置き場に置くように指示する）。
　■消しゴムのかすを取り上げる。
　□「こまったカード」を指で示す。
　□（他の児童を指導中）ボーッとしたり物をいじったりしていたら名前を呼ぶ。
　□先生を見つめてきたらそばに行って顔を見つめ，次の言葉を待つ。要求が出ないようだったら「こまったカード」を指差す。
Bさん：手を挙げて「せんせい」と発言する。
　■すぐに駆け付け，次の要求を待つ。
　■「おしえてください」「もういちどいってください」と要求したらすぐに教える。
　□他の児童を指導しているときは，「待っててね」「○○君の後だよ」と説明する。
4　課題終了後
Bさん：「せんせい」「みてください」と発言する。
　□「はい，わかったよ」と言って点検する。
Bさん：黙って課題を渡そうとする。
　□Bさんの顔を見つめる。
　□「こまったカード」を指で示し（または，「せんせい」と言語による手がかりを示す），要求の言語が出るまで待つ。
Bさん：課題が終わる。
　■大いに誉め，次の課題を1つだけ指示する。
　■課題を時間内に全部終えたらよくできたことを誉める。

図4　担任bに提示したチェックリスト

と，通常学級でのベースラインの約半分の生起率でした。1分間当たりの代替行動の回数の平均は，0.35回でした。45分間の授業に換算すると，約16回の代替行動であり，通級指導教室では代替行動が定着していました。しかし，通常学級における対象児Bの問題行動の生起率の平均（5〜7回目）は，41.3%とベースライン時よりも上昇しました（図5）。

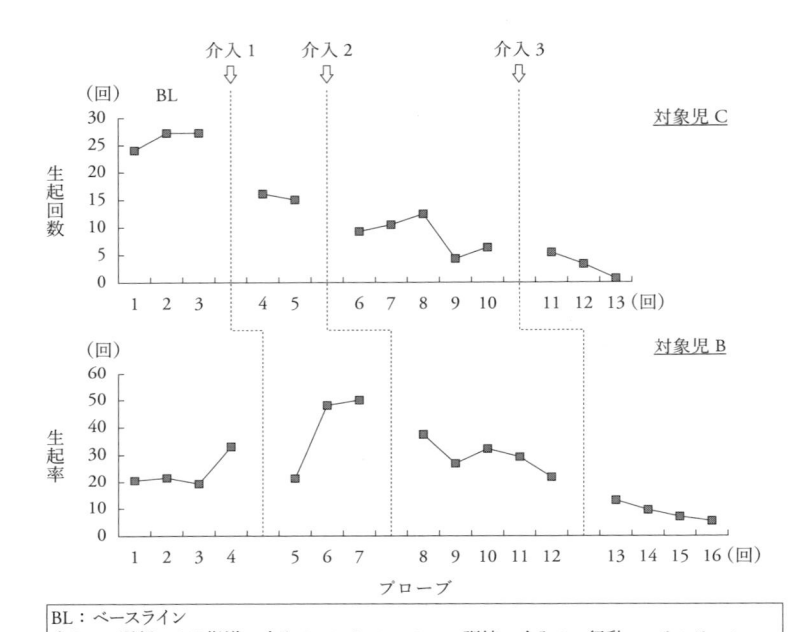

322　第7章　応用行動分析を活用した学校支援の実際

図5　通常学級における問題行動の推移

BL：ベースライン
介入1：通級による指導　介入2：シミュレーション訓練　介入3：行動コンサルテーション

1分間当たりの代替行動の回数を，45分間の授業に換算すると，代替行動が1回見られる程度でした（図6）。

　対象児Cでは，筆者が手を差し出した回数における握手した回数の割合を算出し，反応生起率を求めました。その結果，10回のセッション全てにおいて100％の反応生起率でした。通級指導の場面での握手行動は身に付いたと考えられたので，給食の準備をする，体育で集合する，学級文庫に本を返す，課題を先生に見せる，廊下で先生と出会うという問題行動が生起しやすい5つの場面を設定し，自ら相手の名前を呼んで握手できるかどうか，スキル習得テストを2回実施することにしました。

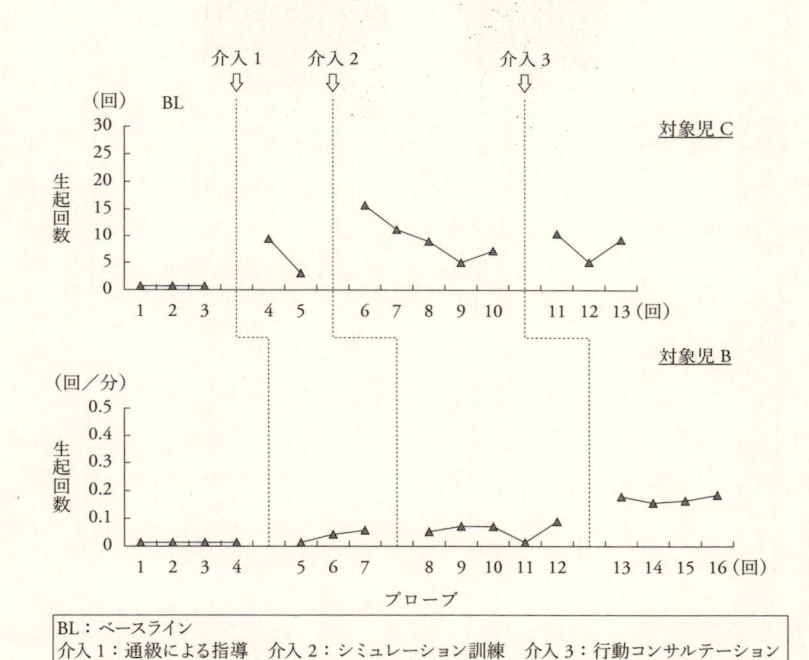

第3節　通級指導教室と通常学級の連携　323

図6　通常学級における代替行動の推移

BL：ベースライン
介入1：通級による指導　介入2：シミュレーション訓練　介入3：行動コンサルテーション

　対象児Cのスキル習得テストの結果は，いずれも100%の反応生起率でした。
　通常学級における対象児Cの問題行動の回数平均（4〜5回目）は15.5回（図5）で，ベースライン時よりも10回程度減少しましたが，代替行動の回数の平均は5回（図6）であり，代替行動よりも問題行動のほうがまだ10回程度上回っていました。

2 シミュレーション訓練の効果

通常学級における対象児Bの問題行動の生起率は徐々に減少し，問題行動の生起率の平均は30.5%（図5）でした。1分間当たりの代替行動の回数は，通級による直接指導後の結果とほとんど変わりませんでした（図6）。シミュレーション訓練後の担任bの対応の実行度の平均は，80.0%でした。

通常学級における対象児Cの問題行動の回数は通級による直接指導後の結果に比べ大幅に減少し，問題行動の回数の平均は，8.2回でした（図5）。代替行動の回数の平均は8.4回で通級による指導時より増加したものの，代替行動の回数の推移を見ると，減少傾向を示しました（図6）。担任Cの対応の実行度の平均は81.2%でした。

3 行動コンサルテーションの効果

4回の測定の結果，対象児Bの問題行動の生起率は，徐々に減少していきました。また，問題行動の生起率の平均は9.0%でした（図5）。1分間当たりの代替行動の回数は，シミュレーション訓練後の結果と比べ，2倍以上の増加が見られました（図6）。担任教師bの介入の実行度は，4回の測定のいずれも100%でした。

まとめ

この実践から，次の3点が示唆されます。

1点目は，通級による指導では，代替行動を形成することに効果は認められましたが，通常学級への般化を促進するためには，通常学級場面でも同じ対応方法を徹底することが求められるということです。

2点目は，シミュレーション訓練で担任教師が適切な対応方法を身に付けたとしても，担任教師が必ずしも通常学級場面で文脈に即した適切な対応をとれるわけではないことです。

　3点目は，シミュレーション訓練によって身に付けた対応方法を，通常学級場面の文脈に適合させ，担任教師の対応の実行度を高めるためには，実行度のフィードバック（performance feedback）を利用した行動コンサルテーションが有効だということです。

　連携には双方向の動きが必要であり，連携が成功するためには，通級指導担当者と担任教師が，共通理解の下に指導および支援をしていくことが必要だと言えます。

注
本節は事例報告であるため「です・ます」調とした。

文献
加藤哲文・大石幸二（2004）特別支援教育を支える行動コンサルテーション．学苑社．
山本淳一（1997）コミュニケーション行動の般化とその自発的使用．In：小林重雄監修：障害児者のコミュニケーション行動の実現を目指す応用行動分析学入門．学苑社．

第 IV 部

社会生活を支援する

第 8 章

社会との接点における問題に対処する

第1節

発達障害を抱える非行少年の理解と支援
「反省なき更生」を考える

藤川洋子
FUJIKAWA Yoko

はじめに

　発達障害者支援法の施行（2005）や特別支援教育の本格実施（2007）もあって，青少年の健全育成に関わるすべての者にとって「発達障害」は，もはや外すことのできない視点である。
　とりわけ少年犯罪では，ここ数年，殺人などの重大事案において広汎性発達障害が次々に鑑定されており，処遇選択にあたる家庭裁判所・少年鑑別所は無論のこと，処遇を担当する少年院，保護観察所，さらには少年刑務所に対しても，発達障害を視野に入れた処遇が期待されるようになっている。
　筆者としても，少年犯罪を広汎性発達障害の視点を入れてまとめたことがある（藤川，2002, 2005）が，発達障害についての社会の認識はまだ十分とは言えない。「心からの謝罪がない」「本当に反省しているように見えない」という不満が遺族や関係者から表明されると，それが少年

本人の努力不足というように評価されてしまいやすい。「心からの反省」を減刑（情状酌量）の一要素として処遇選択の要件に入れるならば，広汎性発達障害を持つ人たちは，社会が自分に何を求めているかがわかりにくいという特性があるために圧倒的に不利である。

　家庭裁判所調査官として筆者は多くの非行少年に接してきたが，審判廷で涙ながらの後悔を示しながら，そのほとぼりも冷めぬうちに非行を犯す少年を少なからず見てきた。一方，裁判官からの訓戒が理解できたのかどうか覚束ない未熟な少年であっても，環境さえ整備されれば大半の少年が非行を繰り返さなかった。発達障害があってもなくても，それは同じであった。反省が先か，更生が先か，という二者択一を迫られることがあれば，筆者は迷わず後者を選択する。

　真の反省は，大人にとっても難しいのであるから，未熟な少年にとっては言うまでもない。発達障害があればなおさらであり，本人が障害を受け入れ，自分と社会との間でなぜ軋轢が起きるのかを理解して初めて，人々が期待していたのは何であったかに思い至る。しかし，頭で理解できたとしても，深い悔恨を伴う"反省の情"が得られるかというと，そうとは言えない。重大事案において，本人が結論づけた「死刑にしてくれ」という言葉すら，投げやりもしくは不遜に聞こえてしまう。身も蓋もない表現だが，社会が期待する反省が得られないことこそが，障害を持っている証拠だからである。つまり，更生の目標に"真の反省"を置くことは，しばしば永遠の平行線を意味すると言える。

　筆者は，適切な在宅処遇を模索する一方で，発達障害に取り組む更生施設に関心を持ち，2006年春にはこの分野の先進国である英国を訪れた。よこはま発達クリニックの内山登紀夫院長のご尽力により，アスペルガー障害専門の更生施設である Hayes Independent Hospital（軽度保安施設）と，知的障害専門の更生施設である Ashley House（中等度保安施設），そして連続殺人犯ら処遇困難者が収容される Broadmoor Hospital

(高度保安施設）という3段階の施設を訪れて、成人の処遇を見学した。

さらに同年夏には、保護観察官、少年院の教官、家裁調査官らからなる有志グループで、再び訪英し、セント・アンドリュース病院の少年病棟を見学した。その病棟は、精神障害のほか、知的あるいは学習障害、非虐待歴などにより特別な配慮を必要とし、かつ処遇が非常に困難な少年たちを対象としているが、充実した物的・人的環境のもと、先進的な治療が行われていた。

本稿では、こうした経験をふまえて、発達障害、特に広汎性発達障害を持つ非行少年に有効な精神療法を論じることとする。なお、筆者の非行理解の枠組みについては、『精神療法』第33巻第1号の「生物・心理・社会モデルから見た少年犯罪の統合的理解」（藤川, 2007）を参考にしていただければ幸いである。

I 事例

1 非行の誘因についての検討

筆者らは、東京家庭裁判所において、広汎性発達障害もしくはその疑いが鑑別された32例を、非行の誘因別に「対人関心接近型（主に異性に対する不適切な接近）」「実験型（火や爆発、あるいは人体に対する知的関心）」「パニック型（虐待のフラッシュバックや接触恐怖）」「本来型（障害の特性に由来）」に分類したことがある（藤川ほか, 2004）。その後、対象事例数を増やしてさらに検討を加えるなかで、前掲の分類に加えて「清算型」と名づけるべき誘因があるように思われた。これは、本人のこだわりに関連するが、被害をもたらした存在（あるいは人）に対して、損失補塡あるいは差引勘定を請求するようなメカニズムで起こされるタイプであり、分類の難しい例として別事例を報告したことがある

（藤川，2005）。

　以下に，タイプごとに事例を挙げていくが，いずれも非行後に初めて広汎性発達障害が診断あるいは鑑別されている。

A　対人関心接近型の例

　17歳の男子高校生。知的には中の上。友人宅で見たわいせつ漫画のとおりを真似た。帽子，サングラスにマスクという漫画のとおりの格好をして女学生の背後から接近し，両手を回して両乳房をつかんだというもの。女性の胸をつかむと，漫画では気持ちよくなることになっていたが，快感が得られなかったため，再度，実行した。警察署で面会した父母に対し，漫画を根拠に「皆，やっている」と述べた。両親によれば，幼少時は，こだわりが強く育てにくかった。危険ということが理解できないようで，「末は大人物か，犯罪者」と評されたことがあったという。

　面接時，他人事のようにケロッとしているという印象が強かった。

B　実験型の例

　14歳の男子中学生。知的には中の上。父親の影響で，エアガンや模造銃に強い興味を持っていた。アクション系の映画を好み，爆発物に関心が移ると，破裂音や炎，爆破後の小動物の死体に関心を持って連続的に放火をした。少年院に入院後も，エアガンのカタログの差し入れを望み，将来は，秘密工作員のような仕事に就きたいと述べた。

　少年鑑別所を経て少年院に入院しても，事件につながった銃や爆発に対する興味を持ち続けており，そのことに罪悪感を持つ様子がまったくなかった。

　面接態度は淡々としているが，ときどき文脈のわからない微笑が見られた。

C パニック型の例

19歳の男子無職少年。軽度の精神遅滞がある。養護学校を卒業後，仕事が続かず，気に入ったゲーム三昧の生活を送っていた。内臓疾患等で寝たきり状態の父親が，ゲームを中断してテレビ番組をみせろと繰り返し言ったことに腹を立て，数十回にわたって父親に一方的に暴力を振るい，死亡させたもの。なお，幼少時は，父親が少年に激しい体罰を加えていた。

本件は原則検察官送致が定められた致死事件であるところ，少年自身の抱える障害と環境面の要因（要保護世帯。母，兄にも障害あり）などから，少年院送致が選択された。しかし，少年は意味理解の困難から利益処分である少年院送致を喜ばず，「原則」が適用されなかったことに不満を示した。屈託がなく，明るくよくしゃべる少年であるが，母親は少年の衝動的な暴力に脅えていた。

D 清算型の例

18歳のアルバイト男子。知的には上位。有名高校に在学中，強制わいせつ事件を起こして逮捕され，退学した。このときに，警察の捜査により退学に追いやられた，と見当違いの被害意識を持った。試験観察中，アルバイトをして被害者に対する弁償金を完済した。大検取得に意欲を見せていたが，不処分で終局したため監督者がいなくなり，大学進学の見通しが立たなくなると，警察に対する被害意識が再浮上した。完全犯罪によって警察の鼻を明かしたいとして，強盗事件に至ったもの。

強盗事件では，少年なりに周到に準備したものの，被害者の抵抗が予測できず，あっけなく逮捕された。

E　本来型の例

　17歳の男子高校生。知的には下位（境界域）。恥ずかしいという感覚に乏しく，屋外のほうが気持ちよい，という理由で人通りのある公園で自慰行為にふけったもの（公然わいせつ罪）。てんかんあり。母子二人暮らしであったが，「隠し事をしないという方針」で，母は入浴後の時間を裸で過ごすなどしていた。性非行としての気まずさを示すことはなく，「何が好き？」という質問に対して「道しるべ」と答えるなど，こだわりが目立った。パチスロでは才能を発揮していて，ゴト師の手先となることもあり，高校生としては多額の収入を得ていた。

2　非行に現われる広汎性発達障害の特徴

　前項で挙げた事例には，いずれも広汎性発達障害の特性が反映されている。広汎性発達障害の主要な特徴として，英国の Lorna Wing は，社会性の障害，コミュニケーションの障害，想像力の障害の3つを挙げている。事例から，この特徴を読み取ることはさほど困難ではないだろう。

(1) 犯したことの社会的な意味を理解しない

　上記5例とも，反省あるいは反省するとはどういうことかという意味理解に困難が見られる。これはまさに，集団をつくって生活しようとする人間の根本性質としての「社会性」を欠くからに他ならない。犯罪は，社会集団内でのルールとして，集団の合意をもって定められている違法・有責の行為であるが，自分の行為が違法であることを理解していても，「（他人から）非難されるだろう」という，他者の視点を想定した「恥ずかしさ」や「恐れ」を認識することができていない。そのために，事件を起こしながら「他人事のよう」という印象を与えるのだと考えられる。

(2) 言語的，非言語的コミュニケーションのあり方が不適切

　父親を殴って死なせた事例（C）では，にこにこと愛想笑いを絶やさず，相互性が乏しいながらよくしゃべった。精神遅滞がなければ，躁的防衛とでも呼びたくなるような態度であったが，その態度は非行の結果生じたものではなく，養護学校の教師によれば，見知らぬ人に対して少年はいつもそのような態度で接するとのことであった。しかし，事件直後の態度としては，違和感が大きく，コミュニケーションの障害が認められた。

　また，面接をしていて尊大，あるいは奇異と感じられる言語表現，表情が示される事例もあった。面接時の表情は硬く，ほとんど視線を合わせようとしないのに，反省を書くノートには面接者をからかうような記述をするなど，自分の優位を示そうとする少年（D）もいて，コミュニケーションは独善的，かつ一方的であった。

(3) 見たことのないものを思い浮かべることができない

　つまり他人の気持ちなどを想像することができない反面，自分の知識や経験には自信を持ち，頑固なこだわりを示す。

　5例ともに，こだわりの強い生活を送っていた。気に入ったことや，それをしなくては不利だということが明らかな行動に関しては，融通が利かないと評されるほどに，集中して行うことができる。その様子が，わがまま，自己中心，変わり者という評価につながりやすい。ただ，広汎性発達障害の人であっても，おとなしいタイプ，活発なタイプと性格はさまざまである。公然わいせつの少年（E）のように，人の指図に逆らわない従順な性格の上，特定の技術（パチスロ）を有していたため，仲間から重宝がられ利用されてしまう場合もある。

II　心理療法の工夫

　コミュニケーション障害やこだわり思考を持っている上述のような非行少年に対して，狭義の心理療法あるいは精神療法のみによって行動や生活の改善を促すことは，困難である。対人関係諸科学において従来から強調されている「受容」「共感」「支持」という基本態度についても，彼らを対象とする場合は，慎重であらねばならない。認知の混乱がある人に対して，「私（だけ）は君の非行を理解する」というメッセージを送ることは，混乱を深める結果につながるので，時には罪深いとすら言える。

　まず，正しくアセスメントをして，どういう認知のゆがみが非行につながったのかを見ておく必要がある。そのうえで，誤った思い込みや行動を正し，適応的な部分は強化するというアプローチをとることが適切である。

　自閉症を中心とする発達障害の中核部分はもともと社会福祉の領域で取り組まれていた。医療反応性が乏しい，ということが主な理由であると考えられるが，社会の側の障害理解とそれに基づいた福祉的アプローチの充実が，第一義的に必要とされてきたのである。近年，社会福祉あるいは精神障害者福祉の領域では，ストレングス（strength）に着目したアプローチが注目されている。つまり，本人や家族の病理や欠陥を取り上げて治療や訓練により変容を迫るのではなく，できることや意欲を足がかりに，学び，成長し，変化する存在としてエンパワーしていくという発想である。さらに，本人ならびに家族のリジリアンス（resilience），すなわち回復力に期待して，自分（たち）自身のなかに変化する力を発見し，人生のストーリーを再発見していくのを専門家が支援するという手法が，従来の治療あるいは心理教育に取って代わる理論として注目さ

れている。

　そのようなアプローチは，発達障害を持つ多くの人々にも有効であると思われる。ただし，前述の事例のように非行のある少年たちについては，そうした福祉的アプローチの前段階に，認知の偏りや誤りをターゲットにした心理療法を置くことが不可欠である。

　なぜ，福祉的アプローチだけでは不十分であるか。

　広汎性発達障害，あるいは自閉症スペクトラム障害がメディアなどで注目され，数々の自伝や手記が出版されると，自分もアスペルガー障害ではないか，と自ら診断を求める例が相次いでいると聞く。ところが，ここに挙げた例では，そのように自分のあり方に関心を持つ，つまり「内省」という方向性を示した例は一例もなかった。広汎性発達障害を持ち，かつ非行を犯した少年の特徴と言えるかもしれないが，いかなる精神療法を試みるにしても，最大の難関は，内省が難しいという，まさにその点にある。

1　自己の特性にどうやって気づかせるか

　筆者が家庭裁判所調査官として面接の対象としたのは，14歳から19歳という思春期以降の男女であった。こうした年齢では一般に，それぞれの意思や感情や経験を尊重しないと，面接自体が成り立ちにくい。特に広汎性発達障害を有する少年は，内省力が乏しいことと裏腹の関係であろうけれど，プライドが高くて扱いづらさを感じることもしばしばであった。また本人の側も同様に，治療的面接に意義を感じ取ることが難しい様子であった。犯罪行為の場合，本人の行動を非難することは容易であるが，なぜ非難されるかを説明することはそれほど簡単ではない。

　そこで筆者は，「世の中には，いろんな考え方があることを知る」という点にまず重点を置き，成書（Dewey, 1991）に収録されている Margaret

Deweyによるストーリーテストを用いてみた。このテストは，もともと，高機能自閉症あるいはアスペルガー症候群の鑑別のために作成されたもので，自閉症圏の人が取りそうな行動を，自然であると感じるか，奇妙に感じるかを4段階で評価させるものである。

たとえば第一場面を要約すると，「『法律により裸足で店内に入ることを禁じる』という小さな表示が掲げられたマーケットに，くるぶしまでの長いスカートをはいた髪の長い魅力的な女性が入ってきた。なんと裸足である。主人公は，注意を促すのをためらい，彼女の足が店長から見えないようにと，すぐ後ろにカートをぴたりと寄せてついて歩いた。彼女が12品目をカートに入れたのに，足早に10品目以下のクイックチェックに進んでいったので，2つ目の違反を犯してしまったと慌てた。レジの係員が彼女を通したのに安心したそのとき，裸足の彼女は主人公を振り向くと，『何だってついてくるのよ。どこかへ消えうせないと警察を呼ぶわよ』と叫んだ」というなかなか衝撃的なシーンである。

筆者はこれを，主人公の行為を採点させることを目的とするのではなく，場面を共有して登場人物の感情を理解するためのドリルとして利用させてもらっている。具体的には，少年（保護者）と読み合って，登場人物の気持ちを想像する練習をするのである。

少年の多くは，何となく主人公の行動はおかしいと思っても，その理由を説明することが難しかった。「自分も主人公と同じ行動をとりそうだ」と述べる少年すら少なくなかった。「私はこう思うけど，どう？」と，少年の言を決して非難せず，難しいところは図示するなどして理解を促した。応用問題として似たようなシチュエーションを挙げていき，「あ，そうか」という納得を待つのである。無論，少年自身が行った不適切接近（たとえば前記Aの事例）も，話題に取り上げる。

Deweyが挙げた8つのシーンについてこうした視点の変換レッスンを繰り返すうち，少年の理解が少しずつ深まるのが通例であった。さらな

るメリットは，同席している保護者が少年の特性を適切に理解するようになることであった。日常生活のなかで，一般常識とされることをきちんと説明する必要を感得するわけである。

2　日記指導

前項の練習の後に，あるいは並行して，日記もしくは生活点検表をもとにした指導を行った。日記は，それぞれの能力に応じて，負担にならず，達成感が得られる様式を工夫した。そして，日常生活上のトラブルや興味深いエピソードの記載があると，それを素材にして，前項と同様の練習を行った。

一貫して，指示は明確にすることを心がけた。たとえば，「できるだけやってみて」というあいまいな表現は避け，何ページから何ページまではっきり指示して，与えた宿題ができていれば，はっきりとプラス評価をした。これまで，誉められた体験の少ない少年たちが多く，来談のモチベーションをこうした関わりによって高めることを心がけた。

3　生活指導

生活面では，まず安全な居場所の確保を第一目標に置いた。学生の場合は，本人の抱える障害を理解する教員や指導者を増やす必要があり，その働きかけは，主に保護者に行ってもらった。資格取得や受験という具体的な目標を設定し，勉強のプランを立ててそれを実行する，という能力は，発達障害のない少年よりも高いと感じられた。

学生でない場合は，本人に向いたアルバイトを探させるなどした。スーパーの商品管理や，新聞配達など対人関係能力をあまり必要としない仕事が向いていると助言した。

二次障害として，不登校やひきこもり傾向，あるいは家庭内暴力がある場合は，児童精神科医と連携することを心がけた。

なお，再犯に陥らないように面接のたびに注意をした。性犯罪の場合，「また，やりたくなる」と答えたり，「気がついたら非行現場に行っていた」と述べることがあり，再犯をすれば，処分が必ず重くなることや，どのような内容になるかを説明し，絶対に繰り返してはならないことを再確認させた。

III 英国の取り組み

冒頭に記した英国の訪問先のうち，少年の処遇に関連する部分を紹介しておきたい。

ロンドン近郊のノーサンプトン所在のセント・アンドリュース病院は，1838年に設立された歴史の古い精神病院であるが，1977年以降，青少年病棟の充実に力を入れ，現在では，青少年対象の中等度保安施設として精神病60床，知的障害等40床を運営している。精神病病棟の診断名は，愛着障害，心的外傷後ストレス障害（PTSD），境界性パーソナリティ障害，統合失調症，統合失調性感情障害，躁うつ病，注意欠如多動性障害（ADHD），器質性障害であった。入所時に13歳から17歳の少年が，全英各地から精神科医やソーシャルワーカー，児童相談機関経由で入所するが，治療効果が高く評価されており，待機者が多いとのことである。

筆者らが驚いたのは，個々の少年に対して丁寧なアセスメントがなされ，治療方針が精神科医，看護師，臨床心理士，作業療法士，教師，ソーシャルワーカー，ケア・コーディネーターの間で共有され，退院に向けてそれぞれの役割と目標が明確に設定されていることであった（図1）。

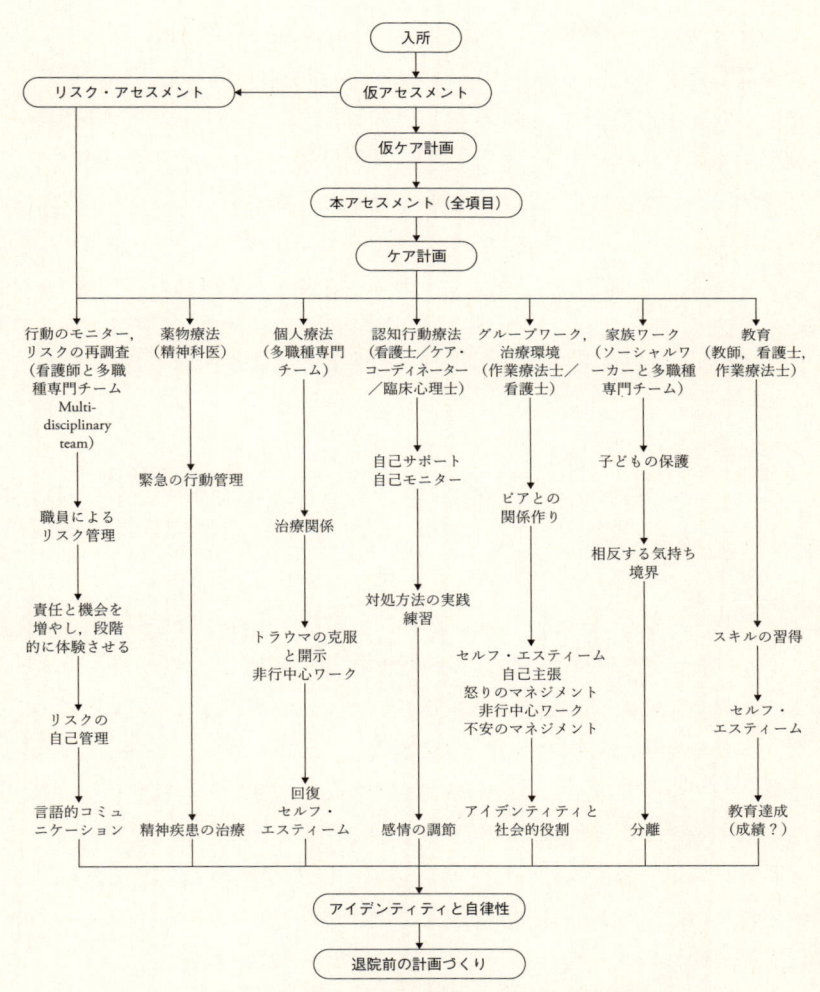

第1節 発達障害を抱える非行少年の理解と支援 343

図1 セント・アンドリュース病院におけるケアプログラム
（見学時の資料を，許可を得て滝口涼子翻訳）

個々の少年は，詳細なリスク・アセスメントをもとに，病棟内での行動が綿密にモニタリングされる。チェックの頻度はリスクが軽減するに従い，15分に1度から，30分ごと，1時間ごと，というように間隔が開く。リスクが低減するに従い，保安体制は緩められ，最初は病棟を出て敷地内のスポーツ場に行くにも付き添いが必要であるが，退院前には，地域コミュニティへのアクセスも単独で行うようになる。すべての行動はプログラムにのっとり，ケアから自律へとゆるやかに移行していくのである。

　これらのプログラムが，スタッフのみならず患者である少年にも理解されているほか，患者，保護者らを対象にアンケートによってサービス評価研究がなされているのが印象的であった。

おわりに

　行為時16歳以上の少年による，殺人や傷害致死など故意の犯罪行為によって人を死亡させた事件は，少年法第20条の改正（平成13（2001）年）により，原則的に検察官送致とされた。この条項には但し書きがあり，調査の結果，犯行の動機および態様，犯行後の情況，少年の性格，年齢，行状および環境その他の事情を考慮し，刑事処分以外の措置が相当と認められるときは，その限りでないとされる。

　刑事処分以外の措置とは，少年院送致に代表される保護処分である。少年鑑別所，少年院，保護観察所は，少年保護機関と総称されて，教育・福祉的な役割を担っている。それに対し，刑事処分の担い手である刑務所は，基本的には応報刑主義をとり，社会から隔離すると同時に，罰を加えて懲りさせるという役割を担う。しかしながら，社会を震撼させるような重大少年事案の場合，矯正教育か懲罰か，という二者択一の論理では，社会感情と本人の更生の両方を満足させる結論を導き出すこ

とが困難である。

　その意味で，広汎性発達障害が診断あるいは鑑別された事例をどのように裁き，どのように処遇するかは，現在，司法領域において大きなテーマとなっている。本稿が，発達障害を抱える非行少年の理解と，処遇プログラム開発の一助となることを心から願う次第である。

文献

Dewey, M. (1991) Autism and Asperger Syndrome Edited by Uta Frith. The Press Syndicate of the University of Cambridge, U.K.（冨田真紀訳（1996）アスペルガー症候群とともに生きる．In：自閉症とアスペルガー症候群（第6章）．東京書籍．）
藤川洋子（2002）非行は語る――家裁調査官の事例ファイル．新潮選書．
藤川洋子（2005）少年犯罪の深層．ちくま新書．
藤川洋子（2005）特異な非行とアスペルガー障害――司法機関における処遇例．臨床精神医学 34-9；1335-1342.
藤川洋子（2007）生物・心理・社会モデルから見た少年犯罪の統合的理解．精神療法 33-1；48-54.
藤川洋子・阿曽直樹・須藤明ほか（2004）広汎性発達障害事例についての実証的研究―調査及び処遇上の留意点．家裁調査官研究紀要 1；92-116.

第 2 節

発達障害を抱える非行少年の教育と予防

小栗正幸
OGURI Masayuki

はじめに

　本稿は『臨床心理学』第7巻第3号からの転載依頼を受けたものであるが，大幅な加筆・修正によって，まったく別の論文になってしまった。しかしながら，読み比べていただくと，以前の拙論（小栗，2007）と本稿とは決して理論的に矛盾していないことに気づいていただけると思う。
　また，本書の「問題の柔軟な理解と的確な支援のために」という副題に照らせば，この加筆・修正版のほうが，はるかに本書の趣旨に沿ったものになっていると思う。
　いずれにしても，ここでは発達障害を持ちながら不幸にして非行化してしまった子どもへの教育や非行化の予防について，基本的な事項を取りまとめ，特に必要なことに焦点を絞って述べていくことにしたい。

I　教育を巡って

　ここでは，発達障害のある非行少年への教育を担う専門家に求められ

るもの，すなわち指導者が持つべき基本姿勢について述べていく。もちろん，以下に述べることがすべてのケースに通用するとは思っていない。また，以下に述べるやり方が確立された指導法だと考えているわけでもない。しかし，外在化した二次障害への対応には，こうした視点を持つことが必要であるし，それは子どものニーズにも合致していると思う。つまり，出発点はまずここからだと思うのである。

1 盗癖

　筆者が受理する非行相談には，発達障害のある子どもの盗癖に関するものがかなり含まれている。保護者も，教師も，ときには専門家までもが，「この子には盗癖があって……」と困っておられる。しかし筆者は，「それは盗んだのではなく，無断借用したのと違いますか？」と問い返すことがある。
　要するに，友達が素敵なものを持っている。自分も欲しいと思った。それを勝手に持ち帰った。この行動を「盗み」と見るか「無断借用」と見るかの問題だ。「盗み」と見た場合の説明は，まさにそのものズバリなので不要だろう。一方，「無断借用」と見た場合の説明はこうである。
　彼はそれを「貸してほしい」とも，「いつまで貸してほしい」とも言わずに持ち帰った。あるいは，「貸してほしい」とは頼んだが，相手が返事をする前に持ち帰った。もしそうだとすれば，この「無断借用」は借用行動のエラーということになる。
　さて，ここで大切なことは，「盗み」ととらえた場合と「借用行動のエラー」ととらえた場合とでは，指導の方法がまったく違うことだ。
　つまり，盗みととらえた場合には「窃盗は悪いことだ」という道徳的なアプローチや，窃盗行動の心理学的側面からのアプローチ，あるいは社会学的側面からのアプローチなどが指導の中心になるだろう。これに

対して，借用行動のエラーととらえた場合には，「借用できるものとできないものの弁別学習」「借用依頼の練習」「相手が承諾したときのお礼の練習」「相手が断ったときの対処行動の練習」「無断借用した場合としなかった場合との結果の違いを弁別する学習」といったアプローチが指導の中心になるだろう。

「盗んだ」のか，「無断借用」したのか，本当の答えは神様にしか分からないのかもしれない。ただし，指導手続きや指導目標が具体的になるのは断然後者だ。それよりも何よりも，「盗み」ととらえた場合と「借用」ととらえた場合とでは，子どもへの（子どもに与える）侵襲性の程度がまるで違ってくる。だから筆者は，子どもの盗癖相談を受理したときには，「それは盗んだのではなく，無断借用したのと違いますか？」と問い返すのである。

2　否認

次に多いのは，子どもが悪いことをしたのに，素直にそれを認めないというものだ。

たしかに型通りに盗みを追及されると，彼らは往々にして非行事実を否認する。たとえば，友達のものが○○君のカバンに入っていたのであれば，○○君が「盗った」と思われても仕方がないのに，である。

しかし○○君にとっても，「盗んだのと違うのか」と詰問されるのは嫌なものだ。だから，その答えは「違う」にしかならない。たとえこの段階で，「これはまずいことになった」と思っても，自分の考えを変更する，まして嫌な事実を受け入れることは，彼らの最も苦手とする課題である。

とても大切なポイントなので，もう少し説明しよう。「盗んだのと違うのか」と詰問されたときの「嫌な気分」は彼らにもよく分かる。ムカ

ムカするのか，イライラするのかは別にして，ストレス反応として身体感覚的に分かるからだ。これに対して，「盗られた人の気持ちになってみろ」と言われると急に分かりにくくなる。相手の気持ちは自分の身体感覚とは違って，「想像する」あるいは「空想する」ことによってしか「推測」できないからだ。

　忘れてはならないのは，発達障害の有無には関係なく，非行少年とはそもそも想像する力が弱いか，一時的に弱まっている子どもが多いということだ。この点を分かっていないと，彼らの否認は了解困難になる。それではこの事態にはどう対処すべきだろう。指導法は次の「こだわり」のところで詳述する。なぜならば否認も立派なこだわりだからである。

3　こだわり

　発達障害のある子どものパニックには，興奮して大暴れするような大パニックもあれば，つむじを曲げる程度の小パニックもある。その場合，特に注意を要するのは，何かにこだわっている子どもが，こだわりを周囲に受け入れてもらえなくなると，とたんにパニックを引き起こしやすくなることだ。

　そもそも，こだわりの強い子どものほとんどは，どうしたら良いのか分からない状況に直面すると，大なり小なりパニックを引き起こす。このうち小さなパニックは，自己主張を強めたり，反対に黙して語らず状態になったり，ともかく周囲を不快にさせることが多いので，発達障害を知らない人からは「わがまま」だと思われやすい。

　いずれにしても，大暴れするようなパニックは，いわば大地震が発生しているのと同じだから，取りあえず揺れが治まるのを待つ以外に，対処の方法はなくなってしまう。

これに対して小パニックにはもう少し積極的な指導法がある。要するに，混乱の原因を軽くしてあげることなのだが，子どもに何らかの「こだわり」があるときには，原因の消去だけではなく，子どもがこだわっている状況を整理してあげる支援が必要になる。

筆者がよく用いる方法は，こだわりの強い子どもの視点を現在や過去にではなく，未来に向ける指導法である。それを，たとえば集団場面に出ることを拒否してしまう子どもを例に説明してみよう。これは矯正施設でよく起こるトラブルのひとつだが，不登校の子どもへの指導にも一脈通じる部分があると思う。

さて，こうしたトラブルの背景には往々にして「集団場面には出ない（ことに決めた）」あるいは「集団場面には出られない（ことに決めた）」というこだわりが関与している。そこでやってはいけない指導法は，子どもの言っていることを正面から受け止めたり，集団場面を拒否してしまう理由の説明を求めたり，それに対する子どもの説明に反論したり，反対にもう少し頑張るよう激励するようなやり方である。なぜなら，そうした指導はわれわれが「子どものこだわり」に加担しているのと同じような状況を作ってしまうからだ。

つまり，子どもは過去の事象（観念）や，現在の状況にこだわっているのだから，そのことの理由を質しても，われわれが納得できる説明が返ってくることはまずない。そこでの彼らの説明は，被害的な思い込みであったり，ときには屁理屈であったりする。そうした弁解を聞けば聞くほど，われわれはさらに反論したくなってくる。

そうすると，われわれは子どもを説得しようとして，かえって子どものこだわりに引きずられ，否応なしに堂々巡りの迷路へと入り込んでしまう。もしここで，われわれの方が感情的になってしまえば，まさにミイラ取りがミイラになった寓意と同じことになる。

ともかく，子どもが特定の事象にこだわっているときは，たとえば

「あっそう」とでも一言返して，あっさりとやり過ごしたほうがよい。この「あっそう」という言葉は，否定も肯定もしていない微妙な表現だが，かといって子どもを無視するものでもない。次に「ところで」と前置きして話を未来に向ける。

たとえば，中学生であれば高校進学や高校選びの方向に話題を向けてみる。少年矯正施設であれば，少年鑑別所を退所後，あるいは少年院を仮退院後の生活に話を向ける。仮に子どもが「何も考えていない」と答えたら，考えていないことを受容したり，考えていないことに反論したりするのではなく，「何も考えられないくらい迷っているのは素晴らしいことだよ」と肯定的なフィードバックを返し，子どもに想定される進路を示してみる。選択肢が1つだけでは子どもに失礼だから，3つくらい示して選ばせてみる。そこから，想定される進路を実現するために，「今何が必要か」を話題にしていく。

このやり方では，子どもに巻き込まれるのではなく，子どもをわれわれの側に巻き込んでいくための働きかけを行っているので，大抵の場合は指導しにくさを軽減できる可能性が高まる。しかしながら，ときにはそこまでやっても，指導を拒否する子どももいる。そうした子どもには，「君のようにじっくり考えてみるのは大切なことだよ。たとえばこの進路はどうだろう。一緒に考えてみないか」と肯定的にフィードバックしながら，メモ用紙などに考えられることを箇条書きしたり図示するような方法で，子どもに適した方向性を整理していく。

もうお分かりだろう。子どもの言動に指導者がこだわってはいけない。視点は過去や現在にではなく未来へ向ける。徹底的に肯定的なフィードバックを返す。その上で現在に帰還する。間違っても過去の世界には帰らない。これがこだわり対応の基礎の基礎であり，同時にパニック対応の基本だと筆者は思っている。こだわりの強い子どものパニックを制御できるようになれば，間違いなく二次障害の症状は緩和される。二次障

害の症状が緩和されれば，子どもの非行性の問題が軽減化する可能性も高まるのである。

II 非行化の予防を巡って

　非行化予防に特化した二次障害対応の方策などはない。発達障害のある子どもへの着実な支援こそが最善の二次障害予防であり，それが非行化予防にもつながるからだ。かといって，ここで筆者に求められているものは，障害の早期発見とか，子どもや保護者への支援法とか，総論的な見地から二次障害予防について述べることではないと思う。したがって，ここでは論点を，非行少年にありがちな保護者像に絞り込み，難しい（と思われている）保護者への対応について述べてみたい。なぜなら，子どもの非行化予防はもちろん，再非行予防においても，保護者は子どもの予後を支える要石であり，難しい（と思われている）保護者への対応こそが，われわれの支援力を試される場になっているからである。

1　愛情という呪縛

　非行少年の食生活が貧困であることなど，少年非行の専門家なら誰でも知っていることだ。現実に，食卓を囲んでの一家団らんや手作りの食事を与えられない日々を経験した非行少年は決して珍しくない。そして，そうした子育てをしてしまう保護者に対して，世の中の人は愛情不足を問題にしやすいものである。
　ところで，筆者は母子生活支援施設への協力もさせていただいているが，そこにはいろいろな理由で子育ての困難をかかえている母親がおられ，その中には子どもへの愛情のかけ方に問題があると言われてしまう人も含まれる。しかしながら，その人たちと接してみると，愛情の問題

(不足)というより，子育ての基本的なスキルの不足が目立つ人が多いのである。

たとえば，食事作りひとつにしても，調理の知識があまりにも貧弱だとか，火を使うときに強火・中火・弱火の使い分けができないとか，包丁が満足に使えないというような人がけっこういるのである。

筆者はそういう母親への愛情論議は不毛だと思う。なぜならば，愛情を問題にしても，「それではどうするのか」という答えがまったく得られないからだ。反対に，料理教室を含めた家事につながるスキルを育てる練習を行うと，状況が好転する可能性を高めやすくなる。

子育てがうまくいっていない母親からは，ときには「子どもに愛情を感じられない」という訴えが出てくる場合もある。しかし，よく聞いてみると愛情の問題ではなく，孤立無援の中で子育てへの自信を喪失し，「子育て無気力症候群」とでも呼べる状態に陥っている人が圧倒的に多いのである。筆者は「そこまで子育てに悩んでおられるお母さんを尊敬しますよ」と肯定的なフィードバックを返しながら，子育てスキルを高める支援を行っている。

これは，母子生活支援施設での話だが，非行少年の保護者についても，このあたりの事情はあまり変わらないと思う。少なくとも非行少年の保護者と接する専門家は，「愛情という呪縛」から解放されていることがとても大切だと思う。まして，発達障害のある非行少年の保護者対応においては，その点への配慮が重要な意味を持ってくるのである。

2　子ども支援と保護者支援

筆者は，少年矯正施設に入所する非行少年に対して，面会に訪れる保護者へのお礼や謝罪の練習を行ってきた。つまり，子どもの方から「面会に来てくれてありがとう」あるいは，「今まで迷惑をかけてごめん」

と言えるようにする練習（SST）である。

　ともかく，非行少年の親子関係は，家庭内の会話すらうまくいかない場合が多い。そうした中で子どもは非行化するわけで，現実に多くの保護者は，子どもを非行化させてしまったことへの自責の念を，われわれが想像する以上に強く持っておられる。

　そうした後ろめたさに満ちた少年矯正施設での面会場面で，子どもの方からお礼や謝罪の言葉が出てくると，大抵の保護者はそのことに感激される。現実に「子どもにお礼を言われたのは何年ぶりでしょうか」と喜ばれる保護者も少なくない。こうした感動は，ぜひとも保護者に味わってもらいたいものだ。感動体験もないような状況では，子育てに再挑戦する意欲など高まるはずがないからである。

　ただし，非行化した子どもの保護者には，相当な子育て下手が含まれている場合がある。たとえば，子どもがせっかく謝っているのに，喜ぶどころか「先生，今までこいつのこの口にだまされ続けてきました」と真顔でおっしゃる保護者もいるのだ。本当に子育て下手だと思うが，このときこそ支援が必要になる。保護者にではなく子どもへの即時支援を行う。

　筆者は，子どもに「お父さん（お母さん）あんなことを言っているけど，本当は嬉しいのだよ」と伝えながら，子どもと一緒に保護者の方を振り返るようにしてきた。そうすると，保護者はニッコリとはしなくても，ニヤリとされていることが多い。非行化した子どもと接する専門家は，この現象の意味するものを十分考えていただきたい。

　これは，発達障害の有無とは関係のない話だと思うが，子ども支援と保護者支援の関係はとてもチャーミングである。したがって，むずかしい保護者だと思われるときにこそ，全力で子どもを支援してほしい。そして，ぜひとも子どもと一緒に保護者の方を振り返っていただきたい。そこからすべてが始まると筆者は思っている。難しい（と思われてい

る）保護者への対応は動機付けに始まり，動機付けに終わるといっても過言ではないのである。

おわりに

小栗（2007）を執筆していた当時の筆者は，少年矯正施設に勤務していた。現在は，より自由な立場で，発達障害児療育や特別支援教育に協力する仕事をしている。子ども支援への基本的な方法論は揺らいでいないが，現在の立場で「非行少年の教育と予防」を語るとすればこうなる。やはり立場の違いは大きい。

また，本稿には下記の文献からの引用が多く含まれているが，修正・省略した部分もかなりあるので，発達障害のある非行少年への矯正施設での処遇に関心のある方は小栗（2009, 2010b）を，今回ここで述べたことの全体に関して，さらに詳細を知りたい方は，小栗（2010a）をご参照いただけるとありがたい。

文献

小栗正幸（2007）非行少年を理解・援助する視点としての発達障害．臨床心理学 7-3 ; 334-338.

小栗正幸（2009）少年非行と二次障害――医療少年院における外在化障害への支援．In：齊藤万比古編著：発達障害が引き起こす二次障害へのケアとサポート．学研, pp.132-149.

小栗正幸（2010a）発達障害児の思春期と二次障害予防のシナリオ．ぎょうせい．

小栗正幸（2010b）第3章：非行と発達障害の関係／第9章：少年鑑別所・少年院での処遇．In：浜井浩一・村井敏邦編著：発達障害と司法――非行少年の処遇を中心に．現代人文社, pp.60-72, 160-186.

第3節

発達障がいを抱える大学生の理解と支援

坂井 聡
SAKAI Satoshi

はじめに

　平成17（2005）年4月に「発達障害者支援法」が施行された。このなかでは大学での支援についても触れられており，「大学および高等専門学校は，発達障害者の障害の状態に応じ，適切な教育上の配慮をするものとする」というように示されている。大学においても，発達障がいのある学生に対する教育的支援の必要性が明らかに示されたのである。また，平成19（2007）年度からは，特別支援教育も始まり，発達障がいのある子どもに対する教育環境の整備も整いつつある。数年後には大学においても，小学校や中学校，高等学校で特別な支援を受けた児童，生徒が受験し，入学してくるようになる。そこで，本稿では，大学の学生相談の場において発達障がいのある学生に対しどのような支援をしていけばよいのかということについて，その課題も考えながら検討していきたいと思う。

　発達障がいという言葉についてであるが，その定義が少し曖昧である。本稿では，発達障がいを，全般的な知的発達には遅れのない「学習障

い」「注意欠陥多動性障がい」「高機能自閉症」「アスペルガー障がい」として話を進めていくこととする。また，障害という文字についてであるが「障害」「障がい」に使い分けている。これは，「障がい」のある筆者の教え子が，「害という字は嫌いなので，使ってほしくない」というので，その気持ちを尊重し平仮名に置き換えてもよいと思われるところは「がい」と平仮名にしている。以上の2点について理解していただけたらと思う。

I 現状

　大学における学生生活の充実に関する調査研究会が，2000年6月に「大学における学生生活の充実方策について（報告）」を公表している。そのなかで，大学の教員における教育・指導に関する研修の必要性，事務職員の専門性の向上，教員と事務職員との連携，就学相談や進路相談においては，専門的に助言することができるアドバイザーの設置などの必要性について述べている。このなかでは，発達障がいのある学生への対応についての具体的な取り組みについては言及されていないが，学生相談の充実や進路相談が具体的な項目として挙げられている背景には，発達障がいがあるか，または，その疑いのある学生たちからの相談件数が増えているということが挙げられるのではないかと思う。つまり，従来の対応ではうまくいかない例も多くなってきていることが背景としてあるのではないかということである。
　障がいのある学生に対する支援については，これまでは，身体障がいのある学生を対象とした支援が主に検討されてきた。これは2005年，2006年の独立行政法人日本学生支援機構による「大学・短期大学・高等専門学校における障害学生の就学支援に関する実態調査結果報告書」からも読み取ることができる。2006年の報告書では，大学に在籍

している障がいのある学生の人数について，視覚障がい 510 人（10.3%），聴覚・言語障がい 1,200 人（24.3%），肢体不自由 1,751 人（35.5%），重複障がい 93 人（1.9%），病弱・虚弱 877 人（17.8%），発達障がい 127 人（2.6%），その他 379 人（7.7%）というようにその人数が報告されている。発達障がいのある学生の人数が少ないのは，診断を受けている学生だけが対象であったためだが，2006 年度の報告書から発達障がいという項目が新たに設けられたことは，特筆すべきことであった。それまでの報告書においても，発達障がいのある学生についての支援の必要性については触れられていたが，このように新しい項目を設け，在籍する人数について明らかにした報告はそれまではなかったからである。

　その後，大学に在籍する障がいのある学生の人数はどう変わっているのであろうか。

　2010 年の報告書では，その人数に大きな変化がみられる。視覚障がい 669 人（7.6%），聴覚・言語障がい 1,537 人（17.4%），肢体不自由 2,353 人（26.7%），重複障がい 165 人（1.9%），病弱・虚弱 1,619 人（17.8%），発達障がい 1.064 人（12.1%），その他 1.403 人（15.9%）となっており，特に発達障がいのある学生の数が 127 人から 1.064 人へと大きく増えているのである。これは，発達障がいという診断を受けて大学に入学してくる学生が増えているということなのである。

II　学生相談の場では

　学生相談の場は，大学においては学生相談室や保健管理センターが主に窓口になっていることが多い。このような相談の場を訪れるきっかけは，日頃接することが多い教職員からの紹介によるものと，本人からの訴えによる自主的な相談が考えられる。大学が設けている学生相談の場である学生相談室や保健管理センターが，発達障がいのある学生やそれが疑わ

れる学生に対しても相談の場として機能しているということである。

その一方で,新たな相談の場も増えてくるのではないかと考えられる。それは,大学における特別支援教育を専門としている研究者への相談である。筆者の研究室に,発達障がいが疑われる学生が相談に来る場合,それは,筆者が関係している特別支援教育に関する講義がきっかけになっている場合が多い。特別支援教育に関する講義を通して学生自身が,自分が困っていることが発達障がいに起因するのではないかと感じ,筆者の研究室に直接訪ねてきたり,電子メールを使って相談をしてきたりするケースが多いのである。とくに教育学部においては,特別支援教育に関する講義も多く開設されているはずであり,その講義を受けることで自分の特性に気がつく学生も多くなると考えられる。このようなことから,特別支援教育を専門とする研究者のところへの相談が増えるのではないかと考えられるのである。

III どのような対応が求められるのか

では,そのような学生に対し,どのような対応が求められるのであろうか。

筆者が相談に乗った何人かの学生はいずれも診断は受けていなかったが,その相談の内容は,大学生活の中での「対人関係」や「コミュニケーションの問題」「生活の管理」「レポート等の提出」といったようなことであり,いずれの相談者も発達障がいが疑われる学生であった。つまり,実際には,発達障がいという診断を受けている大学生よりも,発達障がいの疑いのある学生の相談の方が多かったということである。西村(2006)は,「印象として大学に入学する学生で発達障害という診断のある学生は少なく,ほとんどが未診断のまま入学してきており,実際の学生生活がうまくいかず困り感をもち来談するケースが多いように思

われる」と報告しており，筆者もまったく同じ印象を持っている。

　このような場合，その学生は発達障がいという診断を受けていないのであるから，障がいの受容などは経ていないということになる。相談を受ける際には，このことを十分に意識していかなければならない。発達障がいに関する知見を持ち合わせると同時に，その特性を理解した上での援助的な関わりをしていかなければならないということである。

　まず，大学生活を送る中でどのような点に困っているのかを明らかにすることが大切である。そして，困っていることに対してそれを解決できるような提案をしていくことが求められるのである。

IV　自己効力感と自己有能感を高める

　自己効力感や自己有能感はセルフ・エスティームという言葉で表現されていることが多い。セルフ・エスティームという言葉は，発達障がいのある学生の相談を考える際のひとつのキーワードになる。セルフ・エスティームについて森田（1999）は，欲求の五階層理論を引用して次のように説明している。

　要求の五階層理論では，「生理的なニーズ」（最低限の食物，睡眠，性，酸素，住宅など），「安心・安全へのニーズ」（恐怖や苦痛がないこと），「帰属感と愛情のニーズ」（自分を受容してくれる家庭や仲間やグループ，愛し愛される関係のあること），「承認のニーズ」（認められること），「自己実現のニーズ」（社会的存在として自己の個性，能力，可能性を最大限に生かすこと）というニーズがあるとしている。そして，セルフ・エスティームをこの五段階の階層理論に位置づけ，「承認のニーズ」に含まれるものであると述べている。この「承認のニーズ」の基盤は，「生理的なニーズ」「安心・安全のニーズ」「帰属感と愛情のニーズ」であり，これら3つは，いずれも私たちが生きていく上でその動機づけに大きく

影響を与えるものである。そして，これら3つのニーズの上に，セルフ・エスティームを含む「承認のニーズ」が成立する。そのニーズが満たされて初めて，「自己実現のニーズ」が生まれるとしているのである。

このようなことから，森田は，「セルフ・エスティームを高めるためになによりも大切なことは安心感である」と結論づけている。

このようにセルフ・エスティームを考えるならば，それを高めるために，安心感をもつことができるように相談にのっていく必要があるということになる。「あなたはあなたで大丈夫だよ」という安心感をもつことができるようにしていくことが大切なのである。では，どのようにして安心感をもつことができるようにしていけばよいのであろうか。

V 自分の得意な面と苦手な面を明らかにする

発達障がいの疑われる学生の相談にのるときに，筆者がとくに意識していることは，その学生が得意としていることを明らかにし，ポジティブに考えながら話を進めるようにすることである。相談に来た段階では，セルフ・エスティームが下がっている場合が多いと思われるので，自分にはいいところがあるということに気がついてもらえるようにするためである。学生によっては，何に対してもネガティブに考える習慣がついてしまっているかもしれない。しかし，ちょっと視点を変えることでポジティブなとらえ方に転換できる場合もあるということを伝えるようにする。たとえば，「10分しか集中できない」と考えるのではなく，「今日は10分も集中できた」と考えるようにすることを提案するのである。

また，同時に，今困っていることは何であるのかも明らかにしていかなくてはならない。どのようなことが苦手であり，その結果どのようなことに困っているのかということについて，その学生とともに考えてみる。自分の苦手なことが何であるのかを知ることで，学生自身がそれに

応じた手立てを考えることを可能にするためである。対応する方法が見つかったら安心感も増すと考えられるからである。

VI　具体的な提案を

　学生自身で苦手なことが原因で生じるさまざまな生活上の困難を改善，克服できるようにするためには，それらを解決する具体的な方法を知る必要がある。学生の話を聞いて，しばらく様子を見るというような受け身的な解決策ではなく，相談に来た学生が自らアクションを起こすことができるような具体的な提案をしていくことが大切なのである。

　筆者のところに相談に来る学生たちの多くは，「○○がうまくいかないのです」などと具体的な課題を訴えてくることが多い。彼らは困っている「○○」を改善，克服するために，自ら行動することができるような具体的な方法を身につけたいと思っているのである。それゆえ，具体的な方法を提案していく必要があるということである。

　その際，大切なことは，苦手なことそのものを改善するように働きかけるのではなく，苦手であることが原因で，その結果として対応に困っていることについて，それを改善することができるように考えていくことである。発達障がいを治すという発想ではなく，発達障がいとうまく付き合っていくという発想である。つまり，発達障がいが原因で顕在化している社会生活上の困難さを改善することができるような提案が必要なのである。

VII　効果的な情報を使う

　本人が困っていることや，得意なこと，苦手なことを明らかにしていく際に有効な方法のひとつは，紙に書いて整理し，一つひとつ視覚的に

確認しながら話を進めていくことである。視覚的に伝えることの有効性は，発達障がいのある当事者の発言からも明らかである。

たとえば，発達障がいのあるテンプル・グランディン氏は，その著書の中で「絵で考えるのが私のやり方である。言葉は私にとって第二言語のようなものなので，私は話し言葉や文字を，音声付きのカラー映画に翻訳して，ビデオを見るようにその内容を頭の中で追っていく。だれかに話しかけられると，その言葉は即座に絵に変化する」(Grandin, 1995)と述べている。自閉症をもつテンプル・グランディン氏が，そのように語っているのである。また，同様に発達障がいのあるグニラ・ガーランド氏も「私の場合，言葉で説明を聞いても，頭の中で絵にならなければ，どこかへ飛んで行ってしまう。あるいは，単に言葉としてだけ意識に残り，"構造の面白さ"や"語感"を味わうだけで終わってしまう」(Gerland, 1997)と述べ，テンプル・グランディン氏と同様に「情報を視覚的なものとして処理することが得意である」と述べている。また，ウェンディ・ローソン氏も『私の障害，私の個性』という著書のなかで，「私にとっては，書かれたことばの方が，話されることばよりもずっとわかりやすい。音声の会話を消化して，それぞれの単語にくっついている意味を理解しようと思ったら，ページに印刷してあることばを目で追っていくよりもはるかに時間がかかる」(Lawson, 2000)と述べ，音声による会話が苦手であり，それよりも文字による理解の方がよいと言っているのである。

このように，多くの発達障がいのある人たちが，聴覚的な情報処理に比して，視覚的な情報の処理の方が得意であると述べている。当事者がそのように言っているのであるから，それらを参考にした支援の方法を考えることは重要なことである。今ここで対象としているのは大学生なので，今の日本のシステムの中で，大学まで進学してきている学生であれば，文字の読み書きについては一定以上の力は身につけているであろうことは想像に難くない。つまり，文字などの情報は支援を行う際に有

効に使うことができるということなのである。

VIII　具体的な対応の例

ここまで，セルフ・エスティームを下げることがないようにすることの大切さと，その学生が自分の得意な面と苦手な面を理解し，それに応じた対応をすることができるように，具体的なアイデアを提案することの必要性を述べてきた。ここでは，筆者が対応してきた具体的な例を紹介する。ここで紹介する具体的な対応例は一部であるが，対応を考える際の参考にはなるのではないかと思う。

1　優先順位をつける

相談に来る学生の中には，今何をすべきなのかの優先順位をつけることができず困っている学生が少なからずいる。レポートなどの課題が出たときに，どのレポートから取りかかればよいのかわからなくなり，困っているような学生である。いくつかまとまって出されたレポートのどれから手をつけてよいのかがわからず，そのうちに締め切りが迫ってきて焦ってしまっているという場合である。なかには，提出期限までに出すことができなかったという話も聞く。このような学生に対しては，自分で優先順位をつけることができるように具体的な方法を提案し支援していく必要がある。

まず，どのレポートからするのかといったことについて共に考えて優先順位をつけていく。ここで大切なのは，優先順位をつけたときに，優先順位が高い理由をはっきりと伝えることである。締め切りが近いものから優先順位を高くつけるというように理由をはっきりさせるのである。そして，優先順位の結果は視覚的な情報にして意識できるところに書き

留めておくようにする。消えてなくなってしまわない情報にしておくのである。筆者の場合は，付箋紙に書き込んで，それをスケジュール帳などに貼っておくことを勧めるようにしている。そして，終わったらその付箋紙を取り除いていくようにし，残っている課題が何であるのかを確認しやすくするのである。スケジュール帳等に直接書いて，自分がしなければならない課題を確認するようにする方法でもかまわない。携帯電話やスマートフォン，PDA（携帯情報端末）などの機能にあるタスクリストなどを使うこともできるであろう。これらはとても当たり前のことのようだが，これらの方法の有効性に気がつかずに悩んでいる学生がいるのである。

　同じ日に締め切りがあるレポートの場合は，筆者は，得意な方からするように勧めることにしている。「どちらからでもかまわない」と助言するよりも，「あなたの得意なこちらから」と決めた方がよいようである。

2　レポートなどの課題を整理する

　レポートや卒業論文を書くようなときに，どのように書いてよいのかわからない学生もいる。自分の考えをまとめることができないということであろう。中邑（2006）は，そのような学生に対しては，パソコンで考えをまとめることができるようなソフトを使うことが効果的ではないかと述べている。たとえば FREE MIND というソフトがある。このソフトは自分の考えなどを画面上に整理して表示することができるので，視覚的にわかりやすく自分の考えをまとめることができるという点で，レポートなどを書く際に役立つのではないかと考えられる。これらのソフトの力を借りて，自分の考えを図にして整理するのである。発達障がいのある学生の中にはパソコンなどの IT 機器については，高い興味と関心をもっているものは少なくない。これらのソフトも苦にせず使用する

ことができる学生も多いのではないだろうか。

　実際に筆者も学生の考えを整理するときに，これらのソフトを使って視覚的にわかりやすくして見せるようにしている。

3　誤字脱字を修正する

　学生の中には，レポートなどを書いたときに誤字や脱字が多いことで悩んでいるものがいる。最近ではレポートをパソコンのワープロソフトで書くことが多いので，手書きでレポートを書くよりも誤字や脱字は少なくなっているのではないかと考えられる。パソコンが簡単な操作で漢字等に適切に変換してくれるからである。また，手書きよりも読みやすい文字でレポートを作成することもできる。このような環境は発達障がいのある学生にとってはプラスに作用するのではないかと思われる。なぜならば，発達障がいのある学生の中には，書くことを苦手としている学生が少なくないからである。しかし，それでもなお誤字や脱字が多いようなケースもある。このようなときには，自分で読み直しをする習慣をつける必要がある。しかし，こちらから「3回は読み直すように」と助言をしても，「はい」と返事をするだけで，それを実行に移さない学生もいる。どうすればよいのかがわからない場合も考えられる。このような場合は，もっと具体的な助言が必要なのかもしれない。具体的な例として付箋紙などをパソコンに貼っておく方法などが考えられる。3回読み直すのであれば，3枚の付箋紙をパソコンのデスクトップの画面に貼っておくのである。付箋紙には「誤字脱字が有ったら修正する」と具体的に書くようにする。そして，1回読み直しが終わったら，その付箋紙を1枚取るというようにするのである。このような方法で，読み直しをすることができるようになれば，誤字脱字も少なくなるはずである。

　また，行などを飛ばして読んでしまうために，誤字や脱字が増えてし

まう場合もある。このような場合には，パソコンの画面上で1行ずつ文字を大きくして，その行だけを読みやすくするようなソフトが使えるのではないであろうか。前出の中邑（2006）は Screen Ruler というソフトを紹介している。拡大表示をしたり，マスキングをしたりすることができるソフトで，このようなソフトを使って，自分の力で解決できるように提案していくのである。

4　日課を守る習慣を

　相談に来た学生の中に，朝起きることができないために1時間目の授業に間に合わないことが多く，このままでは出席日数が不足し単位を得ることができないので，どのようにしたらよいのかという問題を抱えているものがいた。この学生は，特別支援教育に関する授業を受けるなかで，今までの経験と照らし合わせて，自分には発達障がいがあるのではないかと感じ始め，苦手なことに気がつき，解決策を求めて来談したのである。

　この学生の場合には，筆者の研究室に朝挨拶に来るようにという課題を与え，挨拶に来ることができたときには，一緒にコーヒーを飲む時間を作るようにした。自分一人では意欲がわかない場合でも，そこに人が介在すれば，可能になることがあるということではないかと思う。その後学生は，朝起きることができるようになり，「自信がついたので一人でやってみます」というメールを送ってきた。ゼミの担当教官にも確認したが，最近は表情もよく，遅刻もないということであった。

IX　今後の課題

　これまで，発達障がいのある学生への対応について，いくらかの経験

から具体的な支援についても紹介し考えてきた。これらも踏まえ，今後の課題について考えておきたい。

　障がいのある学生の支援について支援室等を設置して，学生の相談等に応じている大学も少しずつであるが増えてきている。しかし，本節でも述べてきたように，発達障がいのある学生に対する支援というのは最近になってクローズアップされてきたものであり，まだ十分にサポートする体制がとられていないのが現実である。

　まず，大学にいる研究者や日頃関わることのある事務関係の職員などが発達障がいについて知り，大学にも在籍しているということを知ることから始めなければならない。高等学校の教員や大学の教員に発達障がいについて話をし，大学にも在籍していることを話しても，驚かれることが多い。そのような障がいのある学生が大学で学ぶこと自体が考えられないということではないかと思う。このような状況では，発達障がいのある学生の支援は他人ごととなってしまい，大学での支援はなかなか始まらない。大学の職員や教員が発達障がいのある学生の在籍を知り，その上で大学で支援体制を作っていく必要があるということである。

　また，本稿では触れなかったが医療関係者との連携も考えていく必要がある。投薬により生活が安定する学生も少なくない。学生自身が楽になるのであれば，薬を使うというのもひとつの選択肢なのである。ただ，医療機関につなぐということについては，慎重な対応が求められることは言うまでもない。相談に来ている学生は障がいということに抵抗を感じることが少なくないからである。以上のようなことが今後課題になってくるのではないかと考えている。

おわりに

　発達障がいのある学生を学生相談の場でどのように支援していけばよ

いのかということについて，具体的な支援の方法も提案しながら考えてきた．しかし，まだまだ大学における支援は始まったばかりである．小学校，中学校では特別支援教育に力を入れるようになってきている．いずれ，高等学校，大学と必要な支援を受けた学生たちが入学してくることになる．そのときに，学生を理解したうえで対応ができるようにしておかなければならないのである．高等教育の最後の段階として大学がある．ここで学んだ学生たちが，日本の社会を築くための力を身につけることができるように育て，送り出していかなければならない．そこには，発達障がいのある学生も含まれているということを忘れてはならないのである．

文献

大学における学生生活の充実に関する調査研究会（2000）大学における学生生活の充実方策について（報告）．
Gerland, G. (1997) A Real Person. Souvenir Press Ltd.（ニキ・リンコ訳（2001）ずっと「普通」になりたかった．花風社．）
Grandin, T. (1995) Thinking in Pictures : And Other Reports from My Life with Autism. Doubleday.（カニングハム久子訳（1997）自閉症の才能開発．学習研究社．）
Lawson, W. (2000) Life Behind Glass : A Personal Account of Autism Spectrum Disorder. Jessica Kingsley Pub.（ニキ・リンコ訳（2001）私の障害，私の個性．花風社．）
森田ゆり（1999）エンパワメントと人権．解放出版社．
中邑賢龍（2006）軽度発達障害の子どもの学習を支えるハイテク．こころリソース出版会．
日本学生支援機構（2006）平成18年度大学・短期大学・高等専門学校における障害学生の修学支援に関する実態調査結果報告書．
日本学生支援機構（2010）平成22年度大学・短期大学・高等専門学校における障害学生の修学支援に関する実態調査結果報告書．
西村優紀美（2006）学生相談の立場から．LD研究 15-3 ; 302-311．
佐藤克敏（2006）わが国の高等教育機関におけるLD・ADHD・高機能自閉症等への支援の現状．LD研究 15-3 ; 289-296．

第4節

発達障害を抱える人々の就労支援

米田衆介
YONEDA Shusuke

はじめに

　近年，発達障害の医療と福祉への関心が高まっている。それとともに，発達障害への就労支援の方法として，SST（Social Skills Training）を用いることの可能性が注目されるようになってきた。その背景には，学校教育の分野で，特別支援教育の視点からのSSTの応用が広がりつつあること，そして，本稿のテーマでもある社会復帰・就労支援の分野でのSSTの応用が，支援の現場で実際に始まりつつあることなどがあると推測される。

　しかしながら，自閉症スペクトラムの青年期・成人期におけるSSTに関する日本語文献は少ない。このことは，多くの支援者がSSTの応用に関心を持ちながら，実際にはなかなか自信を持って適用することができないでいることを反映しているのかもしれない。

　我々の施設では，3年前から，自閉症スペクトラムの発達障害者に対象を絞ったデイケアを開設し，そのメンバーを対象としてSSTのセッションを行ってきた。そのなかで，いくつかの条件のもとでは，自閉症

スペクトラムの人々の就労に向けた支援において SST が安全かつ有効に施行でき，そこで獲得された能力が就労後も役に立つということについて，強い印象を得た。本稿では，その経験に基づいて，対象者の特性に応じた SST の工夫について，筆者の考えを述べたい。

I 自閉症スペクトラム障害と SST

自閉症スペクトラム障害（以下，ASD）とは，ローナ・ウィング（Wing, L.）が提唱した概念で，自閉症に関連した発達障害の幅広い状態を含んでいる（Wing, 1996）。医学的概念としての厳密性・妥当性に関しては議論があるとしても，臨床的には広く用いられている有用な概念である。ICD-10 による広汎性発達障害の範囲と正確に一致するわけではないが，本稿では便宜的に同様の状態を表すものとして扱う。

発達障害には，さまざまな定義があるが，小児期から明らかになる認知や情緒の偏りであって，その原因が脳機能の障害にあると想定されるものと考えてよい。そのなかでも特に，自閉症スペクトラム障害は，非常に高い有病率を示し，就労を含む社会適応において著しい困難が認められることから，臨床的に重要な意味を持つ発達障害の一群である（Wing, 1996）。

ASD の患者では，他者の感情や知識の認知を含む，社会的状況の認知の困難があり，また，自分自身の状態を認識する"自己モニター"に関する能力の障害を伴うことが多い。その学習の様式は，課題の複雑さによっては，健常者よりも強い刺激過剰選択性を示すことがあり，そのために，仮に部分的な手掛かりによって学習が成立したとしても，反応の仕方が不適切である場合や，または，汎化がおこらない場合があると考えられる。また，幼少時に見られることがある部分模倣（鏡像反応）に典型的に見られるように，行動の模倣に困難があるとされている。

なお，ASDの辺縁には，疾患として診断する範囲に入らない，思考と行動の特性の偏りを持つ群があり，遺伝子型のレベルでの共通性が存在するという仮定の下に，研究上は「より広い表現型」，すなわち"broader autism phenotype"（BAP）として認識されている。これは，疾患概念ではないが，実地臨床においても，疾患と鑑別すべき状態として意味があるものと思われる。BAPの範囲の人々も，さまざまな程度の社会的な生きづらさを持っていると考えられている（Geraldine et al., 2002；Scheeren & Stander, 2008）。

ASDにみられる社会的な能力の障害に対する治療手段の一つとして，SSTが用いられることがある。SSTは，精神科領域では，生活技能訓練と訳されることが多いが，社会的スキル訓練と訳されることもある。特に教育分野などでは，ソーシャルスキルの獲得に着目した介入であれば，すべて含める考え方もあるようだが，少なくとも精神科の領域での用語の使い方としては，社会的学習理論（Bundura, 1977）に基づいて，モデリング，シェイピング，リハーサル，強化などの技法を組織的かつ明示的に適応しているような，構造化されたプログラムのみを，SSTと呼ぶことが一般的である。このように限定して考えないと，社会適応を標的とした精神療法がすべて含まれることになってしまって不都合である。したがって，たとえば，単なる遊戯の場面などで，その都度に不適切な行動の修正を教示するような方法は，仮にソーシャルスキルを形成する目的で実施されていたとしても，それだけではSSTという呼び方をしない方がよいと筆者は考える。ちなみに，より自然に近いセッティングの中で，社会生活に必要なスキルを形成する方法の例として，RDI（Gutstein, 2000），インリアル・アプローチ（竹田・里見，1994）などで用いられる技法があり，その他にも，さまざまな修正行動主義に基づく技法が存在している。これらは，SSTとは異なった理論的背景と実践の体系を有しているので混同してはならない。

ASD を対象とした SST の有効性に関しては，従来からその可能性が指摘されている（Ozonoff & Miller, 1995）。また，近年では，わが国でもすでに多くの実践と報告が蓄積されつつある（黒籔ほか，2005；日戸ほか，2005；舳松ほか，1998）。しかし，具体的な実施上の技術的詳細に関して，体系的に叙述した報告は少数である。また，特に ASD の児童に対する SST プログラムの有効性に対する実証的検討はまだ不十分である事が，海外でも指摘されている（Rao, Beidel & Murray, 2008）。就労支援における SST の応用に関しては，それぞれの支援現場での，手探りの工夫が続いている段階といえる。

II　自閉症スペクトラムの就労支援のために必要なこと

　ASD を持つ人々の就労のために必要となる条件は，大きく分けて 2 つある。一つは，直接的に作業を行うために必要とされる能力であり，もう一つは，環境としての職場で人々に疎まれないようにする能力である。そこで，これらの必要な能力について，具体的にどのような問題が想定されるか検討する必要がある。
　まず，前者の直接的な作業能力の中身を考えると，単に一定の操作を記憶して実行できる能力と，指示の意味を理解し例外的な状況にも柔軟に対処できる能力という，2 つの水準がある。
　このうち，一定の操作を記憶して実行できる能力については，ASDでは，実行機能の障害があるとされており（Hughes, Leboyer & Bouvard, 1997；Hill, 2004），行動の自発的な抑止，注意の移転，計画の組み立て，ワーキングメモリーなどの機能に困難が見られる。また，多くの ASD 者は学習障害症状を伴っており，なかでもアスペルガー障害の一部では，非言語性の能力，たとえば視空間的イメージの内的な操作などに困難を持つ場合がある。これらの症状は，作業の学習と遂行を妨げる。このた

めに，"仕事の覚えが悪い""仕事が遅い""要領が悪い""ミスが多い"などの評価を受けやすい．

　また，直接的な作業能力の他の側面として，多くの場合は，作業に関する漠然とした指示を理解して柔軟に対応する能力が要求される．しかし，ASD 者では，状況に含まれる"自然な文脈の手がかり"を利用することが困難であるために，指示の意味が理解できないことが多い．そのために，指示をする上司や同僚にしてみると，"暗黙の前提がわからない""空気が読めない""気が利かない"という結果になる．指示理解の困難については，表面的な操作にとらわれてしまい，結果として，その操作の全体の作業の中での位置づけに注意が向かなくなることも関係している．このために，"作業の意味がわかっていない"と評価されることになる．

　企業就労という現実において，残念ながらというべきかもしれないが，非常に重要なのは，職場で他者に疎まれないスキルである．一般的に，ASD 者の「職場での人間関係」と表現される領域の問題の本質は，環境としての職場において，他者の攻撃行動を誘発しないということに集約される．一般に人間関係といえば，攻撃を誘発しないこと以外にも多様で豊かな側面が含まれるが，今日普通であるような，非常に厳しい条件での就労支援を行う実際の現場では，多くを求めることは，何も得られないことに直結する．最小限必要なことは，他者の攻撃を引き出さない，そのためには他者を不快にしない，攻撃を引き出してしまっても収拾する，さらに可能であれば，対立の可能性をあらかじめ察知して自分の立場を適切に伝える，そして，被支援者自身が相手を恨まないということである．

　就労支援を標的とした SST は，就労に必要な諸条件のうちで，主に作業指示の理解と，職場で疎まれないことに関連した支援に役立つと考えられる．直接的な作業能力の障害のうちで，作業の学習と遂行の能力

に関する部分については，他の支援の工夫を必要とする。

III　明神下診療所デイケアでのSST

　筆者が所属する診療所のデイケアでは，その対象の範囲を，広汎性発達障害の診断を受けた，原則として18歳から35歳の外来患者で，1〜2年以内に就労をめざすものとしている。デイケアは，毎週火曜から金曜まで，週4日実施しており，一日の利用者数は10〜15名程度である。プログラムの内容としては，レクリエーションや，料理，工作，運動などの一般的なプログラムのほか，コミュニケーションスキルの学習，就労に関する知識・スキルの学習を行っている。デイケアの運営方式としては，規模が小さいこと，平均的な利用期間が2年に満たない比較的メンバーの交代の早いデイケアであることから，実行委員会形式（宮内，1994）ではなく，スタッフ主導型の運営を行っている。ただし，外出や料理など一部のプログラムでは，メンバーによるミーティングで目的地やメニューを決定している。

　デイケア受け入れの基準として，WAISでおおむねFIQ85以上，かつVIQ85以上としている。この基準を満たさない患者群の場合には，認知的な代償の可能性の範囲がより狭く，言語的な要素の強いグループの相互作用や，言語を介した認知的トレーニングが強いストレスを与える可能性があると判断されること，また，その場合には集団での訓練よりも，個別的な対応や環境調整の比重が大きくなるという経験的な事実に基づいている。デイケア参加時には，「デイケアの目的は就労である」と単純化して説明しており，これに同意することが参加の条件となっている。これは目的が具体的・明示的でないと動機づけが高まりにくいという特性に配慮したものであり，また目的が明確であることは，集団の凝集性を多少なりとも高めることに役立つ可能性があると考えている。

実際には，単に就労のみを目的としているわけではなく，社会適応の全般的な改善を治療目標としている。

デイケアでのSSTでは，統合失調症でのSSTとの対比を明らかにし，かつ，可能な限り統合失調症で得られている経験を活用する意図から，基本的にはベラック（Bellack, A.S.）らのプログラムに準拠している（Bellack et al., 2004）。ベラックらのSSTのスタイルは，セッションの構造が事前に明らかであり，グループ全体でテーマを共有することが容易である。たとえ，知的に遅れがなく，就労を目前の問題として考えられるだけの能力の水準にあっても，ASDの人々にとっては，セッションの展開が予期できないことは課題をより難しくする要因になる。また，社会的状況の認知の困難と自己モニターの障害のために，自分が必要としている課題を自分自身で発見し，それを明確な形で定式化することが困難である。そのために，個人ごとのロールプレイの場面設定を，メンバー自身で提案するように促す形式は，メンバーとリーダーの両方にとって，技術的な難易度が高くなりすぎてしまうことがある。

SSTのセッションは，初期を除いて，おおむね月に2回程度，木曜日の午後に，デイケアルーム内で実施している。通常は全メンバーを1グループとして行っているが，参加者が10名を超えるような時には，適宜グループを2つに分けることもある。構造を明らかにする意味で，使用する部屋のセッティングは，なるべく毎回同じになるようにしている。また，当然のことだが，SSTのセッションの約束事や，進行の手順，誰がリーダーであるかなどを明示するようにしている。

セッションの最後に，個別にふりかえりシートを作成し，その時に宿題を設定する。我々のデイケアの対象者の場合，自分で宿題の実行できる状況を見つけだすことは，ほとんどの場合困難である。そのため，宿題は具体的な場面一つに限定し，いつどこで宿題を遂行するか具体的に指示する。その際に必要があれば，デイケアの中で宿題を実行できる状

況をスタッフが意図的に設定する。

　SSTをデイケアのプログラムとして実施することには，いくつかの利点がある。デイケア以外に社会との接点が乏しいケースが多いため，デイケアの場面を利用しないと，宿題の遂行が難しいということもある。また，デイケア内で経験する対人的な問題と，SSTの課題を結びつけて考えることが容易になるということもある。実際に，多くのメンバーが，SSTで学んだことを，デイケアの中の他の場面で試そうとすることが観察されており，行動主義的な表現をすれば「汎化がみられる」といってよい。スタッフの側としても，SSTの場面だけでなく，メンバーの生活の中での振る舞いをよくみることができる。そのため，いま必要な課題を選びだすことが容易になり，また，介入の結果をあらかじめイメージする上で有利な条件を得られる。

　デイケアプログラムの中で，SSTは，デイケアで人気の高いプログラムになっており，出席率も高い。デイケアについてのメンバーへの面接でも，SSTについての振り返りが話題になることが少なくない。デイケアのスタッフは，SSTなどのプログラムは，"実用的"で，"お得感がある"とメンバーからみられていると感じている。

IV　自閉症スペクトラムの人々の就労に向けたSSTの工夫

　SSTに対する一般の強い期待にもかかわらず，実際にはASDに対してSSTを施行することは，ASDの特性に正面から挑戦することであり，非常に困難であると考えるのが理論的には自然である。想定される困難を表に示した（表1）。

　これらの難点を回避するための方法の一つとして，認知的代償の可能性が大きいケースを対象とすることが考えられる。そこで，我々は，精神遅滞を伴わない成人のASDに限定して，グループ活動とSSTを実施

表1　ASDのSSTで想定される困難

ASDに多い特性	予想される困難
行動の模倣の困難	モデリングによる学習が難しい
協調運動障害	行動がぎくしゃくして不器用
社会的状況の認知の困難	受信技能がなかなか身につかない
強い刺激過剰選択性	部分的な手掛かりへの固執
自己モニターの障害	自己報酬による強化が成り立ちにくい
汎化の難しさ	現実場面で応用ができない
同一性保持	古いルールへの固執
言語性能力の障害	スキルの意味の理解が進まない
感覚過敏	集団場面での疲労が激しい

することから始めることにした。言語性知能の低いケースや，小児のASDに対しても，SSTが応用可能である可能性はあるが，それは比較的困難であると予想されるため，すでに詳しくわかっている統合失調症のSSTとの対照が可能で，技術的に容易であると思われる対象を選択したのである。

このような対象の選択にもかかわらず，ASDのSSTは，統合失調症のSSTとは異なった工夫のポイントを必要としていた。項目ごとに分類して，筆者らが試みている工夫を表に示してみた（表2）。

全体として，常識的な直感や，自然な気持ちに頼ることができないので，言語的な説明に頼ることが多くなる。そのために，メンバーにとっては，ある程度の言語的な能力を必要とすることになる。極論すると，常識や気持ちの理解を，言語性の推論や，視空間的なイメージで代償していくと言ってもよいかもしれない。

しかし，推論は常に遅いものであり，イメージはいつも利用できるとは限らないため，モデルはシンプルである必要がある。余分なことをすると，大切なことと偶発的なこととの区別ができないので，学習が阻害

表2　SSTの工夫

1）モデリング
簡単で分かりやすい場面と行動を選ぶ／登場人物を少なくする／はじめからリーダーがシンプルなモデルを示す／極力余計なことをしない
2）シェイピング
ステップを細かく分割する／各ステップの意味と，全体像を明示する／技能の意味を言語的に明快に説明する／特に非言語的要素について，言語的に指摘する
3）ロールプレイ
「気持よりも型をまず覚える」と教示／「気持ちは，必要ならあとからついてくる」／自分のやり方に固執しても否定しない／その古い行動の型の隣に，新しい行動を追加する／滑らかさより，「通じる」ことを重視する
4）フィードバック
何がよい点なのか明確にする／必要なら，なぜよいのか言葉にして説明する／メンバーのフィードバックの技能を育てる／自己モニターの弱さを補助する
5）スキルの選択
カテゴリーとしては統合失調症のモデルと同じ／しかし具体的なスキルの型は特性にあわせる／受信技能の弱さを織り込んで設定する／グループ活動とSSTを組み合わせて使う
6）認知的水準
メタ認知に焦点を当てる（「知ること」について知る）／対人行動はスキルとして学習できることを知る／文脈依存的な処理が苦手であることを知る／社会的な場面の中で注目すべき点を見つけやすくする／見つけた手がかりによって問題を図式化する
7）価値的水準
本人なりの特殊な価値観を受け入れも否定もしない／複数価値観が存在しうることを知る／現実の労働には"とりあえず信じる"ことが必要と知る／単純な仕事を蔑視しないことを知る

される。無駄なおしゃべりなどは大敵である。

　メンバーの言語的な能力が低い場合も，逆説的ではあるが，言葉での説明が重要になる。この場合には，自分の観察したことを自分で言語化できないために，リーダーが代わって言語化する必要があるためである。この場合の説明は，長いものであってはいけない。ワンフレーズで本質を表す必要がある。

　模倣の力の弱さや，不器用さのために，シェイピングにおいては，ステップを特に細かくする必要があることが多い。しかし，ステップを細かくすると，全体との関係での意味を見失うので，各ステップの意味と，

それが全体像にどうつながるのかを丁寧に説明する必要が生じる。

　また，これも一見矛盾するようだが，非言語的な要素への注目を促すためには，言語的な指示を必要とする。特に非言語的な要素の，"強度"については，適切な程度をモデリングだけでは理解できない場合がある。小さなステップでモデリングとフィードバックを繰り返し，程度の弁別ができるようにしていく。対人距離などのように，空間的に測定できるものは，たとえば何センチなどというように，量として具体的に示すことも有効である。

　ロールプレイでは，気持ちばかりに注目すると混乱しやすいので，「まず型を整える」と教示する。いささか胡散臭く聞こえるが，「型が身につけば，おのずと意味は悟られる」というような言い方をすることにしている。別の言い方をすると，「意味はわからなくとも，とりあえず信じて覚えてほしい」という主張である。実際にはかなり丁寧に意味を説明しているのだが，このようにしないと，瑣末なことを気にして学習が進まないことがある。

　時に，かつて学習した非機能的な行動の型に固執することがあるが，直接に消去しようとする必要はない。それは温存したままで，並行して別のスキルを形成すればよい。

　フィードバックにおいても，ただ拍手したりするのでは強化子になりにくいように見える。どこがどのようによかったのかを明示的に示す必要がある。必要があれば，くどいようでも理由まで詳しく説明する。メンバーによるフィードバックにおいては，注目すべき点がわからなくて混乱しやすいので，フィードバックに際しても，モデリングや事前の教示を用いて，フィードバックの仕方を整える必要がある。

　学習すべきスキルの選択は，大枠では統合失調症の場合と大きく変わらないが，個々のスキルの型の選択は，ASDの特性を考慮して行う。ほとんどの場合は，より親密になるとか，良い印象を与えるという以前

に，相手に失礼のないようにするとか，不快な印象を与えないということをまず目標とすることになる。その意味で，滑らかであることや，温かさよりも，とりあえず通用する無難なスキルを優先して採用する。

ASDでは，特に，社会的な状況を適切に把握する受信技能に著しい障害があるため，社会的な場面において，何に注目して状況を弁別するべきかに注意を払ってSSTを進める必要がある。必要に応じて，何に注目したらよいか，あるいは，どのような分析の枠組みを用いるとよいか，認知のレベルで具体的に示す必要がある。受信技能の問題は，障害の本質に属する問題なので，直接的に改善することには限界がある。しかし，たとえば，「復唱することによって指示の理解を確認する」とか，「自分から必要なことを質問する」というスキルがあれば，間接的に受信技能が改善する。それでもなお，受信技能に弱さがあることを考慮して，スキルの選択の際には，間違えても失敗が大きくならないような方法を工夫する必要がある。

ASDのSSTでは，統合失調症のSST以上に，単に行動主義的な観点だけでなく，認知的な水準に注目して，「スキルを学習する」という対処の枠組みを自覚的に利用できるように促す必要がある。高機能のASD者では，全く訓練していないスキル領域でも社会的行動に向上がみられることが普通であるが，これは汎化ではない。「一定の図式に当てはまる状況に，特定の対処行動をとる」ことを学習するという枠組みを，自発的に他の領域に適用して，いわば"自己SST"によって新規に獲得した行動であると考えるのが自然である。ただし，これが，すべてのメンバーに可能であるとは限らない。

このような自己訓練は，必然的にメタ認知の水準での自己操作を必要とする。簡単に言うと，自分の考え方を，自分で変えていくということである。こうしたメタ認知水準での操作を支援するなかで，たとえば文脈依存的処理が苦手であるというような，自分自身の認知特性の偏りを

自覚し，意図的に補正することができる場合もある。その意味では，単なる訓練としてではない，心理教育あるいは認知療法としてのSSTの側面を強調する必要がある。

　ASDの社会的不適応には，非機能的な価値観が関係していることがある。特定の奇妙な行動のスタイルに固執したり，単純な労働を蔑視したりすることには，特定の柔軟性に欠けた価値観が作用している場合がある。自己モニターの障害とも関連して，まったく適性のない職業分野に固執するケースも少なくない。単純な修正が困難な場合には，遠回りなようでも，「一つの物事に複数の見方が存在しうる」ということから学習していく必要もある。

おわりに

　自閉症スペクトラム障害のSSTでは，失われたスキルを再建するのではなく，まったく土台のないところに建設するという側面の方が強い。そもそもASDを持つ人々は，社会性の障害のために，自己のスキルの良否を多様な観点で検討することに困難がある。そのために，どのようなスキルを教えるのかという点で，治療者には重い責任が課せられている。「正解を教えるのではなく，使えるスキルの選択肢をふやす」という点を，より強く意識してのぞむことが，リーダーに求められている。唯一の正解などというものは，ソーシャルスキルにおいては存在しえない。ひとりひとりの特性と環境にあわせて，ともにスキルを編み出していくことが，役に立つSSTの条件である。

文献

Bellack, A.S., Muser, K.T., Gingerich, S. & Agresta, J.（2004）Social Skills Training for Schizophrenia : A Step by Step Guide（2nd Ed）（熊谷直樹ほか訳（2005）わかりや

すい SST ステップガイド――統合失調症をもつ人の援助に生かす．星和書店．）
Bundura, A.（1977）Social Learning Theory.（原野広太郎監訳（1979）社会的学習理論．金子書房．）
Geraldine, D. et al.（2002）Defining the broader phenotype of autism：Genetic, brain, and behavioral perspectives. Development and Psychopathology 14；581-611.
Gutstein, S.E.（2000）Autism Aspergers : Solving the Relationship Puzzle.（足立佳美監訳（2006）自閉症／アスペルガー症候群 RDI「対人関係発達指導法」――対人関係のパズルを解く発達支援プログラム．クリエイツかもがわ．）
舳松克代ほか（1998）SST が有効であったアスペルガー症候群の一例．精神科治療学 13；897-906.
日戸由刈ほか（2005）アスペルガー症候群の COSST プログラム――破綻予防と適応促進のコミュニティ・ケア．臨床精神医学 34-9；1207-1216.
Hill, E.L.（2004）Executive dysfunction in autism. Trends Cogn Sci 8-1；26-32.
Hughes, C., Leboyer, M. & Bouvard, M.（1997）Executive function in parents of children with autism. Psychol Med. 27-1；209-220.
黒籔真理子ほか（2005）AD／HD，アスペルガー障害の児童に対するセルフ・エフィカシー（自己効力感）に着目した SST の試み．福島医学雑誌 55-3；199-200.
宮内勝（1994）精神科デイケアマニュアル．金剛出版．
Ozonoff, S. & Miller, J.N.（1995）Teaching theory of mind : A new approach to social skills training for individuals with autism. J Autism Dev Disord 25-4；415-433.
Rao, P.A., Beidel, D.C. & Murray, M.J.（2008）Social skills interventions for children with asperger's syndrome or high-functioning autism : A review and recommendations. J Autism Dev Disord 38-2；353-361.
Scheeren, A.M. & Stauder, J.E.（2008）Broader autism phenotype in parents of autistic children : Reality or myth? J Autism Dev Disord 38-2；276-287.
竹田契一・里見恵子（1994）インリアル・アプローチ――子どもとの豊かなコミュニケーションを築く．日本文化科学社．
Wing, L.（1996）The Autistic Spectrum : A Guide for Parents and Professionals.（久保紘章・佐々木正美・清水康夫監訳（1998）自閉症スペクトル――親と専門家のためのガイドブック．東京書籍．）

第 9 章

家族・集団を媒介として支援する

第 1 節

発達障害の親訓練

大隈紘子・中山政弘
OKUMA Hiroko, NAKAYAMA Masahiro

はじめに

　発達障害を持つ子どもを支援する時に，親を支援することには大切な意味がある。親の状態が子どもの状態にも大きく影響するため，親が心理的に安定することで子どもの治療が進めやすくなる。また親を支援することで，児童虐待などの不適切な養育へのリスクも低減する。発達障害を持つ子どもを育てることは，健常児の育児よりもストレスを感じることが多いからである。
　発達障害を持つ子どもの親が，子どもにどのように関わったらいいか悩んでいたり苦労していることに対して，自分の子どもが持っている発達障害の特性を理解し，親がこうすればうまくいく，こうやれば子どもが伸びるという養育スキルを具体的に身につけて実践していくことを支援することも，親のストレスを軽減する方法のひとつである。
　本稿では，発達障害を持つ子どもへの支援として，親自身に行動療法に基づいた子どもの養育スキルを学んでもらう親訓練について，事例を提示しながら紹介する。

I　親訓練（Parent Training）

　親訓練とは，診察室やプレイルームで行われる子どもへの直接的な関わりを中心としたアプローチではなく，親自身が子どもにとって最良の治療者になることができるという考えに基づいて，親自身が行動療法の考えによる家庭での子どもの養育スキル（技術）を身につける実習を中心としたアプローチである（大隈ほか，2005）。1960年代にアメリカを中心に始まり，日本でも「親訓練」や「ペアレント・トレーニング」などさまざまな名称で実施されている。

II　肥前方式親訓練（Hizen Parenting Skills Training：HPST）プログラムの概要

　肥前精神医療センターでは，1991年から「お母さんの学習室」という名称で発達障害，とくに知的障害を持つ子どもたちの親を対象とした治療プログラムを開始した（山上，1998）。さらに，2000年からはAD/HDを持つ子どもたちの親を対象とした治療グループも開始し（大隈・伊藤・免田，2002），AD/HDの親訓練プログラムを完成させた。現在，春期と秋期の年2回親訓練を実施している。春期は知的障害を伴わないAD/HDなどの子どもたちの親を対象にしている。秋期は知的障害を伴う自閉性障害やダウン症などの子どもたちの親を対象としている。なお，毎回の募集人数は子どもの年齢が3歳から10歳までの9組程度の親子で，これまで参加された親からの勧めで希望されたり，外来で来られている方に案内して参加されることが多い。親訓練プログラムは週1回，1回2時間，3カ月間（計11～12回）で構成されている（表1，2参照）。

　近年の発達障害の概念の変化に伴い，当院の親訓練も広汎性発達障害

（Pervasive Development Disorder：PDD）を持つ子どもたちの親も対象としている。知的障害を伴う自閉性障害の子どもには知的障害グループで対応し，知的障害を伴わないアスペルガー障害の子どもには AD/HD グループで対応している。

このプログラムは，1回のセッションが2部構成となっている。1部は参加者全員が受ける全体講義であり，2部は参加者を3グループに分けて，それぞれの参加者が自分の子どもに対して個別の課題を設定し，その課題への取り組みを検討するグループミーティングとなる。

講義では，行動療法の考え方を中心に，観察・記録の方法や発達障害の特性に応じた環境調整の方法などについて系統的，かつ具体的に説明する。

行動療法の考え方は，まず子どもたちの行動が，それが起きるきっかけや場面（A：Antecedent：手がかり）と，実際の子どもの行動（B：Behavior：行動），その後の周囲の人間の反応（C：Consequence：結果）によって分析できることを説明する（ABC分析）。そして，この原理を応用して，身につけてほしい行動がある時には，その行動を起こしてほしいきっかけや場面を設定し，身につけてほしい行動が起こった後にほめることと，必要に応じてごほうびをあげること，言いかえると，子どもにとってうれしい結果をもたらすことで，その行動をその後起こしやすくすることを説明する。問題行動と言われているものは，子どもの行動に対して周囲の人間が起こした反応が子どもにとってうれしい結果（強化子）になっているので，同じようなきっかけや場面でその行動が繰り返される（強化）ことで，問題行動が増悪したり維持されていると説明する。

さらに，子どもの障害特性に応じた環境の整え方や指示の出し方についても TEACCH プログラムで用いられる「構造化による指導」の考え方をもとにした方法を説明している。

表 1　HPST プログラムスケジュール（知的障害グループ）（山上, 1998）

セッション	内容	
	前半	後半
0	プレ面接（子どもと親のアセスメント）	
1	オリエンテーション／自己紹介	講義①「概論」
2	講義②「実例の紹介」	グループミーティング
3	講義③「行動の観察と記録の仕方」	グループミーティング
4	講義④「望ましい行動を増やすには」	グループミーティング，ビデオ撮影①
5	講義⑤「できない時の手助けの仕方」	グループミーティング，ビデオ撮影②
6	講義⑥「環境の整え方」	グループミーティング，ビデオ撮影③
7	講義⑦「困った行動を減らすには」	グループミーティング
8	グループミーティング	ビデオ供覧①
9	グループミーティング	ビデオ供覧②
10	グループミーティング	ビデオ供覧③
11	ポスト面接（子どもと親のアセスメント）	修了式

　グループミーティングでは，母親に子どもに身につけて欲しい行動とやめて欲しい行動をそれぞれ 5 つずつ挙げてもらう。それらの行動の中から治療スタッフと話し合いながら，親訓練の期間中に母親が個別課題として取り組む目標行動を 2 つ選ぶ。目標行動としては，AD/HD グループでは主に，宿題や片付けが選ばれることが多い。知的障害グループでは主に，トイレットトレーニングや衣服の着脱など身辺自立に関すること（ADL : Activities of Daily Living）が取り上げられることが多い。

　全体講義とグループミーティングの両方を行うことで，単に行動療法の知識を身につけてもらうだけでなく，その考え方をもとに自分の子どもと関わるためには，どんなところを具体的に工夫すればいいのかとい

表2 HPSTプログラムスケジュール (AD/HDグループ)(大隈ほか, 2005)

セッション	内容	
	前半	後半
0	プレ面接(子どもと親のアセスメント)	
1	オリエンテーション/自己紹介	講義①「概論」
2	講義②「実例の紹介」	グループミーティング
3	講義③「行動の観察と記録の仕方」	グループミーティング
4	講義④「望ましい行動を増やすには」	グループミーティング,ビデオ撮影①
5	講義⑤「ポイントシステム」	グループミーティング,ビデオ撮影②
6	講義⑥「環境を整える」	グループミーティング,ビデオ撮影③
7	講義⑦「困った行動を減らすには」	グループミーティング
8	講義⑧「外出先の工夫」	グループミーティング
9	グループミーティング	ビデオ供覧①
10	グループミーティング	ビデオ供覧②
11	グループミーティング	ビデオ供覧③
12	ポスト面接(子どもと親のアセスメント)	修了式

うことをスタッフや他の母親と一緒に考えることができる。

　母親には子どもの2つの目標行動について,第3セッションから観察・記録をしてきてもらう。毎週,観察・記録してきてもらった内容をもとに,スタッフや同じグループの親の全員で,それぞれの目標行動について話し合いをしていく。子どもについての記録を通して,子どもの行動や発達障害の特性について記録にある具体的な行動を挙げながら説明し,理解してもらう。子どもが課題をどのように進めているか,目標行動がどの程度定着しているのかなどを確認しながら,さらに目標行動を定着させるためにどのような点を工夫したらよいかをスタッフや他の母親と一緒に考える。スタッフはその中で,目標行動を行いやすい環境

か，母親が子どもにどのように説明しているのかなどについて，具体的に確認していきながら治療の方向性を決める。さらに母親と一緒に，時には講義の内容を思い出してもらいながら，あるいは親同士のやり取りの中からさまざまなアイデアを考えていき，それを家で実行したものを再び次のセッションで検討する。

以上をふまえて，ここからは事例を通して，プログラムが実際にどのような流れで進んでいくか，そしてその時に治療者がどのような支援を行っているのかを説明する。なお，事例は個人情報の保護に配慮して，一部改変を行っている。また，事例の母親から掲載の同意を得ている。

事例

Aくん——男，5歳（保育園年中）
家族構成——母親（30代前半，パート），妹（2歳）とAくんの3人家族
診断名——アスペルガー障害

生育歴・現病歴
B県にて出生（39週2,460g），出生時異常なし。
初語——2歳。3〜4歳で文章が話せるようになる。初診時にも時々助詞を間違うことがある。
初歩——10カ月。2〜3歳頃，スーパーの中で手を離して行ってしまい，迷子になる。道に飛び出して車にぶつかりそうになる。
排泄——オムツは3歳でとれる。夜尿は3歳までであった。
健診——1歳6カ月や3歳6カ月の健診ではとくに発達の遅れを指摘されたことはない。
3歳——両親が離婚。
4歳——保育園で課題はみんなと一緒にできるが，じっと先生の話を聞

かないといけない時に歩き回ることや，友達と遊ぶのは好きだが，何度もちょっかいをかけてトラブルになることが報告される。このころから，市役所の母子保健の保健師さんに定期的に相談するようになる。
5歳――市役所から紹介されて当院を受診，アスペルガー障害という診断を受け，主治医から「お母さんの学習室」を勧められて，参加を希望される。

初診時現症
いすに座って話はできるが，落ち着かない様子が認められた。
診察室の外で足音がするたびに振り返り，足音が聞こえなくなるまでじっと見ていた。
次第に慣れてきて，質問にもはきはき答えるが，ときどき質問とは関係ないことを答えることがあった。IQ=97（田中ビネー知能検査）

セッション1
母親の自己紹介では，子どもの状況として，身辺自立はできており，家で困っていることはないが，保育園での式典や発表会の練習にうまく参加できないでいることが心配である。小学校入学時には，じっとできるようになって欲しいことを話された。母親は少し緊張している様子であった。

セッション2
目標行動を決めるために，前回のホームワーク（宿題）として，獲得させたい行動と困っている行動をそれぞれ5つずつ考えてきてもらったところ，獲得させたい行動は以下の行動であった。

● 教室以外で動き回らないで欲しい

- 遊んだおもちゃは，片付けて欲しい
- テレビを観る時間を決める（優先順位なし）

　5つの行動について順に1つずつ具体的に聞いていくと，「教室以外で動き回らないで欲しい」は，保育園では教室以外での活動などでは先生の話を聞くことが難しかったり，離れたところに行ってしまうとのことだった。「遊んだおもちゃは，片付けて欲しい」は，お風呂に入る前に片付けをさせているが，なかなかはかどらず，最後は母親が待ちきれずに片付けてしまっているとのことだった。「テレビを観る時間を決める」は，テレビを観はじめたら長時間観続けることが多く，途中で母親が話しかけても聞こえていない様子であるとのことであった。
　一方，困っている行動は，以下の行動であった。

　①教室以外でも集団行動の時に動き回る
　②集団でいても，一人が動き出すと，自分も動き出す
　③状況によって自分の気持ちを抑えられない

　これも1つずつ具体的に聞いていくと，①は獲得させたいことと同じ行動であった。②も獲得させたいことと同じで，他の子どもの動きに影響を受けやすいとのことであった。③は例えば，同じお菓子が2つあった時に，一度自分が手に取ったら，それを妹にあげようとするとすごく嫌がったとのことであった。
　治療者側から考えると，母親が取り組む課題を選ぶ場合に，できれば母親が直接観察や関わりができる場面や時間帯の行動を選んでもらうようにする（大隈・中山，2009）。そのため，園や学校での行動の観察は先生にお願いすることが必要になる場合は，実際に取り組む前に，どの程度協力してもらえるのかということを確認してもらうようにお願いし

ている。
　この事例では，保育園の先生と相談をしてもらった上で最終的に決めることにして，仮に次の2つを目標行動に決定した。

　　A．お風呂に入る前に，出したおもちゃを自分で片付ける
　　B．保育園の教室の中での集団遊びに，最後まで参加する

セッション3
　ごほうび探しのホームワークで，本人が好きな食べ物や飲み物，遊び，品物，言葉がけや関わりを挙げてきてもらい，その中から，目標行動を次のように実行できるようにした。

　A．お風呂に入る前に，出したおもちゃを自分で片付ける
　→携帯ゲーム機（約2万円）を買う資金の一部として，1回の片付けにつき1円をもらえる。金額についての理解は十分ではなかったし，実際の金額がたまるまでにはかなりの時間がかかるので，差額は母親が出すつもりでいるとのこと。
　B．保育園の教室の中での集団遊びに，最後まで参加する。
　→1日できるごとにシール1枚がもらえて，シールが5枚たまったら，図書館にDVDを借りに行くことを，仮のごほうび（強化子）とすることにした。なお，ここではシール自体がごほうびであるが，シールがいくつか集まることで価値のあるものと交換できるという，「トークンシステム」という方法を用いた。

セッション4〜10

その後の経過は以下の通りである（表3，4参照）。矢印以下の内容は，治療者の母親へのフィードバックである。

実際のグループミーティングでは，他の母親や治療者からもアイデアを出してもらいながら治療を進めていく。ここでは母親と治療者とのやりとりを中心に治療経過をまとめている。

まとめ

Aくんの親訓練の経過の中で工夫したことをまとめると，以下のようになる。

A. お風呂に入る前に，出したおもちゃを自分で片付ける
- 片付けの開始と終了の合図を，タイマーを使って明確にしたこと。
- おもちゃを入れる箱を1つから2つに増やしたり，「おかたづけの順番表」を机に貼って，片付けの順番を提示するなど片付けをしやすい環境に整えたこと。

B. 保育園で，給食の時間になったら自分の教室に入り，机の上にランチョンマットを敷く
- 自分の教室に入る前の図書コーナーが気になっていたので，教室に入ること自体も課題のひとつにしたこと。
- シールの枚数についての数概念は理解していたが，母親がシールを貼る枠を書いたノートを作って，どこまで貼れたらごほうびがもらえるかということを見てわかるように工夫したこと。

これらの工夫は，プログラムの経過の中で観察・記録に基づいた話し合いをしながら，治療者と親との話し合いの中から出てきたアイデアを

第1節　発達障害の親訓練　397

表3　Aくんのセッション4以降の様子（その1）

	A	B
目標行動とごほうび（強化子）の約束	お風呂に入る前に，出したおもちゃを自分で片付ける （ごほうび）1回の片付けにつき1円をもらえるもらったお金は，1.5Lのペットボトルを貯金箱代わりにして，そこに入れておく	保育園の教室の中での集団遊びに，最後まで参加できる →保育園で，給食の時間になったら自分の教室に入り，机の上にランチョンマットを敷く （ごほうび）1日できるごとにシール1枚がもらえて，シールが5枚たまったら，DVDを借りに行く
セッション4	片付けを始めるまでに必要な声かけの平均回数：2回 片付けをするために必要な時間：10分 片付けに集中できると，素早くできるようだが，今は一つ一つ片付けることを指示している状態で，なかなか進まない。 →終了時間の見通しを持ってもらうため，タイマーが鳴る（15分）までに片付けるようにしてみましょう，と返す。	「給食の準備のために，建物の中に入る」場面の方が，気になった。 外遊びの最後にゲームをしてから，教室に入るようになっているが，ゲームに勝つまで中に入ろうとしなかった，とのこと。 →それでは，「保育園で，給食の時間になったら自分の教室に入り，机の上にランチョンマットを敷く」ことを目標にして，これから取り組んでいきましょう，と返す。
セッション5	成功した日：5日中3日 ペットボトルにお金が入っているのを見て，うれしそうな様子。 成功できなかった日は，箱に入れることに手間取ったせいとのこと。 具体的に聞くと，箱の中に整理して並べないと片付かないきっちりした大きさの箱のようだ。 →タイマーを使って，片付ける時間は意識しているので，一人で片付けて，お母さんが最後にチェックすることと，片付けがしやすいように箱を少し大きいものにしてみては，と返す。	成功した日：5日中0日 ごほうびのルールを説明して，時間通りに教室に向かうことはできたが，教室の手前に図書コーナーがあり，そこで本を読んでいて遅れていたことがわかる。 →「教室に入ること」と「ランチョンマットを敷く」の2段階で評価してみることと，それに伴ってもらえるシールが増えるので，できた時のごほうび（強化子）がもらえるルールの変更を本人と再確認してください，と返す。

表3 つづき

セッション6	成功した日：5日中4日 箱の大きさは変えずに、もう1つ箱を用意したとのこと。成功しなかった日は、テレビをつけていて、そちらに気を取られていたので、テレビを消したらすぐ片付いたとのこと。また出したおもちゃの量が多い時は、2円もらえるようにしたとのこと。 →おもちゃの量に合わせてごほうびの量を調節されたことはすごくいい方法ですね、とほめる。片付ける前にテレビを消すことも手順に入っているといいですね、と返す。	教室に入れた日：5日中5日 準備ができた日：5日中4日 シールを貼るノートを新しくし、2段階で評価して、シール5枚で好きなキャラクターのカード、10枚でDVDを借りるようにルール変更したとのこと。登園する前など、シールを貼る時以外も、給食の時間になったら教室に入って、ランチョンマットを敷くことができていることをほめるようにしたとのこと。 →いろいろな場面でできていることを評価することを上手にできていることと、シールを貼るノートを工夫されていることをほめる。

もとに考え出したものである。その結果，Aくんも自分がいつ，どのようなことをしたら，どんなごほうびがもらえるのかということを，はっきりとわかるようになった。

　プログラムの最後には，母親から「片付けができない子だと思っていたのが，やればできるということがわかった。また，園でも集中できる時間が増えてきたと先生から聞くことができた」ことが話された。また母親自身も「この学習室に参加して，どういう風に伝えればやってくれるのかということがわかってきて，余裕をもって関わることができるようになってきた」ことを語っていた。母親の表情や口調もプログラム参加前の様子とは違って，落ち着いた感じになっていた。

表4　Aくんのセッション4以降の様子（その2）

	A．お風呂に入る前に，出したおもちゃを自分で片付ける （ごほうび）1回の片付けにつき1円をもらえる もらったお金は，1.5Lのペットボトルを貯金箱代わりにして，そこに入れておく	B．保育園で，給食の時間になったら自分の教室に入り，机の上にランチョンマットを敷く （変更後のごほうび）1項目できるごとにシール1枚がもらえて，シール5枚でカードがもらえて，10枚でDVDを借りに行く
目標行動とごほうび（強化子）の約束		
セッション7	成功した日：5日中5日 「妹とどっちが片付けるのが早いかな？」とゲーム感覚で声かけをしているとのこと。 最初のタイマーの音も気にしていないようなので，使わない日もあるとのこと。 →片付けにスムーズに取り組めていることと，お母さんが上手に声かけをされていますね，と評価する。	教室に入れた日：5日中5日 準備ができた日：5日中5日 DVDを借りて，本人はすごくうれしそうだった。次は違うものが欲しいと言っているとのこと。 園の先生からは，声かけすることが少し減ってきたような印象があるとのこと。 →値段がそんなに高価でなければ，ごほうび（強化子）の変更は大丈夫ですよ，と返す。
セッション8	成功した日：6日中6日 「おかたづけの順番表（手順書→表5参照）」を作ってみたところ，その通りにやっていた。 私が朝，化粧品を出していたら，「片付けてね」と言われた，と笑いながら話された。 片付けが定着してきたのか，本人からごほうびを要求することがなくて，ごほうびを渡すのを忘れていた日もあった。 →「おかたづけの順番表」はすごく良いアイデアですし，記録を見ると片付けがかなり定着しているようですね，一応，最後までごほうびは続けてください，と返す。	教室に入れた日：5日中2日 準備ができた日：5日中5日 この週は，他のクラスが，本人の教室の近くで活動していることが多かったとのこと。 先生の1回の声かけで，すぐに入ることはできている。 →できている日もあるので，あまり焦らないでいいと思いますよ，と返す。

表4 つづき

セッション9	成功した日：6日中6日 時計に興味が出てきたので、「長い針が9(45分)になったら、始めてね」と言ってみたら、「時間になったよ」と言って始めていたとのこと。 →上手な声かけの方法ですね、と返す。	教室に入れた日：5日中5日 準備ができた日：5日中4日 登園前に給食の時間になったら、がんばって教室に入れるように励ますことを、少し意識的にやってみたとのこと。 →上手に目標行動が達成できるように励まされていますね、とほめる。
セッション10	成功した日：6日中6日 がんばって取り組んでいる。 土日に出かける時なども、「出かけるから、片付けてね」と声かけすると、できるようになってきた。 →他の場面でも「次に何かするから、今していることを片付ける」ということがAくんに意識されていますね、と返す。	教室に入れた日：5日中5日 準備ができた日：5日中5日 母親がシールを貼るノートを持たせることを忘れた日があったが、スムーズに準備までできていたとのこと。 →することが頭に入っている感じですね、と返す。

表5 おかたづけの順番表

```
おかたづけ
1. テレビをけす
2. おもちゃをはこに入れる
3. ビデオをケースに入れる
4. おもちゃとビデオをたなにいれる
```

おわりに

　親訓練は，親に対して子どもへの関わり方のヒントを数多く，具体的にそして実践できる形で提供し，養育スキルを上達させ，子どもの養育に自信が持てるようにすることが第一の目標である。しかも小集団プログラムであるため，親が元気になれる場も提供する支援の方法であるとも言える。プログラム終了後の感想として「同じ悩みを持つ親同士で話

ができたことがよかった」ということをたくさんの親から聞くことがある。

　また，親訓練は基本的に家庭で取り組んでもらうことが多いが，この事例のように親を介して，保育園や幼稚園，小学校との連携を行うこともある。発達障害を持つ子どもの支援をする際に各機関と連携することは重要である。教師が子どもの観察と評価を行い，親がその評価を一緒に喜び，さらにごほうびとともに子どもをほめるという役割分担を行う中で，子どもの様子について情報が共有できる。そのような緩やかな連携が図られることも親訓練の効果のひとつになっている場合もある。現在，肥前精神医療センターでは保育園や幼稚園，小学校の教師に対して，親訓練のプログラムを応用させた支援プログラムである，ティーチャーズ・トレーニングも実施している。子どもの支援の方向性や考え方を共有する意味でも，親訓練の考え方を多くの人に知ってもらうことは重要である．

文献

伊藤啓介・大隈紘子（2005）ADHDをもつ子のお母さんの学習室―― HPST（肥前方式親訓練）を通して．教育と医学 53-8；88-94．

免田賢・伊藤啓介・大隈紘子ほか（1995）精神遅滞児の親訓練プログラムの開発とその効果．行動療法研究 21：25-37．

免田賢（2007）AD/HDに対する親訓練．In：宮下照子・免田賢共著：新行動療法入門．ナカニシヤ出版，pp.127-140．

大隈紘子・伊藤啓介監修／独立行政法人国立病院機構肥前精神医療センター情動行動障害センター編・（2005）肥前方式親訓練プログラム AD/HDをもつ子どものお母さんの学習室．二瓶社．

大隈紘子・免田賢・伊藤啓介（2004）ADHDの心理社会的治療――行動療法・親指導．In：上林靖子・齊藤万比古・小枝達也ほか：こころのライブラリー（9）ADHD ――治療・援助法の確立を目指して．星和書店，pp.141-157．

大隈紘子・免田賢・伊藤啓介（2006）家族へのサポート――肥前方式親訓練プログラムを中心に．そだちの科学 6；42-48．

大隈紘子・免田賢・伊藤啓介（2007）親訓練のプログラム．In：下山晴彦編：認知行動療法——理論から実践的活用まで．金剛出版，pp.218-229.
大隈紘子・中山政弘（2009）親へのサポート（親訓練）．In：専門医のための精神科臨床リュミエール11——精神療法の実際．中山書店，pp.141-151.
大隈紘子・伊藤啓介・免田賢（2002）AD/HDの心理社会的治療——行動療法・親指導．精神科治療学17-1；43-50.
山上敏子監修（1998）発達障害児を育てる人のための親訓練プログラム．お母さんの学習室．二瓶社．

第 2 節

ADHD 児をもつ家族への援助
家族教育プログラム

飯田順三
IIDA Junzo

はじめに

　ADHD 児を持つ家庭では家族皆が疲れていて，家庭内不和が起きていることは珍しいことではない。母親は子どもに何度も注意し，躾けようとするが，子どもは言うことを聞かない。そのためさらに子どもに厳しく命令的，指示的となり，ときには体罰を加え気がつくと児童虐待になっていることもある。そして母親は養育に自信をなくし，ストレスが増大する。父親は子どもの問題について甘やかしているせいだと母親を責め，祖父母もそれに加担するため母親はますます孤立し抑うつ気分が顕著になる。そして母親のアルコール量が増えたり，離婚にいたるケースも出てくる（Wells et al., 2000）。また ADHD 児の衝動性のため兄弟間のトラブルも頻発する。このように親子間，夫婦間，兄弟間でトラブルが見られ，家庭は大変ストレスに満ちた環境となる。子どもは親の否定的な対応により自己評価が著しく低下し，ますます攻撃的になる。学校

での問題行動も増加し，反抗挑戦性障害や行為障害の直接の原因ではなくても助長する要因となる。つまり ADHD 児の病態が家庭のストレスを生み，そしてそのストレスが ADHD の症状を悪化させるという悪循環が形成されるのである。この悪循環を断ち切るために，家族に適切な援助をすることが重要となる。筆者らは ADHD 児をもつ家族に対して家族カウンセリングとペアレント・トレーニングを行っており，有用な面も多く認められるためここに紹介する。

I 家族カウンセリング

1 疾患についての説明

　前述したように，母親は自分の養育の誤りのせいで子どもがこんな状態になっているのではないかと自責感が強くなっている。そのため，ADHD という疾患であり，その原因は脳の機能的障害であり，育て方の問題ではないと説明するだけで，母親の不安や自責感をかなり軽減させることができる。しかし同時に，今後の養育方法により二次的情緒障害が出現する可能性についても説明しておく必要がある。

　また母親は ADHD であることを十分に理解しても，父親や祖父母は納得できていない場合もあり，保護者全員に同じように理解してもらえるように父親や祖父母にも来院してもらうなどの工夫が必要な場合もある。両親間で意見が食い違わぬように，母親が孤立しないように配慮が必要となる。

　さらに ADHD はさまざまな併存障害を伴うことがあり，このため症状がケースによって異なることも説明しておく。最近はメディアの影響もあり，親は疾患についての知識をある程度持っていることが多いが，全て本に記載されているとおりになっていないと不安に感じたり，逆に

客観的には異なっている状態にもかかわらず，全部書かれているとおりだと思い込む場合もある。ADHDではなく高機能自閉症であったり，アスペルガー障害であることもある。さらに親子関係による問題などの環境的反応であったり，なかには児童虐待のために一見ADHDのように見えている場合もあり，診断には注意を要する。児の状態について，母親の意見だけでなく父親や教師の意見も聴いておく必要がある。

2　病名告知の問題

親はADHDを疑って受診するケースが多く，親には比較的スムーズに告知できることが多い。しかし患児には慎重にされる必要がある。この問題については村瀬（1996）が的確に考察している。告知の際には「患児の最善の利益とは何か」という基本課題を念頭に置き，患児についての的確な総合的理解と安定した信頼関係が必要である。さらに告知後，その患児の必要性に応じて，さりげない，しかし的確なフォローアップをするという，個別に徹した質の高い関わりが必要である。

また，「いつ」告知するかという問題について，子どもは見かけ上より大切なことについては理解力がある。診察室で患児の状態について母親と話し合っていると，遊びに夢中になっていた患児が突然「そうじゃないよ」と口を挟むことがあり驚かされることがある。患児が知的にも情緒的にも受け入れて理解するには，「時間」と，そのとき子どもはどれくらい受けとめることができるかという，その見立て上での配慮が必要である。そして説明は一度で足りるということではなく，受け入れられる程度に応じて，患児のペースに合わせ，適切な時間間隔をおいて繰り返し説明することも必要である。

3　対応の仕方

　親の対応の仕方についてはペアレント・トレーニングに準じた簡易行動療法的アドバイスが助けとなる。

(1) 養育の3原則——まず褒めること・ときどき褒めること・忘れず褒めること

　患児は自己評価が低く傷つきやすいことを理解し、「褒めること」によって自己評価を高めることが大事であることを親に説明する。

(2) 養育のポイント

①指示は具体的にわかりやすく、短く、そして穏やかに話すこと——ADHD児は耳からの入力が弱い傾向があり、大声で叫ばれるとかえって聞こえにくいこともあるので、穏やかな声で、かつきっぱりと指示を出す必要がある。大声で怒りながら指示を出すと子どももつられて興奮してしまいがちである。

②決まりには一貫性があること——家庭内でも学校でも一定の枠組みを示す必要がある。

③賞罰はその場で直ちに行い、罰はあらかじめ予告をしておくこと——いきなり罰を与えるのではなく、「次はこうなるよ」という警告をしておく。罰をいきなり与えると、かーっとしてどんな悪い行動をしたから叱られたのかがわからず、罰を与えられたことしか記憶に残らなくなるので注意が必要である。逆に警告の後に悪い行動がなくなればすぐに褒めてあげることが大切である。悪い行動と良い行動が何であるかということを理解させなければならない。

④判断より反応が先行する子どもであることを認識し、短所を責めるより長所を大事にすること。

⑤ただ口で言って教えるのではなく、式や図を書いてわかりやすく教

えること。
⑥一方的に叱るのではなく、どう対処すればよいのかを具体的に教えること。

　以上のようなことを親に説明し、子どもにどのように接するかについてアドバイスする。また親は具体的な事柄についてのアドバイスを求めることも多く、あまりにマニュアル的になりすぎない程度に、臨機応変に対応することの重要性を説明しながら相談に乗ることも必要となる。
　また母親は困難な養育のためにストレスが増大しており、自信がなくなっている。さらに抑うつ状態になっている親もいる。そのため母親の自己評価を高められるように、母親自身を褒めて自信を回復してもらうように支援する必要がある。

II　ペアレント・トレーニング

1　奈良医大 ADHD 家族教室（ペアレント・サポート・クラス）

　ADHD の子どもたちへの治療的関わりのなかで、行動療法の理論に基づく親訓練は、米国においては薬物療法に並んでその有効性が認められ、活発に行われている。特に 1980 年代より盛んとなり、主に Barkley et al.（2000）により開発されてきた。奈良県でも ADHD 児への日常生活での具体的な対応についての相談が多くなり、児童精神科での家族のニーズに合わせた対応が急務になってきている。そこで奈良県立医科大学精神科では、スタッフの一人である岩坂（2002）を中心に、彼が留学中に参加した California 大学 Los Angeles 校（UCLA）のペアレント・トレーニング・プログラムと、Massachusetts 医療センターの Barkley らのプログラムを参考にして、2000 年 2 月より「奈良医大 ADHD 家族教室」

を開始した。会の名称は，トレーニング一辺倒ではなく家族のサポート機能も持たせるために，ペアレント・サポート・クラスとしている。

　家族教室の目的は，ADHDを持つ子どもたちの行動をよく観察し，理解し，行動療法に基づく効果的な対応法を学び，話し合い，練習して，よりよい親子関係づくりと子どもの対人関係技能，主に友人との関係の向上を目指している。そして親自身が子どもにとって「最良の治療者」になることを目指している。方法としては，セッションは1回1時間半を原則隔週で行い，全10回1クールを同一メンバーで行う。各回テーマを決めて学習，話し合い，練習を行い，ホームワークとして自宅でも練習して習得度を上げ，グループ全体でステップ・バイ・ステップで進んでいく。対象はDSM-IVでADHDと診断された小学2～4年の児童の親5～6名である。なお参加の条件としてセッションの進行上，毎回参加，遅刻しない，ホームワークを必ずやってくるなどを約束してもらっている。

　親訓練プログラム全体の流れを表1に示す。第1回はADHDの医学的知識についての講義と，プログラムの理論と進め方の説明を行う。講義のなかで，「ADHDは本人のわがままでも親の養育の失敗でもなく，脳の未熟性によるものである」「しかし二次的障害は周囲の対応で変わる」ことを強調する。

　第2回では子どもの行動を「行動が起こる前の状況－子どもの行動－それに対する周囲の反応」というように，前後の状況を客観的に観察する練習をする。ADHDを持つ子どもの行動は，その衝動性のために行動そのものをいきなり変えることは困難である。そこで行動が起こる前の状況，きっかけを変えたり，行動後の対応を変えてみたりすることで，結果として行動に良い変化をもたらせることを学習する。

　第3回は行動そのものを3つに分ける練習を行う。行動の3つの類型分けとその対応については表2に示した。子どもの行動について，①親

表1　親訓練プログラム全体の流れ

1. ADHDの家族心理教育とプログラム・オリエンテーション
2. 子どもの行動の観察と理解〈行動−対応−結果〉
3. 子どもの行動への良い注目の仕方〈行動を3つに分ける〉
4. 親子タイムと良いところ探し〈親子タイムシート作り〉
5. 前半の振り返り〈親子タイム〉
6. 従いやすい指示の出し方〈指示−反応−次にどうしたか〉
7. 上手な褒め方と無視の仕方〈どう褒めたか・無視したか〉
8. トークンシステム〈トークン表作り〉
9. タイムアウトと後半のまとめ〈トークン表とタイムアウト〉
10. 全体のまとめとビデオ・フィードバック
11. 修了パーティ（子どもも参加）

から見て好ましい行動，すなわち増やしたい行動と，②好ましくない，嫌いな行動，すなわち減らしたい行動と，③破壊的，他人を傷つける可能性のある問題行動，すなわちすぐ止めるべき行動，の3つに分けるのである。好ましい行動に対しては，すぐ具体的にその良い行動を褒めることで良い注目を与えるようにする。好ましくない行動に対しては無視して，余計な注目をせずにいることで子どもに今の自分の行動が良くないことを気づかせ，正しい行動に変われば直ちに褒めるようにする。問題行動に対してはまず警告を発し，本人に従うチャンスを与え，従わなかったときは本人の選択した結果としてタイムアウト，罰則が与えられるというパターンを一貫する。

　第4, 5回では，親子タイムをとおして子どもの行動に良い注目をしてその行動を褒める練習を行う。親子タイムは子どもにとって特別な時間で，その時間中は，①親は子どもの行動に口出しせずに一緒に遊ぶ。②子どもは自分のやりたいことを選んで好きなように遊ぶ。ただしテレビやテレビゲームなどは禁止で，対人やりとりが必要な遊びをする。③親は子どもの行動をよく観察して，実況するように声をかけたり，いい

表2　行動の3つの類型分け（岩坂（2002）より）

好ましい行動 〈増やしたい行動〉	好ましくない，嫌いな行動 〈減らしたい行動〉	破壊的，他人を傷つける 可能性のある行動 〈すぐ止めるべき行動〉
褒める 良い注目を与える 時にごほうび	無視 余計な注目をしない 冷静に，中立的に	リミットセッティング 警告→タイムアウト きっぱりと 身体的罰はだめ

なと思うことをどんどん褒めていく。このような親子タイムは「子どもが何かしなければならない」時間以外で，「親自身時間的にゆとりのあるとき」に15～20分，週に1～2回程度行うようにする。親子タイムを行うことで，親は子どもの良い行動への注意の向け方が上達し，すぐ具体的に褒める習慣が身につくようになる。子どもは叱られずに良い注目を受けることが増え，その結果，子どもの悪い面のみ目立っていた状況が改善され，親子のやりとりがスムーズになり，子どもの自己評価の高まりが期待される。

　第6回ではADHDの子どもの特徴を踏まえて，より従いやすい指示の出し方の練習を行う。第7～9回では前述した3つの行動に対しての上手な褒め方，無視の仕方，タイムアウト，すなわち罰の出し方などの練習を順次行っていく。いずれも子どもの人格ではなく，行動を褒め，無視し，時にタイムアウトを与えるという対応を一貫して行うことである。これらの一貫した対応は子どもに自分の行動が良くないことを気づかせ，正しい行動が何かを身につけさせる大切な方法である。また，無視するというのは放っておくことではなく，好ましくない行動に対して過剰に反応せず見守るようにすることであるという点に注意すべきである。またタイムアウトの内容は短時間で終わる必要がある。「1週間テレビゲームなし」などと長々と罰が続いていると，子どもはタイムアウ

トになった悪い行動のことはすっかり忘れて，不満や怒りばかりが強まってくる。

第10回は全体の振り返りとして，訓練早期と後期でのロールプレイのビデオを比較する。ロールプレイとは，どういう状況で何をしているかという場面を設定し，指示の出し方や無視の仕方などについて演技・練習を行うものである。訓練前後での技術の上達を確認しあうことはメンバーにとって大切なポジティブ・フィードバックとなる。同様に訓練開始前に記入してもらった，子どもの行動への適切な対応がどれだけできるか，などを評価した家族の自信度評価票を再度記入してもらい，その自信度の向上も確認しあう。

最後の第11回に終了パーティを行い，親だけでなく子どもにも参加してもらう。親へは修了証書と通知表を渡し，子どもへは親子タイムやトークン表でのがんばりを賞してメダルの授与などを行う。ビンゴ大会やゲームなどでお互いの親睦を深め，半年間にわたるプログラムを終了する。

また家族教室終了約1カ月後に，個別にブースター・セッションを設定している。ブースター・セッションでは訓練前後の評価尺度の変化について詳しく説明し，どの部分がよくなってどの部分にまだ課題が残っているかを確認しあう。そして半年間習ってきたことでこれからも続けられそうなことを再検討し，続けられる形に修正したうえで，当面の取り組むべき課題について決める。

2 ペアレント・トレーニングの効果

筆者らの家族教室の有効性については，これまでの参加者はまだ20名に満たない数で，統計学的検定を行える数ではないので，傾向を述べることにする。児のADHDの行動についてはADHD-RSの山崎による

邦訳版（山崎ほか，2000）を用いた。改善している児もいれば不変である児もいるが小学2〜3年の年少児ほど行動改善が見られる傾向があった。子どもの気分尺度はBirlesonのDepression Scale for Childrenの邦訳版（村田，1998）を使用した。約60％の患児が改善しており，40％は不変であった。「いじめられてもやめてと言える」や「家族と話すのが好きだ」などの項目で良くなっているケースが多く，自己評価や親子関係の改善が見られつつあることが示唆された。子どものADHDの受容や行動への対応について，親の自信度を訓練前後に評価したが，ほぼ全員が自信度は高くなった。具体的な改善項目は，「本人の成長を焦らずに見守る」「一日一回以上本人を褒める」「不適応行動に対処する」「本人のADHDで自分自身を責めることを減らす」などであった。

つまりこれらのことより，奈良医大ADHD家族教室では，ADHDの症状に関しては年少児ほど有効であり，親の自信度の回復には明らかに有効である傾向が窺えた。

諸外国でもさまざまな報告が見られる。Anastopoulos（1993）は，ペアレント・トレーニングはADHD症状を改善し，親のストレスを軽減し，養育に対する自信を深めると報告している。しかしPisterman et al.（1992）は児の注意力には効果が見られないが，親や教師の指示に従うことが増えたと報告している。さらに親のストレスの軽減や養育に対する自信度の増加には有効であるが，児の症状の改善は見られないとの意見（Weinberg, 1999）や，ペアレント・トレーニングの併用で薬物療法単独以上の効果は見られないが，薬物量を減少できるとの報告（Horn et al., 1991）もある。

我々は米国のプログラムを単に邦訳して持ち込むのではなく，日本の風土にあったプログラムを作り，併存障害を考慮に入れながらどのような対象が有効であるかを検討し，今後家族教室が最も有効に機能できるよう模索していかなければならない。

文献

Anastopoulos, A.D. (1993) Parent training for attention-deficit hyperactivity disorder : its impact on parent functioning. Journal of Abnormal Child Psychology 21 ; 581-596.

Barkley, R.A., Shelton, T.L., Crosswait, C. et al. (2000) Multi-method psychoeducational intervention for preschool children with disruptive behavior : Preliminary results at post-treatment. J. Child Psychol. Psychiat. 41 ; 319-332.

Horn, W.F., Ialongo, N.S., Pascoe, J.M. et al. (1991) Additive effects of psychostimulants, parent training and self-control therapy with ADHD children. J. Am. Acad. Child Adolesc. Psychiatry 30 ; 233-240.

岩坂英巳 (2002) 親訓練を通してみる ADHD 児の接し方のヒント．In：楠本伸枝・岩坂英巳・西田清：ADHD の子育て・医療・教育．かもがわ出版，pp.105-127.

村瀬嘉代子 (1996) 児童の精神保健に関わる「説明と同意（インフォームド・コンセント）」のあり方．精神科治療学 11 ; 591-599.

村田豊久 (1998) 小児・思春期のうつ病．In：松下正明総編：臨床精神医学講座 4 ——気分障害．中山書店，pp.501-515.

Pisterman, S., Firestone, P., McGrath, P. et al. (1992) The role of training in treatment of preschoolers with ADHD. Amer. J. Orthopsychiat. 62 ; 397-408.

Weinberg, H.A. (1999) Parent training for attention-deficit hyperactivity disorder : Parental and child outcome. J. Clin. Psychol. 55 ; 907-913.

Wells, K.C., Pelham, W.E., Kotkin, R.A. et al. (2000) Psychosocial treatment straregies in the MTA study : Ratinale, method and critical issues in design and implementation. Journal of Abnormal Child Psychology 28 ; 483-505.

山崎晃資・安枝三哲・朝倉新也 (2000) 注意欠陥／多動性障害の評価尺度の作成と判別能力に関する研究．厚生省精神神経疾患研究報告集（平成 11 年度），p.423.

第3節

LD児とADHD児へのグループ・アプローチ

納富恵子・河村 暁・吉田敬子
NOTOMI Keiko, KAWAMURA Akira, YOSHIDA Keiko

I LD児とADHD児への臨床的援助の概観

　学習障害（以下LD）や注意欠如多動性障害（以下ADHD）は，日本において1990年以降，特別に配慮された教育や精神科臨床および心理臨床の対象として注目を集めている。

　旧文部省に答申されたLDの定義（文部省，1999）は，教育学的な定義であり表1に示した。つまりLDは，知的な遅れはないが，学業達成の基礎的な力である，聞く，話す，読む，書く，計算する，推論するなど特定の学習に著しい困難があり，その原因が，中枢神経系の機能障害と推定される生物学的原因をもつ状態である。中枢神経系の情報処理の偏りから，ある特定の領域の学習が円滑にすすまない状態と要約できる。

　一方ADHDは，米国の精神医学および心理学分野での積極的な治療，介入の傾向を受けて，近年日本でも医療機関で，診断，評価，治療の体制が整いつつある。筆者らが診断に利用している米国精神医学会（American Psychiatric Association：APA）の精神疾患の診断統計マニュアル第4版DSM-IV（APA，1994）によれば，不注意や多動・衝動性を主症

表1　学習障害の定義（文部省，1999より）

> 学習障害とは，基本的には全般的な知的発達に遅れはないが，聞く，話す，読む，書く，計算する又は推論する能力のうち，特定のものの習得と使用に著しい困難を示す様々な状態を指すものである。学習障害は，その原因として，中枢神経系に何らかの機能障害があると推定されるが，視覚障害，聴覚障害，知的障害，情緒障害などの障害や環境的な要因が直接の原因となるものではない。

状として，それが複数場面で観察され，学業や日常生活で機能障害が認められる状態である。

　LD児もADHD児も，生物学的な脆弱性を基盤にもち，学業，対人関係などの適応機能，さらには自己概念とくに対人自己効力感（social competence）に影響があることが研究から示されている（Gresham, 1992 ; Gresham et al., 1989 ; Guevremont, 1990 ; Landau et al., 1991 ; 都築，1999）。したがって，臨床的援助を適切に行うためには，医学，教育，心理学の専門家の学際的な協力体制が必要である。すでに九州大学医学部精神科児童精神科外来で筆者ら（吉田，納富）は，学際的チームを組んで多元的精神医学診断と心理評価に基づいた臨床的援助を行っている。それぞれの児は，その症状の重症度や合併症の有無，児をとりまく環境（家族，学校，地域社会）などが異なり，受診時にその児に対して何がベストの援助なのかは，精神医学と心理学の客観的または標準化された指標を用いて評価し，かつ個別化して考える必要がある。

　例えば，「援助者は誰か？　誰を対象にして援助するのか？　その方法や形態は？」と考えると多彩な援助の形がある。例えば援助者が，医者，心理士，教育者またはその組み合わせの場合があり，援助の焦点は，児，保護者，その両者や関係に絞られることもあろう。例をあげると，ADHDの保護者のメンタルヘルスは障害されやすく（佐竹ほか，2000），まずそこから援助が開始されるべき場合もある。また，援助の焦点も，児に二次的な心理的障害がおこる前後で異なるであろう。診断

が早期になされれば，健康的な自己概念の形成のために成長を指向した予防的な援助が適切となる。方法にしても，薬物療法，心理療法，環境調整など多様である。とくに心理的な援助を行う際の形態には，個人療法，グループ・アプローチ（group approach：以下 GA）などがある。

とりわけ LD 児，ADHD 児は，障害が周囲の人から気付かれにくく，特別な支援を受けることなく通常の教育環境で学び生活することが多い。しかし，認知行動上の特性から，学業面の問題だけでなく，集団内不適応や，自信の喪失，対人的な問題が生じやすい。したがって通常の集団とは異なる集団を設定する GA は，対人的技能や本人の自己概念の改善を図ることのできる重要な援助形態である。しかし，LD，ADHD の GA に関しては，日本では，まだプログラムが紹介されているだけの段階である（都築, 1999；加藤, 2001）。これまで述べてきた LD 児と ADHD 児に対する教育と，医学による評価や，それらに基づく介入により，実際に児にどのような変化をもたらすのか，その詳細やメカニズムに関する研究はわずかである。本稿では，以下この点について医学と教育の連携の視点もふまえ論をすすめていく。

II　LD，ADHD に対する心理的援助——なぜグループ・アプローチが必要か

LD 児，ADHD 児に対する援助は，その児への個別化が必要であることは前述した。この意味で個人療法は，個別化を容易に行えるという利点がある。しかし効率性や多様な経験を与えるという点では限界がある。さらに，治療者に親が依存的になる危険性もある（Dubey, O'Leary & Kaufman, 1983）。

一方，児や家族の健康な部分の成長を目指す場合には，LD 児，ADHD 児には共通する課題が多い。このような場合，心理臨床的援助の基本として，Ziegler & Holden（1988）の指針が参考になる。彼らは家

族療法を行う際，児の「自尊感情の改善」「自己コントロールの改善」「欲求不満耐性を養うこと」は，児や家族の個性をこえ共通の目標であるとしている。

　さらに，個別の専門家による定期的な精神療法や心理療法は，LDやADHDのように，高い有病率をもつ状態に対応するアプローチとしては限界がある。そこで，予防的に効率的に多くの子どもたちに提供できる援助形態が必要となる。一般的に集団療法には，治療者と資源を効率良く利用できる利点に加え，他にも自分と類似した困難を抱える人に出会う機会が与えられ，慰めや支持が得られる。また，良い行動を観察することで学習もできるし，治療者以外の多様な人と関わりあうことで態度や反応の幅を広げることができるなどの利点もある。モデリングを通して新しい社会的技能を獲得し，それらの技能をグループ内で練習する機会が参加者に与えられる場合，グループはとくに有効とされる (Atkinson et al., 2000)。これまでLD児やADHD児に関しては，親を共同治療者とするペアレント・トレーニングや親の会などの定期的な学習会やプレイグループでの活動の試みが報告されている（都築, 1999；金谷ほか, 2001)。福岡市内では，LD児者親の会の要請にこたえて福岡YMCAが，LD児・ADHD児に対してGAを続けてきた。以下にそのプログラムの構成や内容，児の変容について報告し，GAにおける改善のメカニズムについて考察する。

III　LD／ADHDへのグループ・アプローチの実際

1　ビスケッツクラブの概要

　福岡YMCAでは，1998年からLD児やその周辺児の社会参加促進を目的としたサポート・プログラム（以下，ビスケッツクラブ）を継続

している（塚越, 1999；河村ほか, 2001）。2001年度のビスケッツクラブでは，社会生活力（小島・奥野, 1994）の向上を主な目的とした5クラスにおいて，小学4年生から中学3年生までのLD児やその周辺児（以下，メンバー）が約30人参加し，教室内外活動を展開した。いずれのクラスも相互援助の感覚を育てやすいとされる固定型（黒木ほか, 2001）のグループで，基本的に1年間同じメンバー構成をとっている。ビスケッツクラブにおける3部門10モジュールの支援領域を，図1の「3. 社会生活力の支援領域」に示す。

2 症例

症例── A児　12歳男児, LD, ADHD

　ここでは医療機関でLD, ADHDの診断を受けているA児を取り上げ，グループ・アプローチの効果を検討する。小学6年生から1年間の経過を報告する。なお匿名性を保つため，詳細は変更している。

　A児は明るい性格で場の盛り上げ役だが，自分の興味や意見を強硬に押し通すことがある。例えば学校では，新しいクラスの開始当初は人気者になるが，次第に敬遠されるという傾向にあった。また，興奮しやすく，いったん興奮するとコントロールできないことがある。例えば学校で，自分に悪口を言った下級生にしかえしをしようとして，校舎中を追いかけ回したこともあった。ビスケッツクラブでも，他のメンバーがユニークなやり方で作文を発表したとき，「そんなやり方が許されるなら自分だってやりたかった」と食ってかかり，最後は床に寝転がって顔を紅潮させながら泣いたこともあった。

　A児自身も自分の行動制御の悪さを認識していた。例えばお祭りの時，露店から露店へ興奮し走り回っていたので，保護者が注意すると，「わかっているけど，走っちゃう」と言い，また別の店に走っていくという

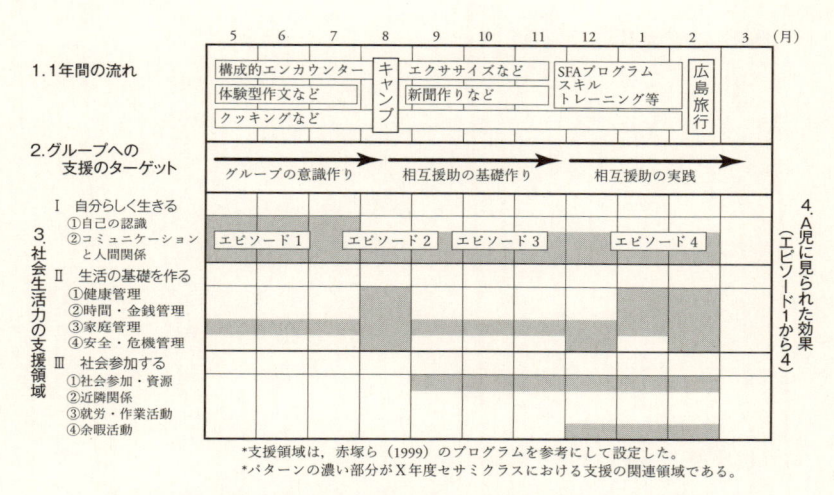

図1 X年度セサミクラスのプログラム活動とA児に見られた効果

ことがあった。

A児はX年度セサミクラスに参加した。このクラスは小学5年生から中学1年生までの6人で構成されていた。X年度セサミクラスの1年間の流れと主な内容とを図1の「1. 1年間の流れ」に示す。X年5月からX＋1年3月まで1回2時間のプログラム活動を計15回（隔週1回）行なった。また，教室外活動として，2泊3日「夏キャンプ」と，1泊2日「広島旅行」を行なった。

3 症例A児の行動の変容について

図1の「4. A児に見られた効果」に示した，エピソード1〜4について，時系列に沿ってA児の行動の変容を記述する。

(1) 他者への配慮の促進の段階（エピソード1）

1学期は，グループの一員としての意識をもち他者へ配慮できることに重点を置いた支援を行なった（図1の「2.グループへの支援のターゲット」）。例えば，話し合いの時間には，他のメンバーの意見を取り入れてグループの意見とするように指示した。A児は，回数を経るに従い，他のメンバーに「○○くんはどう思う？」と自発的に尋ねたり，他のメンバーの意見を「それいいね」と，取り入れるようになった。またグループから離れたところに座り，話し合いに参加していなかったメンバーに対して，「○○くんの意見も聞こう」と配慮する行動が観察された。

(2) 自己制御の促進の段階（エピソード2）

A児は自分の作文を発表しているとき，意に沿わない質問をされたり，前に出た質問が繰り返された場合は，「そんな質問するなよ」とか，「それはさっき言った！」と強い調子で言い返し，ときには床をどんと踏みながら怒ることがあった。

支援者は，その場で「Aくん，そんなこと言わない」と禁止し，「そんな強い言い方をされるとびっくりするよ」と他のメンバーの気持ちを代弁した。また後で他のメンバーがいないところで「もし自分がそんなことを言われたらどんな気持ちがする？」と自分自身を振り返らせるために問いかけ，適切な行動をモデルとして示した。このような注意を受けると，A児は反発せずだまって聞いていた。

また毎回のプログラム活動終了時にその活動を振り返るためのシートを用意し，「人に嫌なことを言わなかったか」というチェック欄を設けた。A児は，自らの行動を意識できており，他のメンバーに強い調子で発言した日には，この欄に自ら○をつけていた。

このような取り組みを経て，以前ならば興奮していたような状況でも，「ま，いいか」とA児が自分なりに納得する場面がよく見られるように

なった。

(3) 新聞制作を通じた自己評価の変容の段階（エピソード3）

2学期からは，プログラム活動で発表した作文やマンガを掲載する新聞制作活動をプログラムに加えた。A児の描くマンガはユーモアにあふれ支援者間でも好評であった。また新聞にはメンバー全員で考案したポケモンを主人公とした物語を連載するようになった。A児は新聞が配られると，支援者やメンバーに自分の作品が面白いかどうか尋ね，他のメンバーの作品を面白いと評価することも見られた。このように新聞を媒介として他のメンバーとの関わりが促進され，また「ぼく（マンガや物語の）才能があるでしょ」と言うなど自己評価が向上していった。その結果，他のメンバーに対する関わりも，クラスへの所属意識に基づく全体的な状況を判断したものへと変化した。例えば離席するメンバーに着席するように促す行動がしばしば見られるようになった。

(4) 自発的な相互援助の実践の段階（エピソード4）

3学期は，相互援助を実践し（図1の「2. グループへの支援のターゲット」），社会生活力を向上させることを目的として「広島旅行」に関連したプログラム活動を行った。「広島旅行」とは，福岡から広島まで各駅停車の電車に乗り，広島でホームステイする教室外活動である。毎回の教室内活動では，宿泊に必要な社会的技能を学習し，旅行に向けた準備を行った。みんなで旅行することは魅力的な活動であったようで，他のメンバーもA児もプログラム活動への参加の程度が非常に高まった。

旅行には，携帯用ゲーム機以外のマンガや本，カードゲームを持参するように奨励した。旅行中，電車の中や休憩の際に，メンバーはお互いのマンガや本を貸し借りし，カードゲームをして時間を過ごしていた。とくにA児は，荷物がひどく重くなるほどマンガを持ってきており，

その日初めて会った別のクラスのメンバーへもマンガや本を貸す姿が見られた。

4　症例のまとめ

　中学2年生になったA児は，保護者が「以前に較べるとトラブルがなくなった」「（行動面よりも）勉強の問題の方が気になるようになった」と述べるように，行動に改善が見られた。その過程にはグループ・アプローチによる働きかけの効果があったと推測できる。

　A児に対して行なった支援と，その効果を図2「A児に対する支援媒体と，グループ・アプローチによる効果」に図式化して示した。以下にその詳細を述べる。

(1) A児への指導者による対面的な支援

　本人へ直接注意したり，褒めたり，モデルを示したことで，A児の行動に変容が見られた（エピソード2）。

(2) A児と他のメンバー間，グループ全体への支援

　グループの意見に各メンバーの意見を反映させることを求めた結果，行動に変容が見られた（エピソード1）。またグループ全体の規則としてチェック項目を提示することで，自分自身への観察が促進された（エピソード2）。

(3) プログラム活動による支援

　上の2つのアプローチは，メンバーにとって適切な発達課題を含んだ動機づけの高いプログラム活動のもとで効果が大きかった（エピソード3，4）。A児にとっては，新聞記事を書くこと，みんなで旅行に行くこ

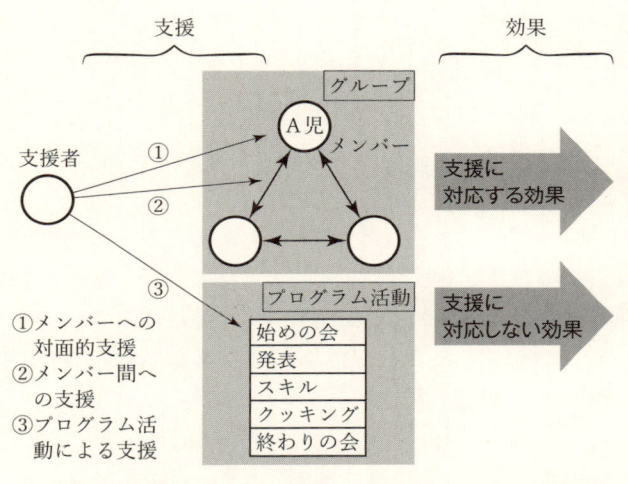

第3節　LD児とADHD児へのグループ・アプローチ　423

図2　A児に対する支援媒体とグループ・アプローチによる効果

とは非常に興味深いプログラム活動であり，それを媒介としてA児の社会的技能と自己制御能力の変化が起こってきたと考えられる。

(4) 支援に対応しない効果

　図2に示したように，以上3つの支援による効果のほかに，支援者の支援にではなくグループの相互作用に媒介された効果が見られた（エピソード3，4）。グループにおいては，例えば他のメンバーによる特定のメンバーの排斥など，相互作用がマイナスの方向に作用することもある（黒木ほか，2001）が，A児ではプラスの方向に作用したといえる。

IV 考察

1 グループ・アプローチの価値とは

　納富（2000）は，これまで精神科医として，LD児やADHD児に予約制で個別の家族療法を行ってきた。その経験から，①家族に児の病態および心理的状態についてよく説明し，無理のない期待を形成すること，②児に成功経験を与えること，③児の自尊感情を高める経験を準備すること，④周囲から問題とみなされる児の行動について率直に話し合い，一方的な叱責や禁止でなく，適応的な行動の形成をめざし，児と計画を立て結果を確認することを行ってきた。つまり，児の苦手な面に注目するより，対処能力や自己制御能力を育成することにより，社会適応は改善することを示してきた。GAでは，個人療法では提供できない幅広く多様な体験を集団で提供できる。とくに児が在籍校や家庭で失敗経験が積み重なり成功の経験が乏しい場合，GAのなかで成功を経験し他者評価を取り入れ，自らの才能や良さに気づく機会が得られ，自己評価に改善がみられることは重要である。なぜならば，既存の集団内では，社会的評価は，行動が改善しても変化しにくいことが報告されているからである。

2 症例にみるグループ・アプローチの効果と限界

　今回の症例は，GAにより，指導者の直接のコーチング，指導者や他の構成員からのフィードバックを得ながら，失敗も許される支持的な環境のなかで，困難や衝突などを乗りこえ共通の課題を達成することができた。この経験を通じて，GAの場面では他者への配慮，自己の行動制

御，自らの長所の発見と自己評価の改善，相互の支援関係を形成することができた。

しかし，この症例では，母親からは家庭での行動面の改善は報告されたが，学校での行動が同様に改善されたかは確認されていないし，GAの効果がどの程度般化されるかという検証が必要であろう。また，GAの場面においても，その中で新たな排斥や拒否が生じることも十分考えられ，GAの負の側面についても留意する必要があろう。今回は1症例の検討であったが，今後は症例を増すと同時に，介入の事前事後の評価を多面的に行い，GAの効果と限界について明らかにしていくことが重要である。

3　学際的協力の必要性

今回のGAは特殊教育の知識と経験をもつ教育者によって立案され実行された。GAの効果を確認し，プログラムの改善を継続的に行うには，社会的技能の形成に加え心理的な側面（自己効力感）などの育成，家族や児に危機的な状況が起こった場合の医療機関への紹介などの学際的協力が必要である。これが，GAの効果をより包括的かつ実践的なものにするであろう。

謝辞

今回紹介したプログラムの運営を行っている上智大学大学院生河村あゆみさんをはじめとする福岡YMCAのスタッフ全員，ならびに症例の呈示についてご理解いただいた保護者の方に感謝いたします。

文献

赤塚光子・石渡和実・大塚庸次ほか（1999）社会生活力プログラム・マニュアル．

中央法規出版.
American Psychiatric Association (1994) Diagnostic and Statistical Manual of Mental Disorders. (高橋三郎・大野裕・染谷俊之監訳（1996）DSM-IV 精神疾患の診断・統計マニュアル. 医学書院.）
Atkinson, R,L., Atkinson, R.C., Smith, E.E. (2000) Hilgard's Introduction to Psychology, 13th Ed.（内田一成監訳（2002）ヒルガードの心理学．ブレーン出版，pp.1082-1083.）
Dubey, D.R., O'Leary, S.G. & Kaufman, K.F. (1983) Training parents of hyperactive children in child management : A comparative outcome study. Journal of Abnormal Child Psychology 11-2 ; 229-246.
Gresham, F.M. (1992) Social skills and learning disabilities : Causal, concomitant or correlational. School Psychology Review 21 ; 348-360.
Gresham, F.M. & Elliot, S.N. (1989) Social skills as a primary learning disabilities. Journal of Learning Disabilities 22 ; 120-124.
Gresham, F.M., Sugai, G. & Horner, R.H. (2001) Interpreting outcomes of social skills training for students with high-incidence disabilities. Exceptional Children 67 ; 331-344.
Guevremont, D. (1990) Social skills and peer relationship training. In : Barkley, R.A. (Ed.) Attention Deficit-Hyperactivity Disorder : A Handbook for Diagnosis and Treatment. Guilford Press, pp.540-572.
金谷京子・納富恵子・伊東政子ほか（2001）学習につまずきのある子の地域サポート― LD ／ ADHD ／広汎性発達障害児の援助．川島書店，pp.21-44.
加藤醇子（2001）LD と地域での取り組み．LD 研究――研究と実践 9-2 ; 2-11.
河村あゆみ・河村暁・草野智可子ほか（2001）福岡 YMCA における LD 児サポートプログラム―社会的スキル・社会生活力の向上を目指して．日本 LD 学会第 10 回大会 発表論文集；196-199.
小島蓉子・奥野英子編（1994）新・社会リハビリテーション．誠信書房．
黒木保博・横山穣・水野良也ほか（2001）グループワークの専門技術――対人援助のための 77 の方法．中央法規出版.
Landau, S & Moore, L. (1991) Social skills deficits with attention deficit hyperactivity disorder. School Psychology Review 20 ; 235-251.
文部省（1999）学習障害児に対する指導について（報告）．学習障害およびこれに類似する学習上の困難を有する児童生徒の指導方法に関する調査研究協力者会議．
納富恵子（1999）親を共同治療者とした教育的援助活動をめざして――福岡県における実践例から．In：都築繁幸編：LD 児の教育支援（第 7 章）．保育出版社, pp.138-156.
納富恵子（2000）患児と家族へのアプローチ．In：石川元編：現代のエスプリ（LD

（学習障害）の臨床——その背景理論と実際）；173-183.
Parker, J. & Asher, S. (1987) Peer relations and later personal adjustment : Are low-accepted children at-risk? Psycho-logical Bulletin 102 ; 357-389.
佐竹宏之・有田史織・高岸達也ほか（2000）問題行動のある子どもを抱える親と教師のストレスとそのサポート研究．メンタルヘルス岡本記念財団研究助成報告集 12；87-91.
佐竹宏之・山下洋・吉田敬子（吉田敬子・田代信維・下村国寿監修）（2002）注意欠陥多動性障害——その理解と対応のために．福岡市医師会．
塚越克也（1999）福岡 YMCA における LD 児への取り組み——自立を目指した自己表現・社会体験の実践．日本 LD 学会第 8 回大会 発表論文集；76-79.
都築繁幸（1999）子どもの生活づくりの援助を目指して——長野県における実践例から．In：都築繁幸編：LD 児の教育支援（第 9 章）．保育出版社，pp.191-195.
Ziegler, R. & Holden, L. (1988) Family therapy for learning disabled and attention deficit disordered children. American Journal of Orthopsychiatry 58 ; 196-280.

第10章

発達障害をうけとめる

第 1 節

子どもが障害を受け止めるとき・
子どもと障害を分かちあうとき

田中康雄
TANAKA Yasuo

はじめに

　診察について土居（1977）は，「見立て如何で治療の成果は大きく左右される（中略）それなくして医療が本来成立せず」と述べている。確かにわれわれが診察場面で，相手を「見立て」るということは，とても重要なことである。その「見立て」とは，「専門家が患者に告げる病気についての意見の総体」（土居, 1977）であるという。
　発達障害の場合，診察の見立ては，そのほとんどが親への説明から始まる。その説明に生じる責任の重さについては，すでに清水（2008）が詳細に述べており，村田（2007）も親への説明に腐心している。
　しかし，その一方で発達障害のある子ども本人への説明については，あまり論じられていない。清水（2008）は，年齢や理解に応じてさまざまな工夫を要すると述べるに留め，特に病名については10歳以下の子どもの場合はあまり意味がなく，それよりも治療に参加していただくた

めの具体的な説明の理解に尽力すべきであると述べている。筆者も，ほぼ同様の思いを日々の臨床場面で感じ実践しているが，改めて発達障害のある子どもに筆者がどう伝えているかについて，本論で振り返ることにする。さらに筆者自身の行為から，子どもに，何を受け止めてほしいのかについて整理し，筆者が子どもと何を分かちあいたいのかを検討することにしたい。

II 年代によっての対応状況

清水（2008）が述べたように，筆者も子どもの年齢や理解に応じた対応をとっている。マニュアル的は表現にしたくはないが，以下でおおよその年代によっての筆者の対応状況を振り返る。

1 幼児期の子ども

幼児期の子どもは，家族や周囲の関係者に発達障害を疑われ，医療機関を訪れる。この時点では，子ども自身に「医療機関に相談したい」という動機づけは（おそらく）皆無であり，そのほとんどが「なぜここに来たのか」という理由すらも正しく理解しているとは思えない。

筆者は，簡単な時候の挨拶のあとに，この相談室は，心配なことや困ったことを相談する場所であることを伝えたい。そのため「今日はどうしましたか，何か困ることがありますか」ということを子どもと本人に尋ねるようにしている。具体的には，お友達とケンカしていないか，家で叱られることはないかなど，できる限り，イメージしやすいように言葉を付け足して尋ねる。この段階では，この相談室の主たる利用者は君だよと伝えたい。

しかし，「特にない」と返答する子どもが圧倒的に多い。そこで筆者

は次に「じゃ，今度は，お母さんとお父さんに聞くね。君はさっきの椅子のところで一人で待っていられるかい」と，相談の主役を変更する。相談室にいる間，子どもにいやなイメージを早々にもたせたり，不安にさせることのないように，明るい口調で，短くはっきりとわかりやすく話しかけることを心がける。筆者の役割は，この場所を次に来たくない場所にしないことである。

　そして，この年齢の子どもに「受け止めてほしい」のは，ここは悪い子やだめな子が来るところではなく，生活の相談ができるところである，ということである。先に，「理由すらも正しく理解しているとは思えない」と書いたが，子ども心に，何か問題があるからここに来たのだろうという漠然とした思いを，ほとんどの子どもは抱いているように思われる。不思議な気持ちと漠然と思い当たるような気持ちが入り交じっているように，筆者は感じている。

　筆者は，子どもに発達障害があるかもしれないと疑った場合，発達の程度を知るために知能検査を行う。その際も，子どもには「一度クイズのようなことをしてほしい」とだけお願いして，頷いてくれたら「ありがとう」と伝える。しかし，承知しがたい表情をしていたら，「ごめんね，お願いだから」と一方的な言い方をしてしまうこともある。

　さらに日常の関係者からの情報を聞き，検査も終わると，改めて子どもに相談室に来てもらう。まず，本人に「クイズをがんばってくれたこと」に感謝する。次に，そのクイズからわかる「君のよいところ」を，真っ先に伝える。さらに心配な面を伝える場合もあれば，よいところだけを伝えて，あとは親や関係者にだけ，検査結果を伝えることもある。可能な範囲で結果を書面にして手渡す。

　相談室では，さらに日常生活で困っている点，例えば，どうしてもお友達とケンカになったりすることが目立つといった情報があれば，「ケンカすると楽しく遊べないから哀しいよね」と子どもへ伝え，ケンカし

ないで過ごせる方法を一緒に探す。時には，担当保育士に同席してもらい，一緒に考えてもらい，「じゃ，今度からケンカしそうになったら，保育士さんのところへ行くことにしよう」と決め，子どもの前で，「じゃ，今度から保育士さんのほうで，○○くんにしつこくしないでねと注意してもらいましょう」と伝え，「君の味方」が存在することを知ってもらう。

相談に来ることで，日常生活が少しだけでもうまくいくことがあるかもしれない，ということは伝えておきたい。ともかく幼児期の子ども達には，少しは役立ちそうな場所があり，味方になる大人がいるという事実を受け止めてもらいたい。この時期の子どもたちに，筆者は障害名を伝えた経験はない。

2　小学校低学年の子ども

小学3年生前後までの子どもたちは，自分が世界の中心にいるように感じているようだ。

発達障害がある子どもたちは，人間関係か勉強のどちらか，あるいはその両者の成果に困っている。しかし，世界の中心にいる子どもたちは，その躓きの理由として自分に問題があるか，周囲がいじわるをしているからだというように感じてしまう。実際に筆者が，この時期の子どもたちに「今日はどうしてここに来たの」と尋ねると，「僕はバカだから来ました」とか「いつも叱られています」「友達がいやなことを言います」「いじわるされる」といった答えが返ってくることが少なくない。

つまり，発達障害があるということを正しく理解していないこの時期の子どもたちは，生活のうまくいかなさを，自分か相手の責任と考えてしまう。

そのため筆者の役割は，本当はうまくやりたいと思っているというそ

の子どもの思いを尊重し、その「がんばり屋さんぶり」をほめることである。ダメな子どもでなく、一生懸命がんばっている子どもであることを「僕は知っている」ということを、その子どもへ伝える。そのうえで、「今後キミのがんばりが成果を示すには、どうしたらよいかを一緒に考えていこう」ともちかける。学校の担任や保健室の先生にも協力してもらおうと伝えたりして、応援団をたくさん作る計画を話す。

　自分と向きあうことで、他者と比較しがちになるこの時期、孤独で心細くなりそうな子どもたちを「具体的」に励ますことが大切であろう。教室での過ごし方、休み時間の過ごし方、先生へのSOSの出し方などを提案することもある。実行する力はあるが、作戦が不足している、あるいは慣れていないから、力が発揮できないのだということを前提にしている。これ以上の躓きから無力感に陥らないためにも、作戦は「できそうな」ことでないといけない。さらに「できそうにないことは、周囲から援助してもらう」ということは、いけないことでも恥ずべきことでもないことを伝え、「いずれできるようになるかもしれないし、援助をし続けてもらうことでもかまわない」ことを付け加える。

　この時期の子どもたちには「君や家族以外に君のことを考える他者がいる」という事実を受け止めてもらいたい。

3　小学校高学年の子ども

　一般に小学4、5年生になると、自分で自分をどう理解し、受け止めていくべきかにおぼろげながら悩みはじめる。

　発達障害のある子どもたちは、これまで「発達障害のある自分」として生きてきていても、それが「正真正銘の自分」であること以外を知らないでいる。その自分が、どうもうまく周囲になじめていないという事実に、ひとり直面する。できない場面に立ちすくむだけでなく、いじめ

やからかいに遭うことで，集団へ参加しにくくなることもある。この時期になると，継続している躓きに対し，子どもたちはより明確に自己を低く見積もり卑下しはじめる。自分で自分のことを「バカだから」と表現していた前段は，他者からの頻回な評価をそのまま受け止め自己評価にすり替えてきたのであるが，この時期になると，自己評価は，まさに等身大の自分を外在化しながら評価しはじめるものとなる。相談室では，自己卑下する言動に加えて，すねたり，わざといやなこと（その多くは他者への悪口であるが）それらを口に出して顰蹙を買ってしまうことが再現される。あるいは，笑いながら涙を流す。

　子どもたちの心境を，周囲からどのように評価されているかはわかってきた筆者は，自分でも情けないと思っている，でも「どうしてよいかがわからない」と理解している。

　だからこそ，相談室に来るこの年代の子どもに対して，筆者は子どもの思いを「理解したい」という態度で向きあう必要があるように思う。これまでの時期は，どちらかというと，ただのお節介や転ばぬ先の杖的存在として，一方的に安全を保障する役割であった。ゆえに本人の意図を明確にしないでも支え役を買って出ることができた。しかしこれからは，本当の意味で「君が抱えている『その』生きにくさ」を一緒に考えていきたい，という思いを本人に伝えたいのだ。実際にこの時期，「今度，君の学校に行ってみたい」と伝え，訪問してみると，教室で筆者に気づいた子どもがほっと安心した表情のなかに，「僕はここでがんばっているのだけれど……」という思いに触れることができる。

　その日常を分かちあうと，「問題は，君の努力不足ではなく，どうしようもないような苦手さから来ている」ことであったという思いが実感として生じる。筆者はようやく本人である子どもへ弱点を伝えることができる。子どもには，当然よい面もたくさんあるが，今は弱点であるこの問題に向きあうべきであると伝える。時には，学習方法，対人面での

言葉のかけ方などを提案したり，過剰な負担を周囲，特に親がかけているような場合は，本人のまえで親に控えてほしいと伝えることもある。

心を孤独にしないこと，やはり味方はどこかに必ずいるということを，子どもへ示したい。この時期，筆者は子どもたちと「共にいること」を分かちあいたいのである。

それは，いつの時期でも大切なことではあるが，特にこの時期の子どもたちには，決めつけないで真剣に公平に話を聞く大人がいることを知っておいてもらいたいからである。

4 中学生の子ども

発達障害の場合は，10歳前後までに気がかりなことが生じて医療機関などが活用されやすい。中学生の子どもの場合，相談が継続して中学生に至る場合と，これまで心配されながらも公的な相談機関を訪れることがなく，中学生になりはじめて相談室の戸を叩くという場合があろう。

支援が継続されながら中学生になった場合，上述してきたような伝えたい作業が功を奏していれば，ある程度子どもに受け止められた大人として生活相談が継続できる。弱点についても一緒に分かちあいながら相談し続けているはずである。ゆえに改めて発達障害の説明に急ぐ必要はない。主役である子どもたちの要請に応えていけばよい。経過によっては，中学進学を機に中断あるいは終了する場合もある。その場合は，改めてその子にある特性をその子へ説明するときもあれば，今後生きにくさが再浮上したときは，いつでも連絡してほしい，と伝えるときもある。いずれにしても，診断名を告げて終了というのでは次の責任が背負えないので，筆者はこの時期に診断名を告げたことはない。

問題は，これまでなんとかやりくりし，折りあいをつけて生きてきた子どもたちへの対応である。中学生になってからの初登場は，生来の発

達障害の相談というよりも，これまで本人なりの方法で生きにくさを解消させてきた適応行動への相談となりやすい。適応行動といっても，それは家庭内暴力や深夜徘徊，あるいは性的行為や万引きなど，社会通念上はよくない行動と評価されるものであるからこそ，相談に来ることになる。当然その行動はよく評価されるものではないが，その根底に，今までの生きにくさや挫折感，あるいは絶望などがあったためであろうと推察しつつ，よくひとりで乗り越えてきたと思いながら，子どもの話に耳を傾ける。現実から逃れようとして過大な人生設計を披露したり，周囲のすべての人たちの価値を落とし込むことで，自分をかろうじて息継ぎさせている子どもたちもいる。いずれもこれまでの日常にある終わりなき困難さを想像し，その子の人生を分かちあうことに筆者は心がける。

　しばらくは，日々を営む難しさとそれなりに過ごそうとしているささやかな前向きさ（例えば，昼夜逆転していたある少年が，週に一回は早朝に起きて玄関で父親を見送ろうと内心努力していたが実行されたためしがないこと）をきちんと評価し伝える。同時に「君の言い分もわかるが，あの担任はわかってくれないから認めないと言っているだけでなく，『週に一度は僕に会いに来てください』と，ちゃんと君の気持ちを伝えないと，担任も家庭訪問してもよいのかどうか戸惑うよ」と，結果的に損な言動になりやすい子どもたちの後天的なクセを指摘して，少しでも得な行為へ移行できないかを助言する。より孤立しやすい思春期を前に，発達障害とともに生きるこの時期の子どもへは，評価と助言のバランスに苦慮しながら，生活の充実を目標にして，日常を分かちあいたい。

　筆者が，発達障害のある子どもへ，「発達障害があること」という事実を伝えはじめる時期はこれ以降となる。

　忘れっぽい，人の思いに思いを馳せてうまく折りあいをつけることが難しい，漢字がなかなかうまく覚えられない，書くことができない，といった日常生活にある困難さは，間違いなくその子どもにあるひとつの

弱点である。その弱点が決して改善されにくいために、発達障害の症状となる。しかし日常の評価は、「弱点で困っている人」ではなく、「弱点を改善しようとしないで周囲を困らせている人」とされる。そのため、「発達障害があること」を説明するまえに、周囲を困らせているように見える弱点は、実は「あなた自身がもっとも苦しんでいる弱点である」という倒置を示すことから始めないといけない。そのうえで、日々の工夫と周囲の助けがあれば、日常が多少なりとも改善するという実体験を積み重ねる必要がある。日常に積み重ねた事実の構築が安心と自信になる。

「子どもを助ける方法はいつもある、と確信すべきです。最悪の状況においてすら、いつもアプローチの仕方があります」という Adler, A.（1930）の言葉は、この時期の子どもたちを前にしての筆者の支えでもある。

しばらく相談に乗り、周囲の理解を得はじめた中学2年の少年に、筆者は、「君の特性のことなのだけれど」と障害名の説明をしたことがあった。多少とも日常が落ち着いているからこそ、伝えることができたのだが、一通り聞いたあとで少年は、「なんとなくわかっていた。家にはその手の本がたくさん買って置いてあるから。でも改めて聞けてよかった」と言ってくれた。

筆者は、子どもに障害名を告げるということは、名称（診断名）を手渡すことではなく、障害という実は生来的に存在していたことに光を当て、今からでも、少しずつでも、その存在を分かちあいたい。確かにこの障害は、この子のものではあったし、これからもそうである。しかし、突然浮上してきた生来的な存在を、一人で受け止めさせるのではなく、それまで秘していた者として多少は担ぐ責任をもって伝えたいと思っている。

数年前に、なかなか思ったような生活にならず、自暴自棄から自傷行

為を繰り返していた中学3年の少年に，特性ある障害ゆえの生活の難しさであることを告げたことがあった。自殺の恐れもあり，家族の要望もあり，戸惑いながらの説明であった。その後，彼が自発的に相談を希望するまでには，2年間の年月を要した。その間，筆者は家族を支えることに集中した。それはこの時期，少年を日常で支えた教師がいたおかげでもあった。そのことを筆者はありがたく思っている。有形無形の支えが少年に提供されていたのだろう。しかし，筆者の説明は，彼にとっては当然の宣告でもあったはずで，一時期より孤立感が強まったのではないだろうかと，筆者は伝えるタイミングについて，若干の後悔もある。

　確かに，この時期の子どもたちは，そろそろ自らの人生に主体的に関与するため，自分に生来的にあるものを，ある意味正確に知る必要があるとは思っている。しかし，筆者の少ない経験からは，その行為は同時に，それまでの育ちの歴史を丁寧になぞりかえさないと，孤立させ孤独感を助長させてしまう危険性も大きいように思っている。この時期の子どもたちから信用を得るためには，「自分の気持ちを真剣な態度でとりあげ，静かに受け入れ，注意深く聞いてくれて，理解し，葛藤をときほぐしてくれる」(Kanner, 1972) 存在として対峙することが特に求められ，時にその者は，生活の中にいるかもしれない。

5　高校生以降の子どもたち

　高校生以降であれば，発達障害があることで生じる生活上の生きにくさについて，自主的に相談もでき，具体的な支援を取捨選択できる場合も少なくないだろう。時期を誤らなければ，「見立て」は子どもへ伝えやすい。しかも，子どもたちは，そうした説明によって，改めて自分自身を理解できたと述べることが多い。さらに，これ以降の成人の方々では，「もっと早く知っていたかった」という声を多く聞く。

しかし，このことから「早いうちに子どもへ診断名を伝えるべきだ」というのはあまりにも早計過ぎるといえよう。相談に来るほどの青年・成人は，自分自身へ改めて向きあいたいと切望し，ある程度情報を収集し，診断を自分なりに想定して，その確認作業として来られる。ゆえに「もっと早く知っていたかった」というのは，当然と言えば当然である。
　その一方で，生活に躓き，窮地に追い詰められ，周囲の勧めで相談に来られる場合もある。そこには，今までの生きにくさを，さまざまに（誤って）自己説明してきた長い物語があり，その修復には時間がかかる場合も少なくない。小学校，中学校からの自己評価の低さや自己の傷つきが増大している場合もあるだろう。単にこれまでの生きにくさを診断により外在化しただけでは払拭できない「今までの人生」に，新たな光を当て直す必要がある。その支援者は，医療者よりもピア・サポーター，ピア・カウンセラーが，適役である場合もある（もちろん，その逆もある）。

III　子どもに障害を伝える行為と親への対応

　以上，さまざまな時期にある子どもたちに，発達障害が生来的に存在していたという「事実」を筆者はどう伝え，どう受け止めてほしいか，を述べた。ここでは，子どもへ障害の事実をいかにして伝えるか，という伝え方ではなく，子どもが自らにある発達障害をどう受け止めていくか，ということに医療者としてどう対峙するかについて論じたつもりである。自己欺瞞かもしれないが，この行為を通して，筆者は子どもと障害を分かちあいたいと思う。
　その一方で，いわゆる「障害告知」も忘れてはいけない。これについては，技術的には山下（2008）の論文が参考になる。筆者としては，子どもに説明するときは，親が説明したいと切望したときでなければなら

ず，親からの承諾をもって行うべきものと理解している。そのうえで，筆者はその後に生じる可能性を含めて，親には以下のような説明をしている。

> 診断名を言われたときに言いようのない理不尽な悲しみが登場しますので，娘さんや息子さんはやはり親に当たります。障害があるという事実を受け止めきれない子どもが「生まれてこなければよかった」「なぜ産んだ」と親を責めるような口調になることもあるでしょう。そのときに，親はひるまないでほしいのです。「ごめんね」などと言わずに，「何，言ってるの。お前が生まれたときに，お父さんとお母さんは，どんなにうれしかったと思ってるの。お前が生まれてどれだけ幸せだったか」というようなことを伝えてほしいのです。お父さんとお母さんが一緒になって，「君はかけがえのない存在なのだ」「障害にかかわらず，自分たちの大事な子どもなのだ」ということを伝えられないようならば，私は告知しない方がよいと，あるいはまだ告知する時期ではないと思っています。これは，家族として，今後どう生きるか，という問題なのです。障害にひるむ必要は全くありません。子どもがこれから生きていく上で，この説明が必要なことだと思えたときに，医師に告知を依頼してください。

おわりにかえて

　子どもが自分自身を受け止めること，これは発達障害の有無にかかわらず大きな課題である。いや子どもだけでなく，大人であっても受け止めがたいのではないだろうか。
　筆者は，発達障害のある子どもの親の「障害受容」という課題に対して，「わが子の人生を丸ごと受け入れることを受容と呼ぶのであれば，

障害の有無にかかわらず，どの親にとっても無理な課題となる。己の人生すらも丸ごと受け入れることが困難なように，いかに血を分けたわが子だとしても，いやだからこそ，その子の人生を受け入れることなどできない。親はさまざまな希望を，願いを，わが子に託すものである。筆者は，障害の消滅という幻想と，障害の克服に人生を掛けようとせず，日々を生きるわが子が示す一期一会のかけがえのない姿にこそ希望を繋いでほしいと思う。それが受容にとって代わってほしいとすら願う」と記した（田中，2008）。

この思いは今も変わらない。

ゆえに筆者は，「子どもが障害を受け止めるとき」とは，自分自身がかけがえのない存在として周囲から大切にされているという認識のもと，自分で自分がささやかに誇れるときであってほしい。筆者が伝えたいのは，診断特性ではなく，生きる希望なのである。筆者は親と一緒に，子どもたちと生きる希望を分かちあいたい。

文献

Adler, A.(1970 (1930)) The Education of Children. Gateway.（岸見一郎訳（1998）子どもの教育．一光社．）

土居健郎（1977）方法としての面接——臨床家のために．医学書院．

Kanner, L. (1972) Child Psychiatry (Fourth Edition). Charles C. Thomas Publisher. Spring Field, Illinois, USA.（黒丸正四郎・牧田清志訳（1974）カナー児童精神医学（第2版）．医学書院．）

村田豊久（2008）発達障害という事実を受け止めるために—インフォームド・コンセントをめぐって．臨床心理学 7-3 ; 329-333（本書第4章第1節に再録）

清水将之（2008）子どもの精神医学ハンドブック．日本評論社．

田中康雄（2008）軽度発達障害——繋がりあって生きる．金剛出版，pp.243-244．

山下裕史朗（2008）障害告知・説明．In：宮本伸也・田中康雄編：発達障害とその周辺の問題．中山書店．

第2節

子どもと共に障害を受け止める

山岡 修
YAMAOKA Shu

はじめに

　子どもを授かり育てるということは，多くの人が経験するごくありふれたことと言えなくもないが，一人の人間にとってみると，人生の中でとても大きな出来事である。子どもを授かったと分かった時，子育てに対する不安が胸をよぎることがあるとしても，大半の夫婦は，健康で笑顔がかわいい我が子の誕生を思い浮かべ，心待ちにするものである。
　子どもに障害があるということは，多くの保護者にとって予想しなかったことであり，思い浮かべたこととのギャップに戸惑い，その現実をなかなか受け入れることができない。特にLD，ADHD，高機能広汎性発達障害等の知的障害を伴わない発達障害の場合は，一見普通に見えることや，部分的には健常児以上の能力を見せる場合もあり，気づきが遅れる場合や障害受容が遅れる場合が多い。
　さらに，知的障害を伴わない発達障害の場合は，子ども自身も生きにくさを抱え，周囲との違いに違和感を覚え，ストレスを抱えて苦しんでいることが多い。やがて自分の特性に自分で気づき，それを受け止めな

くてはいけないという，極めて残酷とも言える試練が待ち受けている。

本人も保護者も共に，いくつかの過程を経て障害と向き合い，障害を受け止め，障害を乗り越えて，障害と共に生きていかなくてはならないのである。

今回は，保護者として，子どもと共に我が子の障害をいかに受け止めるかについて，発達障害の場合を中心に述べてみたい。

I 保護者の障害受容

一般に，保護者が子どもの障害に気づいてから，最終的に子どもの障害を冷静かつ客観的に受け入れ，積極的に取り組んでいける心理状態に至るまでには，いくつかのプロセスを経ると言われている。特に知的障害を伴わない発達障害の場合は，保護者の気づきや障害受容が難しく，遅れ気味になることが多い。もっと早く気づき対応しておけば良かった，もう少し早く子どもの障害を受け止めてあげれば良かったと，過去を振り返る保護者が多いのである。

知的障害を伴わない発達障害のある子どもを持つ保護者が，障害受容に至るまでには，おおむね下記のようなプロセスをたどると言われている。保護者に接したり，支援したりする場合は，保護者がどのような段階にあるかを見極めながら接する必要がある。

1 疑念・混乱

知的障害を伴わない発達障害のある子どもたちは，全般的な遅れはないものの乳幼児期に通常の発達とは微妙にずれを示すことがある。親の会の調査では，3歳位までに大半の保護者が，はっきりしないが何か変だ，何か気になるという思いを感じている。思い通りにならない子育て

に悩み，辛く当たったり，厳しくしつけたり，なかには体罰に及んでしまったりする例もある。原因が分からないために，子どもの様子に不安を抱きつつも否認したり，混乱に陥ったりしてしまうような，疑念・混乱の時期と言える。

2　ショックと安堵

　原因がよく分からないまま葛藤の時期を過ごし，思い悩んだ末に，思い切って診断を受けてみる。医師からADHD，高機能広汎性発達障害といった診断名が告げられた瞬間は，大きなショックを受ける。「これは夢の中のことで，現実のことではないに違いない」「よりによって，私になぜこんなことが起きるのか」とぶつけようのない怒りがこみ上げてくる場合や，混乱状態に陥る場合も多い。

　しかしその一方で，「一瞬ほっとした」と語る保護者も多い。要因がはっきりしたことで，子どもが持つ発育の遅れや問題行動が，自分の育て方の問題ではなかったことがはっきりしたことと，今まで分からないままであった原因が明確になったからである。そして，今まで要因が分からないままに厳しく接してきたことを反省し，「今まで辛く当たってごめんね」と，心の中で子どもに謝る保護者も多い。

3　努力・挑戦

　子どもに発達障害があることが分かっても，LD，ADHD等の知的障害を伴わない発達障害のある子どもの場合は，幼児期の段階では普通の子どもとの遅れの差は手の届く範囲であることが多い。そのため，「障害を治す」「原因がはっきりしたのだから，対策があるはず」「いつか追いつく」という気持ちになり，何とか発達の遅れを取り戻そうと取り組

む場合が多い。「何とか普通の中に溶け込みたい」「追いつきたい」という一心で，親子共に目の前にある課題や行動等に対して一所懸命取り組む「努力・挑戦」の段階である。

　高機能広汎性発達障害の場合は，勉強はよくできるというケースも多いし，LD，ADHD等の場合は，特性に合わせた配慮や支援，スモール・ステップによる指導等により学習面・行動面で療育効果が高い場合が多い。

4　障害の受容

　以上のような段階を経ていくうちに，得意な分野は通常以上に伸びるが，不得意な分野の中に，努力を重ねても成果が得にくい部分があることを認めざるを得なくなってくる。表面的に何とか繕ってきた分野の中にも，身についていない部分があって愕然とするケースもある。

　障害を否定し，障害を消すためにひたすら努力するより，子どもの障害を冷静かつ客観的に受け入れることにより，障害と付き合い，障害がもたらす困難をうまくカバーしながら生きていくことが大切だと思える段階に至るのである。

　文章にすると簡単なように見えるかもしれないが，本当の意味で保護者が子どもの障害を受容するというのはなかなか難しいものであり，完全に受容できている保護者はごくわずかである。

II　保護者自身が抱える問題

　LD，ADHD，高機能広汎性発達障害等の知的障害を伴わない発達障害のある子どもの保護者の場合，保護者自身が悩みを抱え苦しんでいる場合が見られる。子どもの行動面の問題について，しつけや育て方の問題として，父親や親戚から母親が責められて苦しんでいる例も多い。学

校から家庭の問題と指摘され，周りの保護者からも孤立して，対処方法が分からず，相談する相手もなく母親が一人苦しんでいることもある。なかにはしつけの度が過ぎて体罰や虐待を繰り返す例，母親自身が精神的に追い詰められるような不幸な例も残念ながら少なくない。

発達障害の場合，身近に気楽に行けるような敷居の低い相談機関がなかなかない上に，本格的に診断を受けてみようと決意しても，専門機関の数が極端に少ないこともあり，「初診は，1年待ち」というような機関も少なくない。

このようなことから，子どもだけでなく，保護者に対する相談・支援体制の拡充が望まれるところである。例えば，保護者の心理状態や置かれている状況を把握し，面談を重ね，育児の経過や家庭での状況，母親の悩み等をじっくり聞くことが心のケアの第一歩になる。地域において，保護者も含めた相談支援体制の拡充が望まれるところである。

III 本人への障害告知

発達障害であることを本人に告知すべきかどうかは，多くの保護者が悩む問題である。「発達障害は治らないのだから，告知しても無駄」「発達障害があるからと逃げ道にして，向上心を失ってしまうのではないか」「本人がかわいそうで言えない」など，告知に否定的な意見もある。

発達障害のある子どもの場合，苦手な分野は人一倍努力してもなかなか効果が上がらない。中学生位になればコミュニケーションや集団行動面などで周囲との違いが目立つようになってくる。学校では教員に怒られ，友達には馬鹿にされ，家に帰ると母親から叱責されるなどで，自信を失い，孤立感を深めていくケースも多い。本人自身も，漠然と違和感を抱いていて，どうして良いのかが分からないために，自己有能感（セルフ・エスティーム）を失っていく例も多い。

あるアスペルガー症候群の青年は,「告知を受けた時は,ショックというより,うれしかった。今まで周りのみんなと違っていることに悩んでいたけれど,障害のせいだと分かり,ホッとした」と語っている。誰が,どのように,いつ告知するかなどについては,本人の年齢や理解度により個別に判断していくことが必要であるが,適切な時期に告知する方が,本人にとってはプラスに働く例が多いようである。

　就労・自立に際して,本人に求められることとして,作業能力,体力,社会性などがあげられるが,発達障害のある人の場合,それよりも自己認知や必要な場合は支援を受ける決断が鍵を握っている場合が多い。発達障害がある場合,能力に凸凹があるために,学歴や資格,見かけから期待される能力を発揮することが難しいことが多く,悪い言い方をすれば「見かけだおし」な部分があり,周囲からの誤解に繋がってしまうことが多い。

　本人への告知は,本人がそれまで漠然と抱いていた違和感に納得し,本人の自己有能感を高め,本人が,「障害は治らないが,個々の症状は克服できる」「この障害と共に生きていく」ことを前向きに捉えられるようにすることが目的である。自分の障害を知ることで,周囲との違いを理解し,全て普通にしようと無理をしない,工夫をする,対応力をつける,見栄を張らず,必要な場合は周囲の理解や支援を求める等,障害と共に生きていく術を身につけていくきっかけとなれば,就労・自立に向けた壁を乗り越えることに繋がっていくのである。

　告知の時期は,本人の理解度が大切であり,思春期以降が良いという意見が多いが,それだけでなく本人が思い悩み悪循環に陥っている場合や,本人が周囲との違いに違和感を覚え始めた場合など,個々にタイミングを見て行うことが必要である。

　本人は,後々になっても,告知を受けた時のことを覚えていることが多い。大きなショックを受けた場面である以上に,その時にいたわりの

言葉をもらったり，勇気づけられたり，「大丈夫。一緒に頑張っていこうね」と言ってもらったりしたことが，その後の生き方に影響を与えている場合が多いのである。誰がどのように告知するのかということも，十分留意する必要がある。

IV 本人の障害受容

　本人にとって生涯付き合っていかなくてはいけない障害を抱えていることを受け止めることは，とても大変なことであろう。発達障害の場合，一人ひとりが持つ困難は多種多様であるが，読み書きや計算が苦手，約束したことを忘れてしまう，時間の感覚がつかない，手先が不器用，周囲の人と合わせることができない，うまくコミュニケーションが取れない，相手の気持ちが分からない，整理整頓が苦手等々，学校生活，社会生活を行っていく上で支障が生じることが多い。しかし，計算が苦手なら電卓を使う，約束したことは必ずメモを取る，道に迷ったらすぐ誰かに聞く，パニックが起きそうになったら静かな場所に行き鎮める方法を身につける等，困難があっても対応力や切り抜けるコツを覚えることで，何とかこなしていくことができる。

　最近，就職で何度も失敗したり，二次的障害を起こした結果，非行に走ったりひきこもりを起こして，初めて発達障害があることが分かるケースが増えている。このように，二次的障害を起こした場合や，年齢が高くなるほど予後が難しいと言われている。発達障害に限らないかもしれないが，早期発見と早期からの支援が大切であり，極力得意な分野を伸ばし，不得意な分野をカバーする方法を身につけ，自己有能感を育てていくようにすることが大切である。

　本人が障害を受容するということは，本人が自分の特性をよく理解し，苦手な部分をカバーする方法を身につけることにより，「この障害と共

にうまく生きていく」ことを，前向きに決意できるようにしていくことではないだろうか。

V 子どもと共に障害を受け止める

以前，発達障害のある子どもが「障害児じゃあるまいし」と呟いたのを聞いて，ショックを受けたことがある。健常児が発する心ない言葉が見えないところで横行していることが想像された上に，本人は本人で「自分は普通である」ことを信じていることが察せられた。いずれ本人に告知しなくてはいけないと思うと，無邪気にしている子どもの顔をまともに見ることができなかった。

LD，ADHD，高機能広汎性発達障害等の知的障害を伴わない発達障害の場合など，障害が軽度であればあるほど，保護者が子どもの障害を受け止めることが難しい。思い通りにいかない子育て，周囲の無理解や支援の不足，相談機関・療育機関も不十分ななか，孤軍奮闘しているが，将来に対する見通しが立たず，不安を抱えている場合が多い。良き支援者に巡り会うこともあるが，進学すると振り出しに戻ってしまうようなことを繰り返すうちに，最終的には保護者が生涯を通じた唯一の身近な支援者であると悟りつつも，終わりのない労苦に押しつぶされそうになったり，疲弊感が積もってしまったりすることもある。

ある青年が「両親は私のことは何でも分かっていると思っていたようだが，私がどう感じ，何に困っているのかは分かっていなかった。でも，両親はいつも私のために最善を尽くしてくれていたし，とても感謝しています」と語っているのを聞いて，考えさせられた。保護者は本人のことを全て理解していると思い込んでいることが多いが，本人の思いとはズレが多いことは当然だろう。さらに，子どものためと言いつつ，保護者の都合や見栄を優先したり，考えを押しつけたりしていることが多い

のではないだろうか。何よりも一番困っていて苦労しているのは本人なのだ，ということを改めて考えさせられた。

　保護者の立場から，「子どもと共に障害を受け止める」ということは，保護者として障害を受け止めること，本人に障害を告知すること，本人が障害を受け止めることを支えること，そして障害を持つ本人と労苦を分かち合っていくことである。

　保護者は本人にとって，乳幼児期から成人期以降まで一貫して身近にいる最大の支援者である。ある保護者が，「私がいなければ，あの子は生きていけない」「親としてできることは，できるだけ長生きして側にいてあげること」と話しているのを聞き，発達障害を巡る社会的理解や支援制度が不十分な現状を踏まえると，その通りだと思ったことがある。しかし，親子の年齢差を考えると，現実的には難しい。

　子どもと共に障害を受け止めることは簡単ではないが，保護者として乗り越えなくてはいけない壁である。その上で，保護者としてできる最大の支援は，側にいて手をかけ続けることではなく，保護者がいなくても生きていく力，道筋をつけてあげることなのではないだろうか。

第3節

教師として保護者として発達障害の理解を深める

村田昌俊
MURATA Masatoshi

はじめに

　今から31年前,筆者は千葉県内にある国立病院の児童精神科病棟に併設された院内学級の中学校教師として赴任した。当時の院内学級には約70名の生徒が在籍し,その大部分は,在籍校で「登校拒否（不登校）を体験した子どもたち」であった。入院や通学する児童生徒たちの中には,軽度な知的障害,MBD（Minimal Brain Dysfunction：微細脳機能障害）,自閉症等の子どもたちも1割近く在籍しており,医療と教育の連携の下,治療と教育が進められていた。教師としての仕事をスタートした当初から,発達障害の子どもたちとの関わりを始めたことは,後に私が子を授かり,自閉症の我が子を育てる上で大きな支えとなったのは言うまでもないことである。

I　発達障害の子どもとの出会い

　2つの事例に関わった経験をもとに,発達障害の理解と支援について

考察を深めていきたい。

　Aくんは MBD と診断された中 2 の男子生徒であった。出会った当初，ヨットパーカーのフードをかぶり，ほとんどこちらと目を合わせることもなく身体を小さく丸め，しょんぼりした様子で筆者の前に両親と一緒に座った。Aくんは両親にとって待望の子どもとして生まれ，大切に育てられた一人っ子であった。両親は，幼少期から多動で，落ち着きのなかった我が子のことを案じ，小学校入学後も学校で問題に直面する我が子を保護しながら育てた。小学校時代は周囲の理解と援助を受けながら何とか過ごしていた A くんも中学生になり，いよいよ学習も難しくなり，教科学習についていくのがやっとである A くんにとっては，授業への対応がいよいよ困難となり始めた。学校ではチックや独り言が激しくなり，周囲のからかいやいじめが増し，不眠・食欲不振・自傷行為等が始まってしまった。幼少期から児童相談所の相談を継続していた両親は，児童精神科の受診を始め，通院治療と院内学級への転校により，Aくんの支援を進めることになった。その後，Aくんは毎日，自宅から電車とバスを乗り継ぎ，1 時間以上かけて雨の日も風の日もほとんど休むことなく院内学級に 2 年間一人で通い続けた。生来持って生まれた人なつっこさと素直な面が女子生徒からは可愛いと受け入れられ，学級の中で成長を遂げ，卒業後は都内の定時制高校に進学した。進学後も数々の困難はあったが，4 年間で無事に卒業し，一般就労することができた。両親や祖父母は常に，A くんの生活を見守り安心と保護を怠らなかった。Aくんが安心して過ごせる場を探し，彼の自尊心を大切に育て，Aくんにあった生活の場を確保し，35 歳を過ぎた A くんを支え続けている。

　一方，B くんは在籍校の学級内でのトラブルが引き金となり，中学 1 年生の途中から不登校となり，2 年生になり院内学級に転校してきた男子生徒であった。運動・作業面では不器用な面が見られたが，数学や理科等は年齢相応に対応できた。国語や英語はやや苦手で，作文などの苦

手なことがらは回避した。顔立ちも良く，好青年という印象を与える生徒であったが，大人に対しては緊張や不信感が強く，礼儀正しい言葉遣いや敬語を使うが，担任や級友たちとなかなか打ち解けられず，気難しい面が見られた。厳格な父に育てられ，学校を休むようになってからは，父からの厳しい叱責や暴力を受け，家庭での居場所を失いかけた。しかし，母親が何とか父子の間を取りなし，とりあえず学校に通うという緊急避難的な形で院内学級への転校となった。転校後，当初は安定して滑り出しだったが，仲良くなった同級生のCくんとのトラブルによって，再び欠席が始まり，状況は一変していった。その後，担任の家庭訪問や母親との相談によって安定し登校を再開した。中学校卒業まで親しい友人や大人との信頼関係をうまく築けないままであったが，高校に進学した。その後も父との関係改善は見られず緊張関係が続き，Bくん自身は追いつめられた状況になり，家庭内での暴力のほか，多くの問題を抱えるに至ってしまった。Aくんは資質面で決して恵まれた状態ではなく，周囲の理解と支援を常に必要とし，周囲の支えによって安心感を得，同年齢集団の中にあっても自己肯定感を損なうことなく成長を遂げることができた。おそらく現在に至るまで，両親が行った生活や就労面で我が子の資質や能力不足を補うような説明や嘆願は数え切れないほどあったに違いない。また，本人の良さや得意な面を生かした子育てを進め，多くの人の支援を上手に受け続けた努力と工夫は並大抵のことではなかったであろう。

　Bくんは生活能力や学習能力の面で，若干の偏りや頑なさは見られたが，資質的には決して社会的自立が困難な子どもではなかった。母一人が本人の理解者であり，本人と父との間に入り支援を続けた。しかし，Bくんは父との関係の中で十分な理解を受けられず，安心して生活できる場所を獲得することができず，その後も自身の内面の不安と周囲への不満や攻撃性が絶えることはなかった。乳幼児からの育ちの中で積

み上がっていった資質や能力あるいは生活技術が，学童期・思春期を経て，青年期以降の生活に大きな影響を与えることは言うまでもない。Bくんのように軽微な遅れであっても，家庭や周囲の人々の理解と支援を受けられず安心感と自己肯定感を味わえないまま思春期・青年期の生活を送っていくことは，単に学校適応上の問題や学習面だけはなく，日常生活や対人関係の持ち方にも大きな影響を与え，その結果として二次障害を生み，本人・保護者を長期にわたって苦しめてしまう危険性を孕んでいることを，支援者は肝に銘じておかなければならない。それぞれの子どもの状態や家族の理解，あるいは家族の支援基盤や支援資源の状況等を見極めつつ，思春期を乗り切り，青年期の自立に向かっての準備を地道に進めていくかということについて，支援者は保護者・家族とともに考えていく粘り強い営みが必要である。当事者の最も身近なところにいる保護者や家族の理解が進まなければ，基底に不安定さを抱える発達障害のある子どもに，真に安心感や自己肯定感を与えることはできない。しかしながら全ての保護者・家族がそのような視点に立てるとは限らないことも意識し，要となるキーパーソンを中心にどのように支援を進めて行くことができるかが問われるところである。また，支援者は一人ひとりの子どもや青年が持っている能力や資質を的確に把握しつつも，彼らの中に埋もれ，まだ開拓されていない可能性に感じ入り，保護者とともに本人の可能性に働きかけ，「育む視点」を大切にした関わりを続けていきたいものである。

II　発達障害の子どもたちの育ちを支える

　発達障害の子どもたちが一度バランスを崩すと，それを支える家族や担任の先生にかかる負担は大きくなり，努力が報われなくなる時もある。この場合，本人を支えることと同じように家族や担任の先生を支え，ケ

アすることが重要になる。攻撃性が著しい時や意欲減退によって活力が失われると，親や担当教師は自信を失い，本人との関係もどこかぎくしゃくし，悪循環に陥ることは少なくない。親や担当教師を支える支援システムを作ることや一時的に本人と距離を置き互いにリフレッシュする手段も考えておく必要がある。発達障害の場合，同じ診断名であっても，その後の置かれた環境や関わり方によって，成長に大きな差が見られる。それぞれに備わっている資質や能力，障害の程度もさまざまであり，一人ひとり個性に違いがあるのは当然のことであるが，本人への関わり方や家族の状態，あるいは学校生活の状況等を客観的に評価し，助言できるような体制があると大きな支えとなるであろう。

　筆者は，どのような支援者（教師）であっても万全ではないと感じており，個別の配慮を要する児童生徒の支援については，時には支援者も保護者から「関わり方のコツ」を聞き，折り合う方法や楽しみや喜びを分かち合うことを学び，保護者と一緒に子どもの成長を信じつつ，試行錯誤するような関係づくりも時には大切であると思うことがある。そのような交流を通して，教師と保護者が信頼関係を育み，絆が深まっていく事例も数多く存在する。筆者自身も，息子が高等養護学校卒業後，一人の保護者として元担任の先生や進路担当教諭との協働作業を通し，とても貴重な体験をすることができた。その関わりを通して，筆者自身，我が子の能力や適性，適切な行動評価ができていなかったことに気づき，本人との関わり方や距離感が変化したという体験がある。特に就労訓練中に開いたサポート会議では，元担任教諭やジョブコーチは我が子の躓きや誤学習している部分を見極め適切に分析し，本人がどこで間違い混乱してしまったかを気づかせ，本人の納得を取り付けた後，本人自らの行動変容を促すものであった。この体験は教師として働く筆者自身にも深い学習体験となり，その後の仕事に役立っている。本人支援をめぐっては，保護者だけでは十分に支援しきれないことや支援者だけでは

十分機能しないことも認識しつつ，本人に納得と具体的な見通しを与えるような支援が必要である。支援者は家族とともに小さな失敗や成功体験を積み重ねつつ，当事者本人への支援のコツを家族や本人につかませ，今後も起こりうる数々の問題に対応するストラテジー（strategies：方略）を示唆することができる。

III　子どもの障害を受けとめること

　私自身が「我が子に発達の遅れが残るかもしれない」と覚悟し始めたのは，長男が生まれて間もなく新生児黄疸となり，転院先の小児医療センターに母乳を運んでいた時であった。

　動揺する筆者の相談に乗ってくれたのは，職場の先輩たちであった。児童精神科医，臨床心理士，教師。子どもの発達支援をする職域で働く専門家の助言は適切であり，筆者の不安や混乱を的確に受け止め，「仮に息子さんに障害が残ったとしても，先生と奥さんの間に生まれたのだから，じっくりと育てていけば良い」という助言を受けた。

　仮に我が子に発達の遅れがあると認められた時，あるいは保健医療機関で医師や保健師から，「あなたのお子さんには発達の遅れがあります」と告げられた時，保護者がすぐにそれを受けとめることはなかなか困難なことである。筆者の場合，1歳半健診で妻が保健師から発達の遅れを指摘されたと報告を受けた時，正直なところ「発達の遅れ」のことがあまりピンと来なかったのである。言葉の面では，はっきりとした単語は話すことができなかったが，こうしてほしいという要求は全身を使って語っているような気がして，それとなく察しながらつきあっていけた。視線が合わないということやマイペースで動くことは気がかりであったが，こちらの了解可能な範囲の行動もあり，言葉の芽のようなものが出始めたことや独りで黙々と遊びに興じているところを見ると，通常の子

どもと変わらないと呑気にやり過ごしていた。

　しかし，3歳を過ぎた頃，息子と発達の遅れのない子どもと比較すると明らかにその違いが見えてきた。遊びの面で相互にやりとりをするという場面は少なく，自分の要求は言葉や視線・指さしではなく，筆者の手をそこに持っていくことによって叶えていた。外出時よく迷子になることや自分の意に沿わない場面があった時，火が点いたように泣くようなこと以外は比較的穏やかに幼児期を過ごすことができていた。息子の成長とともにこだわる物や興味を持つ物は，電車やバスのつり革，自転車や車の車輪の回転，トイレの便器，金魚等々，年齢とともに見事に変遷していった。小学校入学時には，椅子に座っていることさえもできなかった我が子も，数カ月間，学校内を探検した後に，平仮名の習得を機にようやく椅子に座っていられるようになった。そのように周囲に数々の迷惑をかけ，多くの方たちにお世話になりつつも，筆者は我が子には「発達の遅れ」はあるが「障害」があるという認識は持つには至らなかった。

　その後も息子は順調に成長を遂げ小学校を卒業し，中学校に通常学級に進学した。進学時，中学校には本人の特性や行動面の課題などを念入りに説明し，中学校生活がスタートした。部活動や学習もようやく安定し，安心して学校生活を送れるようになった矢先，3学期に入った頃から大きな壁が息子の前に立ちはだかったのである。友人からのからかいを契機にすっかりバランスを崩し，不眠・食欲不振・うつ状態となった。人よりも多くの時間はかかったものの，本人の持ち前の粘り強さとこだわり特性を生かし，多くのことを身につけてきた息子であったが，大きくバランスを崩し二次障害の手前まで追い込まれてしまったのである。この段階となり筆者は，息子が「自閉症」であるということを認めざるを得なかった。その後，息子は家庭教師や友人，担任や周囲の人たちの力で何とか思春期を乗り切り，現在は25歳の青年として成長し，グ

ループホームで独り暮らしをしながら就労を続けている。

　筆者は，息子が生まれてきて間もなくして，新生児黄疸の治療を受けた際に医師から発達の遅れが残る可能性を告げられ，その言葉を受けとめ息子の発達の遅れを十分に理解してきた。決して「障害」を否認してきたつもりもない。そこには他の子よりもちょっと過敏でスキルを身につけるためにはちょっと時間と練習が必要な子どもであることは十分認識していた。もし，息子が幼い頃，現在と同じように「高機能自閉症・アスペルガー障害」や「発達障害」という用語が使われ，保育園や地域社会に拡がっていたならば，「発達の遅れ」ではなく，息子を「自閉症」だと受けとめ，その特性を意識して息子に関わっていたかもしれない。そして息子の頑固さやこだわりに上手に折り合いながら子育てができていたのかもしれないと想像することがある。我が子と暮らした20年あまりの歳月の中，地域で当たり前に暮らせるようになるための準備として進めた子育ては，息子の妹や弟とそう大きくは変わらず，妹や弟に比べ少しだけ手がかかった「普通の子育て」であり，そこには発達障害の息子の支援をしたという覚えはほとんど残っていない。

IV　保護者として発達障害の理解と支援を考える

　発達障害であることをどのように告知するかということは私たちが運営する親の会でも大きな課題である。「誰がいつ」「どのようなタイミングで」「どのように本人に説明することが望ましいのか」ということは親の茶話会の中でもよく話題になることである。筆者の場合，本人が19歳くらいまで，自閉症であることを詳細に本人に告げたことはなかった。しかし，本人は生育環境や日常生活の中で，自分に「障害」があることは知っていたようである。本人がいつの時点でどのようなことを通してそのことを知り，どのように受けとめたかは十分に把握できていな

い。しかし，筆者は息子が17歳くらいになったあたりから，息子との対話の中で，「あなたは他人との交流場面でこのような時に混乱しやすいね」「あなたの感じ方と他の人の感じ方は少し違っているかもしれない」ということを時に応じて説明してきた。その後，息子が20歳を過ぎ，自閉症や発達障害等に興味を持ちはじめた時，本人の方から「自分はこのような場面でこのように感じるのだけど，もし，自閉症ではない普通の人ならばどのように感じるの？」「僕は自閉症として生まれてこなければどんな大人になっていたの？」という会話をするようになった。息子は，アニメやTVドラマなどの場面を例にあげ，さまざまな情報を駆使して自分の理解できなさや感じたことを自分なりのイメージを持って言葉として告げられるようになった。残念ながら筆者は，まだ今の段階で息子の思いを十分に理解し受けとめる適切な支援ができていないと感じている。しかしながら，ひとつだけ確かなことは，本人が地域の中で青年らしいプライドを保ちながら働き，日々暮らすことを通して生活は安定し，数年前に比べセルフコントロール力は大きく成長を遂げているということだ。彼自身が十分自己理解を進めているかどうかは評価しきれていないが，告知ということを日々の生活の中でその都度自然に進めていくようなあり方も私は大切であると感じている。本人や家族への告知については，さまざまなケースがあり，本人の資質能力あるいは所属場所によってその支援方略にも違いが生じる。そこで最も大切なことは，本人にとってその告知が有益に働くかどうかということをきちんと見極めることであると考える。そのためには単純な障害特性や診断名に基づくような子ども理解ではなく，ありのままの子どもの生活や学習スタイル（認知力）をしっかりと保護者が理解し，そこを受けとめる過程を経て，肩肘を張らずとも子どもと向きあっていけるような，力の抜けたような状態になることが適切かもしれないと思う。

おわりに

　発達障害の子どもを育てる保護者の生活実感からすると，発達障害の青年たちが親亡き後に，安心して地域生活を送るためには，現時点ではあまりにも社会資源が不足している。彼らが社会生活を営む上で困難さや問題点をしっかり受けとめ，持っている資質や能力，良さを生かし，不利な状況となった際には身体を張って代弁できるような支援者はまだ地域社会には少ない。保護者は自分がいなくなった後，彼の兄妹や親類にその役割を預けることが相応しいと，つい心の中で期待してしまうことがある。しかし，それは保護者として慎まなくてはならないことであり，彼らにそれを任せることがあってはならない。
　それでは親亡き後の支援は誰に託すことが良いのであろうか？　筆者は彼らが地域で安心して暮らすための仕組みや支援のあり方を，当事者家族として，専門家や支援者の力を借りて，支援するしくみを地域社会の中に構築することを強く望んでいる。発達障害の人々の支援では，個人差はあるものの，決して多くの量の支援は必要ではないであろう。しかし，さまざまな支援を必要とする事例に接する中で，そこに柔軟に対応できる支援が必要なことは明白である。彼らに備わった有能な資質や能力を生かしつつ，彼らが他者との関係で誤った理解を示し摩擦を起こしてしまった際に，タイミングよく介入したり調整する役割が必要である。現在はその役割を各都道府県に設置されている発達障害者支援センターなど，一部の社会資源に頼らざる得ない状況である。それぞれのライフステージに対応でき，1つの生活圏（エリア）の中で彼らの生活をほどよい距離で見守り，必要な時に相談や支援を稼働できる。そのように本人たちの状態や抱えている困難さにフィットした支援は生み出せないものであろうか？　当事者・家族の声を十分に聞き取り参考とし，

「発達障害の人々に本当に必要な支援は何か？」同じ悩みを抱える仲間たち（親の会やNPO法人等）と共に時間をかけてじっくりと問題解決に取り組んでいきたい。

第 11 章

発達障害と共に生きる

第1節

発達障害のある子どもたちと生きる親

田中康雄
TANAKA Yasuo

はじめに

　Korchin（1976）によれば，臨床的アセスメントとは，有効な諸決定を下す際に必要な，患者についての理解を臨床家が獲得していく過程であるという。心理臨床を営む筆者にとり，その過程とは，まさに共に生きる（共生）ということであり，そこに臨床の礎を置きたいと願っている。本論では，筆者の基点でもある「生きる」という視点から，発達障害のある子どもたちと生きる親への理解を試みたいと思う。
　ここで述べる発達障害とは，発達障害者支援法の定義に沿って自閉症，アスペルガー症候群その他の広汎性発達障害，注意欠如多動性障害（ADHD），学習障害（LD）の3類型を中心にしている。この3類型は，出生直後に確実に診断できる他の障害群とは，明らかに異なる。特に，知的な面に遅れが認められないと，定期的な検診では気づきにくく，園生活や学校生活が始まり対人面や社交性の面で徐々に躓きはじめてから，生活面での困難さが明らかになる。
　子どもに見られる「生きづらさ」は，親の生きづらさでもある。

本論では，発達障害のある子どもたちと生きる親が抱く「生きづらさ」について検討していく。なお，ここに紹介した事例は，これまで出会ってきた実際の方々をもとにしつつも，複合的，創造的に加工して記述している。

I　そもそも「生きる」ということについて

これから生きづらさについて述べる前に，親子が生きるということについて簡単に考える。

子ども時代，親に叱られたとき「生まれてきたくて生まれたんじゃない」という際どいセリフを吐いて，親を一瞬閉口させた経験は，それほど稀ではないかもしれない。実際に，私たちは自らの意志で生まれてきたのではない。生は無条件に与えられたものである。そこに意味を持たせたのが「生きがい」という言葉であり，より直接的には「生きる意味」という表現である。V・E・フランクルの言葉を借りると「人間は意味への意志によって最も深く支配」されているといえよう。私たちは自分の人生をできるだけ意味のある人生にしたいという欲求を所持している（山田，1999）。

そこに相互性が存在することを示したのが，「人とともに地上に生きる」ことが生きるということであると端的に述べ，仲間と一緒に生きて「いる」という土台がずっしりと坐っていなくてはいけないと力説した島崎（1974）であろう。それがあって初めて，生活を自ら築く前向きさが生起されるという。この「前向き」というニュアンスは，「生きがい感には幸福感の場合よりも一層はっきりと未来にむかう心の姿勢」と神谷（1980）が述べた向かう姿勢に重なる。将来への希望を保持することで，今の大変さを耐えることができるというだけでなく，苦労もまた喜びになる，ということでもあろう。さらに神谷は，生きがい感には意識

無意識に関係なく価値の認識が含まれる，という。人生に意味を持たせたいがために，われわれは，そこにどのような価値があるかを検閲し続ける。

II 発達障害に在る「生きづらさ」

生きがい感を持ちながらも，「生きる」ことが阻害される条件に，田中（2008）は，社会的差別，貧困，偏見に満ちた病，無知からの誤解などをあげ，豊かに生きることへの困難さを「生きづらさ」と表した。
その様相から素描したい。

1 診断前の親の「生きづらさ」

わが子が生まれるという祝祭は，実は親として生きることにも密接な繋がりを示す。親とわが子の関わりは，誕生前の妊娠の気づきからすでに始まっている。お腹のなかですくすく育っていることを至福とし，そこに価値を見いだす。不適切な表現であるが，家族は，出産時に「五体満足で生まれる」ことを大前提にしている。これは事実である。

だからこそ，早い時期の子どもの様子が，親として生きることに黄色信号を点滅させることがある。

事例 1-1
出生時に問題なく，その後もすくすくと育ってきたAくんは，4歳で幼稚園に入園した。
乳幼児期は，起きているときはとても活発で，目が離せないことも少なくなかった。特に買い物に行くとスーパー中を走り回るので，母親はひやひやしていたという。夜遅くになってもなかなか眠りに

つかず，母親のほうがうっかりして先に寝入ってしまうほどだったという。それでも最初の子どもであり，母親は，男の子とは，こんな風なのだろうと思っていたという。

そんなAくんが，幼稚園に行くようになると，「今日もAくんがお友達のおもちゃを取り上げ，しかも突き飛ばしてしまいました」「お母さん，今日もAくんが，教室から抜け出して一人で園庭を走り回ってしまいました。気をつけているのですが，実際困っています」というやんわりとした口調ではあるものの，保育士さんからの連絡がほぼ毎日入るようになった。母親も，参観日に他の子どもと比べて，活発すぎるというか，言うことを聞かないAくんを見て，これはちょっと問題だと思うようになる。

のちに発達障害と診断される子どもたちであっても，1歳半健診や3歳児健診でその存在に気づかれることはそれほど多くはない。しかし，子どもの日々の言動により，周囲から「躾ができていない」「きちんと叱るところは叱らないと」という批判や忠告を母親はかなり頻回に受けていることは，逆に少なくない。時には，「もっとお父さんに協力してもらうべきよ」と励ましてくれる友人も登場する。でも母親は，「私なりに一生懸命やっているのだけれど」と心の底で思っている。毎日の努力が報われないだけでなく，さまざまな批判が母親へ集中するようになると，母親は自分自身の養育能力に疑問を抱くようにもなる。

一方で，早くから「ウチの子って，どこか違うかも」という違和感を自覚される母親もいる。われわれの調査（田中，2002, 2007a）でも，後に発達障害と診断された子どもの保護者の80％以上が3歳前のわが子に対して「うちの子どもは，どこか周囲の子どもたちと違う」という思いを抱いていることがわかっている。同時に，その確認のために相談・医療機関を訪れることは，しばらく躊躇されていることも明らかとなっ

ている。われわれの調査では，気づきから受診まで平均 12 〜 24 カ月，最長では 216 カ月要したということが示されている（田中，2010）。

　自らの養育能力を疑問視することや，わが子になにかしらの問題がある可能性を抱くこと，いずれにしても親にとっては辛く認めがたいものである。

　何事も実証（エビデンス）的，論理的に説明しようとする自然科学の視点からは，早期発見と早期診断の勧めを定石とする。実際に「『診断を受けてほっとした』という感想をもつ親が多い」（井上，2007）ということも事実であり，親自らが不安になり，障害の有無を明らかにしようと能動的に相談・医療機関を訪れる親も最近は増えてきている。これは，不明確な事態に対して明確な説明を求める姿として理解できる。

　その一方で，気づきは早いが，診断へ向かう気持ちが固まるまでには，やや時間を要する親もいることも少なくない。わが子の様子が明日になれば変わっているのではないか，飛躍的に育っているのではないか，という未見の育ちに期待を抱く時と，現実の子どもの様子を心配し続ける時とを行きつ戻りつしている様子がそこに窺える。

　事例 1-2
　その後 A くんの母親は，思い切って園長先生に相談したという。園長先生から「私はあなたがとても一生懸命 A くんに関わっていることを知っています。あなたは悪くないわ。そして A くんが明るく素直な面のあるよい子であることも知っています。でも正直，A くんの言動は，私も気になっていました。一度専門家に相談してもよいと思いますよ」と言われて，母親は受診の決心をしたという。

　迷いの森から抜け出すには，励ましと勇気づけが必要である。事実を突きつけられた時，力強く歩める人と膝を落とす人がいるだろうが，ど

ちらにも応援はあってよい。

　園長先生は，最終的に専門家の診察を勧めた。しかし，母親が心を決めた契機は，園長先生が母親の一生懸命さとAくんの長所に光を充てたのち，実は母親も感じていた疑問を明確に言葉に置き換えたからである。つまり，母親が経験している生きづらさを明らかにしたうえで，母親も自覚していた取るべき態度を外から指し示したにすぎない。臨床心理学的視点からいえば，母親の心のなかの葛藤を園長先生が自らの心に置き換えて対応されたということであろう。そこにある「気持ちとして分かってもらえた」という母親の心情が決心させたのである。

　発達障害の診断が明らかになる以前から，母親と子どもが抱える生きづらさは，診察して医学的に問題を明確にするまでにも，軽減することができる。しかし，そのためには，Aくんのお母さんのように，信頼できる柱のような存在の有無が問われている。

　実際は，相談したいと思った母親を，「気にしすぎだよ」「発達障害の本ばかり読んでいるから，なんでもそう見えてしまうんだよ」と諫める方々が周囲には少なくない。そこには，母親を安心させようとする思いがあるわけだが，そう思いたいけれど思えない数々の事柄に注がれる共同したまなざしが，ここには，ない。果ては「キミは息子を発達障害にしたいのかい」と家族から言われ，なによりもそのことに傷ついたと涙した母親もいる。さらに義母から「だから仕事を辞めて子育てに専念するように注意したのに」と言われた方もいた。

　寄り添えない善意は，時に暴力的な対応となり，「人とともに地上に生きる」ことから当事者を撤退させてしまう。これをわれわれは孤立とよぶ。

2　診断直後の親の「生きづらさ」

さまざまな経過の果て，親はわが子と共に専門機関を訪れる。そのときの専門機関の対応は，親にとって一生忘れられない経験となる。

事例 2-1
5カ月待ってようやく診察にこぎつけたBさん親子が診察室に入って5分もすると「お母さん，この子は自閉症だよ」と，心の準備も整わないうちに医師からの診断が下った。
「お医者さんにとっては，わかりやすいというか，典型的なケースだったのだと思います」と次に訪れた筆者の相談室で当時の様子を母親は語った。「5カ月，本当に待っていました。ウチの子にどのような判断が下されるのだろう，なんて言われるのだろう。そればかり考え続けて，カレンダーの受診する日を不安と期待をもって毎日見つめていました。それが5分。本当にあっというまでした。ウチの子は4歳なので，『薬は飲めないから，夜が寝れなくても頑張ってね』といわれ，早く療育してくれるところを見つけるべきだとも助言されました。でも，私たち夫婦は，その後の言葉はなにも耳に入っていなかったと思います」。そう言ってまだ若い母親は静かに涙を流した。寄り添う父親は，「いくら名医といっても，あれはないよ。そりゃ医者にとっては，大勢いる患者の一人で，なかでも診断がすぐ付くような子どもで，でも，もうすこし他の言葉が……」あとに続く言葉は途切れ途切れで。

筆者は，このやりとりが忘れられない。この後，障害名を伝えるときは，それ以前に，「ここまでほんとうによく育てましたね」と労う言葉を必ずかけるようにしている。発達障害の存在を証明する「診断が付く」ということは，親にとって大きなショックである。

障害のある子どもは「期待した健常な子どもの死」と考えられ（Solnit & Stark, 1961），ここから Drotar et al.（1975）は段階的過程説を導いている。この段階的過程について説明していこう。

発達障害という診断を，当初，親は受け入れ難く，直後は「拒否・否認」的態度を示しやすい。もっとも親によっては，この拒否・否認が感情的にも態度的にも強く現れるときもあれば，一見さらりと受けとめているように思われるときもある。いずれにしても，いつまでもわが子の特性を否定し目をつぶってばかりもいられない，日常のわが子の言動にさまざまなことが思い当たる，そもそもそうした状況を心配して，実は内心そういった診断が付く可能性を想定して，受診・相談に向かったはずでもあったのだ。しばらく情緒的な混乱が続き，ある程度収まると，今度は「なぜうちの子に障害が」という，どこにもぶつけようがない怒りや哀しみを親は抱くようになる。こうした感情の嵐の果てに，「なぜわが子に障害が生じたのか」という原因追求と「どうしたら消え去るのか」という親の挑戦がはじまる。この時期，筆者であれば，発達障害とは，あくまでもその子の一部であり，程度の変化はあっても消滅するものではないことを再び親へ伝える。筆者の仕事は，いずれ収まる，いずれ治るといったような幻想を伝えることではなく，この子として豊かに生きることができるという希望を手渡すことにある。しかし，そこには，この子なりの限界設定のなかでの，あるいは，この子にある成長の幅のなかでの豊かさである。多くの親が抱くわが子のあるべき姿との差違は，怒りと哀しみを再燃させるか，抑うつ的な気分を引き起こす。このショックから，否認を経て悲しみと怒りに至り，適応，再起へと至る段階を，Drotar らは提唱した。

一方，Olshansky（1962）は発達障害のある子どもの親の内面には常に悲哀があり，時々再燃しては繰り返されるとし，慢性的悲哀説を提唱した。

事例 2-2
　両親は，とても短い時間でわが子に期待した健常さを失い，同時に大きなショックに陥った。この両親が待ちに待って医師に相談したかったことは，「この子はどういった幼稚園なら行けるでしょう。小学校に上がったときに先生にはなんと言えばよいでしょう。小学3年生くらいになれば友だちもできるでしょうか。思春期には彼女もできるようになるのでしょうか。高校，大学，就職後は，結婚は……」とわが子が成人していくまでの人生節目節目に生じる悩みの吐露だったのだ。

　筆者は，2番手の相談相手として向きあったとき，母親が発した「この子診断名とかは，結局どうでもよいのです。私が知りたいのは，この子が，これからどう生きていけるかということなのです」という言葉が耳に残っている。
　両親から求められたのは，この子なりの生きる意味の探索でもあったのだ。
　筆者は，今できるところからということで，幼稚園選びから始めた。同時に「もしうまくいかなければ，辞めて別のところを探せばよいのですから」と，いつでも改善策が提案できることを伝えた。両親に，人生はいつからでもやり直しができるという「当たり前の人生」の過ごし方がこの子にできることを知ってもらいたいからであった。
　それがどれほど難しいかを，筆者は，また親から学ぶ。発達障害のある子の親と付き合っていると，常に悲哀と希望が渾然一体化している姿を見ることが少なくない。
　自閉症と診断された息子を育てあげた母親は，35歳になった息子がグループホームで生活するようになったことに安堵しつつも，「今から彼が3歳に戻ってくれれば，今よりよい子育てができるのに」と悔やみ，

「どうして私は彼が4歳になるまで自閉症と判断できなかったのか」と涙する。筆者にとっては，こうした事柄一つ一つを聞くことで親の思いの理解を広げていく。

同時に，35歳の息子が今の仕事の充実振りを語る明るい笑顔に，筆者もまた勇気づけられる。だから，4歳の子の親へ将来への希望を持ち続けることは幻想ではないと強調したい。唯一の課題は，その証明には，長い時間がかかるということである。

3 生きづらさを振り返る

発達障害とは，その子にとって消えるものではなく，成長と共に変化を示しながらも終生持ち続ける，その子の特性の一部である。

親は，わが子に発達障害が「ある」ことを判断され，それに向き合いながら，実はわが子が発達障害のある人へ「なっていく」という過程を一緒に歩んでいる。そこには，親自身も発達障害のある子の親に「なっていく」過程が含まれている。

事例3

「今だから言えるけど，先生にあの子が小学1年生のとき診断されて，あ～これで私の人生は終わった，今まで描いていた人生の絵が消えて，この障害のある子を育てていくという人生になるんだって思ったのよね」と筆者に語った母親がいる。「この子のことが，正直重荷で，定期的に先生のところに行くときも，前の晩は，今度はなんて言われるだろうって，眠れなくてね」。「でも，最近，本当にここ4年くらいかな，あ～私はこの子によって親にしてもらえたって，感謝しかないのね。だから，それからずっとうれしくて，ウチの子に感謝しているの」と話してくれた。

その子は成人し、今グループホームで生活し、仕事にも就いている。先日筆者はその仕事ぶりを見に行き、その立派な仕事ぶりに感動を覚えた。なによりもその職場の上司による「彼は真面目で、きちんと仕事をこなしている」という評価がうれしかった。

けれども親にとって発達障害のある子の親に「なっていく」ことは、決して簡単なことではない。

事例4
軽度の知的障害と自閉症と診断したCくんの母親は、とても真面目な人である。療育にも熱心で、親の会にも早い時期に入会し、たくさんの情報を集めている。
「先生、今度泊まりがけの療育があるので、Cを連れて行ってきます」と明るく母親は出かけていった。
しかし、3歳のCくんとの4泊5日の療育合宿は、真面目な母親にとって大きな心労になった。徐々にこの子の障害は自分のせいだと思い込み、自宅へ帰る車のなかで当然頭を窓ガラスに激しく打ち付けた。「私のせいだ、私のせいだ」と叫び続ける母親は、自宅ではなく、筆者の病院へ直行し、その日のうちに休息入院となった。

あまりにも真面目に1日中、寝る間を惜しんでの療育の果てに短期精神病性障害になった。この障害は、情緒的な混乱、激しい感情変化、特に幻覚や妄想も認められ、著明なストレス因子を引き金に発症するといわれている。
Cくんの母親は1カ月程度で落ち着いたが、このエピソードは、発達障害のある子の親に「なっていく」ためには、個々留意するべき視点があることを、筆者に教えてくれた。

事例5

「特別支援学級に入てあげたほうがDくんのためなのに，母親が意地になって普通学級にこだわって」という近所の方々の言動を耳にした母親は，「もうここには住んではいけない」と夜中に荷物をまとめはじめ，気がついた父親になだめられながら夜間救急外来を受診した。

Dが普通学級で学びたいと言っているのに，どうして私が悪口をいわれるの，と興奮収まらず，同席された配偶者に向かって「あなたも敵，ちっとも分かってくれない」と殴りはじめた。おとなしそうな配偶者は，困った表情を見せながらも黙って殴られ続けていた。入院していただき，配偶者に明日の昼間に再度手続きに来て欲しいとお願いすると，「あいつは，本当に一生懸命頑張っています。俺も力になりたいけれど，仕事も忙しく，明日も手続きに来れるかどうか。だから，いろいろ心配していたけれど，あいつになにもいってあげられなかった。一番悪いのは，確かに俺なんです」と配偶者は語り，帰っていった。

「人とともに地上に生きる」ことは，いかに難しいか，を端的に教えてくれたエピソードである。悪い人はどこにもいない，ただ思いや状況は空回りしやすいのだ。「生きづらさ」は，そこを突いてくる。

III　未来にむかう心の姿勢

わが子に発達障害があるときに，親は，私事以上にオロオロし，さまざまに自らの心を追い詰める。そこにあるのは，親としてわが子になにができているのかという申し訳なさと，「取り除くことのできない悲しみ」(Buck, 1950) が横たわっている。

第1節　発達障害のある子どもたちと生きる親　479

　筆者は，親の会などで，「先生，私はこの子を残しては死ねないのよ」という言葉をよく聞く。この子よりも先に死ねない，できれば1日だけ長く生きて，この子のあとに死にたい，という親の言葉に，筆者は親の強い責任感を感じ続けた。
　「母よ嘆くなかれ」（Buck, 1950）にはそうした母親の思いの推移が克明に表現されている。Buck. P. は，発達障害のある娘の母親として，本書を書き記した。「嘘偽りのない本当にあった」話であるがゆえに「話しにくい」ことであると正直に逡巡しながらも，同じような子をもつ親のために「書くべき時が来たと決心」したという。
　「娘が3歳になった時，私ははじめて何だか怪しいなと一抹の疑念」をもち，「誰か自分の子供を癒してくれる人が何処かにいるに違いないと信じ」て，「持っているお金はすべて使い」はたそうと思った Buck. P は，診断後，「知能の発育の不十分な子供は，すべて心痛になやむ家庭を意味している」と表現した。この意味は，学校に入れてくれない，近所の人たちもいやがり，他の子供が意地悪するといった環境状況があったからでもある。60年前の話であるが，こうした日常は，現在もよくある光景である。
　その著で Buck. P. は「両親よりも長生きするかもしれない子供の生命を，どうしたら保護できる」か悩み「私は娘に死が訪れるのを喜んで迎えた」ことだろうと述べた。その真意は，そうすれば「私の子供は永遠に安全である」からであるという。もちろん Buck. P. はすぐにそうした思いを諫め，同時に自分のために一生懸命学習をする娘に胸が押しつぶされそうになった姿を記している。まさに，一喜一憂しながらも，発達障害のある子の親に「なっていく」道程が描かれている。
　Buck. P. は「あの子供たちはみな彼ら独得の目的をもっています。世の親たちよ，恥じることはない！　絶望してはいけません」と，その長い旅路の果てに，高らかにうたいあげた。

これは小説家の言葉ではなく，発達障害のある子の親の言葉である。

事例6
「私の夢は，息子と着飾ってショッピングしたり，旅行したりすることだったの。だから，その夢が先生の診断で潰えたとき，本当に絶望したの。もう私の人生は終わったって。
でも，親は逃げらないし，逃げないから，結局この子を一緒に生きてきたら，この子の回りいろいろな人が集まってきて，この子はなにか特別に選ばれた子どもかもしれないって思ったら，とても素敵に思えて」

この母親は，その後，地域で福祉事業を立ち上げ，多くの子どもたちや親と一緒になって，充実した生活をしている。神谷（1980）も「人間が最も生きがいを感じるのは，自分がしたいと思うことと義務とが一致したときだ」と述べている。そしてこの母親には，仲間と一緒に生きて「いる」という土台がしっかりとできている。

「先生，結局，私はあの子に育てられたのよ」

この言葉は，その時の晴れやかな母親の表情とともに，筆者の心に強く残っている。
Buck. P. も，娘に対して「彼女が彼女なりに過去において生存し，そして現在もまた生存しているというこの事実は，人類にとって何らかの役に立つものでなくてはならない」と記した。この言葉は，筆者が出会う沢山の母親の言葉と同一である。ここには，神谷（1980）が述べた「生きがい感には幸福感の場合よりも一層はっきりと未来にむかう心の姿勢」がある。

おわりに

　井上（2007）は，「家族は，障害のある本人にとってもっとも身近な存在であり，また本人の人生のなかでもっとも長く寄り添う社会的集団である」と述べ，本人を含めた家族全体を支援対象とする意義を強調した。確かに発達障害のある子どもは，家族に「生きづらさ」を生み出す要因になる可能性を持つが，それは，発達障害のある子どもではなく，子どもにある発達障害との付き合い方への戸惑いからであることが少なくないと思われる。

　そしてその過程は，決して無駄なことではなく，ある意味必要な先行投資というべき時間でもあるのかもしれない。ただ，その時間を過ごす人たちの辛さは，無視できない。

　だからこそ支援する側に身を置くものは，神のまなざしを保持するかのような傲慢な誤解をすべきではない。支援者として筆者が行えたことは，日々共に生きている親を労い，敬いながらも，「やはり親にはかないませんね」という一言でしかなかった。

　そしてその親を支え，育むのは，実は当事者である「わが子」が供給するのだと，多くの事例から筆者は学ぶことができている。

　発達障害のある子の親に「なっていく」こととは，ただただ「この子の親」になっていくという「当たり前」のことなのだ。

　ゆえに，日常の「生きづらさ」という困難さに対して「私たちは，他者の意識について推量する想像力があることで，初めて異質な他者を排除せず，認めあう自由を相互に手に入れることができる。されば陳腐な表現であるが，思いやりこそが，よりよい関係性を創出するといえないだろうか」（田中，2007b）と結びたい。

文献

Buck, P.S.（1950）The Child Who Never Grew. The Traing school at Vineland, N.K.（松岡久子訳（1950）母よ嘆くなかれ．法政大学出版局．）

Drotar, D., Baskiewicz, A., Irvin, N., Kennell, J. & Klaus, M.（1975）The adaptationof parents to birth of infant with a congenital malformation : A hypothetical model. Pediatrics 56-5 ; 710-717.

井上雅彦（2007）発達障害のある子どもの家族支援の概要．In：井上雅彦・柘植雅義編著：発達障害の子を育てる家族への支援．金子書房，pp.15-21.

神谷美恵子（1980）生きがいについて（著作集1）．みすず書房．

Korchin, S.J.（1976）Modern Clinical Psychology : Principles of Intervention in the Clinic and Community. Basic Books, New York.（村瀬孝雄監訳（1980）現代臨床心理学——クリニックとコミュニティにおける介入の原理．弘文堂．）

Olshansky, S.（1962）Chronic sorrow : A response to having a mentally defective child. Social Casework 43 ; 190-193.

島崎敏樹（1974）生きるとは何か．岩波新書．

Solnit, A. & Strak, M.（1961）Mourning and the birth of a defective child. Psychoanalytic Studay of the Child 16 ; 523-537.

田中康雄（2002）十勝 LD & ADHD 懇話会の調査．

田中康雄（2007a）発達障がい者支援を考える実態調査（北海道庁の調査）．

田中康雄（2007b）子どもたちの「生きづらさ」を考える——児童精神医学の視点から．子ども発達臨床研究（創刊号）; 3-10.

田中康雄（2008）軽度発達障害——繋がりあって生きる．金剛出版．

田中康雄（2010）ADHD の総合的治療——親と本人と専門家のために．北海道大学大学院教育学研究院附属子ども発達臨床研究センター発行．

山田邦男（1999）生きる意味への問い—— V・E・フランクルをめぐって．佼成出版社．

第2節

発達障害を抱えて成人期を生きる

進藤義夫
SHINDO Yoshio

はじめに──「発達障害者」をとりまく環境について

　平成17（2005）年4月1日に「発達障害者支援法」が施行され，発達障害者（児）をとりまく支援環境は，大いに整ってきたといえる。この法律において「発達障害」とは「自閉症，アスペルガー症候群その他の広汎性発達障害，学習障害，注意欠陥多動性障害その他これに類する脳機能の障害であってその症状が通常低年齢において発現するもの」と定義されている。また，平成19（2007）年から「特別支援教育」の方針が全国的に整備され，従前の特殊教育では障害の重い子どもに対して盲聾養護学校や特殊学級で教育を行っていたのを，特別支援教育では，LD（学習障害），ADHD（注意欠陥多動性障害），高機能自閉症等の発達障害児をも支援の対象としてはっきり明文化したことで，軽度の発達障害者についても支援がなされるようになってきた。
　しかし，18歳を過ぎたいわゆる大人の発達障害者については，発達障害者支援センターはあるものの，なかなか支援の手が十分に整っているとはいえないのが現状であろう。実際，私は，臨床心理士の資格も

持ってはいるが，むしろ精神保健福祉士として地域の精神障害者施設で具体的生活支援や相談活動をおこなっており，精神障害者への支援活動は長いけれども発達障害者支援の専門家とはいえない（と思っている）。そしてまた実際に発達障害者への支援はなかなかうまくいかないと常々感じている。それにもかかわらず，「発達障害者への就労支援」というテーマで講演を依頼される機会が何回かあり，「苦労しているその大変さを話してください」と言われたりする。発達障害者に対する支援については多くの支援者も実際に苦労しているのが現状なのだろうと推察される。

I 精神障害者施設において出会う発達障害者

発達障害者でも知的障害をもち，療育手帳を取得していれば知的障害者授産施設等に登録することも可能であった。しかし逆に知的レベルが高くて療育手帳が取得できない方や，統合失調症のような精神科の病気を併発して精神的に不安定な方々，学校はいい成績で卒業したのに社会では就職が長続きしない方々などの行き場としては精神障害者の施設が選ばれることがありうる。

特に，高機能自閉症やアスペルガー症候群の方々は，人間関係を作っていくのに必要な力，たとえば人の顔の表情を読み取るとか文脈を読む能力などの発達が遅れていたり，こだわりが強い，感覚過敏などの特徴があることが多いため，社会的に不適応状態となり，精神症状を呈して精神障害者施設を訪れることは多い。

私自身，平成3（1991）年度より東京都世田谷区において，精神障害者共同作業所の指導員として，主に30歳未満の思春期青年期の課題を抱えた精神障害者を対象に支援を行っていたが，平成6（1994）年ごろから「自閉症」と診断されている方が複数登録するようになってきてい

た。また，平成15（2003）年度からは精神障害者地域生活支援センターにおいて相談活動を行うようになったが，アスペルガー症候群の方が複数訪れるようになった。これらの事例の支援のあり方について発達障害者支援センターと意見交換したところ，その後も発達障害者支援センターから紹介される方がますます増えるようになった。その多くは，就労したいがうまくいかない，もしくは就労に向けての前段階としてどこか施設を利用したいというのが相談内容である。

平成19（2007）年度からは障害者自立支援法に基づいて相談支援事業を行うことになっているが，各障害者施設が障害種別を越えて利用できる方向性となっていくことが予想される。

II 事例と実際の支援

1 高機能自閉症の事例

Aさんは高校までは普通学級で過ごし，成績もよくすごしてきたが，18歳を過ぎてから通える施設がなくなってしまい，精神障害者共同作業所にやってきた。「自閉症」との診断であったが，今思い返してみると高機能自閉症と思われる。「高圧電線がこわい」といって作業所の外出のときに奇声をあげたり，「鎧が好き」といってインターネットの鎧のサイトを見ていたりなどと独特のすごし方をしていた。作業所内ではほかの統合失調症圏の利用者と違って「常に独自の世界を持っていて，抑うつ的になったり被害的になることが少ない」ため，利用者のグループにおいては貴重な存在であった。別の自閉症圏の利用者と相通じるものがあるらしく，部屋の端と端にいても気にし合っていたし，よい友人となっていた。

作業においては，スピードを要求される作業は苦手で，ゆっくりマイ

ペースではあるが，しっかりこなしていくタイプであった。他の利用者と違って根気の要る細かな作業を継続してできるというところに特異な才能を発揮し，時計の電池交換などAさんでなくてはできない仕事というものもあった。地域の家々のポストに生活情報誌を入れていく，いわゆるポスティングという作業についていってみると，身体を左右に微妙に揺らしながらゆらりゆらりと歩き，道々に駐車している乗用車があると立ち止まっていちいち覗き込む。他の複数の作業所とともに行っていた集団アルバイトでも「あのー，紙がなくなってしまったんですけれど！」と気おくれせず大声で話してみたり，作業のBGMに気に入った音楽が流れると独特の笑い方で笑って目立ってしまうため，他の作業所職員にもすぐに覚えてもらえた。

　同居していた家族が亡くなり，現在は生活保護を受けながら一人暮らしを行っているが，生活の幅を広げるため，地域のNPO法人などの活動に参加してみるように誘ってみたり，同じく作業所に所属していた利用者（卒業生）と時々会えるように仲を取り持ってみたりしている。結局のところ，本人のよさを認めて理解してくれる上司がいればAさんは就労が可能なのではないかと思う。

　同じく高機能自閉症と診断されて相談にきた30代男性は，身体系の障害と皮膚疾患もあり，見た目は非常に損をしているタイプ。刺激に敏感で会話がどんどん飛ぶという感じの方である。この方は転居により以前通っていた精神障害者施設を離れることになったので，新たな居場所を探していた。そこで区内の精神障害者施設での訓練を紹介した。施設職員が尽力して，刺激をうけすぎないように他人と一緒の作業を避けたり，驚異的な記憶力を生かすべくスキャンした原稿をパソコンで入力していくという仕事を本人一人だけのために切り出すなどしたところ，仕事への自覚もでき，うまく適応しているとのことである。

　このように本人の長所と短所を見極め，本人に合う仕事や生き方を提

示できれば安定して暮らしていけるのではないかと予想される。

2 アスペルガー症候群の事例

　アスペルガータイプの自閉症の方は，対人関係の持ちにくさを抱えている。

　Bさん（40代男性）は精神障害者共同作業所の利用者であったが，地域生活支援センターに「就労」について相談したいとして現れた。「現在所属している作業所で就労したいといっても職員が必要な支援をしてくれない」と不満を抱えていた。しかし，具体的な就労希望について聞いていくと「そうはいっても今はとても就労できる状態ではありません。なぜならば介護が必要な家族がいて，兄弟が介護しているのだが，心配でとても就労活動をするような心の余裕がないのです」という。聞いていると出口のない愚痴となっていき，就労相談といいつつ家族の愚痴を吐きに来ているように思える人であった。

　しかし，「今の作業所は辞めたい」というので，とりあえず，就労につなげる一段階となるように，パソコン技能習得を媒介としたある居場所を紹介した。そこは精神障害や高次脳機能障害を抱える少人数の者が集っていた居場所であったのだが，数週間もたたないうちに職員から訴えがあった。曰く，自分の家族の愚痴を延々としゃべり続け，みんな辟易してしまうというのである。他の利用者からの「苦情」もあり，本人との面接でこの件を取り上げて話してみると，先日まで通っていた作業所だけでなく，他の作業所に見学に行ったときもそれが理由で試験利用だけで終わってしまったのだという。どうやら，作業所を含めどこへ行っても家族の愚痴が先にたってしまい，場の雰囲気に合った活動というものができず，したがって人間関係がうまくつくれず，あちこちからはじき出されてしまうらしい。

そこで,「愚痴をできるだけしゃべらない」という課題をともに立てて,努力してもらったところ「1時間だけは」我慢できるようになった。もっとも1時間たつと堰を切ったようにしゃべりだすのであるが。

この方は「就労したい」という希望がありつつも,まだ課題の整理ができていなかったが,自ら「ハローワークも行っています」と打ち明けてくれた。「まさかと思うけれどハローワークで愚痴を話したりしていませんよね」と聞くと,「……しゃべっているかもしれません」という。そこで本人の了解を取ってハローワーク職員と連絡を取ってみると,頻繁に窓口を訪れるものの,やはり家族の愚痴をこぼしているらしく,就労相談にならないとのことであった。「まだハローワークに行く段階ではないかも」と自粛するように提案してみたが,数日後には早速行ってしまう。実際に何をやっているのか本人に聞くと,求人検索機に向かってはいるが,「機械に向かうと機械操作そのものが気になってしまい,いい条件の求人情報があるかどうかわからない」という。

Bさんは,結局,また別の居場所に移りたいといい,主治医とも相談して病院のデイケアに移っていった。このように対人関係で問題がある場合,居場所探しが重要な課題となる。また,居場所にいつづけられるためにも,「自分の話題だけを話すことは我慢して周囲の顔を見ながら話す練習をする」という具体的な目標を立てたのであるが,なかなかうまくいかないという実感が残った。居場所のほうにも忍耐力がないと結局はじき出されてしまうわけで,また次の居場所を探していくという循環に陥ってしまうのである。

3　アスペルガー症候群と精神科疾患の合併——具体的な生活課題の設定

Cさん（20代男性）も地域生活支援センターに相談に訪れた方で,具体的な生活支援を行った事例である。やはり所属していた精神障害者

共同作業所の職員に連れられて支援センターに来所したのであるが，昼間の時間帯に通えない，金銭管理ができない，携帯電話をかけまくる，服薬リズムが崩れている，などの課題を抱えていた。幼いころからいじめの対象となっており，家族関係も悪く，妄想癖もあり，友人ができたと思っても相手への電話などをしつこくしすぎて結局切れてしまう。

対人関係上の問題も大きいとは思ったが，面接の中では生活の乱れが語られることが多かったので，まず，生活のリズムをつくるという生活支援から始めた。一人暮らししているアパートの部屋を訪問すると，大きな家具はなく，床一面に部屋を一周するように文庫本サイズの本がきれいに並んでいる。しかし掃除はしていないとのことで不思議な臭いがたちこめ埃もいっぱいであった。それらの文庫本は難しそうな教育学や宗教学の本で，深夜にこれらの本を読み自分なりに調べものをしているとのことであった。

とりあえず，金銭管理の調整を具体的に行った。収入は障害年金と生活保護であるが，いつも月末までにお金が不足してしまうという。障害年金が2カ月に1回約13万円出て，そのほかに月に1回生活保護から残りの必要額が出ているというので，障害年金については家賃分をその場で封筒に分けてしまうことを提案した。本人はこのやり方をしばらくは守ってくれた。

また，本人は対人関係が苦手であるという自覚があった。面接のときも目を合わせないで下向きにしゃべりながら時々ぎょろっと睨むように相手を見る，質問をしても一回一回自分の世界に入ってしまって返答の返ってくるのが遅いなどの特徴があった。面接場面では対人関係について話そう，具体的生活場面では掃除をしようと約束したものの，掃除に訪れてみると，「薬の調節が悪かったらしく道端で倒れて財布をなくしてしまったので困っているんです」といわれ，結局掃除はしないで一緒に警察に行って財布を捜したということもあった。

結局は，精神薬物依存もあるようで薬の調節が難しく，いったん入院し，医療機関も含めてケア会議を行い，地域での暮らし方について保健師や福祉事務所ワーカーとともにサポート体制を組み，保健所のデイケアを週1回利用したり，ホームヘルパーが週1回アパートを訪問することで生活の体制を整えたが，金銭管理や生活リズムの立て直しがなかなか難しい。面接を予定しても約束時間に現れることが難しいので，携帯電話の番号を教え，困ったことがあったら電話をしてもらうような支援体制を取っている。

4　複数機関での連携による就労支援と生活支援が同時に必要だった事例

　Dさんは，アスペルガー症候群と診断されている30代男性で，就労支援と生活支援を行った方である。区外在住であったが区内の作業所に所属しており，本人が就労したいという希望があったため，作業所の職員とともに生活支援センターに来所した。話してみると視線を合わせずに早口でしゃべるなどの特徴があり，かつて不登校の時期もあったが一念発起して夜間大学をも卒業しているとのことであった。

　就労を希望しているものの，実際どれだけ働く力があるかわからないので，まず週3回は作業所の開所時刻に来ることを練習してもらった。1カ月後再び作業所職員と来所してもらったところ，開所時刻に間に合うようになっていたので，次の目標として作業所で行っている「絵葉書を作成する」という作業に参加してもらうこととした。安定して作業に入れるようになるには2カ月かかった。こうして段階的に練習したあと，区内の別の訓練的通所授産施設を短期間だけ利用させてもらい，もう少しハードな作業を行うという形で訓練を行うこととした。このときは，自宅から授産施設までの交通経路を具体的に書き出し，「何時何分の電車に乗る」などと乗り換え時刻もすべて示すことで不安を軽減した。実

際には授産施設における訓練はスムーズに進み，就労可能性があるということでハローワークへ通うようになった。

　Dさんは，私の所属する生活支援センターに隣接している精神障害者就労支援センターの職員とともにハローワークに行ったのだが，求人検索を絞り込めず1,000件近くの求人情報をいちいち見始めてしまう。この頃からバスに乗り遅れるとパニックを起こす，親とけんかして怒って携帯電話を投げつけて壊す，兄弟の家族が家に来るとパニックになるなどの生活課題が次第に明らかになってきた。折しも通所中の作業所での別の利用者との人間関係トラブルから作業所に行けなくなってしまっていた。

　そこで面接においては，困ったときに電話をかける支援機関の順番を決めたり，作業所における人間関係の持ち方について話題にし，作業所を退所するにしても円満に辞められるような話し方や考え方を具体的に話し合った。特に多くのことをいっぺんに課題としようとするとパニックになってしまう場面が多かったので，一つ一つ具体的に解決策を提案して乗り越えていくこととした。

　こうして生活も乱れがちになったDさんであったが，支援機関で集まってケア会議を行った。就労面は就労支援センターが，生活面は生活支援センターが並行して支援することを確認し，また授産施設での良好な訓練結果をもとに「生活が乱れているから訓練ができない」というよりも「Dさんには訓練というきちっとした枠があったほうが生活が安定するのではないか」という仮説を立てて，当時パソコン教室の形をとっていた「委託訓練」に行ってもらった。実際に委託訓練は多少休んだりしたものの通いとおすことができ，このパソコンの技術を生かしてハローワーク経由で就職をすることができた。

　しかし，仕事のスピードが遅く，勤務日数を減らされてしまう。「他の会社に移っても同じだろう」と社長が考え，本人が働きやすいように

するための工夫であったのだが，本人にはその計らいが通じず，「最初の約束と違う」「労働基準法違反だ」と主張して自ら「辞めます」と宣言してしまった。このように相手の趣旨を汲み取れず，自分の論理で行動してしまう部分がDさんにはあった。

　こうして再び作業所探しから始めることとなり，生活支援センターを通じて作業所探しをし，1年くらい作業所に登録して生活リズムを整え，再び就労支援センターやハローワークを通じて就労活動に入ったが，本人は「就労したら一人暮らしについても考えないと」などと相談内容が広がりすぎる傾向があった。しかし長年のつきあいでDさんの独特な考え方や行動パターンが支援機関側にも詳しくわかってきたので，「枠がはまっていた方が安定するし，今は就労活動にだけ専念してください」というように，Dさんに向いている支援方法を本人との間で共有できるようになった。

　このように発達障害者の支援においては「その人特有のパターンや考え方を知る」「それに合わせて支援する」ということが特に大切であるように思う。現在は，Dさんは障害者雇用の枠組みで一般企業に勤めるようになったが，複数機関でDさんの思考・行動パターンを共有し，役割分担しながら支援を継続している。

5　自称「発達障害」の事例

　E子さん（現在30代女性）は，ひきこもりとして家族に連れられて精神障害者共同作業所に現れた。未診断で服薬なしのまま精神障害者共同作業所を利用したが，作業はきちっとやるものの対人関係の取り方が独特で，作業所内でもひきこもりがちになったため，面接を始めた方である。面接場面では，話の要点が絞れず，その日あったことの報告をいちいち話さねばならず，面接時間が終了することを告げると「まだ話し

たいことがあったのに」と不満気である。しかし話の優先順位はつけられず，途中で口をさしはさむと何を話したかったのかわからなくなってしまう。計算を中心とする数学が苦手であるし，じゃんけんなども誰が勝ったのかがすぐにわからない。お金が足りなくなってきても「お金のために仕事をするという感覚がわからない」といい，独特の社会観を示していた。

　対人関係でも，友人が心配して話を聞いてあげるといってしばらく話をしているので「よかったね」と声かけをしても，「あの人は私の話を聞いてくれるといっていたのに自分の話もしはじめた」と不満を持つ。そのくせ「保健師などが仕事で話を聞くのは，人間として対等に扱われていないようでいや」という。「困ったことがあったら電話をかけてきてもいい」というと，限度が分からず1日に何度もかけてきてしまい，「ものには限度ってものがあるでしょう」といっても「わからない」という。したがって電話の回数を制限したりもした。

　E子さんは自分の不適応について，本を読んでは「社会不安症候群」ではないかとか「人格障害」でないかとか推論していたが，あるときから「発達障害だと思う」と言い出した。他人と話すときに自分では一所懸命伝えたつもりでも相手に伝わっていない，たとえばキャッチセールスや宗教の勧誘にあって断っているつもりなのに相手がやめてくれない，だから知らない人と話すのが非常に怖い。そこで面接では人の言葉の解釈や相手への伝え方などを話題にすることが多くなった。

　E子さんも対人関係で苦しみ，一つ一つのトラブルについて面接で取り上げ，そのうちに作業所を卒業したが，次の居場所も見つからず，新しい居場所や就労先を提案しても何やかやと理由をつけて自ら断ってしまうため，今のところ相談が中心の支援となっている。その後は，福祉事務所のワーカーと連携をとりながら，たとえば医療機関でのスタッフとの関係などを題材に対人関係について話を進めている。

長い支援期間を経て少しずつ改善されているものの，支援中に困難を感じるのは，本人の独特な社会観とこだわりの強さである。「話がまとまらない」といいつつ何かを訴えようとしているのはわかるが，「どういうことがいいたいかわかる？」と尋ねてくる。「こういうこと？」と確認すると「違う！」と強い否定。それでいて「わかってくれないの？」というような聞き方に思わずこちらがカチンとくることもあった。こういうとき電話であれば，「いったん切ります。このまま話していても言い争いになるだけだから」といったん切り，しばらく呼吸を整えてから会話を再開するようにした。

まとめ

　前節で示したように，ひとくちに発達障害といっても各人の思考・行動パターンはそれぞれ大きく異なっている。成人の場合，就労支援，もしくは就労につながるための居場所作りなどの支援が多いと思われるが，実際にどの部分が社会的に不適応であるかはさまざまであり，就労挑戦や生活支援を重ねる中で本人の状態を見極め，本人と課題を共有していく必要がある。
　また，必要な支援が多岐にわたることが多いこと，単独機関だけの支援では煮詰まってしまいがちであることから，できれば複数の関係機関で有機的に連携して支援を行っていく必要がある。
　成人の発達障害者に対する支援については，まだまだ試行錯誤の段階であるといえる。既定のノウハウというものはほとんどなく，個々の事例について対応せねばならない。発達障害者の独特の社会観や会話のパターンに支援者は疲弊してしまうこともあろう。支援者は，自らの内面に沸き起こる怒りや拒否感にも誠実に目を向けながら，苦しいときは多少の距離を置きつつも，本人に対しめげずに丁寧につきあっていくこと

が求められる。そして本人に対し「前向きな好奇心」を抱き続け，理解を深めていこうとする姿勢が大切である。そしてその「本人の理解」を，本人・支援者で共有するだけでなく，職場や家庭，地域で本人とかかわる関係者にも伝えることで，本人の生きやすい生活環境を整えていくことが重要である。

第 3 節

発達障害と意見表明権

浜田寿美男
HAMADA Sumio

I 「意見表明権」とはおよそかけ離れた世界

　「意見表明権」という言葉を聞くようになったのは，1989年に子どもの権利条約が国連で採択されてからのことである。子どもを単に保護の対象としてではなく，一人の生活主体として見る視点が，当時は新鮮だった。しかしその脈絡で，いまあらためて，子どもの意見表明権とか，あるいはここでテーマとなる「発達障害」の人たちの意見表明権という言葉を聞くと，妙に能天気な感じがして，白けた気分になる。彼らの現実は，この意見表明の権利からあまりに遠いところにあるように見えるからである。

　「発達障害」に関して言えば，たしかに，いまはこの概念が一般に広まり，世間の認知度も上がって，広汎性発達障害として位置づけられる自閉症圏の当事者たちが，手記を書き，あるいは自己分析を行って，これを書物にして公刊することも珍しくなくなっている。そのようにして自分たちの世界を語ることが彼らの意見表明だとすれば，彼らがその権利を行使する機会はそれだけ広がってきたと言ってよいかもしれない。

しかし，彼らが現実の場面で意見を求められ，それによって人生そのものが左右されかねないような事態に立ち至ったとき，彼ら自身の言葉が，周囲からどこまできちんと聞き取られ，受けとめられるのか。そう考えてみると，そこに「意見表明権」とはおよそかけ離れた世界が，彼らの周りに広がっている現実に気づく。

小稿では，筆者がしばしば出会う刑事事件の取調べ場面を例に，コミュニケーションにハンディを持っている人たちが，いかにして自分の真実を主張できているのか，あるいはできていないのかについて考えてみる。

II　無口な人の饒舌な調書——浅草事件から

発達障害の人が，刑事事件への関与を疑われて，警察の取調室に引き入れられたとする。取調室は，表向き，被疑者が自分の思いや事実を語り，取調官がこれを聴き取るところであるから，それは言わば被疑者の意見表明の場である。しかも，正しく意見表明できるかどうかで，その後の処遇が大きく変わる。しかし，現実にはそこで自分の意見をありのままに表明することが難しい。

じっさい，取調べを行う取調官の側には事件についての一定の想定があり，この想定をかたちにしようとする強固な意志が働く。また取調官たちは，現にそれを実現するだけの権力装置を背後に抱えている。それゆえ，一般の人でも，取調官の描いた想定とぶつかったとき，自らの事実をありのままに語り，自らの意見を貫徹することは簡単でなく，ときに無実の人が苦しくなって嘘を自白してしまうようなことも起こる。対人的なコミュニケーションの苦手な発達障害の人たちになれば，ましてそれに抵抗することは難しい。

たとえば，佐藤幹夫（2005）が『自閉症裁判』で語った浅草事件があ

る。これは無罪を争う冤罪事件ではない。しかし，犯行をやったことは確かでも，権力を背後に抱えた非対等の関係のなかで，語った犯行筋書が大きく歪められることがある。

事件は，2001年4月，東京は浅草の路上で，白昼，19歳の女子短大生がレッサーパンダ帽をかぶった若い男性に襲われ，刺し殺されたというものである。犯人の男性は逃走したが，10日後に逮捕され，捜査の結果，高等養護学校の出身であることが判明した。男性は，すぐに犯行を認め，供述調書には，女の子を「自分のものにしようとして」逆らわれたので刺し殺したのだという話が，長々と饒舌に記録されている。ところが，接見した弁護人によれば，加害者は無口で，何を聞いてもなかなか答えず，ほとんど情報が得られない。警察はいったいこの男性からどのようにしてこれだけの自白供述を取ることができたのか，それが疑問だという。

録音・録画されることのない密室の中の取調べでは，取調官たちが，外的な状況から事件像を勝手に描いて，都合よく被疑者の自白をそこにはめ込んでしまっても，それを誰もチェックできない。そもそも浅草事件のこの男性に，女性を「自分のものにする」などという発想がありえたのかどうか。この疑問は法廷でのやりとりを通してさらに深くなる。「自分のものにする」ということがどういう意味なのかすら，男性には分かっていなかったことが判明したのである。

弁護人はこの男性には自閉症が疑われるとして，その訴訟能力を問題にして争い，そのためにこの事件は「自閉症裁判」として知られることになった。この男性が自閉症圏の発達障害であったかどうかはともかくとして，コミュニケーション上の問題を抱えていたことは確かである。取調官たちが，そのことに気づいたにもかかわらず，これを配慮せず，強引に自白を迫り，想定された犯行筋書にはめ込んだのだとすれば，それは障害を理解するものであるどころか，むしろ逆に障害に乗じた違法

な行為だと言わなければならない（高岡・岡村，2005）。

　表向きは，任意に意見を表明する機会を与えたかたちを取りながら，実際には当人の意見をゆがめ，隠蔽する。そういうことが現実に起こる。その場は，意見表明権がもっとも尊重されなければならない場でありながら，その実，意見表明からはもっともかけ離れた場になっていたのである。

III　事件のあとに語られる後づけの物語——八尾事件

　あるいはこんな事件もある。2007年1月，大阪の近鉄八尾駅の近くでパンの販売をしていた作業所の男性メンバーが，陸橋を渡っていた3歳の男児を追いかけて抱き上げ，陸橋の上から落として，男児に重症を負わせた。この男性はIQが50前後，作業所のスタッフによれば「礼儀正しく親切，少し窮屈な規範意識」の持ち主だったというのだが，こだわりがあり，対人的なトラブルも時々あって，発達障害も疑われる状態であった。問えばはきはきと元気に答えるが，真意がかならずしも明らかではない。その彼が，警察・検察の取調べを受けて，これまた相当量の自白調書をとられている。

　検察は，起訴状でその自白をまとめ，「被告人は……共に通所する者との人間関係が思うようにならない等にうっ憤を募らせた挙げ句，大事件を起こして警察に捕まれば同施設との関係を断つことができると考えていたところ……子どもが通りがかったので……同施設との関係を断つために，その子どもを投げ落として殺害しようと決意した」という。しかし，これもこの男性が表明した意見をそのまま記録した結果だという保証はない。男性には，ほんとうに起訴状に言うような明確な殺意があったのかどうか。

　取調官は，取調べ時の心理として，事件の被害が大きければ大きいほ

ど，被害者感情を汲んで，その加害行為の重みを大きくしようとする気持ちが働く。男児を陸橋から落とした本件が，はたして「投げ落として殺害しよう」という明確な殺意によるものだったのか，それとも殺意などとは無縁な衝動的行為によるものであったか。実のところは，後者であった可能性の方がはるかに大きい。にもかかわらず，取調官は結果の重大性から，後づけで，殺意の物語を描いてしまったのではないか。

　事件の供述は，事件が起こってしまった後に語られる。これは当たり前のことだが，私は供述の鑑定依頼を受けるたびに，いつもこのことの問題性を痛感する。八尾事件の場合，被害児は大怪我をしたが，不幸中の幸いで，命に別状はなかった。もしこれが死亡事件になっていたとすれば，橋の上から落としたという行為は同じでも，事件の語られ方はもっと過激なものになった可能性が高い。あるいは逆に，被害児が運よく無傷だったとすれば，殺意そのものが問題にならなかった可能性もある。

　はっきりとした計画犯罪ならばともかく，瞬間的な行動のなかで事が起こってしまった事件では，事件直前に本人がどのような気持ちだったかを知るのは容易ではない。それを知ろうとすれば，事件後の結果を横において，それまでの本人の思いを根気よく聞き取るしかない。そして，その聞き取りの過程をあとで検証できるように，その正確な記録を保存しておかなければならない。相手が知的な障害やコミュニケーションの障害を持っている場合には，ましてその点の配慮が重要であるし，場合によっては当人をよく知る立会人を求めることも必要である。しかし八尾事件において，捜査側はそのような措置をとることなく，従来どおりに密室の取調室で立会人もつけず，録音・録画もせずに，まったくの不可視の状態で取調べを行ったのである。

　さらに言えば，この2つの事件は，犯人特定に問題のないものだったが，捜査が難航するなかで，近隣にいた知的障害者や発達障害者が疑われ，間違われて逮捕され，虚偽の自白へと追い込まれるようなケースも

ある。つまり取調べの場で自分を主張できないままに，無実の人が自白に陥り，さらには裁判でもこれを見抜けず，有罪判決を受けてしまうことすらある（浜田，2004）。

取調室で何をどのように話すかによって，当人の人生は大きく左右される。その決定的な意見表明の場において，それにふさわしい配慮がまったくなされていないのである。しかも，そのことが何の疑いもなく，当然のことのように行われている。これが刑事取調べの現実である。

Ⅳ 意見表明権が生きるために

知的障害や発達障害を持つ人たちは，取調べの場で，十分にコミュニケーションし，自分を主張して，警察・検察に対抗していくことが難しい。そうだとすれば，聴覚障害の人たちが事件に巻き込まれたとき，取調べや公判に手話通訳がつくのと同じように，彼らの言葉を正確に理解し通訳できる「通訳者」が立ち会ってしかるべきであろう。ところが，いまのところ，取調べにあたる警察・検察にそのような発想はない。あるいは，せめて録音・録画がなされていれば，あとで取調べの内容をチェックできようが，それさえも現在のわが国の刑事捜査にはまだ望めない状況である。その現実を見るかぎり，意見表明権などと言っても空しい。

問題は，もちろん，取調べの場だけではない。私たちの身近には種々のミニ権力の構図が渦巻いている。その場の中では，弱い立場の人たちの意見はしばしば大きく歪めて捉えられてしまう。意見表明権は，言葉面から「自分の意見を言えればいい」とも読めるが，もちろん，それにとどまるものではない。言った以上は聞いてもらわなければならない。また「聞きましたよ」と開き直られてもかなわない。自分の思いを表明し，その思いが周囲から受けとめられて，できるかぎりでその思いに

添って現実が動かされるのでなければ，およそ権利の名には値しない。
　もちろん現実を動かすことは容易ではないのだが，せめてたがいの思いを平らに交わし合えるコミュニケーションの場がなければなるまい。そこではじめて意見表明権が，その名の通りの実を得ることになるはずである。

文献
浜田寿美男（2004）取調室の心理学．平凡社．
佐藤幹夫（2005）自閉症裁判．洋泉社．
高岡健・岡村達也（2005）自閉症スペクトラム．批評社．

索引

▶ A-Z

ABC 分析 242, 244, 267, 297, 299, 389
ADHD......31, 39, 40, 103, 119, 121, 122, 176, 194, 213, 313, 403, 404, 408, 412, 414, 416-418, 424 [▶注意欠陥多動性障害, 注意欠如多動性障害]
　　　――の有病率..122
ADL..390
DBD マーチ 61, 182
DSM...... 40, 73, 74, 83, 88-91, 104, 120, 124, 414
ICD 74, 83, 88, 89, 92
IQ 165
LD........119, 121, 124, 194, 414, 416-418, 424 [▶学習障害]
PDCA サイクル 190, 204
SST 304, 354, 370-372, 374, 376-378, 382
TEACCH プログラム 389
WISC..175, 176
　　　――-III 知能検査 165

▶ あ

愛着 58-60, 62, 69, 72, 92, 104, 174, 342
アヴェロンの野生児..41
アスペルガー障害............56, 66, 81, 82, 84, 88, 91, 95, 311, 332, 339, 345, 373, 383, 389, 392, 393, 405, 460
アスペルガー症候群... 66, 72, 76, 81-83, 87-89, 92, 93, 95, 100, 102, 103, 108, 112, 116, 200, 201, 218, 231, 233, 487, 488
　　　――の疫学...107
　　　――の原因...108
　　　――の自助グループ.............................115
　　　――の臨床像...96
　　　――への対応...109
アセスメント 163, 164, 173, 212, 240, 254, 256, 260
　　　学校――..212, 213
　　　機能的――..........20, 240, 241, 255, 257, 282, 299-301, 309, 314
　　　行動――.......................170, 257, 267, 269, 314
　　　人的――...213
　　　構造的――...213
　　　生態学的――...241
　　　組織――...214
アタッチメント 147
甘え 147, 149
アンビヴァレンス 148-150, 152, 154
意見表明権.....................496, 497, 499, 501, 502
いじめ...225
遺伝...108
遺伝子..54
院内学級...453, 454
インフォームド・コンセント 143, 144
運動機能の障害...233
援助過程..173, 174
応用行動分析 20, 22, 235, 237-244, 247, 250-252, 257, 262-264, 267, 272, 273, 276, 277, 294, 310, 314, 325
　　　――モデル...264
親訓練.....388, 400, 408, 409 [▶ペアレント・トレーニング]

▶ か

回避・逃避機能...259
解離性障害..68
カウンセリングマインド...............................209
学習障害.............39, 81, 103, 119, 120, 194, 414
　　　[▶ LD]

学生相談................ 356-358, 368, 369, 504, 505
確立操作..247
家族カウンセリング................................404
家族教室....................................407, 408, 411
家族療法..424
学級支援..271
学級生活..220
学校教育法..193
学校教育法施行令..................................193
家庭裁判所....................................332, 339
知覚過敏性................................59, 61, 62
過敏性................................59, 61, 62, 213
感覚過敏....................................228, 229, 298, 309
感覚刺激....................................228, 315
感覚－知覚................................228, 229
環境因..54
〈子－養育者〉関係...............................147
関係発達臨床..148
感情..231
感情調整..69
管理職..................192, 198, 202, 206, 214, 216
機会利用型指導法..................................281
機能分析..257-260, 282
気分障害..66, 67
気分変調性障害......................................68
虐待..... 19, 57-63, 67-69, 71, 174, 176, 178, 180, 183, 333, 387, 403, 405, 448
嗅覚..228
教育委員会....................................199, 214
教育基本法..194
教育的支援....................................255, 256
強化..240, 243
　　間欠──スケジュール.......................245
　　──スケジュール.............................245
　　連続──..245
共感..152, 162
グループ・アプローチ.........416, 417, 423, 424
結果..257
結果事象..284
結果条件....................................240, 243, 244, 247
言語発達..48, 96

高機能広汎性発達障害.........60, 63, 64, 69, 313
高機能自閉症........................95, 195, 218, 485
　　──者...61
行動....................238, 239, 243, 244, 254, 258
　　──原理..240
　　──の維持......................................240
　　──の般化......................................240
　　──コンサルテーション.......250, 251, 309, 319, 324
　　──レパートリー...............260, 281, 286
行動療法.........21, 257, 262, 275, 294, 387-390, 401, 402, 406-408, 505
校内委員会....................191, 197, 203, 210
校内研修会..273
校内支援体制..212
広汎性発達障害....39, 40, 57, 59, 62, 67, 68, 76, 81, 84, 103, 283, 295, 297, 309, 331, 333, 336
　　特定不能の──.................................88
高齢者障害者移動円滑化促進法...............194
告知....................................442, 448, 449, 460, 461
　　病名──..405
　　障害──..441
心の理論......................................111, 112
こだわり行動................................222, 258
ことばの発達..138
個別指導..272
個別の教育支援計画....................200, 205
個別の支援計画....................................197
個別の指導計画............................199, 205
コミュニケーション.....139, 171, 230, 259, 260
　　非言語的──....................................151
　　──行動の形成...............................318
　　──指導..320
　　──障害..........................84, 85, 87, 337, 338
　　──スキル......................................375
コンサルテーション....................250, 272, 273

▶さ

三項随伴性..257
シェイピング..379

支援機能	201
支援計画	284, 288, 303, 315
支援システム	20, 21, 457
刺激過剰選択性	371
自己概念	415, 416
自己管理行動	248
自己肯定感	311, 455, 456
自己効力感	360, 383, 415, 425
自己刺激行動	260
自己認知力	224
自己モニター	371
自己モニタリング	248
自己有能感	360, 448-450
自傷行為	259
システム改革	192
システム構築	196-198
指導・支援機能	201
児童相談所	131, 164, 168-170, 175, 176, 179, 454
児童養護施設	174, 175, 183
自閉症	41, 62, 68, 74, 82, 83, 87, 91, 95, 97, 108, 111, 213, 223, 224, 228, 241, 242, 363, 371, 453, 459
自閉症スペクトラム	19, 39, 77, 83, 91, 93, 164-166, 168, 339, 370, 371, 373, 377, 382, 502
シミュレーション訓練	318, 324
社会性	223, 336
社会的スキル	249, 280
――訓練	248, 372
社会的妥当性・社会の受容性	238, 239
集団随伴性訓練	249
就労	75, 234
――支援	72, 75, 76, 484, 490-492, 494, 370, 373, 374
――問題	75, 77
巡回相談	197, 255, 265, 272
――員	250, 254, 266
障害	19, 29, 142, 191-193, 201, 219, 224, 233, 238, 265, 332, 357, 441, 442, 445, 447, 452, 459, 460, 481
二次――	347
障害者基本法	193
障害者雇用率制度	75
障害者自立支援法	194
障害者手帳	116
障害者の雇用の促進等に関する法律	75
障害受容	142, 442, 444, 445, 450
障害モデル	238
情緒障害	200, 201
情動コントロール	58
衝動性	122
小児崩壊性障害	88
少年院送致	335
少年犯罪	331
情報処理	363
書字表出障害	126
触覚	228
自立的学習参加	296
新K式発達検査2001	163, 167, 168, 170
新奇場面法	146
身体感覚	228
診断	17, 56, 57, 64, 69, 72, 73, 84, 143, 197, 199
――基準	88, 90
心理アセスメント	170, 505
心理検査	128
スクールカウンセラー	250
生活障害	130
生活自立	234
精神障害者福祉保健手帳	116
精神遅滞	39, 40, 153, 166
精神発達過程	148
精神発達遅滞	88, 95, 168, 169, 171
セルフ・エスティーム	360, 361, 364, 448
先行事象	284
先行状況	257
先行条件	240, 243, 247
センター的機能	201
専門家チーム	199, 214
専門家による巡回相談	199
早期支援	205

早期発見 205
早期幼児自閉症 82
双極性障害 67, 68
相談・情報提供機能 201
ソーシャルスキル 221, 231, 261, 372

▶た

対人関係の障害 84, 87
代替行動 299, 315
タイムアウト 409, 410
多因子モデル 54-56
多動性行動障害 59
多動性障害 74
単一事例実験計画法 239
チームアプローチ 198
知的障害 39, 166
　　——を伴わない発達障害 444-447, 451
知能検査 433
全指数 165
動作性指数 165
知能指数 165
言語性指数 165
注意欠陥多動性障害 60, 61, 81, 194
　　[▶ADHD，注意欠如多動性障害]
注意欠如多動性障害 119, 121, 122, 414
　　[▶ADHD，注意欠陥多動性障害]
聴覚 228
通級指導教室 200, 205, 240, 295, 312
通級による指導 193, 200, 201, 204, 205, 312, 318, 320, 324
通常学級 204, 205, 215, 268, 312
デイケア 370, 375-377
ディスレクシア 125
統合失調症 66
トークンシステム 395
読字障害 125
特殊学級 201
特殊教育 190
特別支援学級 112, 196, 198, 201, 211, 216, 240, 272, 478

特別支援学校 199, 201
特別支援教育 17, 18, 20, 22, 57, 74, 187, 189-192, 194-199, 201-203, 206-209, 212, 214-217, 252, 257, 262-266, 275, 310, 311, 325, 331, 355, 356, 359, 367, 369, 370, 483
特別支援教育委員会 199
特別支援教育コーディネーター 191, 192, 197, 198, 202, 206, 209
特別支援教育支援員 216
特別支援事業 266
トラウマ 57, 58, 61-63, 65, 69
　　——記憶 59
　　複雑性—— 68
取り出し指導 205

▶な

内在化障害 123
仲間指導法 248
仲間媒介法 248, 280
ニーズ 253
　　教育的—— 190, 265
認知 229
認知障害 230

▶は

発達 136, 137, 140, 141
　　——検査 163
　　——支援 193, 208
　　——指数 163
　　——凸凹 56
　　——のアンバランス 231
　　——の偏り 164
　　——歴 72
発達障害 18, 19, 28, 39, 40, 51, 54, 57, 72-74, 81, 141, 174, 192-194, 208, 213, 215, 237, 240, 256, 279, 331, 371, 431, 433, 434, 437, 457, 462, 467
　　特異的—— 39, 40

未診断の——..64
発達障害支援法..193
発達障害者基本法..197
発達障害者支援センター............................193
発達障害者支援法......20, 74, 75, 192, 193, 207,
　208, 265, 331, 356, 467, 483
発達性協調運動障害....................................233
発達精神病理学..............................54, 58, 70
パニック..........................221, 241, 255, 256
非学習参加..297
非行..346
標的行動..257
フィードバック.................................379, 380
　——機能..260
不注意..122
不登校..64
部分模倣..371
プロンプト..318
分裂気質..57
ペアレント・トレーニング.......388, 406, 407,
　411［▶親訓練］
偏食指導..226
ホームワーク.......................................395, 408
保護者...........445, 447, 448, 451, 452, 457, 458,
　460-462, 470
　——支援..353
母子関係..150

▶ま

味覚..228
目標行動.........285, 287-289, 390, 391, 393, 397
モデリング...318, 379, 380
模倣行動..139
問題行動... 259-261

▶や

有病率..107
養育スキル...387, 388
養育の3原則..406

要求機能..260

▶ら

リジリアンス..338
療育手帳..164
臨床心理学......23, 57, 65, 69, 70, 238, 254, 262,
　264, 275, 346, 355, 443, 472, 482, 504, 505
ルール..267, 279, 303, 304
レット症候群..88
連携..312
　——体制..265
連絡・調整機能..201
ロールプレイ.................................319, 379, 380

▶人名

アスペルガー（ハンス）..............................82
ホフマン（ハインリッヒ）........................119
カナー（レオ）..................41, 82, 92, 443
ビネル（フィリップ）................. 42-47, 51, 53
ウィング（ローナ）....59, 66, 76, 77, 83, 84, 89,
　91, 336, 371, 383

初出一覧

▶第1章
第1節-下山晴彦／書き下ろし
第2節-村瀬嘉代子「子どもから見える世界――三人称から一人称の世界へ」(『こころの科学』145 (2009) pp.74-78 [日本評論社])

▶第2章
第1節-滝川一廣「発達障害理解の変遷――端緒としての「アヴェロンの野性児」」(『臨床心理学』7-3 (2007) pp.361-367 [金剛出版])
第2節-杉山登志郎「ライフサイクルと発達障害」(『臨床心理学』7-3 (2007) pp.355-360 [金剛出版])
第3節-山崎晃資「成人期における診断と就労支援の課題」(『そだちの科学』13 (2009) pp.136-138 [日本評論社])

▶第3章
第1節-木村宜子「軽度発達障害をもつ子どもたちの心を支える」(降籏志郎編著『軽度発達障害児の理解と支援――子どもと家族への実践的サポート』(2004) pp.30-50 [金剛出版])
第2節-田中康雄「ADHDってなに？ LDってなに？」(『こころの科学』145 (2009) pp.12-16 [日本評論社])

▶第4章
第1節-村田豊久「発達障害という事実を受け止めるために――インフォームド・コンセントをめぐって」(『臨床心理学』7-3 (2007) pp.329-333 [金剛出版])
第2節-小林隆児／書き下ろし
第3節-門 眞一郎「生きたアセスメントを進めるために」」(『臨床心理学』7-3 (2007) pp.319-323 [金剛出版])
第4節-村瀬嘉代子・楢原真也「発達障害への援助過程とアセスメント」(『臨床心理学』7-3 (2007) pp.302-307 [金剛出版])

▶第5章
第1節-柘植雅義「特別支援教育の現在と課題」(中根 晃・牛島定信・村瀬嘉代子編『詳解 子どもと思春期の精神医学』(2008) pp.649-656 [金剛出版])
第2節-遠矢浩一「コラボレーション，連携とアセスメント」(『臨床心理学』7-3 (2007) pp.308-312 [金剛出版])
第3節-落合みどり「当事者からのお願い――学校における高機能自閉症児への対応」(降籏志郎編『軽度発達障害児の理解と支援――子どもと家族への実践的サポート』(2004) pp.284-296 [金剛出版])

▶第6章
第1節-加藤哲文「応用行動分析の考え方と方法」(『発達』115 (2008)「特集：発達障害をもつ子どもの育ちを支える」「II 応用行動分析の考え方と方法を活かして」pp.30-37 [ミネルヴァ書房])
第2節-松見淳子「学校支援における機能分析の役割」(『臨床心理学』7-3 (2007) pp.344-348 [金剛出版])
第3節-道城裕貴・松見淳子「大学・地域と連携した学校支援の応用行動分析的モデルの検討」(『人文論究』56-2 (2006) pp.19-34 [関西学院大学])

▶第7章
第1節-佐藤和子「仲間との適切なかかわりを育む支援」(『発達』115 (2008)「特集：発達障害をもつ子どもの育ちを支える」「II 応用行動分析の考え方と方法を活かして」pp.38-44 [ミネルヴァ書房])
第2節-古田島恵津子「通常学級での授業参加率を高める支援」(『発達』115 (2008)「特集：発達障害をもつ子どもの育ちを支える」「II 応用行動分析の考え方と方法を活かして」pp.45-51 [ミネルヴァ書房])
第3節-長谷川和彦「通級指導教室と通常学級の連携」(『発達』115 (2008)「特集：発達障害を

もつ子どもの育ちを支える」「II 応用行動分析の考え方と方法を活かして」pp.52-58［ミネルヴァ書房］）

▶第8章
第1節－藤川洋子「発達障害を抱える非行少年の精神療法――"反省なき更生"を考える」（『精神療法』34-3（2008）pp.275-281［金剛出版］）
第2節－小栗正幸「非行少年を理解・援助する視点としての発達障害」（『臨床心理学』7-3（2007）pp. 334-338［金剛出版］）
第3節－坂井 聡「発達障がいと学生相談」（『精神療法』33-5（2007）pp.583-589［金剛出版］）
第4節－米田衆介「自閉症スペクトラムの人々の就労に向けた SST」（『精神療法』35-3（2009）pp.318-324［金剛出版］）

▶第9章
第1節－大隈紘子「臨床心理学キーワード：犬の問題行動の行動療法／応用行動分析／親訓練」（『臨床心理学』6-2（2006）pp.270-272［金剛出版］）
第2節－飯田順三「ADHD 児をもつ家族への援助――家族教育プログラム」（『臨床心理学』2-5（2002）pp.605-610［金剛出版］）

第3節－納富恵子・河村 暁・吉田敬子「LD 児と ADHD 児へのグループ・アプローチ」（『臨床心理学』2-5（2002）pp.598-604［金剛出版］）

▶第10章
第1節－田中康雄「子どもが障害を受け止めるとき・子どもと障害を分かちあうとき」（『臨床心理学』9-3（2009）pp.346-351［金剛出版］）
第2節－山岡 修「子どもと共に障害を受け止める」（『臨床心理学』9-3（2009）pp.352-356［金剛出版］）
第3節－村田昌俊「教師として保護者として発達障害の理解を深める」（『臨床心理学』7-3（2007）pp.339-343［金剛出版］）

▶第11章
第1節－田中康雄「親のメンタルヘルスからみた発達障害」（『子育て支援と心理臨床』2（2010）「特集：発達障害の家族支援――家族と協働するための実践スキル」pp.20-26［福村出版］）
第2節－進藤義夫「発達障害を抱えて生きる――大人になったら」（『臨床心理学』7-3（2007）pp.349-354［金剛出版］）
第3節－浜田寿美男「発達障害と意見表明権」（『臨床心理学』7-3（2007）p.312［金剛出版］）

＊再録にあたって加筆・修正を施している。

著者一覧
(50音順)

飯田順三	奈良県立医科大学看護学科
大隅紘子	医療法人至誠会 帆秋病院
小栗正幸	特別支援教育ネット／宇部フロンティア大学
落合みどり	ペンギンくらぶ
門 眞一郎	京都市児童福祉センター
加藤哲文	上越教育大学大学院学校教育研究科臨床心理学コース
河村 暁	発達ルームそら
木村宜子	佐久総合病院小児科（非常勤医師）
古田島恵津子	長岡市立大島小学校
小林隆児	西南学院大学人間科学部社会福祉学科
坂井 聡	香川大学教育学部
佐藤和子	文教大学学生支援室コーディネーター
下山晴彦	奥付に記載
進藤義夫	障害者支援情報センター
杉山登志郎	あいち小児保健医療総合センター／浜松医科大学児童青年期精神医学講座
滝川一廣	学習院大学文学部心理学科
田中康雄	こころとそだちのクリニックむすびめ
柘植雅義	国立特別支援教育総合研究所
道城裕貴	神戸学院大学人文学部人間心理学科
遠矢浩一	九州大学大学院人間環境学研究院
中山政弘	独立行政法人 国立病院機構 肥前精神医療センター
楢原真也	子どもの虹情報研修センター
納富恵子	福岡教育大学大学院教育学研究科
長谷川和彦	上越市立春日新田小学校
浜田寿美男	奈良女子大学名誉教授
藤川洋子	京都ノートルダム女子大学心理学部心理学科
松見淳子	関西学院大学文学部総合心理科学科
村瀬嘉代子	奥付に記載
村田豊久	村田子ども教育心理相談室
村田昌俊	上川町立上川中学校教頭
山岡 修	日本発達障害ネットワーク
山崎晃資	臨床児童精神医学研究所／愛光病院
吉田敬子	九州大学病院子どものこころの診療部
米田衆介	明神下診療所

編者略歴

下山晴彦
（しもやま・はるひこ）

1983年、東京大学大学院教育学研究科博士課程中退。東京大学学生相談所助手、東京工業大学保健管理センター講師、東京大学大学院教育学研究科助教授を経て、現在、東京大学大学院教育学研究科臨床心理学コース教授。博士（教育学）、臨床心理士。

主著　『認知行動療法──理論から実践的活用まで』（共著、金剛出版、2007）、『臨床心理アセスメント入門』（単著、金剛出版、2008）、『子どもと若者のための認知行動療法ガイドブック』（訳、金剛出版、2008）、『よくわかる臨床心理学 改訂新版』（編、ミネルヴァ書房、2009）、『子どもと若者のための認知行動療法実践セミナー』（共著、金剛出版、2010）、『認知行動療法を学ぶ』（編、金剛出版、2010）、『今、心理職に求められていること』（共編、誠信書房、2010）、『学生相談必携GUIDEBOOK』（共編、金剛出版、2012）、『認知行動療法臨床ガイド』（監訳、金剛出版、2012）ほか多数。

村瀬嘉代子
（むらせ・かよこ）

1959年、奈良女子大学文学部心理学科卒業。1959〜1965年、家庭裁判所調査官（補）、この間、カリフォルニア大学大学院バークレイ校留学、1965年大正大学カウンセリング研究所講師、1984年より同助教授を経て、1987年同大学教授。1993年、同大学同大学院臨床心理学専攻教授。現在、大正大学客員教授（名誉教授）、北翔大学大学院教授。博士（文学）、臨床心理士。

主著　『子どもの心に出会うとき──心理療法の背景と技法』（単著、金剛出版、1996）、『統合的心理療法の考え方──心理療法の基礎となるもの』（単著、金剛出版、2003）、『心理療法と生活事象──クライエントを支えるということ』（単著、金剛出版、2008）、『新訂増補 子どもと大人の心の架け橋──心理療法の原則と過程』（単著、金剛出版、2009）、『統合的心理援助への道──真の統合のための六つの対話』（編著、金剛出版、2010）、『対人援助者の条件──クライエントを支えていくということ』（共編、金剛出版、2011）ほか多数。

発達障害支援必携ガイドブック
（はったつしょうがいしえんひっけい）
問題の柔軟な理解と的確な支援のために
（もんだい　じゅうなん　りかい　てきかく　しえん）

初　刷	2013年3月10日
二　刷	2014年1月10日
編　者	下山晴彦｜村瀬嘉代子
発行者	立石正信
発行所	株式会社 金剛出版（〒112-0005 東京都文京区水道1-5-16）電話03-3815-6661　振替00120-6-34848
装　幀	古屋貴広
印刷・製本	新津印刷

ISBN978-4-7724-1280-3　C3011　©2013　Printed in Japan

† 好評既刊 †

臨床心理アセスメント入門
臨床心理学は、どのように問題を把握するのか

（著）下山晴彦

メンタルヘルス活動全体における臨床心理アセスメントの意義と役割を知るための、最新の知見を交えた臨床心理アセスメントを巡る全23回講義。

三三〇〇円（＋税）

認知行動療法臨床ガイド

（監訳）下山晴彦
（著）D・ウエストブルックほか

ゼロから学びたい初学者はもちろんベテランのブラッシュアップにも役立つ、認知行動療法の理論と技法を交通整理した臨床ガイドブック。

五二〇〇円（＋税）

新訂増補 子どもと大人の心の架け橋

（著）村瀬嘉代子

子どもの心理的援助を理論から実践まで構造的に論じ、心理療法についてのあらゆる課題にこたえていく、まさに臨床の原点ともいうべき論集。

二八〇〇円（＋税）

心理療法と生活事象
クライエントを支えるということ

（著）村瀬嘉代子

生活の質を向上するための援助の必要性を指摘した、百花繚乱の心理療法において屹立する統合的アプローチへ到る著者の思索と実践の軌跡。

三三〇〇円（＋税）

軽度発達障害
繋がりあって生きる

（著）田中康雄

発達障害児と養育者が紡ぐ物語を読み解き、冷静な診断を目指す知と繋がりあって生きる社会への情熱を重ねる教育・福祉と児童精神医学の一つの挑戦。

三八〇〇円（＋税）

つなげよう
発達障害のある子どもたちとともに私たちができること

（著）田中康雄

生物学＝医学的所見、発達の視点、社会との関係など、発達障害の子どもたちが置かれた現状を理解し、支援へとつなげていくための臨床試論。

二八〇〇円（＋税）